후백제

진 훤 대 왕

甄萱

이도학 지음

후백제 진훤 대왕

지은이 ┃ 이도학
펴낸이 ┃ 최병식
펴낸날 ┃ 2015년 5월 27일
펴낸곳 ┃ 주류성출판사
주소 ┃ 서울특별시 서초구 강남대로 435 주류성빌딩 15층
전화 ┃ 02-3481-1024(대표전화) 팩스 ┃ 02-3482-0656
홈페이지 ┃ www.juluesung.co.kr

값 28,000원

잘못된 책은 교환해 드립니다.

ISBN 978-89-6246-234-0 03910

후백제

진훤
甄萱
대왕

머리말

　본서의 주인공은 백제를 부활시킨 진훤(甄萱) 대왕이다. 현재 교과서에서는 '견훤'으로 표기하고 있지만, 사족을 달 필요도 없이 잘못이다. 지난 세기에 나는 아예 책 제목을 『진훤이라 불러다오』라고 붙인 적이 있었다. 그러나 아무도 그렇게 불러주는 이는 없었다. 그렇다고 내가 잘못 알고 있는 것은 아니었다. 진훤으로 불러야 하는 근거는 본서에서 밝혀 놓았으니 참고하면 될 것이다.

　내가 진훤에 대한 관심을 보이게 된 것은 1982년 석사과정 1학기 레포트(후삼국시대의 상주 일원 호족)에서였다. 이 글에서 진훤의 아버지인 아자개와 「지증대사비문」에 보이는 소판 아질미와 일족으로서의 연관성을 언급한 바 있었다. 그로부터 33년의 세월이 흐른 지금까지 여러 편의 후백제 관련 논문을 집필하였다. 대표적인 논지만 몇 가지 간략하게 소개하면 다음과 같다.

　나는 서남해안 신라군 사령관이었던 진훤의 거병(舉兵) 지역을 순천 해룡산성과 광양 마로산성으로 밝혔다. 거병 직전까지 진훤은 당

(唐)과 일본을 잇는 삼각교역을 통해 경제적 기반을 축적하였고, 서남해를 장악하였음을 구명하였다. 그리고 궁예가 양길을 격파하고 한반도 중부권을 통합하는 일대 전기가 되었던 전장(戰場), 비뇌성의 위치를 경기도 안성의 죽주산성으로 새롭게 비정했다. 진훤이 첫 수도였던 광주에서 전주로 천도한 배경을 백제 유민으로서의 귀속 의식의 강약에서 찾았다. 아울러 왕건의 고려 건국 이후 후삼국 간의 서맹(誓盟)에 따라 구국분할정립기(舊國分割鼎立期)가 7~8년간 지속되었음을 밝혔다. 그런데 경상도 지역에서 고려와 후백제 간의 패권 다툼으로 인해 삼국정립 구도가 붕괴되었음을 구명했다. 그리고 고구려 계승주의의 포기와 고구려 부활에 연유했다는 궁예의 축출과 왕건의 집권 배경은 소설가 김동인의 창설(創說)임을 밝혔다.

　조선 전기 문집에 전하고 있는 강원도 원주 문막 전투에 대해서도 그 실체를 인정하여 구체적으로 구명하였다. 진훤의 경제 시책과 관련해 둔전제 시행에 관해서도 크게 의미를 부여한 바 있다. 이와 더불어 『삼국사기』 진훤전에 보면 진훤이 전주에서 한 말 가운데 "吾原

三國之始 馬韓先起 (後)赫世勃興 故辰卞從之而興"라는 구절이 있다. 이 문구를 지금까지는 "내가 삼국의 시작을 살펴 보니까 마한이 먼저 일어나고 그 후에 혁거세가 일어났다. 그런 까닭으로 진한과 변한이 뒤따라 일어났던 것이다"라고 해석하였다. 그러나 나는 이러한 종전 해석의 문제점을 지적하면서 "마한이 먼저 일어나 누대로 발흥한 까닭에, 진한과 변한이 (마한을) 좇아 흥기했다"고 재해석하였다. 혁세공경(赫世公卿)의 '혁세'라는 용어도 모르는 해석이었기 때문이다. 그리고 「혜거국사비문」에 보이는 922년의 '미륵사 개탑(彌勒寺開塔)'에 대해 '수리(修理)'라는 엉뚱한 해석이 자행되었다. 그러나 이를 미륵사 중탑(中塔)인 목탑을 통한 영불골(迎佛骨) 의식(儀式)임을 밝혔다. 그 밖에 미국 켄사스 대학 허스트 3세(G. Cameroon HurstIII)의 논문(The Good, The Bad and The Ugly-personalities in the founding of the Koryo Dynasty)도 최초로 입수하여 번역해서 소개한 바 있다.

본서의 주인공 진훤 대왕은 생애 자체가 영웅으로서의 자격을 충분히 갖추었다. 그가 이룩한 성취뿐 아니라 한 시대의 마침표를 찍게 한 역사적 역할과 말년의 비극성에서 확인할 수 있다. 그럼에도 불구하고 진훤에 대한 평가는 저열하기 이를 데 없었다. 이는 무지와 편견에서 연유한 것으로 판단하였고, 연구 의지를 불태우게 한 동인(動因)이기도 했다. 그 결과 본서에서는 괄목할 만한 새로운 연구 성과를 기록했다. 가령 『고려사』 박수경전의 "발성(勃城) 전투에서 태조가 적에게 포위를 당하자 박수경이 힘써 싸운 덕에 탈출할 수 있었다"라는 구절에 보이는 발성을 발어참성(勃禦塹城)의 약기(略記)로 간주했다. 발어참성은 개성 만월대 부근을 통과하는 왕궁을 이루는 성벽이었다. 그러면서 발성 전투를 932년에 예성강을 거슬러 올라간 후백제군의 고려 수도 개경 공략과 결부지었다. 왕건이 발성 전투에서 후백제군에 포위되었다는 사실은 개경 왕궁이 포위되어 왕건이 생사의 기로에 섰음을 뜻한다. 왕건으로서는 공산 전투에 이어 생애 두번째 위기였던 것이다. 933년에는 후백제 왕위계승의 저울대 위에 올려져 있던 신검 왕자가 경주 초입까지 진격하여 신라의 목숨이 풍전등화였음을 밝힌 바 있다. 그리고 후백제가 탈환한 나주 지역을 상실하게 된 배경을 새롭게 구명하였다. 즉 왕위계승에서 사태가 불리하게 돌아간다고 느낀 신검과 양검, 그리고 용검은 지방에 둔 자신의 예하 병력을 끌어들여 기습적으로 정변을 단행했다. 무주도독 용검의 병력이 전주로 이동하는 군사적 공백을 틈타 고려군은 기습적으로 나주를 탈환한 것으로 밝혔다. 고려군이 신검의 항복을 유도한 마성의 위치에 대해서도 논란이 많았지만 금마성으로 일컬어졌던 익산의 왕궁평성으로 새롭게 비정했다.

진훤 대왕은 나에게는 향리의 대선배이기도 하였다. 어렸을 때 선친과 어머니가 대화하는 가운데 "갈밭 사람이라고 하던데요. 우리 아버지가 그러는데 지렁이가 되어 강물 속에…"라는 구절 가운데 갈밭은 진훤의 출생지인 갈전(아차 마을)을 말하는 것이요, '아버지'는 외할아버지를 가리킨다. 어쨌든 여러 요인이 복합되고, 시간도 흘렸기에 나는 진훤 대왕에 대한 전기를 새롭게 준비하게 되었다. 이와 관련해『진훤이라 불러다오』(푸른역사, 1998)와『궁예 진훤 왕건과 열정의 시대』(김영사, 2000)가 밑 자료가 되었다. 그렇지만 그 이후에 축적된 나의 많은 연구 성과가 반영되어졌다. 게다가 본서에 게재된 사진이나 도면들은 불가피하게 독자들을 위하여 단 한 건, 즉 국립 전주박물관에서 작성한 '후백제 도성도' 외에는 죄다 내가 촬영하거나 만든 것이었다. 중국 절강성박물관이나 요녕성박물관의 전시품이나 판넬의 경우도 예외가 될 수 없었다. 지금 생각해 보면 내가 엄청 발품을 팔았음을 알 수 있었다. 특히 공직(龔直)의 근거지인 보은군 회인면에 소재한 매곡성을 비롯하여 몇 장 사진은 그 한 장 촬영을 위해 하루를 쏟았다. 여러 번 다시 촬영한 현장으로는 곳갑천의 토끼비리나 아차 마을, 가은현성 등이 해당된다. 국내에 있는 유적치고 단 한번 답사한 후 게재한 경우는 극히 드물었다. 그런 만큼 사진 자료에 대한 애착도 강하다는 것을 말하고 싶다.

본서에 등장하는 지역과 관련해 고귀한 인연을 맺은 국민학교 때 은사 생각이 났다. 국민학교 4학년 봄에 은사가 운전하는 자전거 뒤 안장에 탄 채 비포장 도로에서 출발하여 10리나 달려 시내 교육청에서 교육장상을 받았을 때였다. 지금 생각해도 아련하지만 훈훈한 추억으로 남아 있다. 그 해 가을 밤에는 은사께서 광주리에 떡을 잔뜩 담아 가지고 오셨는데, 영문을 모르는 제자에게 대뜸 악수를 청하셨다. 백일장에서 시(詩)가 장원하여 교육장상을 받게 되었다는 것이다.

나는 맨 마지막으로 중학교 입학시험을 치른 세대였다. 6학년 때는 은사의 요청으로 댁에서 산수만 무료 과외를 받았다. 그 덕에 나는 가장 취약했던 산수를 1문제만 틀리고 누구 말마따나 '우수한 성적'으로 공립중학교에 합격할 수 있었다. 그때 기념으로 은사가 제자에게 선물한 만돌린은 지금도 잘 보관하고 있다.

이렇듯 은사로부터 많은 사랑과 은혜를 입었지만 기대에 못 미치는 삶을 살고 말았다. 그러나 은사로부터 받은 사랑은 제자의 마음속에 따뜻하게 남아 있다. 제자는 은사의 영혼을 위해 언제나 묵주기도를 바치고 있다. 그 사랑과 은혜에 보답할 수 있는 유일한 길인 것 같기도 해서였다.

본서는 감연히 고(故) 정동일(鄭東一) 선생님의 영전에 바친다. 나 역시 훗날 "뜻을 높이 세워 열심히 살았노라"는 평을 스스로에 하기를 바랄 뿐이다.

2015. 4. 2. 새벽 2시 45분.

이 도 학

차 례

제 1 부 문경에서 순천까지!

제 2 부 백제의 부활

제3부 맞수의 등장

제6부 외교·호족·경제·불교 시책

제 7 부 낙일落日의 세월? - 다시 잡은 승기 930년~936년

제 8 부 진훤에 대한 평가

제 9 부 부록

제1부
문경에서 순천까지!

백제를 부활시킬 영웅의 탄생 ▌

　　정말 처참하고도 무서운 장면이었다. 시뻘건 불길이 하늘을 찌를 듯 솟아 올랐다. 화염이 하늘을 붉게 물들였다. 바닷물도 삽시간에 빨개졌다. 27,000여 명의 대병력을 가득 태운 400척의 왜군 선단은 일순간에 궤멸되었다. 풍왕(豊王)은 보검 한 자루를 띨군 채 측근 몇 사람과 더불어 쪽배를 타고 선수(船首)를 북쪽으로 돌려 황망히 종적을 감추었다. 고구려 땅으로 갔다고 한다. 풍왕, 그는 백제인들이 기억하는 마지막 임금이었다. 동아시아의 세력판도를 송두리째 바꾼 그 유명한 백강(白江) 전투에서였다.

백강 전투의 현장인 동진강 어구

　　며칠 후 백제 회복운동

백제 때 해양신앙터였던 부안 죽막동 수성당 오른편의 개양할미 전설이 깃들여 있는 해안가 당굴(堂窟)

의 총본영인 주류성(周留城)도 함락되었다. 벼랑 끝에 선 백제인들은 낙담하지 않을 수 없었다. "백제의 이름은 오늘로 끊어졌으니 조상의 분묘가 있는 곳을 어찌 다시 갈 수가 있겠는가!"라는 길고도 긴 탄식을 내뿜었다. 자리를 훌훌 털 준비를

하였다. 그들에게는 돌아올 수 없는 긴 여정(旅程)이 기다리고 있었다. 지리 멸렬 흩어져 있던 백제인들은 하나 둘씩 조국 땅을 떠나갔다. 이들은 정처 없이 떠다니는 보트 피플은 결코 아니었다. 자신의 선조들이 일찍부터 개척하였던 동쪽의 왜(倭)라는 나라가 있는 곳을 향하여 고달픈 심신을 맡겼기 때문이다.

백제 땅에 남아 있던 백제인들에게는 한 줄기 서광이 비쳤다. 국가 재건의 희망이었다. 의자왕(義慈王)의 아들인 부여융(扶餘隆)을 수반으로 하면서 옛 백제 관료들로 구성된 정권이 탄생했기 때문이다. 웅진도독부(熊津都督府)라는 이름의 새로운 정권이었다. 비록 당나라의 괴뢰정권이지만 백제인에 의한 백

수성당 유적에서 출토된 유물들

위금암산성
개암죽염으로 유명한 개암산 뒷편에 위치하며, 주류성으로 지목되고 있다.

제 땅의 통치, 감격이 없을 리 없었다. 그러나 이도 7~8년 남짓이었다. 백제인들 일루의, 그것도 마지막 희망이었던 웅진도독부도 소멸되었다. 신라에 의해 거칠게 해체된 것이다. 이때도 백제인들은 중국 대륙과 일본 열도로 찢겨지듯 흩어졌다.

그리고는 적막감이 백제 땅을 엄습하였다. 누구도 백제를 말하려 하지 않았다. 그로부터 100년 가까운 성상(星霜)이 후딱 지나갔다. 그 무렵 대단히 날쌔고 민첩하며 활쏘기를 잘하면서 청년기를 보냈던 정씨(井氏) 성을 가진 승려가 있었다. 승려는 백제복국운동의 마지막 거점의 하나로서 처절한 전투가 벌어졌던 벽골군(碧骨郡) 출신이었다. 벽골군은 벽골제라는 백제 때 제방이 자리한 전라북도 김제 땅이다. 이 승려는 어린 시절부터 참혹했던 백강 전투에 관한 이야기를 들으면서 성장했던 것 같다. 자의식에 눈 뜨게 되면서 출가(出家)하였다.

그가 출가하게 된 동기가 『송고승전 宋高僧傳』에 다음과 같이 적혀 있다.

> 진표(眞表)는 백제인이다. 집은 금산(金山)에 있었는데, 대대로 사냥을 업으로 삼았다. 진표는 매우 날쌔고 민첩하였으며, 활쏘기를 가장 잘하였다. 개원(開元: 713~742) 연간에 짐승을 쫓다가 잠시 밭두렁에서 쉬었다. 그 사이 버들가지를 꺾어서 개구리를 꿰어 한 꿰미를 만들어 물 속에 두고 장차 반찬을 만들 생각이었다. 그리고는 산으로 가서 사냥을 하였는데, 인하여 사슴을 쫓다가 산 북쪽 길로 해서 집으로 돌아 가게 되어, 꿰어둔 개구리를 가지고 가는 것을 깜빡 잊어버리고 말았다. 다음 해 봄이 되어 사냥하러 나갔다가 개구리의 울음 소리를 듣고 물에 가서 보니, 지난 해에 꿰어둔 30 마리 가량의 개구리가 아직 살아 있었다. 진표는 이때에 탄식하며 스스로 책망하여 말하기를 "괴롭도다. 어찌 입과 배가 저 같이 꿰어 해를 넘기며 괴로움을 받았는가"고 하였다. 이에 버들가지를 끊어 모두 곧 놓아주고, 인하여 뜻을 발하여 출가했다.

이와 같은 진표의 출가 동기는 이미 멸망한 백제의 고통받는 유민들에 대한 애달픈 심정을 나타내 주는 것으로 이해하는 견해가 있다. 버드나무 줄기에 꿰인 개구리는 백제인을 상징하는 것으로 진표가 느꼈다는 것이다. 버드나무 줄기에 입과 배가 꿰어 겨울을 지나며 이미 죽었어야 할 개구리가 해를 넘기면서도 살아 있었다는 것은, 이미 멸망한 백제의 유민들 속에 아직도 백제에 대한 의식이 살아 있었음을 나타내는 것으로 해석되고 있다. 진표는 꿰었던 개구리를 다 놓아 주었듯이 백제인을 다시 살려야 겠다는 각오로, 종교적 신앙운동으로서 백제의 부활을 힘차게 추진하였다는 것이다. 유달리 백제인임을 자부했던 진표는 백제 옛 땅과 속리산·명주(溟州)·금강산 등지를 돌면서 미륵보살의 대행자로서 계율을 통한 이상국가(理想國家)의 건설을 꿈꾸었다고 한다. 백제인들의 각성을 통한 그 정신적 부흥을 갈구했고 그 씨앗을 뿌렸던 것이다.

그로부터 다시금 100여 년의 세월이 훌쩍 지나 갔다. 정해년(丁亥年)인 867년, 당나라 함통(咸通) 8년, 그 해는 신라 경문왕 7년이었다. 그 해 봄날 신라 조정은 수도인 경주의 동궁 처소에 소재한 임해전(臨海殿)을 중수하였다. 임해전은 당시 월지(月池)로 불리었던 인공 못의 한 복판에 자리 잡은 섬 위에 세워진 누각이었다. 신라 말의 선문도량(禪門道場)인 문경 봉암사(鳳巖寺)의 지증대사비(智證大師碑)에도 '월지'와 '월지궁'에 관한 언급이 있을 정도로 아름다운 곳이다. 경문왕은 그 전년 10월에 발생한 모반 사건을 진압한 후, 왕실의 위엄을 세워 국기(國紀)를 확립하고자 임해전 중수를 서둘렀다.

그럼에도 불구하고 민심은 흉흉하였다. 5월에는 경주 바닥에 전염병이 돌았다. 8월에는 홍수가 나고 곡식이 잘 영글지 않았다. 10월에는 각 도(道)에 사신을 파견하여 주민들을 위문하였다. 12월에는 객성(客星)이 태백성(太白星)을 침범하였다. 객성은 잠깐 나타난 별이다. 태백성은 저녁 때 서쪽 하늘에 빛나는 금성을 이른다. 이는 불길한 조짐으로 해석하고는 한다.

칙칙한 시대적 배경을 안고서 그 해 진훤(甄萱)은 고고의 울음을 터뜨리며 세상에 웅자(雄姿)를 선보였다. 갓난 아이의 울음은 무엇을 의미할까? "갓난 아이가 어머니의 태중에 있을 때 캄캄하고 막히고 걸려서 갑갑하게 지내다가 갑자기 넓고 훤한 곳에 터져 나와 손을 펴고 발을 뻗으니 그 마음이 시원할지니"라고 한다. 연행사(燕行使)를 따라 가던 연암 박지원(朴趾源)이 앞에 확 트인 요동벌을 바라 보는 순간 한 번 크게 울음보를

터뜨려 보고 싶다며 그 이유를 설명하면서 한 말이다. 박지원의 유명한
호곡장론(好哭場論)에 보이는 구절이 아닌가? 진훤은 갑갑한 어머니 뱃속
에서 넓은 세상으로 웅위(雄偉)한 자신의 모습을 힘차게 드러냈다.

왜 '진훤'인가?

    후백제를 세운 진훤(甄萱)의 이름은 현재 '견훤'으로 읽혀지고 있다. 손에 잡히는 옥편을 찾아 보면 '질그릇 甄'에는 '견' 혹은 '진'으로 발음이 나와 있다. 『전운옥편』을 비롯한 앞선 시기의 옥편에는 한결같이 '진' 음이 '견' 음보다 앞에 표기되어 있다. 어쨌든 2개의 발음 가운데 하나가 후백제 시조왕의 음가(音價)가 될 것이다. 甄萱은 '견훤'이나 '진훤'으로 모두 읽을 수 있는 것처럼 비친다. 그렇지만 '진훤'으로 읽는 게 타당하다. 『자치통감』의 호삼성 주(註)에서 위나라 명제의 생모인 '甄夫人'에 대해 "甄, 之人의 번자[翻](黃初 7년 조)"라고 주석했다. 즉 甄은 '진'으로 읽는다는 것이다. 조선 후기의 대표적 역사학자인 홍여하(1621~1678)와 순암 안정복(1712~1791)은 자신이 저술한 『동사제강』과 『동사강목』에서 '甄'에 대한 음을 모두 '진 眞'으로 적었다. 조선왕조에서 편찬한 일종의 백과사전인 『증보문헌비고』에서도 이와 동일한 기록을 남겼다. 『완산견씨세보 完山甄氏世譜』 서문에도 "우리 성(姓) 글자인 '甄'의 음은 본래 '진'에서 시작했었다"라고 하였다. 다음과 같은 서술이다.

복원한 후의 월지 전경

내가 고등학교 때 경주에 수학여행 가서 구입한 사진 책자에는 다음과 같은 사진 설명문이 첨부되어 있었다. "신라 제30대 문무왕 14년 2월(674) 궁내에 당나라의 무산(巫山)을 본따 만들었던 못으로서 못안[池內]에는 12개의 섬이 있었고 멀리 남양에서 새와 화초를 구해다 기르고 심어 마치 용궁처럼 꾸며 역대 왕들이 잔치를 베풀었던 곳이다. 지금의 임해전은 1926년 경산군수 박광열(朴光烈)이 관유재산과 군민희사(郡民喜捨)로 지었다."

      우리 성(姓) 글자인 '甄'의 음(音)은 본래 '진'에서 시작되었다. 그러나 후백제의 진훤왕이 나라를 잃은 이후, 고려 왕조에서 우리 진씨가 재기부흥(再起復興)할 것을 두려워하고 염려하여 힘으로 항시 모욕(侮蔑)의 해(害)를 가하고자 했다. 그런 까닭에 우리 선조들은 다시는 세력을 규합하지 못하고 끝내는 나라를 일으켜 재건하지 못하였다. 이로부터 우리 가문은 점점 이름을 내는 것 없이 세상을 피하여 숨어서 삶을 도모했기에 '진' 음을 '견' 음으로 바꾸어 읽었다. 그 '甄' 음은 시종 한 글자였으나 변화되었으니 모두 견씨 가문의 성쇠의 운(運)에 기인한 것이었다. 무릇 우리 후손들은 이에 의심없이 깨달아야 한다.

즉 견씨 가문의 성씨는 본래 '진'으로 읽었다고 한다.
그런데 탄압을 피해 '견'으로 읽게 되었다는 내력이 적혀
있다. 그러므로 견훤이 아니라 진훤으로 읽는 게 백번 타
당함을 알 수 있게 된다. 『전운옥편』에서도 '甄'을 성으로
사용할 때는 '진 眞'으로 읽었다. 현채(玄采)가 지은 구한
말(광무 11년: 1907년)의 국사 교과서인 『유년필독 幼年必
讀』에도 그 음을 '진헌'으로 표기하였다. 김동인의 소설인
「제성대 帝星臺」에서도 '진헌'으로 이름했다. 안동 병산 전
투의 현장에서 진훤과 관련된 모래 이름을 '진모래'라고
하였다. 그리고 논산 연무의 주민들은 자기 고장에 소재
한 진훤의 묘소를 가리켜 '진헌이 무덤'이라고 불렀다. 그
밖에 역사학자인 이병도(李丙燾)와 김상기(金庠基) 그리고
문경현(文暻鉉)의 저작을 비롯하여 민족문화추진회 국역
본에 이르기까지 모두 '진훤'으로 표기했다. 이와 관련한
이병도의 견해를 다음과 같이 인용해 본다.

　　甄萱을 흔히 '견훤'이라고 하나 '진훤'으로 발음함이
옳을 것 같다. 甄의 본음(本音)은 '견'이나, 중국 삼국시
에 남방에서는 손견(孫堅)의 휘(諱)를 피(避)하여 甄을
'진'으로 읽기 시작하여 堅과 동음(同音)인 甄도 진으로
읽게 되었다 한다(辭源 甄字條 참조). 신라에서도 이 음
의 영향을 받았던 것 같으니, 삼국유사 권2(後百濟條)에 甄萱의
모(母)가 일찍이 어느 자의(紫衣) 입은 남자에게 매양 동침을 당하
게 되어 하루는 바늘에 긴 실을 꿰어 그 남자 옷에 찔러두고 그 이
튿날 살펴보았더니 북벽 밑에 한 큰 구인(蚯蚓: 지렁이)의 허리에

後百濟인군 甄萱은 慶尙道 사람이라 一千十五年前에 新羅가 어지러온 것을 보고 各處고

『유년필독』에
보이는 '진헌'
표기

그 바늘이 꽂혀 있었다. 이내 태기가 있어 사내 아이를 낳았는데 나이 십오세가 되어 甄萱이라 자칭하였다는 고기(古記)의 설화를 인용한 것이 있다. 이는 甄을 진으로 발음한 데서 생긴 설화인만큼 우리에게 참고가 된다(이병도, 『국역 삼국사기』, 을유문화사, 1976, 197쪽).

그럼에도 언제부터인지 교과서를 위시하여 모두 '견훤'으로 표기하고 있다. 그렇지만 이는 터무니없는 잘못이다. 그러면 무엇 때문에? 무슨 근거로 진훤으로 읽어야 한다고 했을까? 이는 위의 인용에도 보이듯이 진훤의 출생설화에 등장하는 지렁이 이야기와 관계 있어 보인다. 그렇지만 역으로 진훤이라는 이름에서 지렁이 설화가 생겨났을 수 있다. 무슨 이야기냐면 '진훤'을 그의 고향이었던 지금의 경상도식으로 읽게 되면 '진훠이'가 된다. 이는 지렁이의 경상도 방언인 '지러이'와 음가상으로 연결이 되고 있다. 바로 진훤이라는 이름이 지렁이를 연상시켰으므로 그 아버지를 지렁이로 간주하는 설화가 만들어질 수 있다. 이 설화는 관련 유적을 남기고 있다는 점에서 현장감을 더해 준다.

잘못 발음하고 있는 고유명사들 몇 가지

高句麗를 현재 '고구려'로 읽고 있다. 조선시대에 간행된 『전운옥편』에 보면 '麗' 자에는 '리'와 '려' 2가지 발음이 있음을 밝혔다. 즉 '리'로 읽는 경우로서 "東國高麗" 즉 우리 나라의 高麗를 읽을 때는 '고리'라고 했음을 명시했다. 음가(音價)를 많이 표시한 『용비어천가』에도 '高麗'라는 국호의 음을 "麗의 음은 리(离)인데 高麗를 말한다(6장)"라고 하였다. 즉 '고리'로 읽어야 함을 밝히고 있다. 따라서 고구려와 고려는 사실 '고구리'와 '고리'로 각각 고쳐 불러야 옳다.

강화도 摩尼山에 관한 가장 오래된 기록이 최승로가 고려 성종에게 올린 시무28조에 등장하는 '摩利山'이다. 10세기부터 보이는 '摩利山' 표기는 적어도 13세기 중반 직후까지는 줄곧 그렇게 사용되어 왔다. 15세기 전반까지도 '摩利山'으로 표기하였을 뿐 '摩尼山' 표기는 그다지 쓰이지 않았다. 그러다가 15세기 후반부터는 '摩尼山' 표기가 더 많이 사용되었다. 1530년에 편찬된 『신증동국여지승람』에서 '摩尼山'으로 표기한 것이 그 이후의 역대 지리지에 절대적인 영향력을 미쳤다. 그런데 『고려사』 묘청전에는 '摩利山'의 별칭을 '頭嶽'이라고 한 근거가 보인다. 摩利山의 '摩利'가 '頭'의 뜻임을 알려준다. 주지하듯이 '頭'는 '마리'로 訓讀되었다. 비록 불교의 영향을 받아 후대에 '摩尼山'으로 표기하였다. 그러나 이는 본래 순수한 우리 말 산 이름인 '摩利山'의 소리 옮김에서 연유한 만큼 '마리산'으로 발음되었다. 그러므로 摩尼山은 '마니산'이 아닌 '마리산'으로 읽어야 옳다. 마리산은 우두머리 산악 곧 '頭岳'이요 '으뜸 산악', '최고의 산악'이라는 의미가 담겨 있다.

玄菟郡과 樂浪郡 그리고 黏蟬縣의 '菟'·'樂浪'·'黏'의 음을 『용비어천가』에서는 '徒'·'洛浪'·'女廉의 半切' 즉 '염'으로 각각 적었다. 『전운옥편』에 보면 '蟬' 자는 음이 '선' 밖에는 없다. 종전에 '蟬'을 '제'로 읽었던 것은 '제'로 발음 나는 '禪' 자로 착각한 것이다. 그러므로 현토가 아닌 '현도'로, 악랑이 아닌 '낙랑', 점제가 아닌 '염선'으로 발음하는 게 原音에 가깝다. 玄菟郡은 『전운옥편』에서도 '菟'를 '도'로 발음해야 함을 밝혔다. 그러면서 "朝鮮郡名 玄菟"라고 특별히 사례를 명시하였다. 고조선의 옛 땅에 설치한 한사군(漢四郡) 군명(郡名)인 玄菟郡은 '현도군'으로 읽어야 한다는 것이다. '菟'를 '토'로 읽는 경우는 '약(藥) 이름'으로만 한정하였다. 지금까지는 '현도군'으로 제대로 표기되어 왔다. 그런데 최근에 일부 연구자들 사이에서 '현토군'으로 표기하는 사례가 부쩍 늘어나고 있다. 이는 玄菟郡을 현행 옥편의 음가로써만 읽는데서 기인한 것이었다. 이러한 논리라면 고구려를 침공했던 위장(魏將) 毋丘儉의 경우도 '무구검'으로 읽어야 한다. 그러나 사서에서 毋丘儉의 '毋'는 '貫'으로 읽도록 하였다. 그러므로 '관구검'으로 표기하고 있는 게 아닌가. 희한하게도 우리 나라 애국 명장이나 위인의 이름을 잘못 표기한 것과는 달리 우리 나라를 침공한 적장의 이름은 제대로 호칭하고 있다.

신라 奈勿王의 '奈'는 '나'와 '내' 모두 발음이 된다. 현재 통용되는 발음은 '내물왕'이다. 그러나 그를 『삼국사기』와 『삼국유사』에서는 '那密'로도 표기하였다. 신라 때 금석문에서도 '那勿'이라고 했다. 그러므로 奈勿王의 '奈'는 '내'가 아닌 '나'로 발음했음을 알 수 있다. 나물왕이 맞다. 그리고 신라 炤知王과 孝昭王 그리고 昭聖王과 知炤夫人에 보이는 '昭'와 '炤' 자는 본래 음이 '조'였다. 그러므로 '조지왕'·'효조왕'·'조성왕·'지조부인'이 맞다. 沾解王의 '沾'은 본래 음이 '점'이므로 '점해왕'으로 읽는 게 온당하다.

고려의 명장 姜邯賛을 현재 '강감찬'으로 표기하고 있다. 『전운옥편』을 보면 邯에는 '한'과 '함' 2개 음밖에는 없다. '한단지보(邯鄲之步)'라는 고사성어로 유명한 전국시대 조(趙)나라 수도 이름인 한단(邯鄲)의 그 '한(邯)' 자인 것이다. 비록 속음(俗音)에 '감'이 있다고 둘러붙이지만, 문과에 장원 급제한 姜邯賛 가문의 위상을 고려해 볼 때 속음 사용 가능성은 거의 없다. 오히려 '邯'의 본래 뜻이자 지명인 邯鄲과 관련한 음가인 '한'을 사용했다고 본다. 따라서 강감찬은 '강한찬'으로 고쳐 읽는 게 맞다.

근자에는 우리 사회에서 蒙古를 '몽고'가 아닌 '몽골'로 고쳐 읽고 있다. 중국인들이 비하(卑下)시킬 목적에서 우매할 '蒙' 자와 묵을 '古' 자를 사용한데서 '蒙古'라는 이름이 기원했기 때문이라고 한다. 우리 국토를 유린하고 황룡사 9층목탑과 같은 겨레의 유산을 불태워버린 蒙古에 대해서는 내 몸처럼 끔찍히도 배려한 것이다. 침략자이자 약탈자인 관구검의 이름은 어떻게 누가 알려줬는지 제대로 읽고 있다. 경이로운 일이 아닐 수 없다. 그러나 정작 우리 나라의 옛 국명을 비롯하여 영웅이나 위인의 이름은 엉뚱하게 일컫는 경우가 많다. 무감각과 무지 그리고 완고함의 소치임은 두말할 나위 없다. 가령 고구려 시조 이름은 당시의 금석문인 「광개토왕릉비문」이나 「모두루묘지」에 의하면 '추모 鄒牟'이다. 고구려인들은 자국 시조를 '추모왕'이라고 불렀다. 그런데 중국 사서인 『위서 魏書』에서 '朱蒙'으로 표기한 후에 이제는 朱蒙이 鄒牟보다 앞 자리를 차지하고 있다. 아니 추모가 고구려 시조인지도 대부분의 사람들은 모르고 있다. 여기서 朱蒙의 '朱'는 '난쟁이(侏)'의 뜻으로도 쓰인다. 그리고 '蒙'에는 '어릴'의 뜻이 담겨 있다. 조선시대 때 어린이용 서적 이름인 『동몽선습 童蒙先習』의 '蒙'이다. 그러므로 주몽이라는 이름은 '난쟁이 어린애'라는 비칭이 된다. 중국인들이 '추모'라는 고구려 시조 이름과 음이 닮았지만 나쁜 뜻이 담긴 '朱蒙'으로 표기한 것이다. 악의적인 표기가 아닐 수 없다. 그런 줄도 모르고 '주몽' 타령을 하는 것은 고사하고 蒙古를 '몽골'로 읽어야 한다고 채근했었다. 무엇이 우선되어야 하는 것일까? 이게 국적 있는 교육인가? 이런 일은 비일비재하다.

진훤의 가계

진훤의 가계에 대해서는 그의 성씨가 본래는 이씨였다는 기록이 전한다. 이제(李磾)라는 사람의 집안에 전해오는 가승(家乘)인 『이제가기 李磾家記』에 의하면 "진흥대왕의 비(妃)인 사도(思刀)의 시호는 백숭부인(白䲻夫人)이며, 그의 셋째 아들 구륜공(仇輪公)의 아들인 파진간(波珍干) 선품(善品)의 아들 각간(角干) 작진(酌珍)이 처(妻) 왕교파리(王咬巴里)를 아내로 맞아 각간 원선(元善)을 낳으니 이가 아자개(阿慈介)였다. 아자개의 제1처(妻)는 상원부인(上院夫人)이고, 제2처는 남원부인(南院夫人)이니 아들 다섯에 딸 하나를 낳았다. 큰 아들이 상보(尙父) 진훤이다"라고 적혀 있다. 물론 이러한 기록은 『삼국유사』에 인용된 것이다.

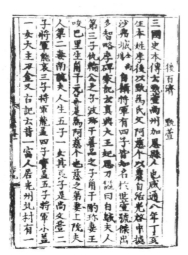

『삼국유사』 후백제 진훤 조의 진훤의 가계 부분

이 계보대로 한다면 진훤의 원계(遠系)는 신라 진흥왕과 관련된 김씨 혈통이라는 이야기가 된다. 진흥왕→구륜공→선품→작진→아자개→진훤으로 이어지는 계보에서, 진흥왕은 534년에 출생한 것으로 보인다. 그러므로 이것을 기준으로 1세대 30년씩 잡는다면 654년경에 진훤이 출생해야만 한다. 그러나 이는 진훤이 태어난 867년과는 무려 200년 이상의 시차가 발생하는 것이다.

이러한 문제점이 아니라고 하더라도 진훤의 가계가 신라 왕실과 연결되었을 가능성은 전혀 없다. 어떤 정치적 의도에서 생겨난 것으로 보여진다. 이와 관련해 『고려사』에 보이는 고려 태조 왕건의 가계 설화의 모두(冒頭)에서 왕건의 원조(遠祖)로 '성골장군 호경 聖骨將軍虎景'이 등장하고 있는 점과 연관이 있는 듯하다. 신라 왕실에서도 이미 7세기 전반에 사라진 성골 신분이, 왕건의 가계 속에서 부활하여 등장한 것이다. 이는 신라 정서랄까 전통의 계승이라는 차원에서 생겨난 것으로 보인다. 진훤의 가계 역시 그가 신라계의 호족들을 포섭해 가는 과정에서 생겨난 것으로 생각해 봄직하다.

흥미 있는 사실은 가은읍 현지에서는 진훤의 집안을 백제계로 연결짓는 전승이 남아 있다. 나라가 망한 후 백제인들은 풍비박산이 되었는데, 힘깨나 썼던 세력가들은 일본으로 대거 몰려 갔다는 것이다. 국내에 남아 있던 군인들은 전장에 나가지 않고 백성들은 신라에 붙들려 가서 노예 생활을 하지 않으려고 사방으로 흩어졌다고 한다. 그 가운데 경제적 기반이 있는 백제인들이 산간오지(山間奧地)인 지금의 문경시 가은읍의 아차 마을로 피란해 와 살았다는 이야기이다. 이 전설은 문헌상의 근거야 없다. 그렇지만 진훤이 백제 재건을 내세울 수 있던 어떤 실마리를 제공해 준다는 점에서 확실히 유의해 볼 만하다.

또 하나의 문제는 진훤의 성씨가 당초 이씨였다는 점이다. 이씨는 신라 때부터 6두품 귀족 신분으로 분명하게 등장하고 있다. 만약 진훤 가문이 성씨를 지니고 있었다면 지배계급에 속하는 것이다. 아자개가 2명의 처를 공유했다는 사실도 이것을 뒷받침해 주는 듯하다. 그러나 진훤의 가문은 귀족 신분이나 몰락한 귀족도 아니었던 것 같다. 아자개가 2명의 처를 거느렸던 것은 그가 세력을 얻은 이후의 일일 것이다. 또 한편으로는 가난한 농민이 뒤에 장군이 되기는 어렵다는 점에서 아자개의 신분을 호족 출신으로 간주하기도 한다. 이것은 편견이 아닐까 생각된다. 양길(梁吉)이나 기훤(箕萱)과 궁예(弓裔) 모두 밑바닥에서 입신(立身)하여 장군을 칭했다. 때가 때이니 만큼 아자개 역시 농민에서 호족으로 성장하지 말라는 법은 없다.

진훤의 아버지인 아자개는 농사를 생업으로 삼았던 가난한 농민이었다. 아자개가 몸소 밭갈이를 하고 있을 때 그의 아내가 음식을 가지고 갔던 현장감 있는 이야기가 『삼국사기』와 『삼국유사』에 모두 전하고 있다. 이로 볼 때 그가 농민 신분이었음은 맞는 것 같다. 그러나 아자개는 무지렁이와 같은 필부(匹夫)는 전혀 아니었다. 신라 말의 혼란기에 그가 무리

『삼국사기』 진훤전의 시작 부분

를 모아 장군을 칭했던 것을 보면 기개가 있었던 범상치 않은 인물이었음이 분명하다. 가난할 지언정 가슴 속에 뜨거운 열정을 품고 있던 농부의 맏아들로 진훤은 태어났던 것이다. 진훤이 태어나던 해에는 홍수가 나고 흉년이 들었다. 아자개로 볼 때 그의 출생은 첫 득남(得男)의 기쁨보다는 생계에 대한 걱정을 안겨주었는지도 모른다. 아니면 흉흉한 분위기 속에 그의 출생은 이 촌부(村夫)에게 자그마한 기쁨이었을까?

진훤의 가문은 당초부터 성씨가 없었다고 보여진다. 그러나 왜 이씨와 관련된 기록이 남게 되었는지는 앞으로 검토해 볼 문제이다. 진훤이 중국대륙과의 외교적 교섭을 할 때 국왕의 성씨가 필요해 이씨 성을 칭했을 수 있다. 이보다는 그의 아버지인 아자개가 장군을 칭하는 호족으로 성장하면서 이씨 성을 모칭(冒稱)했을 가능성이 더 크다고 본다. 즉 아자개의 '아'와 음사(音似)한 기존의 성씨 가운데 이씨를 취한 것으로 생각된다. 이러한 예로는 고려 태조 왕건(王建)의 막료들 이름을 통해서 뒷받침된다. 그리고 장보고(張保皐)의 장씨는 본명인 궁복(弓福)의 앞 글자의 '弓' 변이 달린 성씨 가운데 '張' 씨를 취한데서 유래한 것이다. 구한 말 서양에서 한국으로 귀화한 외국인 가운데 자신의 이름 발음에 가까운 한국어 성(姓)에 따라 이름을 짓는 경우들이 적지 않았다. 언더우드를 '원두우 元杜尤'로 표기한 것이 대표적인 예가 된다. 이름 앞 글자인 '언'과 음이 가까운 기존의 '원' 씨를 성으로 삼았던 것이다. 아자개의 이씨 성도 이러한 사례에 해당되는 것으로 보인다.

그런데 진훤의 이름 앞 글자는 '견'과 '진'으로 모두 발음된다. 물론 '길'을 '질'이라고 부르듯이 'ㄱ'과 'ㅈ'은 음이 넘나들므로 구개음화를 연상할 수 있다. 그러나 『증보문헌비고』에 의하면 그 이름 첫 자의 발음을 '진眞'이라고 하였으므로 '진훤'으로 읽는 게 옳다. 진훤을 경상도식으로 읽게 되면 '진훠이'가 된다. 이는 그를 지렁이의 아들로 적고 있는 『삼국유사』의 출생설화와 관련 있는 것 같다. 즉, 진훤이는 지렁이의 경상도식 발음 '지러이'와 통한다. 따라서 진훤 즉 견훤은 지렁이를 가리킴에 다름 아니라고 하겠다. 실제 나의 어머니가 외조부께 어렸을 때 들은 이야기에 의하면, 진훤과 왕건의 군대가 강을 사이에 두고 대치하고 있을 때였다. 진훤이 도강(渡江)하자, 왕건 측에서는 그가 지렁이의 아들임을 알고는 소금을 물에 풀어 죽였다고 한다. 이는 허황된 설화에 불과하지만 진훤과 지렁이와의 관련은 그 이름에서 비롯하여 꾸며진 내용이라고 하겠다.

현지의 전설에 의하면 진훤은 물에만 들어 갔다 나오면 힘이 펄펄 나면서 강정(强精)해졌다고 한다. 이도 지렁이와 관련된 전설이라고 보겠다. 고대인들에게 불사신의 생명력으로 간주되었던 게 암수동체인 지렁이의 재생력이었다. 이 재생력이야말로 진훤이 백제를 부활시킬 수 있었던 근원적 힘이었을까?

이런 에피소드도 있었다. 언젠가 밤에 집사람은 그간 워드 프로세서에 입력시켰던 진훤에 관한 내용을 PC에 새로 입력시키고 나서는 말하기를, 견훤을 '진훤'으로 읽어야 한다는 내용은 수긍이 가지 않는다고 하였다. 해서 나는 원고에 적혀 있는 내용을 반복해서 설명하며 납득시키려고 했지만 믿기지 않은 표정이었다. 그런데 다음날 아침이었다. 집사람이 안방 문을 열고 들어 오더니 "진훤이가 왔다 갔어요!"라고 한다. 이제는 진훤이라고 하는 것이다. 나는 잠자리에서 벌떡 일어나 이야기를 들어 보니, 거실의 욕탕 바닥에 15㎝ 정도의 큰 지렁이가 돌연히 나타났기에 하수구를 통해 보냈다고 한다. 나의 집은 아파트 고층이라 지렁이가 엄두를 내기 어려울 뿐 아니라, 과거에 지렁이가 나타난 적도 없었다. 다만 간밤에 진훤→진훠이→지러이→지렁이라는 등식을 도출해서 역설하였지만 집사람이 도시 믿으려고 하지 않았다. 바로 나의 견해가 옳다는 것을 나타내주기 위해 '진훤왕'이 완고한 여인네 앞에 몸소 나타나셨다가 간 것 같았다. 이 이야기는 언급하지 않으려고 했지만 사실이기에 남겨 두는 것이다. 1994년 10월 25일의 일이었다.

그러면 지렁이는 무엇을 상징하는 것일까? 『고려사절요』에 의하면 "봄 3월에 지렁이가 궁성의 동쪽에서 나왔는데 길이가 70척이었다. 그때 사람이 발해국이 와서 의탁할 징조라고 하였다(태조 8년조)"라는 기사가 있다. 지렁이를 의탁의 표징으로 간주하였다는 것이다. 선뜻 이해가 가지 않는다. 말년에 그가 왕건에게 의탁한 사실과 무슨 관련이 있는 것인가?

『지봉유설 芝峰類說』에 따르면 진도(珍島)의 벽파정(碧波亭)이라는 정자에 서까래만한 구렁이가 대들보에 매달려 있었다고 한다. 그런데 돌연 흰 기운이 정자의 마루 밑에서 똑 바로 비쳐오더니 큰 구렁이가 떨어져 죽었다는 것이다. 사람들이 괴이쩍게 여겨 마루청을 뜯어 보니 그 밑에는 길이가 수척(數尺)이나 되는 커다란 지렁이가 있더라는 거였다. 그럼에 따라 구렁이를 제어하는 지렁이의 힘을 새롭게 깨닫게 되었다는 경이담(驚異譚)이 되겠다.

"지렁이도 밟으면 꿈틀한다"는 속담이 상징하듯 무기력한 미물로만 알려진 지렁이였다. 그 지렁이의 무서운 '저력'을 느끼게 하는 이야기라고 하겠다. 한미한 농민 출신의 진훤, 그는 지렁이와 같은 미미한 신분이었지만 구렁이라는 큰 뱀을 죽일 수 있는 괴력을 지닌 인물로 성장하였다. 밟힌 지렁이의 무서운 힘이 발산되는 것인가?

진훤의 출신지와 전설

　　진훤의 출신지에 관해서 『삼국사기』와 『삼국유사』에는 모두 '상주 가은현 尙州 加恩縣'이라고 했다. '상주 가은현'은 지금의 경상북도 문경시 가은읍이다. 그런데 현행 국사 개설서는 물론이고, 중·고등학교 국사 교과서에서도 진훤의 출신지와 관련해 "본래 상주 지방 농민의 아들로서"· "본래 상주의 농민 출신으로" 각각 서술하였다. 진훤의 출신지를 상주로 각각 적어 놓았다. 이러한 오류는 '상주 가은현'의 '상주'가 신라 전역을 구획해 놓은 지금의 도(道)에 해당하는 9개의 주(州) 가운데 하나임을 간과한 채 협의의 일개 도시 이름으로 간주한 데서 비롯되었다. 진훤의 출신지는 상주라는 주 안에 소속된 가은현이었다. 가은현은 말할 나위없이 지금의 문경시 관내의 가은읍을 가리키는 통일신라 때 지명이다.

　　국사 교과서의 기재는 옛 문헌에서 진훤의 출신지를 이를테면 '경상북도 가은읍'식으로 기록한 것을 가지고, 경상북도 출신이라고 이야기하는 것과 진배 없다. 문제는 '경상북도'가 상주처럼 현재 도시 이름으로 남아 있다고 할 때 진훤은 엉뚱하게도 경상북도시(市) 출신이 되는 것이다. 그러므로 이러한 오류는 하루 빨리 시정되어야 마땅하다. 진훤의 고향을 국사 교과서에 제대로 기재하는 작업이 이루어져야 한다. 혹은 진훤의 출신지를 '경북 상주군 가은현'이라고 기재한 연구자도 있다. 가은현이 아닌 가은읍은 상주시가 아니라 문경시 관내의 읍(邑)이다. 더구나 시(市)·군(郡) 밑에 현(縣)을 사용하는 행정 구역은 현재 존재하지도 않는다. 바로 이러한 오류는 진훤에 대한 깊은 이해없이 겉핥기 식으로 살펴왔음을 웅변해 준다.

가은읍 갈전 2리 아차(아채) 마을이 그의 정확한 출생지가 된다. 따라서 진훤의 출생지에 관해서는 이론의 여지가 없다. 현지에서는 진훤과 관련된 설화들이 많이 남아 있다. 용마 전설이 그 하나이다. "장군 나면 용마 나고, 용마 나면 장군 난다"는 말이 있듯이 장군과 용마는 긴밀하게 연결된 모티브였다. 이 용마 전설은 아차 마을의 유래이기도 하다. 진훤은 마을 뒷산의 큰 바위 밑의 굴에 살고 있는 난폭한 백마를 낚아채서 자신의 말로 만들었다. 진훤은 날마다 백마를 타고 다니면서 길을 들여 명마를 만들었다고 한다.

이와는 달리 농암면 연천리의 개천 가에는 말에 스친 자국이라 해서 '말바위'라는 암석이 남아 있다. 여기에도 전설이 묻

개천가의 암벽이 말바위. '말바우길'이라는 도로명 표지판

지 않을 수 없다. 말바위 밑에는 깊은 쏘가 있다. 물이 고여 있는 시퍼런 쏘에서 말 한 마리가 나와서 놀다가 사람이 곁에 가면 물 속으로 쏙 들어가는 바람에 잡지 못했다고 한다. 진훤이 꾀를 내어 냇가에 허수아비를 세워 놓았다. 말은 이 허수아비를 매일 보자 두려워하지 않았다고 한다. 그러자 진훤이 허수아비 뒤에 숨어 있다가 물 밖으로 나온 말을 붙잡아서 키웠다는 것이다.

한 날은 진훤이 산꼭대기에 있는 소나무를 향하여 활시위를 당김과 동시에 부리나케 말을 몰아 갔다. 그런데 소나무에는 화살이 박혀 있었던 것이다. 자신의 말이 화살보다 늦었다고 생각한 진훤은 칼을 뽑아 백마의 목을 후려쳤다. 순간 쉬익 소리와 함께 화살 하나가 날아와 소나무에 박혔다. 순간 진훤은 '아차' 소리를 내뱉었다. 소나무에 박혀 있던 화살은 진훤이 전날 연습할 때 쏘았던 화살이었다고 한다. 이러한 연유로 진훤이 출생한 동리는 '아차'로 불리게 되었다는 것이다.

한편 『삼국유사』에 다음과 같이 수록된 지렁이 설화에서 진훤의 어머니가 '광주북촌 光州北村' 부인(富人)의 딸로 기록된 데 근거하여 그의 고향을 지금의 광주 광역시로 단정하기도 했다.

> 또 고기(古記)에 이르기를 옛날 한 부인(富人)이 광주(光州) 북촌(北村)에 살고 있었다. (그에게는) 한 딸이 있었는데 자용(姿容)이 단정하였다. 아버지에게 말하기를 "자주색 옷을 입은 남자가 밤마다 와서 잠자리를 치릅니다"고 하였다. 그 아버지가 말하기를 "네가 긴 실을 바늘에 꿰어 그 옷에 찔러 놓아라"라고 하였더니 그대로 따랐다. 이튿날 실끝을 북쪽 담장 밑에서 찾게 되었는데, 바늘은 큰 지렁이의 허리에 찔려 있었다. 이로 인해 임신하여 한 사내를 낳았는데, 나이 15세에 자칭 진훤이라 했다.

위와 같은 진훤의 출생 설화가 이른바 야래자(夜來者) 설화이다. 그 줄 거리는 대체로 "한 마을에 처녀가 살았는데 밤마다 남자와 동침하였지만 그 남자가 어디에서 온 이였는지는 몰랐다. 이 사내의 도포 자락에 바늘 을 꽂아서 따라가 보았더니 동굴에 있는 지렁이였다. 그래서 낳은 이가 나라를 세운 혹은 유명한 누구였다"라는 구성을 가지고 있다. 이 설화는 우리 나라뿐 아니라 중국과 일본 그리고 서구(西歐)에까지 분포하고 있

다. 서구의 '큐핏–사이킷(Cupid and Psyche)'형 설화가 그것이다. 또 함경북도 회령 지역에 전해 오는 청태조 누루하치 아버지의 출생 설화 등을 꼽는다. 이렇듯 이 설화는 전 세계적인 분포 양 상을 보이고 있다. 일본의 역사책인『고사기 古事 記』와『일본서기 日本書紀』에도 이러한 유형의 설 화가 전한다.

이 설화에서 진훤의 어머니가 '광주' 사람으 로 되어 있다. 그러한 관계로 그의 출신지를 호 남 쪽으로 보는 견해가 제기되었다. 그러나 진훤 의 출신지는 분명하고도 구체적으로 역사책에 명시되어 있다. 그러므로 '光州 北村'은 글자 형 태가 비슷한 도회 이름으로서 '尙州 北村'의 잘못 이라고 보겠다. 실제 진훤이 출생한 아차 마을은 상주 북쪽에 잇대어 있는 동리인 것이다. 따라서 이는『삼국유사』에서 더러 발견되듯이 '光州'와 글자 형태가 비슷한 '尙州'를 오각(誤刻)한 것으로 단정된다. 오각 사례는 정덕본『삼국유사』에서 제법 확인된다. 가령 '후백제 진훤 조'만 보더라

광주광역시 생룡동 마을

도 '完山'의 '完'을 자형(字形)이 닮은 '兒'로 오각하였다. 진훤의 가계와 관련하여 동일한 조목에 2차례나 등장하는 『이제가기 李磾家記』는 『이비가기 李碑家記』로도 판각되었다. 게다가 『고기』의 진훤 출생설화에 이어진 경복 원년 임자(景福 元年 壬子: 892)의 완산군(完山郡) 도읍 기사와, 진훤의 넷째 아들 금강(金剛)이 즉위하여 일리천 전투를 지휘했다는 기사는 『고기』의 신뢰성을 크게 떨어 뜨린다. 이러한 정황에 비추어 볼 때 『고기』에 수록된 '光州 北村'은 '尙州 北村'의 오각 가능성을 한층 짙게 해 준다.

물론 광주에는 진훤이 출생했다는 '생룡동 生龍洞'을 비롯하여 '진훤대 甄萱臺'가 있었다. 그러한 지명은 진훤의 출생지여서가 아니다. 그의 초기 근거지였던 데서 유래하였다. 진훤의 출신지가 문경시 가은읍 일대임은 문헌 기록과 더불어 현지의 무수한 전설과 관련 유적에서도 구체적으로 뒷받침된다.

일본의 역사책인 『고사기』와 『일본서기』에는 진훤 출생담과 같은 '큐핏-사이킷'형 설화가 각각 다음과 같이 전한다.

혹자는 진훤의 출생과 관련된 『삼국유사』 설화를, 진훤이 무진주 즉 광주 지역 호족의 딸과의 혼인을 암시하는 것으로 간주하기도 했다. 그러나 이 설화는 진훤의 어머니와 관련된 것이므로 그 처계(妻系)와 곧바로 연결시킬 수는 없다. 이 설화는 '진훤' 이름의 유래를 알려주는 출생설화이지 혼인설화는 전혀 아니기 때문이다. 만약 이 설화가 광주 지역과 연관된 것이라고 하자. 그렇다면 『삼국유사』에 수록된 진훤 관련 전설과 유적이 문경 지역에 남겨지게 된 이유에 대한 해명이 필요하다. 그렇지 않고 넘어간다면 논리의 궁핍을 자인(自認)하는 게 된다.

　　그 밖에 진훤은 처음에는 "부(父)를 위시한 선대 조상들의 계보를 진흥왕에 댐으로써 신라 왕족 출신임을 표방"하였으나 뒤에는 진훤 자신이 광주 출생설을 조작해서 유포시켰다는 견해도 있다. 이러한 논리라면 성골장군을 칭했던 왕건 선대설화의 경우도 신라 왕족 출신임을 표방하면서 왕건이 조작·유포시켰어야만 하지 않았을까? 그리고 진훤의 광주 출생설은 무진주를 점령한 892년 이후 전주 천도가 있던 900년 이전에 조작되었다는 것이다. 그렇다면 진훤의 신라 왕족 출신설은 그가 거병하던 889년에서 892년 사이에 조작한 게 된다. 그러나 이같은 공개적인 '호적 戶籍'의 잇따른 변개 내지는 날조가 어떻게 가능할 수 있을까? 물론 "견훤은 신라에 대한 적대적 감정과 부모와 고향 마저도 부정하는 유아독존적 심성을 강화해 갔을 것이다"라는 식의 표현대로라면 가능한 것일까? 그럼에도 『삼국사기』와 『삼국유사』에서 진훤의 출신지를 모두 상주 가은현이라고 한 기록이 남게 된 배경은 무엇일까? 그에 대한 해명이 역시 필요할 것 같다. 그러나 무엇보다 진훤이 신라 왕족 출신설에서 갑자기 광주 호족 출신설로 변개시켜 내세웠다면 과연 호소력을 얻을 수 있었겠냐는 문제가 따른다. 이는 지극히 상식적인 의문이지만 반드시 짚고 넘어 가야 할 사안이 아닐까?

『청구도』에 보이는 문경과 그 주변
진훤의 고향인 '가은'도 보인다.

이 오호타나네코[意富多多泥古]라는 사람을 신(神)의 자식으로
알 수 있는 것은(다음과 같은 연유가 있다). 위에서 말한 바 있는
이쿠타마요리비메[活玉依昆賣]는 그 얼굴과 자태가 단정하였다.
그녀에게는 남자가 있었는데 그 모습은 위의(威儀)가 있어 당시
누구와도 비할 수 없었는데, 한밤 중에 홀연히 찾아 왔다. 그런 까
닭에 서로 관계를 맺어 함께 혼인하여 함께 살고 있는 기간이 얼마
지나지 않았는데, 그 미인은 임신을 하였다. 그녀의 부모는 그녀
가 임신한 사실을 괴이쩍게 여겨 그녀에게 "너는 아이를 배었는데
남편도 없이 어떻게 임신을 하게 되었느냐?"라고 말하였다.

그녀가 "수려하게 생긴 남자가 있는데 그 이름을 모르지만 매일
밤마다 와서 함께 지내는 동안 저절로 임신을 하였습니다"라고 대
답하였다. 이에 그 부모는 그 남자에 대해서 알고자 하여 딸에게
"붉은 흙을 마루 앞에다 뿌려놓고 실패에 감긴 실을 바늘에 꿰어

전설의 진원지인 미와야마 원경
히미코 여왕의 무덤으로 추정되는 전방후원분 뒷편의 산이 미와야마이다.

그 남자의 옷자락에 꽂아 놓으라!"라고 가르쳐 주었다.

　다음날 아침에 보니, 바늘에 꿰어 둔 실은 문[戸]의 열쇠구멍을 통해 빠져 나가 있었는데, 오직 남아 있는 실은 세 가닥뿐이었다. 따라서 그 남자가 열쇠구멍을 통하여 빠져나갔음을 알고는 실을 따라 찾아 가보니 미와야마[美和山]에 이르러 신사(神社)에 와서 그쳤다. 그러므로 그가 신의 아들임을 알 수 있다. 실이 세가닥 남았다는 것에서 그 곳의 이름을 미와[美和]라고 하였다. [이 오호타타네코노미코토는 미와노키미[神君]와 카모노키미[鴨君]의 선조이다](『고사기』三輪山 전설)

　이후에 야마토도도비모모소히메노미코토[倭迹迹日百襲姫命]는 오호모노누시노가미[大物主神]의 아내가 되었다. 그러나 그

신(神)은 항상 낮에는 보이지 않고 밤에만 왔다. 야마토도도비메노미코도[倭迹迹姬命]가 남편에게 "당신은 항시 낮에는 보이지 않아서 얼굴을 분명하게 볼 수가 없습니다. 원컨대 잠시 머물러 가십시오. 내일 아침에 수려한 위의(威儀)를 보게 되기를 바랍니다"라고 말했다. 오호가미[大神]가 대답하기를 "이치에 맞는 말이요. 내가 내일 아침 당신의 빗그릇 속에 들어가 있을 것이요. 바라건대 내 형체에 놀라지 마시요"라고 말하였다. 야마토도도비메노미코도는 마음 속으로 이상하게 여겼다. (날이) 밝는 것을 기다려 빗그릇을 보니 예쁘고도 작은 뱀이 들어 있었다. 그 길이와 굵기는 옷끈과 같았다. 놀라서 부르짖었다. 그러자 오호가미는 부끄러워서 당장 사람의 형체로 변했다. 그 아내에게 "그대는 참지 못하고 나에게 부끄러움을 주었다. 이번에는 내가 그대에게 부끄러움을 주겠다"라고 말하였다(『일본서기』 崇神 10년 9월 조).

이러한 설화와 동일한 유형으로서 국내 최고의 그것이 진훤 출생설화인 것이다. 이 설화의 내용을 뒷받침해 주듯 아차 마을에는 진훤의 어머니와 관계를 맺었다는 지렁이가 살았다는 동굴이 남아 있다. 금하굴(金霞窟)이라는 이름의 동굴로서, 이곳의 유지인 순천 김씨 집안 뒷켠 담장 근처에 자리잡고 있다. 이 동굴에서는 풍악 소리가 들렸던 관계로 유람객이 자주 찾아와 동네에 폐해가 컸으므로 수백년 전 어느 장군이 메웠다고 한다. 혹은 어느 대갓집 며느리가 몰래 앞치마로 자갈을 세 번 쏟아 부었더니 굴이 메워졌고 손님도 끊어졌다는 것이다.

진훤왕 출생지 표지판

진훤의 출생과 관련한 전설을 간직하고 있는
동굴인 금하굴 입구

순천김씨 고택

아차 마을의 사형제 바위
청동기시대 고인돌을 가리키고 있다. 유서 깊
은 마을임을 암시해 주고 있다.

아차마을에서 바라본 속개들과 옥녀봉
산세가 수려하다.

진훤의 출생지 아차 마을 원경

　이와 같은 전설은 꽤
흔한 편이다. 강원도 고
성 삼일포의 바위 석벽에
'영랑도남석행 永郎徒南
石行'이라는 여섯 글자가
붉은 글씨로 쓰여져 있
다. 『패관잡기 稗官雜記』

정면에서 바라 본 아차 마을

에 따르면 세속에서 "영랑은 신라 때 사선(四仙)의 하나이고, 남석은 이
돌을 가르친 것이요, 행(行)이라는 것은 돌에 행하는 것이다"라고 해석하
기도 하지만 분분한 해석을 자아내었다. 해서 그 고을에 손님들이 많이
찾아와서 이 돌을 찾으므로 한 군수가 그 번잡하고 비용드는 것을 싫어해
서 돌로 글자를 쳐서 없애 버렸다고 한다. 뒤에 다시 여섯 글자를 바위에
새겼다는 것이다.

　장대비가 쏟아지던 어느 해 여름 날이었다. 이곳을 방문했을 때 3일

째 꽹과리 치는 소리가 동굴에서 나온다는 이야기를 이 집 툇마루에 앉아 들은 적이 있다. 또, 오래 전에 동네 사람들이 이 동굴을 파 보았더니 토기 조각과 수저 등이 출토되었다. 지하 30m쯤에는 여러 명이 앉을 수 있는 편편한 공간이 있었고 그 밑으로는 끝을 알 수 없는 공간을 확인하였다고 한다.

전설이 재생산 되는 진훤의 고향인 아차 마을은 풍광이 수려하다. 산을 등진 마을 앞으로는 비옥한 논 자락이 펼쳐져 있고 그 맞은 편에는 옥녀봉이라는 산이 단아하게 자리잡았다. 이곳의 산줄기는 기세 좋게 농암면을 지나 속리산 방면으로 뻗어 나가고 있다. 풍수를 모르는 이도 이러한 산세와 주변 지세를 처음 보고는 "참 좋다"는 말을 토해 내고는 한다.

실제로 이 마을의 형세가 마치 뭇 오리가 호수에 내려 앉는 형상(群鵝投湖形)이라 해서 아호동(鵝湖洞)이라고 한다. 게다가 금비녀가 땅에 떨어진 형상인 금차낙지형(金釵落地形)이기 때문에 여기서 한 글자씩 취하여 '아차 鵝釵'라고도 불린다. 혹은 진훤의 아버지인 아자개의 이름을 따 아개동(阿介洞)이라고도 한다. 이곳은 풍수지리적으로 복락을 누릴 수 있는 명당임을 뜻한다는 해석이 많다. 마을 뒷쪽으로 큰 산이 솟아 있어 이웃 상주시와 경계를 이루고 있다. 마을 앞에는 낙동강의 지류인 영강이 흐르며 그 주변을 따라 '속개들'이라는 넓은 들이 펼쳐졌다. 마을 밖에서 보면 마을 전체가 잘 보이지 않으므로 규모를 가늠하기 어렵다. 그렇지만 마을에 들어서면 상당히 큰 동리가 자리잡고 있음을 발견하게 된다.

진훤의 출생지인 아차에는 삼태바위라는 지석묘가 남아 있다. 정승이 3명 난다고 해서 붙여진 이름이다. 그런데 2기는 마을 사람들이 경지 정리를 하면서 땅 속으로 묻어버렸고 현재는 1기만 마을 가운데 남아 있다. 지석묘는 청동기시대의 분묘인 만큼 상당한 유서를 간직한 마을임을 알려준다. 지난 세기 끝만 하더라도 56호에 150명 가량의 인구를 지녔었다.

'궁기1리' 마을 표석   농암 '궁터 마을' 표지판

    한편 '궁터'에 관한 전설이 내려온다. 진훤의 집안은 농암면 가장 서쪽 오지(奧地)인 궁기리(宮基里)의 궁터라는 것이다. 그의 어머니가 살던 곳이 아차라는 해석도 제기되고 있다. 궁터라는 지명은 후백제왕 진훤이 출생한 곳인데서 연유했다고 한다. 임금이 나온 곳이라 해서 궁터라는 지명이 생겨났다는 것이다. 이 곳에서는 수확 도구인 반월형 석도(石刀)가 출토되었다고 한다. 오지이기는 하지만 역시 유서 깊은 동리임을 암시해준다.

진훤의 소년시절

진훤은 출생할 때부터 비범한 데가 있었다. 전설에 따르면 온갖 날짐승이 날아와 아이를 보호해 주기를 수년 동안이나 했다고 한다. 해서 마을 사람들은 그가 보통 아이가 아니라 장차 큰 인물이 될 것을 예언했다는 것이다. 이 전설은 사실 여부를 떠나 그가 카리스마를 형성했음을 뜻하는 것으로 해석되어진다. 무엇보다도 이 전설은 "새가 와서 덮어주고 범이 와서 젖먹이다"라고 노래한 『제왕운기』 후백제기에서 진훤을 찬미하는 구절과 부합이 되고 있다. 상당한 연원을 지닌 전설임을 알게 된다. 게다가 "새가 와서 덮어 주었다"는 이야기는, 고구려를 세운 추모왕(鄒牟王)의 출생 사적과도 부합되는 설화이다. 따라서 시조왕의 탄생이 지니는 격조와 의미를 한껏 높여 주고 깊게 해 준다.

그러나 무엇보다 『삼국사기』와 『삼국유사』에는 진훤이 강보에 싸여 있던 젖먹이 때의 이야기에 비범함이 응결되어 있다. 하루는 그의 아버지가 들에 나가 밭갈이를 할 때였다. 그 어머니가 식사를 갖다 주면서 진훤을 수풀 아래에 내려 두었더니, 호랑이가 와서 젖을 먹었다고 한다. 진훤은 호랑이의 젖을 먹고 자란 것이 된다. 이는 대로마제국의 시조인 로물루스와 레무스 형제가 늑대젖을 먹고 자랐다는 설화와 비교된다. 오히려 타이거의 젖을 먹고 자란 우리 진훤왕의 설화로서의 격이, 로마제국 시조형제의 그것보다는 높지 않은가라는 느낌마저 든다. 요컨대 이 설화는 진훤의 용모와 용기가 타이거에 비견될 정도였던 데서 생겨난 것이 아닐까? 만약 진훤 왕조가 수백 년간 존속하였다면, 왕건의 선대 조상설화가 그러했던 것처럼, 더욱 신비롭고 그럴싸하게 그 '태조'의 위엄을 높이는 이야기들이 꾸며지지 않았을까 싶다.

진훤 이야기는 다음과 같이 정리된다. 첫째, 처녀가 지렁이와 교혼하여 임신해서 아들을 낳았다. 둘째, 호랑이 젖을 먹었고, 야생짐승들이 보살펴주었다. 셋째, 성장하면서 말을 잘 타고 활을 잘 쏘았다. 넷째, 폭압을 몰아내고 새로운 왕국을 건설한다. 이는 기본적으로 부여의 동명왕이나 고구려 추모왕 전설과 맥락을 같이 한다.

여하간 진훤이 호랑이 젖을 먹었다는 이야기는 그가 기개 있는 사나이로 성장해 간데서 붙여진 것으로 보겠다. 진훤뿐 아니라 그의 아우들도 특출난 데가 있었다고 한다. 『삼국유사』에 의하면 아자개에 관한 설명에

의성 고운사에 그려진 호랑이 그림
보는 방향에 따라 호랑이의 눈이 움직인다고 해서 화제가 되었던 그림이다. 맹수의 왕인 호랑이의 젖을 진훤이 먹었다는 이야기는, 그의 용력(勇力)과 카리스마를 상징한다고 보여진다.

서 "그에게는 4명의 아들이 있어 모두 세상에 이름이 알려졌다. 그중 진 훤이 걸출하여 지략이 많았다 한다"라고 했다. 그런데 『이제가기』에 의하 면 아자개는 두 부인 사이에서 5남 1녀를 두었는데, 진훤이 장남이고, 둘 째 아들은 장군 능애(能哀), 셋째 아들은 장군 용개(龍蓋), 넷째 아들은 장 군 보개(寶蓋), 다섯째 아들은 장군 소개(小蓋)요, 딸 하나는 대주도금(大主 刀金)이라 불렀다고 했다. 이 기록은 유의할 값어치가 있다.

진훤은 고된 농사일이기는 하지만 형제들과 그리고 누이와 꿈 많은 소년시절을 보내지 않았을까? 아차 마을 동구에서 형제들과 기세 좋은 산세를 응시하고는 바위에 걸터 앉아 두런 두런 이야기도 나누면서 세월 을 보냈을 것이다. "저 산줄기가 끝나는 곳에 무엇이 있을까"라는 호기심 도 발동하였으리라.

881년(헌강왕 7) 어느 때였다. 『삼국유사』에 따르면 그는 "나이 열다섯 이 되자 스스로 진훤이라고 일컬었다"고 한다. 진훤 이름은 조상이 아니 라 스스로 지은 것이다. 15세면 정남(丁男)으로서 국역(國役)을 지게 된다. 아마 이때 호적에 등재할 때 '진훤'으로 올린 사실을 뜻하는 것으로 보인 다. 진훤은 말할 나위 없이 '지러이' 곧 지렁이를 가리킨다. 이러한 이름 도 그의 출신이 한미(寒微)함을 방증해 준다. 그리고 진훤의 '훤'자는 당시 이 글자를 이름 끝자에 붙이는 유행을 의식하여 끌어 당긴 것이다. '훤'자 는 도적의 괴수뿐 아니라 전쟁에서 사망한 승병(僧兵)의 이름에서도 흔히 확인되기 때문이다. 그렇지만 진훤이 자신의 이름을 스스로 붙였다고 할 때는 어떤 의미가 있다고 보아야 한다. 궁예가 승려시절 스스로 선종(善 宗)이라고 하였다. 이는 고승의 이름에서 취했다기보다는 문자 그대로 '선의 본류'라는 뜻이다. 승려로서의 자부심과 서약이 담긴 듯하다. 진훤 의 경우는 지러이 즉 지렁이에서 유래했지만 자신의 이름을 문자화하면 서 의미 부여를 했다고 본다. '진 甄'의 뜻 가운데 하나가 질그릇이요, '훤

원추리 꽃

甕은 원추리의 뜻이다. 질그릇은 흔히 볼 수 있는 모두에게 필요한 식기
요, 원추리 역시 산야에서 쉽게 눈에 띄는 백합과에 속한 다년생 풀에 속
한다. 원추리의 효능은 가슴 답답함을 풀어주고 소화를 촉진해 준다. 원
추리의 꽃말은 '기다리는 마음'이다. 진훤이라는 이름에는 모두에게 필요
한 그릇이 되어 가슴 답답함을 풀어주겠다는, 암울한 시대를 자각하면서
자신의 소임에 눈을 뜬 소년의 포부가 담겼을 수 있다. 더욱이 '진'에는
'현양하다' 혹은 '골라서 뽑다'는 뜻이 보인다. 그러니 '골라서 뽑힌 원추
리' 즉 민초에 불과한 자신이 선발되었음을 뜻할 수 있다. 그 선발은 15세
에 군역을 지게 된 사실을 가리키는 것 같다.

　　진훤의 성장 과정에서 향리는 그의 사고에 일정한 영향을 미쳤을 것
이다. 나의 고향 사람들은 걸어서 당일로 속리산 문장대에 올라갔다 오기
를 예사로 했다. 진훤 또한 속리산 문장대에 올라 갔으리라고 믿어진다.

"장성하자 모습이 웅장하고 기이했으며, 뜻과 기상이 기개가 있어 평범하지 않았다"는 그의 성품에 비추어 볼 때, 그것은 틀림없는 사실로 여겨진다. 그러면서 그는 호쾌한 기상을 길렀을 터이다. 이것은 소백산맥이라는 험고(險固)한 울타리에서 벗어나 말소리도 다른 그 바깥 세계와 접촉하는 계기를 마련해 주었다. 진훤은 신라의 기본 영역이었던 소백산맥과 그 바깥 세계와의 경계선에서 출생하여 자랐던 것이다. 이것은 그의 성장과 사고에 어떠한 영향을 미쳤을까?

일찍이 일본의 저명한 역사학자인 미야자키 이치사다[宮崎市定: 1901~1995]는 독재자가 지역의 경계선에서 태어나기 쉬운 경향은 세계에 공통된 현상이라고 했다. 히틀러가 출생한 곳은 독일과 오스트리아의 국경 근처이고, 스탈린이 태어난 죠르지아는 기독교 문명과 이슬람 문명의 경계에 해당되고 있다. 일본에서는 오다 노부나가[織田信長]·토요토미 히데요시[豊臣秀吉]·도쿠가와 이에야쓰[德川家康]의 3인이 모두 한결같이 오와리[尾張]·미가와[三河]에서 출생했지만 이 주변은 은을 사용하는 서일본과 금을 사용하는 동일본의 경계선 부근이었다. 메이지 유신[明治維新] 때의 사이코 다카모리[西鄕隆盛]나 야마가타 아리토모[山縣有朋]를 낳은 사쓰마[薩摩]·나가도[長門]는 일본의 변경으로 오키나와[琉球]나 쓰시마[對馬]를 통하여 해외와 밀무역을 통하여 접촉을 유지하고 있었다. 난세에 태어나 패권을 다툼에는 획일적인 교육에 의해 두뇌의 움직임이 고정되지 않고 사물을 상대적으로 생각하며 평형 감각을 구사하여 현실에 의거한 행동을 하는 것이 가장 필요하다고 한다.

진훤은 어린시절부터 소백산맥 바깥 세계를 알았던 것이다. 아니 드나들었다는 표현이 적절할지도 모른다. 진훤의 출생지인 가은현은 서쪽으로는 속리산 방면으로 나아가 서원경(西原京)이 설치되었던 청주 중심의 문화를, 북쪽으로는 지금의 충주인 국원경(國原京)을 통해 계립령(문경

새재의 동편에 소재한 고대 교통로)을 넘어 들어오는 국제적인 문화를 접할 수 있는 위치에 있었다. 진훤은 서원경을 통해서는 옛 백제의 정서와 문화를, 삼국과 가야 문화까지 배어 있는 국원경을 통해서는 세련된 평형 감각을 익혔을 것으로 보인다. 국원경에는 대가야인으로서 악성(樂聖)으로 추앙된 우륵(于勒)이 살았듯이 그 유향(遺鄕)인 가야 문화까지 녹아 있었다.

시골 소년 진훤은 도시적인 분위기도 간접 체감하였을 것이다. "뜻과 기상이 기개가 있어 평범하지 않았다"는 평은 마을에만 머물러 있는 다소 곳한 소년이 아니라 진취적이면서 활동적인 그의 면모를 생각하게 한다. 여하간 이러한 성장기의 주변 환경을 통해 익힌 견문과 체험이야말로 훗날 그가 전혀 연고도 없는 지금의 전라도 지역에서 기반을 튼튼히 내릴 수 있는 데 긍정적인 요인으로 작용한 것으로 보인다.

게다가 진훤이 13세 되던 879년(헌강왕 5)에는 구산선문

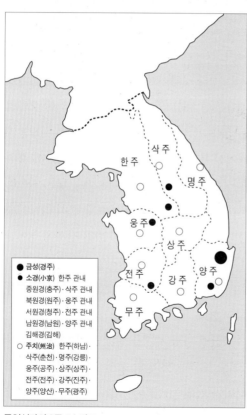

● 금성(경주)
● 소경(小京) 한주 관내
　중원경(충주)·삭주 관내
　북원경(원주)·웅주 관내
　서원경(청주)·전주 관내
　남원경(남원)·양주 관내
　김해경(김해)
○ 주치(州治) 한주(하남)·
　삭주(춘천)·명주(강릉)·
　웅주(공주)·상주(상주)·
　전주(전주)·강주(진주)·
　양주(양산)·무주(광주)

통일신라의 9주 5소경도

희양산 봉암사 경내

(九山禪門) 도량의 하나로서 희양산파(曦陽山派)의 총본산인 봉암사가 창
건되었다. 봉암사는 진훤의 향리에서 북쪽으로 걸어서 20리 길인 지금의
가은읍 원북리에 소재하였다. 봉암사의 창건은 궁벽한 산골에 수도인 경
주의 고급 문화가 전이(轉移) 되어지는 계기가 되었다. 문화뿐 아니라 사
람들도 이주해 왔고, 그들과의 자연스런 접촉도 이루어졌다. 신라의 마지
막 임금인 경순왕이 난리를 피해 이곳으로 왔다는 전설이나, 왕비가 이곳
에 왔다가 아이를 낳아 태(胎)를 묻었다는 전설과 더불어, 본시 왕릉이 있
었기에 가은읍 '왕릉리'였는데 다시 이장했기에 '일 日'자를 넣어 '왕릉 旺
陵'으로 표기한다는 등등의 전설들이 그것을 암시해 준다. 내가 어렸을
때부터 어머니로부터 숱하게 들었던 이야기들이다.

봉암사의 창건을 전후하여 사원 기술자라든지 후원자인 귀족들과 그
에 부수된 인력들이 속속 가은 땅에 몰려 왔다. 진훤은 이로 인해 '서울

사람들'을 보게 되었을 것이다. 이때쯤 진훤은 무엇보다도 봉암사를 통해 당시 유행하던 선종(禪宗)에 관해 눈 뜨게 되었음이 분명하다. 그가 훗날 경보(慶甫: 868~948)와 같은 선사를 우대하였고, 화엄종 사찰인 해인사를 복전(福田: 공양을 받을 만한 법력을 갖춘 이에게 공양하고 선행을 쌓음)으로 할 수 있었던 종교적인 안목에 서서히 눈을 뜨게 되지 않았을까 생각해 본다. 당시 최고급의 지성인 불교 종단에 대한 이해를 통해 이들과 가까워질 수 있는 교양의 틀이 조성된 것으로 보인다. 이와 관련해 희양산파의 본산인 봉암사에 관한 나의 지나간 원고를 당겨 보고자 한다. 아마 그것이 약간은 도움이 될 것 같다.

먹구름이 좍끼인 듯한 칙칙한 세상을 허허롭게 노닐었던 고운(孤雲) 최치원(崔致遠)은 특유의 꽃내음 그윽한 문체로 우리나라를 눈부실 정도로 화사하게 묘사하였다. "하물며 동방의 제후가 외방을 다스리는 것으로 우리와 같이 큰 것이 없으며, 지령(地靈)은 이미 호생(好生)으로 근본을 삼고, 풍속은 또한 서로 사양하는 것을 먼저하니, 희희한 태평의 봄이요, 은은한 상고(上古)의 교화로다"라고 극찬한 이가 바로 고운이 아니었던가! 조국 신라에 대한 고운의 무한한 애정이랄까 자부심을 담고 있는 이 글월은, 모진 풍상을 맞으면서도 푸른 빛깔을 잃지 않은 아홉자 남짓의 지증대사비에 새겨 선연히 전한다. 지증대사비는 고운의 격조 높은 문체가 뿜어지는 유명한 사산비명(四山碑銘)의 하나로서, 신라 말 구산선문의 하나요 희양산파의 본산인 봉암사를 개창한 지증대사의 향기나는 자욱을 담고 있는 탑비(塔碑)인 것이다.

고운은 지증대사의 입적을 "아아! 별은 하늘로 돌아가고 달은 한 바다에 떨어졌도다. 온종일 바람은 골짜기에 진동하니 그 소리는 호계(虎溪)가 울부짖는 것 같았고, 적설(積雪)은 소나무를 꺾으니 빛깔은 학수(鶴樹)와 같았다. 외물이 감응함도 이와 같이 극진하거늘, 사람의 슬픔이야 헤

봉암사 경내의 옥석대에 소재한 고려시대 마애불

아릴 수 있겠는가"라면서 가슴을 메이게 한다.

　고운과 지증대사야말로 희양산을 이야기하면서 빼놓을 수 없는 이들이다. 희양산에 관한 가장 오래된 기록이 지증대사비에 전하기 때문이다.

문경 가은 지역의 심충

(沈忠)이라는 호족이 지

증대사에게 "희양산 중

턱에 있는 자신의 땅은

봉암(鳳巖)·용곡(龍谷)

으로 지경이 괴이하여

사람의 눈을 놀라게 하

니, 선찰(禪刹)을 세우

기를 바랍니다"라고 하

봉암사 지증대사부도 기단부의 취주악상 부분

면서 땅을 희사하고 있다. 지증대사는 사양하였으나 워낙 심충의 뜻이 간곡하였을 뿐 아니라 먼 발치에서 바라 본 희양산은 갑옷 입은 기사(騎士)가 앞으로 나오는 것 같은 기이한 형상이었다. 해서 노구(老軀)의 지증대사는 석장에 의지하여 나무꾼이 다니는 좁은 길로 발을 재촉하여 가서 지세를 살펴었다. 입적하기 불과 3년 전의 일이다.

　지증대사비에는 희양산의 모습을 "산이 사방에 병풍처럼 둘러막고 있음을 보니, 붉은 봉황의 날개가 구름을 치며 올라가는 듯하고, 물이 백겹으로 띠를 두르니 이무기가 허리를 돌에 대고 누운 것 같았다"라고 묘사하고 있다. 지증대사는 희양산의 빼어난 기상에 감탄하면서 "이 땅을 얻음은 하늘의 돌보심이요, 만일 승려의 거처가 되지 않으면 도적의 소굴이 될 것이다"라고 하였다.

봉암사 초입에서 바라 본 바위산인 희양산과 '夜遊岩' 명문 바위

충청북도 연풍과 경계이면서 1,000m에 육박하는 희양산의 주봉은 삼면이 석벽인데, 상투를 쪽찌고 다담상을 받는 형상으로도 이야기 된다. 그 서남쪽에는 화창한 날에도 구름이 감돌고 층암괴석이 만물상을 이루고 있는 구룡봉이 있다. 희양산에서 서쪽으로 20리쯤은 외선유동(外仙遊洞)이 되고, 또 그 40여 리쯤은 내선유동(內仙遊洞)인데, 모두 '천석절승 泉石絕勝'으로 일컬어질 만큼 빼어난 승경을 자랑하고 있다. 그러니 고운 같은 이의 발길이 머무르지 않을 수 없게 되었으리라. 희양산 밑의 바위에 새겨진 '야유암 夜遊岩'이니 '백운대 白雲臺'니 하는 필적은 고운의 것이고, 희양산 중턱에 자리잡은 독서굴은 그가 공부하던 곳으로 전한다.

희양산에는 고운같은 인텔리켄챠의 체취만 남아 있는 것은 아니다. 지증대사가 짚었듯이 신라 말에는 들도적들의 소굴이기도 하였다. 또 지난 세기 중엽에는 '산사람'들의 '비트'가 몰려 있던 곳이다. 모두 고뇌를 길게 내뱉다가 역사의 뒤안으로 밀려난 이들의 거친 숨결이 흐르던 장소였다. 명산(名山)은 명산이었든지 일제가 우리 민족의 지기(地氣)를 끊기 위해 쇠말뚝을 박아두었던 관계로 희양산은 상처를 입기도 하였다.

향락에 찌든 병든 도시와 그 이면의 비참한 현실

　　진훤이 15세 되던 해인 881년까지의 안팎의 정세는 광풍을 동반한 폭우가 쏟아지기 직전의 파도가 일렁이는 모습이었다. 그럼에도 불구하고 태평성대를 구가하는 모습으로 위정자들이 믿고 있는 것처럼 비치고 있다. 진훤이 14세 되던 해 중양절날이었다. 헌강왕은 좌우 신하들을 거느리고 기분 좋게 10년 전에 중수한 월상루(月上樓)라는 높은 누각에 올랐다. 경주 도성의 사방을 휘둘러 보니 민가(民家)는 즐비하게 늘어섰고 노래 소리는 끊이지 않는 모습이었다. 헌강왕은 시중인 민공(敏恭)을 돌아다 보면서 "내 들으니 지금 민간에서는 집을 기와로 덮고 짚으로 잇지 아니하며, 밥을 짓는데 숯으로 하되 나무를 쓰지 않는다는데 사실이냐"고 물었다. 민공이 대답하기를 "저도 또한 그렇게 들었습니다"라고 말하면서, "상(上)께서 즉위하신 이래 음양이 고르고 풍우(風雨)가 순조롭고 해마다 풍년이 들어 백성들은 먹을 것이 넉넉하고, 또 변경(邊境)이 안온하고 시정(市井)이 환락하니 이는 성덕(聖德)의 소치입니다"라고 말하였다. 헌강왕은 기뻐하여 "이는 모두 경(卿)들의 보좌한 힘일 것이다. 내 무슨 덕

(德)이 있으랴!"고 답했다.

헌강왕과 그 신하들 사이의 이야기만 듣는다면 신라 도성의 융창한 모습이 유감없이 그려지는 듯하다. 사실 위의 내용은 내가 소년시절에 국사를 공부할 때 배웠을 정도로 유명한 이야기이다. 그런데 흥청거리는 가무와 음주의 뒷편에 가리워진 신라 주민들의 생활은 그리 편안하지 못했다. 그리 편안하지 못한 게 아니라 질곡으로 신음했다고 말하는 게 오히려 적합할 것이다.

통일국가의 수도인 경주로 각지의 물산이 집중되었다. 게다가 인구까지 몰려 들었다. 178,930호가 거주하는 대도시를 이루었다고 한다. 『신당서』에 의하면 "재상의 집에는 녹(祿)이 끊어지지 않으며 노비[奴僮]가 3천 명이나 되며, 갑병(甲兵)과 소·말·돼지도 이에 맞먹는다. 가축은 바다 가운데의 산에 방목을 했다가 필요할 때에 활을 쏘아서 잡는다"고 하였다. 비록 과장이 게재된 문구라 하더라도 귀족의 집에 3천 명의 노비와 3천 명의 군사 그리고 수천 마리를 헤아리는 가축들의 숫자, 듣기만 해도 현기증이 나는 일이다. 부(富)의 독식과 편중이 어느 정도였는가를 실감나게 해 준다.

또 수도 내에는 35 금입댁(金入宅)이라는 금박을 입혔다고도 하고 혹은 김씨 진골귀족의 저택이라는 뜻을 담고 있는 대저택이 자리잡고 있었다. 귀족들의 대저택이 일반 주민들로 하여금 주눅들게 하였다. 이같은 수도의 번성과 무위도식하는 귀족들의 사치는 말할 나위 없이 주민들에 대한 가혹한 착취에서만이 가능하였다. 당시 농민들의 생활상을 보여주는 「신라촌락문서」에 의하면 3년마다 호구와 더불어 전답과 가축 및 유실수에 대한 조사가 단행되었음을 알려주고 있는데, 뽕나무·잣나무 숫자까지 일일이 파악하여 세금을 부과하고 있다. 그러할 정도로 중앙권력의 지배는 촌락 말단에까지 깊숙이 미쳤던 것이다. 그랬기에 경주의 귀족들은 환락적인 생활을 누리는 게 가능하였다.

　신라 말의 사치상은 최승로(崔承老)가 고려 성종에게 올린 상서문에도 보인다. 즉 "신라 말기에 불경과 불상을 죄다 금은(金銀)을 사용하여 사치함이 정도에 지나쳤으므로 마침내 멸망하게 되고, 장사꾼들이 불상을 훔쳐 부수어 서로 매매하여 생계를 도모하게까지 되었습니다"라는 구절이 그 실상을 약여(躍如)하게 반영해 준다. 또 한 시대의 권화로서 시대정신을 이끌었던 화랑도 역시 전쟁이 끝남에 따라 시대적 소임을 다하고 말았다. 화랑도 또한 사치와 향락에 들 뜬 시대적 추세에 결코 초연하지만은 못했고, '놀이'의 기능만 남게 되었다. 전사단으로서의 강건한 모습을 상실한채 일종의 사교 그룹과 같은 단체로 전락하였다. 이러한 통일신라의 시대적 분위기와 관련하여 『삼국유사』에 전하는 처용(處容) 설화를 음미할 필요가 있다. 다음과 같은 내용이다.

　헌강왕이 경상남도 울산에 있는 포구(浦口)에 행차하여 쉬었는데, 홀연히 어두워져 길을 잃을 지경이었다. 국왕 전속의 점복을 맡아 보는 일관(日官)이 점을 쳐 보고는 동해용의 조화라고 하였다. 왕이 용을 위하여 근처에 절을 세우라고 명령하자마자 구름이 걷히고 안개가 말끔히 흩어졌으므로, 포구 이름을 구름이 걷힌 포구라는 뜻으로 개운포(開雲浦)라고 지었다. 그러자 동해용이 기뻐하여 일곱 아들을 데리고 임금 앞에 나타나서 춤을 추며 음악을 연주하였다. 그중 한 아들은 임금을 따라 서울에 와서 정사를 보좌하였는데, 이름을 처용이라 하였다. 왕은 미녀로써 처용의 아내를 삼게 하고는 서울에 거주하게 하고 벼슬까지 주었다.

　처용의 아내가 몹시 아름다웠으므로 마마귀신[疫神]이 흠모하여 그 집에 가서 몰래 동침하고는 하였다. 하루는 처용이 밖에서 실컷 놀다가 집에 돌아와 보니, 자리에 두 사람이 누워 있음을 발견하고는 뜻밖에도 노래를 부르며 춤을 추고는 물러났다. 이 노래가 유명한 처용가인데 "동경

(東京) 밝은 달에 밤새
어 노니다가, 들어와
자리를 보니, 가라리
(다리) 네히어라, 둘은
내해이고 둘은 뉘해인
고, 본시 내 해다만은
빼앗겼으니 어찌하리
꼬"라는 내용이었다.

신라 토기에 붙은 성행위 장면 토우

처용의 관대한 태도에 감동한 마마귀신은 그 앞에 무릎을 꿇어 앉아 "내
가 공의 아내를 사모하여 지금 과오를 범하였는데 공이 노하지 아니하니
감격하여 아름답게 여기는 바입니다. 금후로는 맹세코 공의 형용을 그린
것만 보아도 그 문(門) 안에 들어가지 않겠습니다"라고 하면서 물러났다.
이로 인하여 나라 사람들은 처용의 형상을 문에 붙여서 사악한 귀신을 물
리치고 경사를 맞아들였다고 한다.

이러한 처용설화의 역사적 의미에 관해서는 2가지 견해가 있다. 첫째
는 처용의 정체는 반중앙적인 울산 지역 지방호족의 아들이며 헌강왕대
에 볼모로 서울에 들어와 '왕정을 보좌한' 역사적 사실을 설화화한 것으로
보았다. 그리고 처용의 처와 간통한 마마귀신은 '병든 도시 문화에 젖어
있던 유한공자'를 대표하는 것으로 해석하였다. 사실 처용이 밤새 휘젓고
다니며 노는 상황에서 그 부인이 외간 남자를 품어 안고 있었다는 것은
이 시기의 정서를 잘 전해줄 수도 있다.

둘째는 이와는 달리 처용을 이슬람 상인으로 간주하는 견해이다. 그
논거는 다음과 같다. 1) 중국이나 한국에서 '물', '비', '항해의 신'과 연관
깊은 용의 아들로서 처용이 경주의 문호이며 신라 최대의 국제항인 울산
에 출현하였다는 것. 2) 『삼국사기』에는 처용을 용의 아들이 아니고 '어디

서 왔는지 모르나' 용모와 복장이 괴상한 4명의 실재 인물로 적혀 있다는 점. 3) 이제현의 『익제난고』, 이곡의 『가정집』, 이색의 『목은집』 등 신라시대 이래의 전승을 옮긴 고려시대의 문집에도 실재 인물로서의 특이한 용모와 복장이 적혀 있다. 처용무에 쓰이는 가면이 중국인이 말하는 눈이 움푹 들어갔고 코가 높은 '심목고비 深目高鼻'의 이방인의 마스크라는 점. 4) 처용무는 그 형식이 사방에서 오랑캐가 중국 황제의 덕을 찬양하는 무용이었다는 점. 그리고 한자의 '처용 處容'은 '거처가 허용된 사람'이라는 뜻으로서 이방인의 신라 거주를 허용했다는 의미가 담겨 있다는데 있다.

그러므로 처용무가 악신을 몰아내는 마력을 가진 것으로 믿어졌던 것은, 황색 인종에 비하여 용모에 변화가 많은 아리안계의 얼굴을 처음 접하면 확실히 신비감과 공포감을 줄 수 있다는 심리적인 작용에서 비롯된 것으로 보인다. 실제 이슬람 상인이 신라에 왔음은 몇 가지 점에서 뒷받침된다. 즉, 경주 원성왕릉 앞에 세워진 묘역을 수호하는 석조 무사상이 아리안계의 용모와 복장인데서도 허황된 추측이 아님을 알 수 있다. 아리

원성왕릉 앞의 무사상

안계의 인종을 보지 않고서는 만들기 어려운 작품이기 때문이다. 이 무사상은 지난 세기에 일본의 교토[京都]에서 열린 해상실크로드 특별전에 석고로 떠서 전시될 정도로 완연한 아리안계 인물의 용모였다.

그리고 통일신라에서 신분에 따라 사용이 금지되거나 제한이 규정된 물품 가운데, 아프리카·동남아시아·인도에 서식하는 공작의 꼬리 부분, 인도지나반도에서 생산되는 향기있는 특수 재목, 양모를 주성분으로 하는 페르시아 직물, 에메랄드와 같은 보석류, 귀족여성의 목도리에 수놓는 비취모(翡翠毛)와 같은 이국산 사치품이 열거된 데서도 알 수 있다고 한다. 훗날 진훤이 왕건에게 선물한 물품 가운데 공작선(孔雀扇)이 있다. 공작선은 공작의 긴 꼬리로 만든 부채였다. 그런데 공작은 인도와 세일론 등지에 서식하였는데, 당시 신라 귀족사회에서는 공작을 수입하여 사육하였음을 알 수 있다. 그 연원은 퍽이나 오래 되었던 것 같다. 『일본서기』쓰이코[推古] 6년(598) 조에 의하면 신라는 공작 1쌍을 왜(倭)에 선물한 기록이 보이기 때문이다.

『입당구법순례행기』에 의하면 무주(武州: 광주를 중심지로 한 신라 9주의 하나) 남쪽의 황모도(黃茅島: 일명 丘草島)라는 섬에서 '무주 태수'의 매를 기르는 사람들을 목격한 이야기와 더불어, '신라 재상'들의 말을 키우는 장소로서의 섬 이야기가 나온다. 섬에는 귀족들의 거대한 목마장이 소재하였을 정도로 그들은 가없는 영화를 만끽하고 있었다.

그뿐 아니었다. 이슬람 문헌에 의하면 '신라'에 관한 서술이 제법 보이고 있다는 점이다. 가령 "금이 너무 많아 국민들은 개의 쇠사슬까지도 금으로 만드는 신라의 섬"이라고 하였듯이 섬나라로 인식된 신라를 황금왕국으로 과장하고 있다. 1637년에 작성된 네덜란드의 한 문서에서도 한국을 '둥근 섬'이라고 기록하였다. 그리고 "그곳을 찾는 이라크 및 기타의 외국인은 신라의 공기가 건강에 좋고 물이 투명하며 토지가 비옥하여 모

경주에서 발견된 페르시아 계통의 문양석

화강석을 기다랗게 다듬어 크고 작은 3개의 원들을 새겼는데, 맨 오른쪽 원 안은 너댓 개의 잎이 달린 나무를 한 마리의 사자가 감싸고 있는 모습이라고 한다. 가운데 원에는 공작으로 보이는 새 두 마리를 좌우 대칭으로 그렸고, 왼쪽의 원은 미완이다. 좌우 대칭의 새를 무늬로 삼는 것은 서역 문화의 영향이라고 한다.

든 것이 충족된 까닭에 되돌아 가는 것을 모르는 게 보통이다"라고 전하는 데서 알 수 있듯이, 마치 신라를 이상향처럼 적고 있다. 그럼에 따라 신라의 수도 경주는 어떤 학자가 상상하였듯이 푸른 눈의 외국인들이 대로를 활보하는 국제도시로서의 면모를 찾아 볼 수 있을 것 같다.

요컨대 경주 귀족들의 사치를 충족시켜주는 물품의 공급자로서 이재에 밝은 이슬람상인들이 역할을 하였음을 알 수 있다. 이러한 맥락에서 이슬람 상인의 신라 정착을 내포한 처용설화의 의미를 되새겨 볼 수 있지 않을까 한다. 극동의 환락가이자 국제도시였던 경주와 그것의 외피(外皮)였던 신라는, 이렇게 해서 서서히 저물어가고 있었다.

통일신라 촌락의 실상을 알려주는 신라촌락문서

쇠락의 조짐들 █

　진훤이 출생해서 15세 될 때까지의 신라 사회는 몇 가지 점에서 뚜렷한 쇠락의 조짐을 보여 주었다. 첫째는 연이은 모반 사건이었다. 그가 태어난 이듬해 정월에는 이찬(伊湌)인 김예(金銳)와 김현(金鉉) 등의 모반 사건이 있었고, 874년에는 이찬 근종(近宗)이 반란을 일으켜 궁궐을 에워싸기까지 하였다. 궁성을 수비하던 금군(禁軍)들이 겨우 반란군을 격파하고는 탈출하는 근종을 사로잡아 거열형(車裂刑)에 처하였다. 경문왕이 사망하고 그의 아들 헌강왕이 즉위했는데, 그 직후 일길찬 신홍(信弘)의 모반을 적발하였다. 이러한 모반 사건은 왕권을 위협하고 정정의 불안을 야기시켰음은 두말할 나위 없다. 그가 출생하던 해 12월에 객성이 태백성을 침범하였다. 874년에 요사스러운 별인 패성(孛星)이 동쪽 하늘에 나타났다가 20일 만에 없어졌다. 880년 2월에는 태백성이 달을 침범하였다. 이러한 현상은 천문 관측을 장악하고 있던 국왕과 귀족층들의 심리적 동요를 부추겼을 것임은 분명하다.

　둘째는 대대적인 토목 공사의 단행으로 부역에 징발되는 주민들의 고통이 극심했다. 867년 정월에 임해전을, 868년 8월에 조원전(朝元殿)을 중수하였다. 임해전은 훗날 안압지로 불린 월지에 건립된 궁전이고, 조원전은 국왕이 백관의 하례를 받는 등 왕실의 권위를 상징하는 건물이었다. 871년 정월에는 벼락을 맞아 파괴된 80m가 넘는 호국의 상징인 황룡사 9층탑에 대한 중수를 단행하여 2년 후에 완공하였다. 871년 2월에는 월상루를, 874년 9월에는 정당(正堂)을 중수하였다. 유례없이 이 기간 중에 빈번한 중수(重修)가 이루어지고 있다. 그 몫은 주민들의 고통스런 부역이었다.

셋째는 천재지변과 기근, 전염병의 창궐이었다. 871년 여름에는 홍수가 나고 눈이 오지 않는 기상 난동으로 전염병이 크게 유행하였다. 873년에는 경주에서 다시금 지진이 발생하여 민심을 뒤숭숭하게 만들었다. 게다가 그 해 가을에는 누리까지 발생하여 곡물을 해치는 바람에 농사마저 망치게 되었다. 자연히 이듬해인 874년 봄에 기근이 있게 되었고 전염병까지 유행할 수밖에 없게 되었다. 875년 2월에는 경주와 그 동쪽의 토함산 방향에서 지진이 있었다. 이러한 천재지변으로 인한 흉작과 기근 그리고 전염병은, 민심의 동요뿐만 아니라 촌락의 피폐를 가중시켰다.

모반으로 인한 중앙 정정의 불안, 과중한 부세(賦稅)의 납부와 부역에의 투입, 거듭된 흉년과 전염병의 유행, 이러한 것들이 진훤이 15세 되기 이전 신라 농촌의 모습이었다. 농민들은 쟁기와 보습을 버리고 촌락을 뛰쳐나와 유민(流民)이 되거나 도적으로 화하기 십상이었다. 굶주린 신라 주민들은 쓰시마와 일본열도의 해안을 급습하여 노략질하는 해적으로서 기록에 나타난다.

일본 측 문헌에 따르면 866년 11월에 "신라의 적병(賊兵)이 항상 틈을 엿보고 있으니 노도[能登]·이나바[因幡]·호우키[伯耆]·이즈모[出雲]·이와미[石見]·오키[隱岐]·나가도[長門]·다자이[大宰] 등의 국(國)과 부(府)로 하여금 읍(邑) 내에 있는 여러 신(神)들에게 폐백을 베풀어 국가를 진호할 수 있는 특별한 효험을 기도하라"는 취지의 칙(勅)이 내려졌다.

이로 볼 때 신라 해적의 약탈에 대비하여 열도의 해안 지방에 대한 경비를 엄중히 하였음을 알 수 있다. 869년 6월에는 신라인들이 두 척의 선박에 분승해서 북규슈 연안

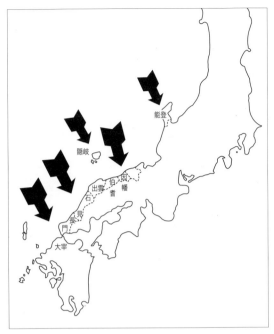

신라인들이 자주 침공했던 일본열도의 관련 지역

인 하카다 진[博多津]에 와서 히젠 국[豊前國]의 연공(年貢)인 견면(絹綿)을 약탈하여 갔다. 일본 선박이 추격을 했지만 잡지 못했다고 한다. 이와 같은 신라 해적들의 조공물(貢調物) 특히 공면(貢綿)에 대한 약탈은 이후에도 극심하였다. 그랬기에 해안 지역의 일본인들을 공포 속으로 몰아 넣었다. 신라가 침공해 온다는 풍문이 많이 돌았던 것이다.

출세의 길 '적(赤)과 흑(黑)', 적의(赤衣)를 택한 타이거

    신라 해적의 발생은 신라 주민들의 열악한 생활 실태와 국가 통제력의 이완을 여실히 짐작하게 해 준다. 흉년과 질병의 창궐, 과중한 부역에의 동원은 진훤의 향읍인 가은현을 결코 비켜나 있지는 않았을 것이다. 농민의 아들인 진훤은 15세 정남의 연령이 되자 선택의 기로에 서게 되었다. 촌락에 그대로 눌러붙어 평생 농군으로 살 것인가? 아니면 향리를 탈출하여 더 나은 무엇을 모색할 것인가? 아자개의 장남인 진훤은 많은 번민의 밤을 지새웠는지도 모른다. 일반적으로 장남의 경우는 집안의 기대와 책임이 무거운 만큼 보수적인 성향을 지니게 마련이다. 그러나 힘 좋은 농군으로 촉망을 받았음에도, 촌락을 3번씩이나 탈출하여 결국은 세계적인 굴지의 재벌로 성공한 이도 장남이었다. 촌락을 탈출할 수 있는 용기가 있었기에 오늘날 그와 기업이 존재하게 되었던 것이다.

    진훤에게도 장남이라는 굴레가 그의 웅지를 꺾을 수는 없었을 것이다. 진훤이 모색한 더 나은 길은 '적(赤)과 흑(黑)' 가운데 하나였다. '적과 흑'은 프랑스의 저명한 작가 스땅달(1783~1842)의 소설 제목이기도 하다.

당시 프랑스의 평민들이 출세할 수 있는 길은, 적(赤)이 상징하는 군인이 되거나 흑(黑)이 상징하는 사제(司祭)가 되는 길밖에는 없었다. 프랑스에서 권력의 상징인 군인들은 붉은색 제복을 입었고, 정신적 권위의 상징인 신부들은 검은색 제복을 입었기 때문이다. 9세기 말엽 신라의 경우도 가난한 주민들이 호구(糊口)의 방편으로 택할 수 있는 길은 이와 크게 다르지 않았다.

타이거의 용모와 용기를 지닌 진훤은 '적'을 택하기로 하였다. 훗날 그의 라이벌이었던 궁예가 '흑'을 택하여 승려의 길을 걸었던 것과는 확연히 대비되는 것처럼 보인다. 그러나 두 사람은 결국 '적'을 택하여 적(敵)이 되어 숙명적인 자웅을 겨루기까지 하였다. 궁예의 흑(黑)은 그의 일시적인 피난처였을 뿐이다. 야심 그득한 그의 성향은 진훤과 다를 바 없었다.

진훤은 촌락이 해체되는 사회적 배경 하에서 향리를 떠나게 되었다. 궁예와는 달리 진훤은 군인의 길을 택하게 된다. 진훤이 군인의 길을 택하게 된 배경은 알려진 바 없다. 그러나 "종군하여 왕경에 들어 갔다"고 한 기사와 더불어 국가 통제력이 급속히 이완되는 시기였다는 점을 고려할 때 자발적인 입대였던 것으로 보인다. 진훤을 "장성하자 모습이 웅장하고 기이했으며, 뜻과 기상이 기개가 있어 평범하지 않았다"라고 했다. 그가 군인이 된 것은 체격의 출중함에도 기인하겠지만 "뜻과 기상이 기개가 있어"라고 했듯이 원대한 포부에 기인한 것이었다. 그가 종군하게 된 것은 '스스로 진훤이라고 했다 自號甄萱'고 한 15세 때로 보인다. 이는 궁예가 출가하여 스스로 선종(善宗)이라고 이름했을 때의 연령과 비슷한 연배였을 것이다.

그는 아마 음리화정(音里火停)이 설치된 지금의 상주시 청리면에 주둔하고 있는 부대의 한 지대(支隊)가 수도로 이동할 때 따라 간 것은 아니었을까? 아니면 입대 장정들을 초집(招集)하기 위해 향리에 파견된 부대를

따라 진훤 또래의 마을 청소
년들과 함께 따라 갔을 가능
성도 배제하기 어렵다. 여하
간 궁핍한 진훤에게는 선망의
대상이었을 적의(赤衣)를 입기
위해 향리를 떠나 경주로 가
게 된다. 검(劍)을 쥐게 될 그
의 앞길에는 험난하고도 곡절
많은 승부의 세계가 펼쳐지게
된다.

목포 국립해양문화재연구소 '장보고 특별전'

　　경주에 도착한 진훤은 서
남쪽 해변으로 가서 방수(防戍)를 맡아 보았다. 경주에서 심사와 훈련 기
간을 거친 후 지금의 전라도 방면으로 파견된 것으로 보인다. 해적을 소
탕하는 일을 맡아 보게 된 것이다. 동아시아의 해상권을 쥐면서 '해상왕

장보고 해상왕국의 본영이었던 완도 동편 장도(將島)를 에워싸고 있는 목책의 잔존 유구

장도에서 바라본 완도 일대

국'을 건설했던 장보고가 정
정의 소용돌이에서 피살되
면서 그 왕국도 일순 해체되
었다. 이후 신라 해안은 장
보고 이전의 상황으로 돌아
갔다. 당나라의 해적들이 들끓었을 것이다. 일본열도를 노략질하는 신라
해적까지 가세한 상황이었다. 바다의 질서는 무법천지가 된 것이다.

진훤이 근무했던 곳을 정확히 알기는 어렵다. 당시 신라와 당나라를
연결하는 뱃길은 크게 흑산도 방면에서 남중국의 영파(寧波)로 가는 항로
와, 남양만에서 산동반도까지 직진하는 사단항로(斜斷航路), 서해연안을
따라 요동반도와 산동반도로 이어지는 연안항로가 있었다. 이러한 서해
안 방비와 관련하여 신라 조정은 황해도 평산 저탄에 패강진(浿江鎭)을, 강
화도에 혈구진(穴口鎭)을, 경기도 화성군 남양면에 당성진(唐城鎭)을 설치

한 바 있다. 이와 더불어 나주 회진항(會津港)도 주목을 요한다. 진훤의 주 둔지는 청해진이 설치되었던 완도와 그 부근의 연안 지역을 거론하기도 하지만 순천 해안 지역으로 추정된다. 이 문제는 뒤에서 거론할 것이다.

신라의 해안과 바다를 지키는 부대의 일원으로서 진훤은 매우 용감하였다. 그의 무용은 빼어난 데가 있었다. 훗날 진훤의 아들 신검이 반포한 교서(教書)에 "대왕의 신무(神武)는 보통 사람보다 빼어나게 뛰어나셨고"라고 한 데서도 읽을 수 있다. 그는 잠을 잘 때에도 창을 베고 적을 대기하였을 정도로, 용기는 단연 다른 사병들을 앞질렀다. 타이거의 용기와 용맹이 유감없이 발휘되었다. 그는 해적들을 소탕하는 데 전공을 많이 세웠다. 결국 그는 비장(裨將)으로까지 승진하였다. 비장은 당초에는 부관을 가리키는 호칭이었다. 조조(曹操)가 처음 군사를 일으켰을 때 하후돈(夏侯惇)이 비장이 되어 정벌에 나섰다. 여기서 비장은 장군의 부관을 뜻하는 듯하다.

그러나 한국사에서의 비장은 단순히 보좌관을 가리키는 직책이라기보다는 부장(副將)이나 장군을 가리키는 것으로 보인다. 신라에 영향을 미친 당나라 군제(軍制)에 비장이 보이고 있다. 당나라에서 활약했던 흑치상지(黑齒常之)도 비장으로 기록된 적이 있다. 김유신의 아들인 원술(元述)이 당군과의 전투에 출정했을 때 비장이었다. 진훤이 세력을 얻었을 때 궁예를 부하로 삼고 있던 북원(北原: 강원도 원주)의 대호족 양길에게 벼슬을 주어 비장을 삼았다. 이로 볼 때 비장은 독립된 예하 병력을 거느린 부대장을 넘어 총사령관의 호칭으로 사용된 것이다.

그러던 그는 서해 건너 중국 대륙의 소식도 일찍 들을 수 있었을 것이다. 대륙의 당나라가 소용돌이에 잠기는 농민 반란인 황소(黃巢)의 난(875~884)에 관한 소식도 들었을 것이다. 대륙을 오가는 상선(商船)을 통하여는 황소가 걸상에서 놀라 떨어질 정도로 만들었다는 「토황소격문 討

「黃巢檄文」이라는 촌철살인의 명문을 작성
한 최치원이라는 가위 천재적인 신라 엘
리트 청년에 관한 풍문도 들었을 터이다.
그러면서 거대한 제국 당나라를 흔들어
놓은 황소의 난을 통하여 진훤은 무산자
인 농민의 힘을 느끼게 되었으리라. 또
그 힘에 대한 무한한 신뢰랄까 확신을 가
지면서 칼집을 매만졌는지도 모른다.

　여하간 내륙의 척박한 산골에서 태어
나 성장한 진훤은 처음으로 늠실 늠실 파
도가 일렁이는 바다를 알게 되었다. 이때
의 광대한 바다 체험은 그의 세계관 형성

현존하는 가장 오래된 최치원 영정
(1793년 작)

에 지대한 영향을 미쳤을 것으로 믿어진다. 훗날 그가 북중국의 후당(後
唐)이나 거란과, 남중국의 오월국(吳越國), 그리고 일본과 외교 관계를 맺
는 큰 틀 속에서 한반도 내의 주도권을 차곡 차곡 장악해 갔던 정치적 토
대는 이무렵 형성되어 간 것으로 보인다.

　진훤은 서남해변을 방비하면서 자연
스럽게 당나라로 드나드는 유학생을 비롯
하여 승려·상인들의 활기 찬 모습과 접촉
할 수 있었을 것이다. 이들의 생기 도는
표정은 처음 종군(從軍)·입경(入京)하여 보
았던 무기력한 왕경의 귀족들과는 너무나
대조적이었다. 청년 장교 진훤은 이들을
통해 바깥 세계에 대한 호기심을 해소해
가면서 견문을 넓힐 수 있었다. 더불어 이

신라초(新羅礁) 기념비

신라초 기념비 앞 바다
신라초는 절강성 주산군도 보타산(普陀山) 가장 서쪽에 소재하였다. 영파(寧波) 항으로 들어가는 도중 난파되는 신라 상선이 많았다고 한다.

들에 대해 선박을 비롯하여 숙식 등과 같은 편의를 제공해 주는 과정에서 유대감이 조성되었을 것이다. 이때 맺어진 관계야말로 그가 국가를 세웠을 때 이들이 거대한 인맥의 산줄기 역할을 했을 것으로 보인다.

진훤의 해안 방수 시절은 드넓은 바다를 통한 호쾌한 기상과 더불어 훗날 그의 브레인 역할을 했던 당시 사회의 엘리트 계층인 유학생이나 유학승들과 접촉할 수 있는 계기를 마련해 주었다. 상인들의 대륙 내왕에 선박 호위와 같은 임무를 제공해주는 대가로 경제적인 부(富)를 축적해 나갈 수 있게 되었던 것 같다. 이는 그가 거병(擧兵)하여 정국의 주도권을 일찍 장악할 수 있었던 한 요인으로 보인다. 그리고 보다 중요한 사안은 바다의 이용을 자각하게 했다는 것이다. 그가 왕건에 못지 않게 해상전에 능했고, 외국과의 교류에 박차를 가했던 것은 이때의 경험이 주효했던 것으로 보겠다.

신라의 국제항과 승평항昇平港 █

　　문헌과 금석문 자료를 놓고 볼 때 신라인들이 입당(入唐)하는 항구로
는 경기도 화성의 당은포(唐恩浦)와 당진의 대진(大津)·부안 변산의 희안
현(喜安縣)·군산 옥구의 진포(鎭浦)와 나주 회진(會津)·순천[昇平]·경상남
도 덕안포(德安浦)가 드러나고 있다. 그 밖에도 더 많은 대당(對唐) 항구가
존재했을 법하다. 그러나 이상 7곳 항구는 신라 왕경인 경주와 연결되는
위치에 있었기에 견당사(遣唐使)나 고승(高僧)들의 내왕과 관련하여 기록
에 남겨진 것이다. 이 중 경주→상주→충주→죽산→당은포로 이어지는
루트와 경주→대구→남원→광주→회진으로 이어지는 양대 교통로가 가
장 일반적인 대당 루트였다. 이곳에서 한반도의 서해 연안으로 북상하여
요동반도를 지나 산동반도로 내려오는 북로(北路)가 있었다. 그리고 산동
반도 끝의 등주(登州)를 비롯해서 회수(淮水) 하류의 초주(楚州), 양자강 하
구의 양주(揚州), 절강(浙江) 하구의 항주(杭州)나 명주(明州)로 향했던 남로
(南路)가 존재했던 것으로 밝혀지고 있다. 896년에 이엄(利嚴)은 절강성(浙
江省) 전당(錢塘)으로 들어 가는 입절사(入浙使) 최예희(崔藝熙)를 따라 입
당하였다. 이것을 통해서도 신라 사신들이 남로(南路)를 이용했으며, 그

항주의 서호 정경

에 동승하여 승려들이 입당한 경우가 밝혀진다. 그리고 경유(慶猷)도 입당사(入唐使)를 따라 건너갔다. 정진대사 긍양(兢讓)도 900년에 입당하여 강회(江淮)에 도달하고 있다. 981년에 형미(逈微)도 입조사를 따라 입당했던

것이다. 낭공대사 행적(行寂)도 870년에 조공사(朝貢使) 김긴영(金緊榮)을 따라 입당하였다.

그런데 극히 단편적인 기록이기는 하지만 당(唐)에서 귀국하는 선사들의 입항처를 주목할 필요가 있을 것 같다. 비록 불완전한 자료이기는 하지만 오히려 당시의 보편적인 입국 루트와 항구를 말해 주는 자료라고 생각되기 때문이다. 그러면 9세기 말에서 10세기 초의 비문에 보이는 당에서 귀국하는 선박이 입항했던 항구를 살펴보자. 905년에 선각대사 형미는 영산강 하구의 회진에 입항했다. 908년에는 법경대사 경유 역시 회진으로 입항하였다. 그런데 909년에 여엄(麗嚴)은 승평으로 입국했다. 즉 939년에 세워진 대경대사비(大鏡大師碑)에 의하면 승려 여엄이 당에서 신라로의 귀국 시기와 장소를 언급하면서 909년(天祐 6) 7월에 무주(武州)의 승평에 당도했다고 하였다. 여기서 승평은 승주 즉 지금의 전라남도 순천을 가리킨다. 『신증동국여지승람』 순천도호부 조에 의하면 "본래 백제 감평현(欲平郡)이다[欲은 沙라고도 쓰고, 또 武라고도 쓴다]. 신라 때 승평군(昇平郡)으로 고쳤다"라고 하였기 때문이다. 이 사실은 기존의 인식과는 달리 남단(南端) 내륙 교통의 요충지인 승평 또한 대중국 관련 항구가 소재

했음을 알려준다. 그리고 921년에 경보는 임피 즉 옥구항으로, 동일한 해에 찬유(璨幽)는 강주 덕안포로 각각 입국하고 있다. 908년 무렵까지는 당에서 귀국하는 선박들이 회진항에 입항했는데, 909년에는 승평항으로 입항하는 것이다. 그리고 921년에는 선승들이 임피와 덕안포로 각각 입항한 사실이 확인된다. 이것을 표로 작성해 보면 다음과 같다.

출국/입국 연대	선사 이름	귀국 항구
891년 / 905년	형미	무주 회진
? / 908년	경유	무주 회진
? / 909년	여엄	무주 승평
896년 / 911년	이엄	나주 회진
892년 / 921년	경보	전주 임피
892년 / 921년	찬유	강주 덕안포
900년 / 924년	긍양	전주 희안

그러면 왜 당에서 귀국하는 선박들이 911년 이엄의 경우를 제외하고는 남중국에서 가까운 항구이자 그간 줄곧 이용해 왔던 회진항을 돌아서 승평이나 임피 혹은 덕안포를 이용한 것일까? 908년에 법경대사 경유가 회진으로 입항하는 기사에 잇대어서 "이때 병융(兵戎)은 땅에 그득하고, 적구(賊寇)는 하늘에 닿을 만큼 넘쳐 흘렀다"고 하였다. 이 구절은 경유의 회진 입항이 순탄하지 않았음을 암시하는 문자로 해석될 수도 있다. 이 문제를 회진에 입항하지 못한 채 처음으로 승평으로 입항한 909년의 시점과 결부지어 살펴보자. 먼저 그 이유로서는 병화(兵禍)나 통제 불능 상태의 혼란이 가속되어 909년이나 그 직전에 회진항을 이용하기 어려운 사건이 발생했다고 보아진다.

이와 관련해 903년에 왕건이 나주를 공략한 바 있지만 이곳을 확실하게 장악한 것 같지는 않다. 그랬기에 비록 왕건의 수군에게 나포되기는 했지만 909년에 후백제 측에서 오월국에 보내는 선박이 지금의 영광군 관내인 염해현(鹽海縣) 앞바다를 항해할 수 있었던 것으로 보인다. 이때 왕건의 수군은 진도를 비롯하여 영암군 앞바다에 소재한 고이도를 점령하였다. 이곳을 사수하기 위해서 후백제군과 왕건의 군대가 영암 북쪽의 덕진포에서 해전을 벌인 적이 있었다(『고려사』 권 1, 태조 즉위 전기). 그리고 왕건은 지금의 신안군 압해도와 가란도인 갈초도(葛草島)를 누비고 다닌 능창(能昌)이라는 해적 두목을 생포하기까지 했다. 그 이듬 해인 910년에 후백제군이 나주성을 포위했다가 퇴각한 적이 있었다(『고려사』 권 1, 태조 즉위 전기). 이러한 후삼국의 전장이 된 관계로 당에서 귀국하는 선박들이 회진항을 이용할 수 없었던 것 같다. 그 이후로는 임피항과 강주 덕안포를 이용한 사실이 포착된다.

그리고 위의 도표를 통해 주목할 사안은 905년부터 911년까지 형미와 경유 그리고 이엄의 귀국처인 회진의 소속 주명(州名)이 바뀌고 있다는 것이다. 905년과 908년에 형미와 경유의 입국시에는 '무주(武州) 회진(會津)'으로 적혀 있다. 그러나 911년에 이엄이 입국할 때는 '나주(羅州) 회진(會津)'인 것이다. 이엄의 탑비문인 「무위사 선각대사 편광탑비문」에 보면 "이때 나주가 귀순하니 개펄과 섬 옆에 군대를 주둔시켰고, 무주(武州)가 왕의 뜻을 거역하니"라는 구절이 있다. 이 문장에서의 '무주'는 후백제 내지는 진훤을 가리킨다. 여기서 주목할 사안은 무주가 회진의 소관 지역

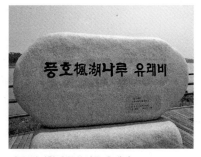

나주 회진항의 풍호나루 유래비

풍호나루 유래 비문

을 가리키는 문자로 사용되어 왔다는 것이다. 그런데 선사들의 비문에서 회진의 소관을 줄곧 무주라고 표기하다가 911년 시점에서 '나주 회진'으로 기재하였다. 이는 「무위사 선각대사 편광탑비문」에 적혀 있듯이 나주의 관할이 왕건의 수중에 떨어졌음을 뜻한다.

따라서 당에서 귀국하는 선박들이 궁예가 장악한 나주 회진항을 피하게 된 이유는, 귀국선에 승선한 이들이 후백제 성향이었기 때문으로 지목된다. 921년에 각각 귀국한 경보와 찬유는 모두 892년에 입당하였다. 이 가운데 경보는 귀국 후 진훤과 연관을 맺게 된다. 892년은 진훤이 무진주를 점령하고 왕을 칭하면서 기세등등하던 시점이었다. 바로 이때 출국하게 된 경보는 후백제 관련 항구를 이용하였거나 혹은 그 보호를 받으며 입당하지 않았을까 싶다. 특히 찬유의 경우 상선을 타고 입당하였다. 그러한 상선은 기본적으로 해적들에게 노출된 포획 대상이기도 했다. 그럼에도 아무 일 없이 그가 입당할 수 있었던 것은 후백제 측의 엄호가 있었기에 가능했던 것으로 보인다. 그러한 연고로 인해 귀국시에도 찬유는 후백제 땅에 입항할 수 있는 선박에 승선했던 것으로 생각된다.

이와 더불어 주목할 점은 당으로부터의 귀항 항구로서 909년과 921년에 승평과 덕안포가 각각 처음으로 등장한다는 것이다. 덕안포는 강주 관내로 적혀 있으므로, 지금의 경상남도 해안가에 소재한 항구로 볼 수 있다. 승평항은 순천만에 소재한 항구가 분명하다. 여기서 강주 덕안포는 후백제의 대중국 교역항으로서 기능한 것이다. 그 시점은 나주를 비롯한 영암과 진도 일원이 궁예 영역이 된 관계로 남해상에서 동쪽으로 크게 물러선 지역에 소재한 덕안포가 신라 왕경인 경주 일원을 왕래하는 인사들이 드나드는 항구로서 기능했던 것 같다. 덕안포는 비록 찬유가 귀국한 때로부터 3년 뒤이기는 하다. 그렇지만 이곳은 924년에 천주절도사(泉州節度使)를 칭하면서 역사의 전면에 등장한 왕봉규 관하에서 주로 활용되었던 항구로 보인다. 덕안포의 위치는 정확하게 구명되지 못하였다. 덕안포는 섬진강 하구의 유서 깊은 국제항인 다사진(多沙津)을 가리키는 것 같다.

하동 고소성 밑으로 흘러가는 섬진강

그러면 신라 조정이 순천만과 그 주변 일원에 새로운 국제항을 조성한 목적은 무엇일까. 841년 장보고 사후에 해적들에 의해 한반도 서남해변이 장악됨에 따라 전통적인 항구였던 당은포와 회진이 위협을 받게 되었다. 더욱이 대중국 항구였던 회진의 경우는 진훤이 거병한 889년 무렵부터 신라 조정에서는 이용이 용이하지 않았다. 진성여왕대 거타지 설화도 그러한 정황을 말해준다. 이 사건은 진성여왕대 이전부터 신라가 대중국 항로의 안전을 확보하지 못했음을 뜻하는 증좌이다. 게다가 893년에 신라 조정에서는 추성군(橻城郡: 당진) 태수 김준(金峻)과 부성군(富城郡: 서산) 태수 최치원을 하정사(賀正使)로 삼아 당나라에 보내려고 하였으나 해적들이 출몰한데다가 길이 막혀 가지 못하였다(『삼국사기』 권 46, 최치원전). 신라 조정이 희망을 걸었던 당진이나 서산을 통한 대당 교통로마저 막혔음을 뜻한다. 비록 후대인 909년의 상황에서 포착되고 있지만, 회진을 비롯한 영암 일대의 바다에는 능창이라는 해적이 장악하고 있었다. 압해도(押海縣)의 해적인 능창이 인근 갈초도의 해적들과 연합하여 왕건의 진격을 방해하고자 하였던 사실이 주목된다. 이 사실은 회진 근방에 군소 해적 집단들이 할거하고 있는 상황이었음을 뜻한다. 압해현의 해적인 능창과 갈초도의 해적들이 왕건의 진격을 방해한 이유는 무엇일까? 이들이 진훤의 영향권내에 있었던 때문만은 아니었다고 생각된다. 이들은 왕건에 의해 자신들의 해상권이 위협받게 되자 서로 뭉쳐서 저항한 것일 뿐이다. 그가 진훤편이었기에 왕건을 상대로 싸웠다고 보기는 어렵다. 당시 후백제가 나주 일원을 장악했다는 증거도 없다. 그러므로 더욱 그렇게 생각되어진다. 주지하듯이 후백제는 이때 나주 지역을 장악하지 못하고 있었다.

　　909년에 여엄이 탄 선박이 기존에 이용하던 회진항에 당도하지 않은 일차적 요인은 압해도의 능창이나 갈초도의 해적 세력을 무서워했기 때문일 것이다. 또 이들은 진훤에게 제압되지 않은 독립된 세력으로서 해상을 무대로 할거하고 있었기 때문에 여엄은 이들을 피하여 승평항으로 입항했다고 본다. 능창이 진훤의 휘하 세력이었다면 여엄이 둘러서 승평으로 입항할 이유가 없지 않았을까 싶다. 이렇듯 신라 조정은 기존의 항구 주변을 끼고서 할거하고 있는 해적 집단들을 통제하지 못한지가 오래 되었다.

반면 그에 대한 대안으로 신라 조정은 일단 왕도에 가깝고 내륙의 만(灣)쪽에 깊숙이 자리잡은 승평항을 개척했던 것으로 보인다. 그 시점을 진훤이 군역으로써 종군하여 왕경에서 서남해로 파견된 사실과 결부 지어 보지 않을 수 없다. 진훤이 정남 곧 15세 되던 해는 881년이므로, 적어도 이 무렵에는 승평항이 개항된 것으로 보인다. 농민 출신의 진훤이 비장직까지 승진한 데다가 23세 되던 해인 889년에 독립한 점을 고려해 볼 때 순천만에서 적지 않은 기간이 소요된 것으로 보아야 할 것 같다.

순천은 광주 광역시 및 나주·목포 지역과 지금의 경상남도 연안 지역을 연결하는 위치에 있었다. 지금의 광주 광역시에서 신라 수도인 경주로 가려면 통과해야 하는 땅이 순천이었다. 게다가 순천만과 광양만을 통하여 남해와도 접하고 있어서 해상 교통도 편리하였다. 그런데다가 순천만이나 인근 광양만 일원에서 중국 대륙을 왕래하는 선박이 정박한다고 해 보자. 그것을 둘러싼 해적 집단의 횡행과 이들을 소탕하기 위한 군대의 주둔을 상정하지 않을 수 없다. 실제로 남수문(南秀文: 1408~1443)의 기(記)에 보면 순천은 "남쪽으로 큰 바다에 연했으므로 곧 해구(海寇)들이 왕래하던 요충지이다(『신증동국여지승람』 권 40, 순천도호부, 형승 조)"고 한 바 있다. 바로 해적 소탕 임무를 띠고 주둔했던 진훤의 군영이 순천 해안가였다. 그러한 가운데서 자연스럽게 진훤의 초기 세력과 그 인맥이 구축되어진 것으로 보겠다.

갈대밭이 된 신라의 국제항구였던 현재 순천만

　당시 신라 해적들은 조직적으로 때로는 대규모로 쓰시마나 일본열도 해변을 공격하였다. 그런데 신라 조정의 관심은 이들보다는 당으로 항해하는 선박의 안전이 급선무였다. 그러한 차원에서 승평항의 비중이 증대되었을 것으로 보인다. 통일신라에서 정치적으로나 경제적으로 가장 큰 비중을 점하고 있던 국가가 당이었다. 신라의 대당 교섭은 사신 파견과 같은 공적인 교류는 말할 것도 없고 민간인들의 내왕과 같은 사적인 차원에서 한층 활기를 띠었다. 이때 신라에서 입당하는 루트와 관련된 항구로서는 당은포(경기도 화성)와 회진(전라남도 나주)이 가장 비중이 컸었다. 그런데 841년 장보고가 피살된 지 반세기가 지난 9세기 말부터는 해적들이 횡행함으로써 당은포보다는 영산강 하구의 회진쪽으로 출항이 많아졌다. 그러는 가운데 내륙에서는 도적떼들이 곳곳에서 창궐하는 실정이었다. 이로 인해 경주에서 내륙으로 회진항까지 가는 루트마저도 안전하지 못하였다. 신라 조정은 왕경에서 가깝고 또 그로 인해 비교적 해적들의 약탈이 상대적으로 적은 관계로 안전한 승평 즉 지금의 순천만 일대를 국제적 항구로 개항(開港)시켰다. 이와 짝하여 해룡산성이 승평항을 방수해주는 요진(要鎭)으로서 기능하였다. 진훤은 이곳에서 해적들을 소탕하는데 발군의 전공을 세운 관계로 비장으로까지 속속 승진할 수 있었다. 한미한 농민 출신인 진훤이 비장까지 승진할 수 있었다는 것은 가위 파격적인 일이었다. 이는 그만큼 신라 조정이 그에게 걸었던 기대가 지대했음을 뜻한다. 동시에 이를 통해 항로상의 사면초가를 뚫고자 하는 신라 조정의 절박한 입장을 읽을 수 있게 된다.

진훤의 방수처 순천 해룡산성

진훤은 순천만의 어느 곳에 주둔했을까? 여수반도를 사이에 두고 순천만과 광양만으로 나뉘어지지만 양만(兩灣)은 뭍으로 서로 연계된 항만이다. 그리고 순천만과 동일한 지형구에 속한 그 인근의 광양만 부근에는 백제 때 축조된 산성들이 해안가에 포진하고 있다. 이러한 사실은 백제 때 이래 광양만이 중요한 기능을 담당한 항구였음을 시사해 준다. 그런데 순천만과 직접 연결되는 산성인 홍내동 일대의 해룡산성은 규모가 2㎞가 넘는 대규모일 뿐 아니라 통일신라 때 주로 활용되었던 방어 거점으로 밝혀지고 있다. 이곳의 해안선은 굴곡이 심하고 바다가 잔잔하며 포구가 발달되어 있고, 조수 간만의 차도 심하지 않다. 비록 후대인 고려시대의 상황이기는 하지만 또 해룡산성 밑에는 조창(漕倉)이 설치되어 있었다. 조세(租稅)와 공물(貢物)을 선박을 이용하여 수도로 운송하는 포구를 끼고 있는 곳에 조창이 설치되었다. 고려 초에 설치된 남도수군(南道水郡)에 창(倉)을 설치한 12곳 가운데 하나가 해룡창인 것이다. 이 사실은 포구를 끼고 있는 순천만의 해룡산성 주변이 교통이 편리한 관계로 일찍부터 그 주변의 물산이 집중되는 커다란 항구였음을 암시해준다. 이러한 곳에 소재

한 해룡산성은 포구를 방비하기 위해 축조한 성인데다가 성에서는 '관조
官造' 등과 같은 명문 기와가 출토되었다. '관조' 명문와는 해룡산성이 관
과 연계된 산성이라는 사실과 더불어 진훤이 속한 신라 관군이 주둔한 곳
임을 시사해 준다. 다시 말해 '관조' 명문와는 일개 호족의 성이 아니라
관에서 축성하고 관군이 주둔한 사실을 암시해 주고 있다. 게다가 진훤과
관련한 전승이 해룡산성 일원에 다음과 같이 남아 있다.

　　　신라 때 견훤이라는 이가 여기 와서 도읍을 했다고 그래. 여기
　　성터가 다 있어. 석성도 아니고 토성인디, 요리 산몰랑으로 저리
　　해서 간골이란 디기 있는디, 옛날 견훤이라고 그 이가 여그 와서
　　도읍을 해서 토성을 쌓아 갖고, 조리 산몰랑으로 저리 내동 뒤로
　　간대바구라고 금성 뒷산 그리 토성이 조르르니 있거든. 그란디 시
　　방도 거기를 파보면 기와가 나와. 그때 기와는 시방 기와하고는

진훤이 복무했던 순천 해룡산성 원경

틀려. 시방도 가면 있을 거여. 궁글어댕기는 것이 있어. 그때 견훤
이라고 하는 이가 여그 와서 도움을 해 갖고 있다가 서울로 올라
갔어(순천대학교 박물관, 『순천 해룡산성』, 2002, 188쪽).

　이러한 전승은 진훤이 방수했던 토성이 해룡산성임을 가리킨다. 동시
에 이곳을 기반으로 진훤은 신라에 반기를 든 후 무진주로 옮겨 간 사실
을 뜻한다. 순천만을 끼고 있는 해룡산성은 인근의 광양만 등지의 마로산
성이나 검단산성을 관할 진성으로 예하에 두고 있었던 것으로 보인다. 마
로산성에서 '마로관 馬老官' 명문와가 출토된 관계로 마로현과 관련지어
살피기도 한다. 주지하듯이 마로산성은 백제 이래 마로현의 현치(縣治)였
고, 통일신라 때 희양현(晞陽縣)에 속하였다. 그런데 신라 조정은 광양만
주변의 해적 소탕을 위해 강력한 군영을 그 인근의 승평항에 새로 설치할
필요를 느끼게 되었다. 그러한 목적에서 축조된 산성이 해룡산성으로 볼

해룡산성에서 순천만을 응시하는 비장 진훤(해룡산성에서 출토된 기와)

수 있다.

해룡산성에 주둔하고 있던 진훤은 해적들을 소탕하는 데 발군의 전공을 세웠기에 비장직까지 오르게 되었다. 그러한 그가 여엄과 같은 승려들이 신라에 상륙하거나 당으로 갈 때 호위해 주는 역할을 함으로써 자연스럽게 인맥을 형성할 수 있었을 것이다. 최승우와 같은 유학생들의 경우도 동일한 맥락에서 살필 수 있다. 그러나 보다 중요한 사실은 진훤과 상인들과의 관계라고 하겠다. 해적들의 주된 약탈 대상이 되었을 상선과 상인들의 보호는 진훤의 주된 업무 가운데 하나인 동시에 세력 기반 구축의 관건이 되었을 것이다.

그런데 해룡산성과 연계된 지형구에 속한 마로산성(馬老山城)에서는 산성에서는 드믄 사례인 동경(銅鏡)이 3점이나 출토되었다. 2점은 직경 16.5·18.5㎝ 크기의 원형이고, 1점은 9×9㎝ 크기의 방형 동경이다. 원형 동경 가운데 1점은 '왕가조경 王家造鏡'라는 명문이 담겨 있다. 이 거울은 왕가 즉 왕씨 집안에서 만든 거울이라는 뜻으로 해석하면서, 왕가를 중국인으로 간주하기도 한다. 그러나 일본 쇼쇼닝[正倉院]에 소장된 먹[墨] 가운데 '신라양가상묵 新羅楊家上墨'·'신라무가상묵 新羅武家上墨'이라는 명문을 가진 먹이 있다. 신라의 양가와 무가에서 만든 상등품 먹이라는 의미인 동시에, 당시 통일신라에서는 '가 家'를 중심으로 먹이나 거울[鏡]을 제작·생산했다는 사실을 알려준다. 동시에 이들 물품은 일본 등과 같은 외국으로의 수출품이었다는 사실까지 확인시켜주고 있다. 이러한 맥락에서 볼 때 마로산성 출토 '왕가조경' 명(銘) 거울은 신라에서 제작하여 일본에 수출했던 품목임을 알게 한다. 또 그러한 물품이 마로산성에서 출토되었다는 것은 이곳이 대외 교역항이었기에 가능한 현상이라고 하겠다. 그리고 마로산성에서는 해수포도방경(海獸葡萄方鏡)이 출토되었다.

이와 관련해 일본 쇼쇼닝 남창(南倉)에 소장된 5점의 해수포도방경 가

마로산성과 마로산성에서 바라 본 광양만 일대(위)
원래는 바닷물이 들어 왔었지만 지금은 간척이 된 것이다.

운데 4점은 원형인데 반해 나머지 1점은 방형인 점을 주목해 본다. 그런
데 마로산성에서 출토된 해수포도방경은 쇼쇼닝에 소장된 방형 해수포도
경과 동일한 모티브로 파악된다. 게다가 마로산성 출토품과 동일한 해수
포도방경이 일본에서 확인된 바 있다. 따라서 당에서 제작된 해수포도방
경이 일본열도와 신라 마로산성에 각각 유입되었음을 알려준다. 이 사실
은 당과 신라 및 일본을 연결하는 해상(海商)의 존재를 생각하게 한다. 특

'馬老官' 명문 기와

'王家造鏡' 명문 동경

마로산성에서 출토된 해수포도방경

히 마로산성에서 일본에 수출하는 신라제 동경과 당에서 수입한 해수포도방경이 출토되었다. 이 사실은 마로산성이 대당 및 대일본 교역과 긴밀히 관련된 장소임을 알려준다. 이러한 해수포도경은 당 현종대(玄宗代: 712~756) 전후로 제작의 전성기를 맞았다고 한다. 그리고 이러한 당경(唐鏡)을 주로 제작한 곳은 양주(揚州)로 알려져 있다.

강회(江淮) 지방인 양주는 국제 무역항으로서 외국인에게 매매가 금지된 물품의 구매가 장안(長安)보다 용이했다고 한다. 그러한 양주에서 제작된 해수포도경이 마로산성에서 출토된 것이다. 그리고 남중국의 월주요와 형주요에서 제작한 도자기들이 마로산성에서 출토되었다. 이는 순천만이나 광양만 주변에 출입하는 상선들의 주된 행선지가 당의 양주였음을 시사해 준다. 진훤이 순천만 일대를 장악하고 있던 892년 봄에 원종대사 찬유가 입당 길에 이용한 선편이 상선이었다. 이 상선의 출항지는 알려져 있지 않지만 남해안에서 출항했을 가능성이 높은 만큼 진훤의 통제권에 속했을 것이다. 아울러 이로써 해적들의 침탈 위협에도 불구하고 꾸준히 이어지는 교역 활동의 한 편린을 엿볼 수 있다. 그러한 교역 루트에서 상인들의 안전과 관련한 해적 소탕을 통해 진훤은 자연스럽게 경제적 기반까지 구축한 것으로 보인다. 또 그러한 해수포도방경이 일본열도에서도 확인되었다. 물론 일본열도에서 확인된 그것은 다른 경로를 통해 유입되었을 수도 있다. 그렇다치더라도 이는 양주와 순천만 및 광양만 일원과 다자이후[大宰府]를 잇는 교역로의 존재를 상정해 볼 수 있지 않을까. 여기에는 진훤의 역할과 힘이 미쳤을 가능성을 얼마든지 상정할 수 있지 않을까 싶다.

마로산성에서는 그밖에 모두 중국제인 월주요 계통의 청자·백자 해무리굽 완편 등이 출토되었다. 형주요 가마에서 생산된 백자도 마로산성에서 출토되었다고 한다. 이러한 자기류의 구연부

월주요 계통 청자·백자 편

형태 가운데 구연을 밖으로 말아붙인 형태인 옥란형은 완도 청해진 유적 등지에서 출토되었다. 마로산성 출토품은 구연부가 도톰하지 않고 가늘어지는 단계로 9세기대로 편년할 수 있다고 한다. 그리고 해무리 굽은 역시 완도 청해진 유적 출토품과 계통적으로 연결된다는 것이다. 요컨대 해수포도방경과 중국제 자기류가 출토된 마로산성은 대당 및 대일본 삼각 교역과 긴밀히 관련된 거점이었음을 시사해준다.

백제 때 이래 마로현(馬老縣)의 치소(治所)이기도 하였던 마로산성은

통일신라 때 활발하게 사용되었다고 한다. 게다가 이곳에서 출토된 중국 제 도자기를 놓고 볼 때 9세기대가 마로산성의 성기(盛期)였음을 알 수 있다. 그리고 마로산성 출토 도자기와 청해진 출토 그것과의 연계성은 장보고 시대 이래로 마로산성이 교역 거점 역할을 했음을 암시해준다. 실제 이러한 중국제 도자기는 일본의 다자이후 등에서 확인되고 있다. 게다가 마로산성에서 출토된 '왕가조경'명 동경은 신라에서 일본으로 수출하는 제품이었다. 이러한 점을 놓고 볼 때 승평항은 당과 북규슈[北九州]로 이어지는 교역로의 중간 거점이었던 것으로 드러난다. 요컨대 마로산성이 당과 일본과의 교역을 담당했던 요진(要鎭)이었음을 다시금 일깨워 준다. 이는 장보고 시대의 중국 도자기가 출토된 교역항이 청해진과 마로산성에 불과한 점에서도 뒷받침된다.

진훤은 서남해안의 군소 해상세력들을 제압·통제하는 한편, 해적들을 소탕하여 해상 무역의 막대한 이익을 독점할 수 있었다. 요컨대 장보고 이후 50년 만에 진훤은 서남해안의 해상권을 장악한 가장 강력한 세력가로 등장했던 것이다. 진훤이 전주(全州)로 천도한 900년에 신라의 대중국 기항지(寄港地)인 항주(杭州)에 도읍한 중원의 약소국인 오월국에 신속하게 사신을 파견한 것도 순전히 해상제해권 장악에 대한 열망에서 기인한 것으로 보여진다. 그러나 진훤의 등장으로 해상권이 크게 위협 받게 된 나주 세력이 왕건과 제휴하였다. 그럼으로써 서남해안 제해권은 결국 진훤과 왕건이 양분(兩分)하는 추세가 되고 말았다.

기로岐路에 선 천년왕국, 마지막 여왕 시대의 개막

진훤에게 수도의 소식은 짜증만 나게 하였다. 마지막 여왕인 진성여왕(眞聖女王)의 실정 때문이었다. 여왕의 음행, 뇌물의 공공연한 수수와, 인사와 상벌의 불공정, 이런 것들은 국가 기강을 극도로 문란시켰다. 지금의 경상남도 합천에 은거(隱居)하고 있던 왕거인(王居仁)이 불가(佛家)의 주문(呪文)인 다라니(陀羅尼)로 된 은어(隱語)를 사용하여 큰 길에 게시하였다가 적발된 사건이 있었다. 옥중에 갇힌 왕거인이 옥 중의 벽에 시(詩)를 써넣고 하늘에 호소하였다. 원통하여 지은 시라는 뜻을 담고 있는 '분원시 憤怨詩'가 되겠다. 그러자 갑자기 운무(雲霧)가 끼고 지진이 일어나고 우박이 쏟아졌다. 여왕이 두려워하는 바람에 그는 석방되었다. 지식인층의 반신라 운동이 시작되었음을 의미하는 것일까?

그러면 여왕의 캐릭터는 어떠하였을까? 예전에 발표한 글이 있기에 소개해 본다. 지금부터 34년 전 신라 3보(寶)의 하나였던 경주 황룡사터 목탑의 심초석(心礎石)에 시설된 사리공(舍利孔) 안에 안치되었던 금동탑지(金銅塔誌) 3매가 도굴되었다가 2년 후에 회수되었다. 이 탑지는 '찰주본기 刹柱本記'라는 이름을 지니고 있었다. 당시의 문장가인 박거물(朴居勿)과 명필 요극일(姚克一)이 작성한 것인데, 해서체의 쌍구문 선각(線刻)으로서 선덕여왕대에 탑을 세우게 된 연유와 경문왕 12년(872)에 탑을 중수하게 된 내력이 적혀 있다.

잘 알려져 있듯이 황룡사의 목조 9층탑은 80m가 훌쩍 넘는 높이로서, 호국의 염원과 자주의식이 강렬하게 떠받쳐서 당당하게 서 있었다. 탑지에서 "황룡사에 9층의 탑을 세우면 해동의 여러 나라가 모두 그대 나라에 항복할 것이다"라고 적힌 건탑(建塔) 내력이 그것을 말해주고 있다. 경주평야에서는 물론이고 신라 전역에서 가장 높은 건축물이었을 이 목탑은 여러 차례 벼락을 맞기도 하였지만 경문왕대에 국가적 차원에서 중수가 되었다. 목탑은 호국의 표상이었던 만큼 탑이 기우는 것은 국운이 그러한 것과 분리될 수 없는 현상으로 받아들여졌기 때문이다.

그런데 탑지의 목탑 중수에 관한 문구에 보면 공사 책임자로서 "왕의

황룡사터 목조 9층탑터
가운데 심초석이 보인다.

동생인 상재상(上宰相) 이간(伊干) 위홍(魏弘)"이라고 한 구절이 눈에 띈다. 위홍은 곧 김위홍으로서 국문학상 대구화상(大矩和尙)과 함께 『삼대목 三代目』이라는 향가집을 집대성한 인물로 널리 알려져 있다. 그는 진성여왕의 정부(情夫)이기도 하였다. 잘 알려져 있듯이 신라에는 3명의 여왕이 있었다. 이 중 2명의 여왕은 평판이 좋았거니와 명성까지 보태어 지니고 있었지만 마지막 한 여왕은 그것과는 정확히 반대였다. 최초의 여왕이었던 선덕여왕은 거대한 탑을 세울 정도로 의욕적이었고 야심에 차 있었으며 통일의 초석을 깔아 놓기까지 하였다. 가령, 황룡사에 9층목탑을 건립하여 신라 국민들을 사상적인 면에서 하나로 묶어 놓았을 뿐 아니라 자신감을 심어주었기 때문이다.

반면에 경문왕의 딸로서 즉위한 진성여왕은 정치적으로는 무능한데다가 향락적이었고 급기야는 신라 멸망의 실마리를 제공해 준 것으로 이해되고 있다. 조선 세조 때 집현전 직제학(直提學) 양성지(梁誠之)의 상소에서 "우리 동방의 신라가 망한 것은 여왕의 황음 때문이었다"고 한 구절이 저명한 예가 되겠다. 여하간 여왕의 즉위 3년째 되던 해부터 조세 독촉을 계기로 전국적인 농민폭동이 일어났고 이것을 수습하지 못하는 과정에서 야심가들이 등장하였고 결국 후삼국시대의 전개와 신라의 멸망으로 이어졌기 때문이다.

특히 진성여왕은 품행이 좋지 않았던 것으로 기록되어 있는데, 즉위 전부터 좋아 지냈던 위홍을 침전으로 자주 불러 들였다. 『삼국유사』에는 위홍을 여왕의 배우자로 기록할 정도로 매우 공공연한 관계에 있었던 것 같다. 위홍은 여왕의 유모였던 부호(鳧好) 부인의 남편이기도 하였다. 그러므로 여왕과 위홍 간에는 상당한 연령차 적어도 20세 이상의 차이를 짐작할 수 있겠다. 게다가 탑지에서 위홍은 경문왕의 동생이라고 하였으므로 두 사람의 관계는 숙질 간으로 밝혀지게 되었다. 그러니까 진성여왕은 유모의 남편이자 삼촌이었던 위홍을 열렬하게 사랑하였던 것 같다. 물론 왕실 내의 근친혼이 성행하였던 시기라고 하지만, 탑지의 발굴을 통하여 드러난 이들의 사련(邪戀)은 많은 사람들을 놀라게 해주었다.

진성여왕의 위홍에 대한 애정은 극진하였다. 여왕은 그가 죽자 혜성대왕(惠成大王)으로 추존하기까지 했다. 조선 성종대의 조위(曺偉)는 합천 해인사 비로전의 양미(樑楣)의 결구 중에 감추어진 43폭의 토지문서를 확인한 바 있다. 헌강왕과 진성여왕대에 집중적으로 기진(寄進)된 것들이었다. 그러므로 해인사는 헌강왕 당시부터 왕실과 각별한 관계에 있었다고 볼 수 있다. 이 문서를 통하여 조위는 진성여왕이 위홍을 위해 해인사에 원당(願堂)을 마련한 사실까지 처음으로 밝혀내었다.

진성여왕은 조카인 효공왕에게 양위(讓位)한 후 반년이 채 못되어 북궁(北宮)에서 사망하고 있다. 북궁을 경주에 있던 이궁(離宮)이 아니라 신

현재 해인사 대비로전에 봉안된 883년에 만들어진 비로자나불 쌍둥이 불상(보물 제1777호)
법보전 불상 안에서 나온 명문을 통해 위홍과 진성여왕이 발원해서 만든 것으로 추측하는 견해도 있다.

라 말에 가야산 해인사를 '북궁 해인수 北宮海印藪'라고 불러 왔던 점을 생각할 때 다음과 같은 추리도 가능해진다. 즉, 조위는 진성여왕이 위홍을 연모하는 정을 못이겨 드디어는 어지러운 세상의 왕위도 버리고 해인사에 달려가 반년 동안 원당에서 불공을 올리며 생활하다 타계한 것으로 추리하였다. 조위는 이것을 두고 "한 무덤에 묻히고자 하는 뜻이

너무나 분명하구나"라고 멋지게 해석했다.

『삼국사기』에 의하면 진성여왕은 위홍이 사망한 이후 "이 뒤로부터 젊은 미남자 두세 명을 가만히 불러들여 음란하게 지내고 그들에게 요직을 주어 나라의 정사를 맡기니 이로 말미암아 아첨하고 총애를 받는 자들이 제 마음대로 방자하게 날뛰고 재물로 뇌물을 먹이는 일을 공공연하게 하였으며 상벌이 공정하지 못하고 풍기와 규율이 문란하여졌다"라고 하였을 정도로 무절제하였던 것으로 기록되어 있다. 이것은 부부 간의 금실이 각별하였던 고려 말의 공민왕이 노국대장공주(魯國大長公州) 사망 이후 문란한 생활을 하였던 사실과 견주어 해석해 볼 만한 문제라고 하겠다. 지고(至高)한 사랑의 대상이 사라짐에 따라 생겨나는 허탈감이랄까 심리적인 공백감을 무차별하고도 파괴적인 사랑놀음으로 메우려고 하였던 것인가?

진성여왕은 두 오빠들이 재위하였다가 사망한 연후에 즉위하였고, 또 큰오빠의 서자인 조카에게 양위하고 은퇴한 후 타계하였다. 나는 그녀의 생애를 '강화도령'처럼 일종의 연민의 감정을 안고 접할 때가 많았는데, 일개 왕녀로서 자유분방하게 살았으면 좋았을 사람이었던 것 같다. 또, 10여 세 연하의 궁정수비대장과 깊은 관계를 맺었던 제정러시아의 에카테리나 2세가 정부에게 보낸 연애 편지가 공개된 사실과 결부지어 연상되는 것도 없지 않았다. 그럴수록 여왕의 유일한 업적으로 흔히 운위되는 『삼대목』이라는 향가집을 자신의 정부에게 짓게 한 연유와 그 책의 성격이 궁금하기만 할 따름이다. 신라 전 기간에 걸쳐 불려졌던 향가집이라는 의미를 담고 있는 이 책에는 로맨스적인 향가도 언뜻 언뜻 끼워 넣어 자신의 사련에 쏠리는 이목을 흐트러 놓기 위함이 아닐런지 모르겠다.

그러면서 성주사 낭혜화상비에서 진성여왕의 성품을 일러 "은혜는 바다와 같이 넘쳤다"라고 하여 선정을 베풀었음을 전하는 구절이 뇌리를 맴

돈다. 이제까지와는 전혀 상
반된 기록, 그것도 당시인들
의 정서를 담고 있는 금석문
의 글귀를 접할라치면 당혹
스러워진다. 여왕의 참 모습
은 어떤 것인가?

여하간 여왕 즉위 2년째
인 888년 5월에 가뭄이 있

충청남도 보령의 성주사터에 소재한 낭혜화상비

었다. 농사를 망치게 된 것이다. 이로 인해 이듬해에 공부(貢賦)가 바쳐지
지 않았다. 농민들이 세금을 바치지 못한 것은 흉년 때문만은 아니었다.
정(丁)의 연령에 해당되는 백성에게 지급되었던 정전(丁田)의 제도가 일찌
감치 붕괴되었다. 그랬기에 농민층이 토지에서 유리되어 분해되는 상황
이었다. 『신당서』의 "곡식을 남에게 빌려 주어서 늘리는데, 기간 안에 다
갚지 못하면 노비로 삼아 일을 시킨다"라는 문구가 그것을 뒷받침해 준
다. 게다가 당시 농민들은 이중의 수탈에 허덕이고 있었다.

국가에 부세를 내야 하는 데서 그치는 것이 아니었다. 얼굴을 대면하
고 있는 반독립적인 지역의 호족들에게도 수탈을 당하고 있었다. 후자가
더 무서웠던 것이다. 이들 호족들은 사병(私兵)을 거느리고 있었기에 장
군(將軍)이라 불리었으며, 성(城)을 쌓아 촌락과 주민들을 지켰으므로 성
주(城主)라 일컬어졌다. 조선시대에 군수와 같은 고을 수령을 '성주'라고
부르는데, 그 연원이 신라 말까지 거슬러 올라가는 것이다.

설상가상으로 흉년이 든 상황에서 농민들은 국가에 부세를 낼 기력을
상실하고 말았다. 그러니 세금이 걷히지 않아 국고(國庫)가 비게 되고 국
정운영이 어렵게 되었다. 농민층의 몰락은 국가 재정을 파탄 상태로 몰고
갔다. 여왕은 사자를 전국의 주(州)와 군(郡)에 보내어 부세를 독촉하였다.

그러자 진성여왕이 즉위한 지 3년째 되던 889년에 농민반란이 일어나 곧바로 전국적으로 파급이 되었다. "나라 안의 여러 주군(州郡)에서 공부(貢賦)를 나르지 않으니 부고(府庫)가 비어 버리고 나라의 쓰임이 궁핍해졌다. 왕이 사신을 보내어 독촉하였지만 이로 말미암아 곳곳에서 도적이 벌떼같이 일어났다"고 하였다. 조세독촉을 계기로 전국적인 내란 상태에 빠지게 되었다.

그 참혹상은 최치원의 「해인사묘길상탑기 海印寺妙吉祥塔記」와 「오대산사길상탑기 五臺山寺吉祥塔記」에 의하면 다음과 같이 처참하게 기록하였다.

… 악(惡) 중의 악이 없는 곳이 없었고 굶주려 죽은 시체와 전쟁터에서 죽은 시체는 들판에 별처럼 즐비하였다. … 하늘과 땅은 온통 어지러워지고 들판은 전쟁터가 되니 사람들은 방향을 잃고 행동은 짐승과 같았다. 나라는 기울어지려고 한다. …

해인사 초입의 묘길상탑

이러한 참상은 889년에서 895년까지의 상황을 담은 것이었다. 이와 관련해 894년에 2,500명의 신라인이 크고 작은 100척의 선박에 나눠타고 쓰시마[對馬島]를 습격하였다가 패주한 사건이 주목된다. 이 싸움에서 45

척의 배를 타고 먼저 쓰시마에 상륙했던 신라 측 대장군 3명과 부장군 11명을 비롯한 총 302명의 신라인이 전사했다. 일본은 신라 측 배 11척과 활 100장, 태도(太刀) 50자루, 창 1,000자루, 방패 312매 등 다량의 무기를 노획하였다. 이때 일본 측에서 간신히 생포한 현춘(賢春)이라는 신라인 진술에 따르면 연이은 흉년으로 백성들이 굶주리고 창고가 모두 비게 되자 왕이 곡식과 비단을 탈취해 오라고 해서 배를 타고 습격하게 되었다고 한다(『扶桑略記』 권 22, 寬平 6년 9월 5일 조). 그러나 이들이 신라왕의 명을 받고 쓰시마를 습격했을 가능성은 별로 없는 것으로 판단하는 경우가 있다. 왜냐하면 첫째 890년대 신라에서는 누적된 모순이 폭발하여 각지에서 도적과 반란이 연이어 터지는 상황을 수습 못하고 있었다. 그러던 터이므로 신라가 대규모 병력을 동원한 원정은 가능하지 않다는 것이다. 둘째는 이 사건 이후 신라와 일본 간에 어떠한 외교적 분쟁도 일어나지 않았다는 데 있다. 대체로 이 사건을 신라 호족의 소행으로 규정하는 경향이 많다.

그러나 이 사건은 간단하게 단정하기 어려운 구석이 적지 않다. 894년 단계에서 후백제나 궁예 세력을 제외하고 이 정도 규모의 조직력을 갖춘 호족이 등장했다고 보기는 어렵다. 더욱이 쓰시마를 습격한 것을 볼 때 내륙 세력이기보다는 경상남도 해안을 끼고 있는 세력으로 간주한다고 할 때 더욱 그러하다. 지리적으로 보더라도 진훤이나 궁예 세력은 이 사건과는 무관한 것으로 보인다. 그리고 894년 시점에서 경상남도 쪽 호족으로 이 정도의 규모를 갖춘 세력을 상기하기는 어렵다. 게다가 그러한 호족세력이 굳이 척박한 지역인 쓰시마를 공격해야 할 특별한 동기도 확인되지 않는다. 그러므로 894년의 쓰시마 습격 사건의 주체는 생포된 신라인 현춘의 진술도 있을 뿐 아니라 습격의 규모나 조직성을 놓고 볼 때 신라 조정일 가능성이 높다. 신라 조정은 해안 봉쇄와 기근에다가 공부(貢賦)의 단절에 따른 급격한 재정 위기에 봉착했기 때문이다. 공부의 단절은 진성여왕 3년인 889년에 "나라 안의 여러 주군에서 공부를 보내오지 않아, 나라의 창고가 텅 비어 나라의 씀씀이가 궁핍하게 되었으므로 왕이 사자를 보내 독촉하였다. 이로 말미암아 도적들이 곳곳에서 벌떼처럼 일어났다"라고 하여 시작된 이래 국가 경영을 최대 위기로 몰아 넣었던 것이다. 893년에 신라 조정은 최치원을 하정사(賀正使)로 삼아 당에 파견하려고 했지만 실패하였다. 그 배경을 서술하는 문구 가운데 "해마다 흉년이 들어 기근에 시달렸고, 그로 말미암아 도적이 횡행하여"라고 하였듯이 해마다 흉년이 들어 기근에 시달리고 있었다. 이러한 난국을 타개하기 위한 궁여지책으로 신라 조정이 쓰시마를 습격할 수 있는 정황은 충분하다.

896년(진성여왕 10)에는 붉은 바지를 입은 적고적(赤袴賊)이라는 도적떼들이 휩쓸고 다녔다. 이들은 왕도인 경주의 서부인 모량리까지 들이닥

화순 운주사의 와불(臥佛)
천불천탑으로 유명한 이곳에서, 이 와불이 일어나는 날 천지가 개벽한다는 전설이 있다. 물론 이 와불은 고려시대에 조영된 것이지만, 미륵과 관련한 천지개벽 신앙의 연원은 깊고도 깊다.

철원 도피안사의 비로자나불상
865년(경문왕 5) 말세를 슬퍼하면서 불상을 조성한 내력이 양각돼 있다.

쳐 민가를 약탈하여 갔는데, 경주 귀족들의 간담을 서늘케 하였다. 사람을 크게 자극시키는 게 붉은색이었다. 그리고 초적(草賊)이라는 이름의 농민 반란군도 횡행하였다.

　폭동과 전쟁 그리고 약탈과 기근, 이럴 때 인간들은 무슨 생각을 하게 될까? 중국의 후한 말의 혼란과 황건적의 난이라는 미증유의 소용돌이에서 민중들은 진인(眞人)의 출현을 갈구하였었다. 신라 말의 처참하고도 암담한 상황은 미륵불의 하생을 기다리고 기다리게 하였다.

농민난의 기폭제, 원종과 애노의 난

　　신라 조정에서도 감당하지 못한 농민반란의 본격적인 봉화가 올라간
것은, 진훤이 23세 되던 해인 889년이었다. 상주에서 일어난 원종(元宗)
과 애노(哀奴)의 난으로 말미암았다. 여기서 상주는 통일신라 전역의 통
치 구간인 9주의 하나를 가리키는 게 아니다. 그 주(州)의 통치 거점 도시
만을 가리키므로 지금의 상주시가 되겠다. 상주시 청리면에는 본시 음리
화정이라는 군단이 주둔하고 있었다. 애장왕대(800~808)에 건립된 고선
사(高仙寺) 서당화상비(誓幢和上碑)의 글자를 새긴 인물로서 그 비문에는
'音里火三千幢主級湌高金△'라는 문구가 있어, 9세기 초엽에도 3천당이
라는 군단이 음리화정에 주둔하였음을 알 수 있다. 그 주둔 지역은 청리
면 마공리에 소재한 해발 700m의 기양산에 축조된 둘레 1,050m의 석축
산성이 되겠다. 상주 시내가 한눈에 잡히는 마공산성 밑으로는 고분군이
꽉 차 있다.

　　그런데 농민반란을 진압하러 중앙에서 군대가 파견되었고, 촌주가 전
투에 나선 것을 볼 때 음리화정이라는 군단은 889년 이전에 이미 해체된
것으로 보인다. 원종과 애노의 반란군이 원체 강성했던지 여왕이 파견한

마공산성 전경
산등성이에 터를 고르고 만든 건물지에 초석이 남아 있는데, 성의 정상 부근에서는 마을 사람들이 동제를 지내기까지 하였다.

부대장인 나마(奈麻) 관등의 영기(令奇)는 반란군이 주둔하고 있는 성루(城壘)를 바라보고는 그만 압기되었다. 영기는 두려운 나머지 진공(進攻)하지 못하였다. 다만 촌주(村主) 우연(祐連)이 사력을 다해 싸우다 농민군들에게 살해되고 말았다. 여왕은 영을 내리어 영기의 목을 베었다. 10여 세 남짓인 우연의 아들로 하여금 촌주 직책을 계승하게 하였다. 그러나 그 계승은 명목상에 그치고 말았다. 도도하게 번지는 농민반란의 불길 앞에 신라는 국가 통제력을 급속히 상실하고 있었기 때문이다.

889년에 일어난 원종과 애노의 난도 진압되지 않았다고 보여진다. 그러면 원종과 애노의 난은 진훤과 어떤 관계에 있었을까?『삼국유사』에 의하면 진훤의 아버지인 아자개가 광계(光啓) 연간(885~887)에 지금의 상주를 가리키는 사불성(沙弗城)에 웅거하여 자칭 장군이라 했다고 한다. 이 기록대로라면 원종과 애노의 난 이전에 아자개는 호족으로서 상주 지역에 할거했음을 말한다. 과연 그랬을까? 농민이었던 아자개가 일약 장군을 칭했다면 신분제의 구각(舊殼)을 깨뜨리고 무력을 갖추었음을 뜻한다. 이는 농민반란을 전제하지 않고서는 설명할 수 없다. 더욱이 889년 이전에 그것도 상주와 같은 큰 도회에서 가능한 일로는 생각되지 않는다.

아자개가 장군을 칭하게 되는 계기는 889년 원종과 애노의 난에서 찾는 게 합당한 것으로 보인다. 상주에서 일어난 농민난에 이웃한 가은현에 거주하는 장년의 농민 아자개가 휩쓸리는 것은 자연스러운 일이 아닐 수 없었다. 상주 관내의 관청을 습격·방화·점거하고, 또 관곡(官穀)을 풀어 허기진 주민들에게 배급해 주었을 뿐 아니라, 요로(要路)의 성곽을 접수하여 장기간에 걸친 농성을 준비하였을 것으로 믿어진다. 이들은 반란을 진압하기 위해 온 정부군의 지휘관이 진격을 못하고 겁을 잔뜩 먹었을 정도로, 기(氣)와 세(勢)는 대단하였던 것이다.

그런데 농민 반란군은 정부군과 격전을 치르는 과정에서 반란군 지도자들의 전사를 비롯한 변수가 발생할 수 있다. 이로 인해 리더 그룹 안에서의 세력 재편성이랄까 새로운 파워 세력이 등장하였을 것으로 보인다. 아자개가 '장군'을 칭하게 되었다는 것은, 농민반란의 와중에서 상주 지역을 장악하였음을 뜻한다.

아자개가 웅거했던 사불성은 지금의 상주시 병성면에 소재한 병풍산성이 되겠다. 골짜기를 끼고 있는 병풍산성은 둘레 1,770m 규모의 석축산성이다. 병풍산성에서 그 북쪽으로는 경명왕의 아들로 전해지는 박언창(朴彦昌)의 무덤

사벌국 왕릉에서 바라 본 병풍산성

병풍산성 동편으로 흘러가는 낙동강

인 사벌국 왕릉이 바라 보인다. 그 동편으로는 낙동강이 굽이 돌고 있다. 수로(水路)로써 낙동강을 이용할 수 있는 요지에 성이 위치하고 있는 것이다. 『신증동국여지승람』에서 사벌국고성을 설명하면서 "병풍산 아래에 있다. 성 옆에 높고 둥근 구릉이 있는데, 세상에 전하기를 사벌국 왕릉이라 한다. 신라 말년에 진훤의 아버지인 아자개가 이 성에 웅거하였다"라고 하여 그 존재가 보인다.

제2부
백제의 부활

국가체제 정비기 889년~900년

'타이거' 포효(咆哮)하다

진훤은 고향에서의 반란 소식을 들었을 것이다. 전국적인 농민폭동의
혼미 속에서 890년 정월에는 신라 조정의 운명을 말해 주듯 다섯 겹으로
둘려진 햇무리가 중천에 떠 있었다. 뒤숭숭한 상황 속에서 야심가들의 모
습이 사료에서 설핏 설핏 비치고 있다. 891년 10월에는 지금의 강원도 원
주인 북원경을 장악하고 있던 웅강(雄强)한 양길이 자신의 부장 궁예를 보
내어 100여 기병을 이끌고 원주 동편의 부락과 영월의 주천(酒泉) 등 10여
개의 군과 현을 습격하여 항복을 받았던 것이다. 궁예는 당초에는 지금의
경기도 안성인 죽주(竹州)의 기훤에게 의탁하였는데, 업신여김을 받자 뛰
쳐나와 양길에게 투신하였다. 양길은 궁예를 우대하였을 뿐 아니라 또 일
을 맡겼다. 이렇게 해서 궁예는 역사의 전면에 등장하였다.

이러한 소식들은 질탕하게 놀고 마시며 무위도식하는 썩어 빠진 경주
의 귀족들에 대한 환멸과 그 뒷전에서 질곡 상태에 놓여 있는 향리의 가
엾은 농민들, 그리고 골품제(骨品制)라는 엄혹한 인간 규제에 대한 분노와
번민 속에서 기존 사회체제의 전면적인 붕괴를 통한 개혁화된 이상사회

의 건설을 분명 꿈꾸고 있었을 진훤을 크게 자극시켰을 것이다. 아니 야심을 품고 무리를 모으고 있던 진훤을 크게 고무시켰을 게 틀림없다. 『제왕운기』에서도 "큰 뜻을 속에 품고 때 오기만 엿 보면서 / 선비 백성 모으기에 마음을 기울였다"고 하지 않았던가!

아버지인 아자개는 상주 지역을 장악하였고, 북원경의 양길, 죽주의 기훤 등등, 기라성과 같은 호족과 도적의 괴수들이 할거하고 있는 상황이었다. 이 무렵 진훤의 군대는 반란군 토벌 명령을 받았거나 투입되었을 가능성이 높다. 그에게는 결단의 시각이 성큼 성큼 다가왔다.

사세를 예의 주시하던 진훤은 892년 예하의 병력을 이끌고 창자루를 거꾸로 잡았다. 그가 휘하에 둔 병력은 도적떼 출신의 아마추어 칼잡이들이 아니라 전문적 군사훈련을 받은 정비된 무력이었다. 그는 서남쪽의 주현(州縣)을 습격하였다. 이곳은 그가 사병으로 복무할 때의 활동 근거지였다. 그랬기에 그는 이르는 곳마다 드높은 환호 소리를 들으며 무혈 접수하다시피 했을 정도로 대성공을 거두었다. 어쨌든 한창 원기 왕성한 26세의 청년왕이요 창업주가 탄생하는 순간이었다. 진훤 왕국 최초의 근거지는 무진주였던 것이다.

그런데 진훤의 독립 시기를 이보다 3년 전인 889년으로 지목하는 시각이 제기된다. 『삼국유사』에 의하면 진훤이 스스로 왕을 칭한 시점을 '용화(龍化: 龍紀의 잘못임) 원년 기유(己酉: 889)'라고 하면서 또 한편에서는 '경복(景福) 원년 임자(壬子: 892)'라는 설도 있음을 수록하고 있다. 『삼국사기』에는 경복 원년설을 취하고 있기에 대체로 이 설을 따르는 형편이다. 그렇지만 『삼국유사』에는 지금의 안동인 고창에서 후백제와 고려 군대가 전투하는 기사를, '42년 경인(庚寅: 930)'의 일로 적고 있다. 여기서 '42년'은 '진훤왕 42년'으로 해석되어진다. 그렇다면 군도(群盜)가 봉기하던 889년(진성여왕 3)이 진훤왕국의 기점(起點)이 된다. 이때를 기점으로 삼아 진

훤왕의 치세에 관한 기록을
남겼음을 알 수 있다.

이 기록대로 한다면 진훤
은 앞서의 내용 전개와는 달
리 상주에서 원종과 애노의
난이 일어나자 즉각 예하의
병력을 이끌고 무진주를 점
령한 게 된다. 그때 진훤의
나이 23세였다. 진훤은 향리
에서의 반란 소식을 듣고는
마치 그쪽과 기맥을 통하고
있었던 양 기다린 듯이 일어

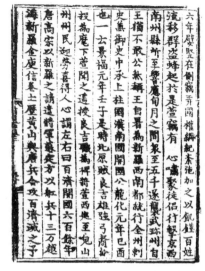

『삼국유사』의 '용화' 원년 기유 칭왕설(稱王說) 부분

난 게 된다. 매우 민첩하게 거병한 것이다. 이것이 여타의 군도 세력 가운
데서 초기에 그가 정국의 주도권을 장악하게 된 한 요인으로 보인다.

그런데 진훤의 무진주 장악이, 원종과 애노의 난에 이어 단행되었다
는 것은 사세에 비추어 볼 때 설득력이 약하다고 본다. 이 난이 일어났을
때 진훤은 독립을 하였겠지만 그로부터 3년 후인 892년에 이르러서야 무
진주를 점령해서 왕을 칭했다고 보는 게 자연스럽다. 진훤이 신라 조정에
창을 거꾸로 쥔 시기는 889년이다. 이것은 진훤 정권의 기점이 되지만 무
진주를 점령하여 스스로 왕을 칭했던 시기는 892년이라고 할 때 시간과
문헌상의 모순이 없어진다.

『삼국사기』에서 892년에 "완산적(完山賊) 진훤이 주(州)에 웅거하여 후
백제를 자칭했다"고 한 기사의 '완산적'은, 진훤이 완산주인 지금의 전주
를 이때 장악했다는 게 아니다. 그의 근거지가 훗날 전주인 데서 연유한
호칭이라고 보여진다. 그러므로 이 기사에 너무 의미를 부여할 필요는 없

을 것 같다.

진훤의 사위인 무진주 성주 지훤(池萱)은 지금의 광주 출신 호족이 분명하다. 그리고 지금의 순천 출신인 박영규(朴英規)는 말할 것도 없고, 진훤의 어가행차(御駕行次)를 맡았던 인가별감(引駕別監) 김총(金摠)도 순천 출신이었다. 인가별감은 어거행차와 관련한 임무를 맡았던 만큼, 경호의 총책임자인 지금의 대통령 경호실장에 해당되는 직책이라고 하겠다. 김총은 죽어서 순천의 성황신(城隍神)으로 받들여졌고, 그를 제사지내는 사당이 18세기 말까지만 하더라도 진례산(進禮山: 여수시 상암동)에 존재하였을 정도로 위세 있는 인물이었다. 그는 순천 김씨의 시조이기도 한데, 묘와 사당인 동원재(同源齋)는 순천시 주암면 주암리 방축동에 남아 있다.

진훤의 세력 기반 – 박영규 가문과의 제휴

순천만에 인접한 광양만 일대는 순천 지역 호족인 박영규 가문의 거점이기도 하였다. 그러한 관계로 이곳에는 박영규와 관련한 전설이 남아 있다. 여기서 박영규가 아니라 '박영규 가문'이라고 한 이유를 설명할 필요가 있을 것 같다. 우선 양자 간의 연령 관계를 살펴보자. 진훤이 화병으로 황산불사에서 생을 마감할 때 나이가 70세였다. 이 연령은 당시로서는 상당히 고령에 속한다. 그런데 박영규는 936년에 왕건에게 귀부할 때 받은 벼슬인 좌승(佐丞)에서 "훗날 벼슬이 삼중대광(三重大匡)에 이르렀다"고 했을 정도로 진훤보다 더 오래 생존하였다. 그런 만큼 박영규는 진훤의 사위였다는 것을 떠나 그보다는 훨씬 연하였다고 보는 게 온당하다. 진훤이 889년에 거병할 때 23세였다. 박영규는 그때 연령이 10대나 그 이하의 연령이었음이 분명하다. 진훤이 20세 되던 해인 886년에 결혼했다고 하자. 그렇더라도 그가 성년의 딸을 혼인시키기까지는 그 후 20년 가량의 시간이 필요했을 것이다. 그렇다고 할 때 진훤이 박영규를 사위로 맞아들이는 시점은 일러야 전주에 천도한 기간인 906년경이라야 된다. 따라서 진훤이 순천만에서 거병할 때 협조한 현지의 토착 세력은 박영규 라기보다는 박영규 가문이라고 해야 맞다. 이러한 박영규 가문과 진훤이 승평항에서부터 유대를 맺었을 가능성은 무엇보다 지대하였다. 그러하였 기에 시기적으로 전주에 도읍한 후에 진훤의 딸과 박영규와의 혼인이 이 루어 질 수 있었을 것이다. 이는 진훤의 대호족 시책과 관련한 일종의 정 략 결혼이 되겠다.

바다와 인접한 지역에 기반을 두고 있던 해상 호족이었을 박영규 가 문은 상인이나 일반 주민들의 재물과 인명을 빼앗는 해적 토벌이 무엇보 다 중요한 사안이었을 것이다. 해적 소탕은 박영규 가문의 경제적 기반과 사회적 지위를 유지하는 길이기도 하였다. 박영규 가문의 당초 근거지는 순천만 일대라기보다는 이곳과 연계된 지형구이자 대당(對唐) 교역품이 출토된 광양만의 마로산성 일원으로 비정하는 게 맞을 것 같다. 마로산성 의 둘레가 550m에 불과한 것도 이곳 호족의 근거지로서 걸맞다고 하겠 다. 그에 반해 규모가 월등히 큰 해룡산성은 국가의 공적 무력을 기반으 로 한 진훤이 방수하던 곳으로 보인다. 실제 이는 앞에서 소개한 전설을

박영규의 거점 해룡산 일대

통해서도 뒷받침되었다. 신라군 비장인 진훤의 임무는 해적들을 소탕해서 항해의 안전을 지켜주는 일이었다. 그런 관계로 진훤과 박영규 가문은 자연스럽게 정치적으로 제휴할 수 있지 않았을까 싶다. 양자 간에는 근거지가 지리적으로 서로 인접하였을 뿐 아니라 목표와 이해까지도 맞아 떨어졌기 때문이다.

진훤은 승평항에서 방수하면서 상인들뿐 아니라 유학생이나 유학승들과도 자연스럽게 연을 맺을 수 있는 기회가 조성되었다. 일례로 회창(會昌: 841~846) 연간 당에 머물고 있던 신라 승려 수는 수백 명에 달했다. 837년 3월 당시 당의 국자감에서 수학하고 있던 신라 학생 숫자만 216명에 이르고 있었던 점에서도 그러한 관계를 그릴 수 있다.

889년에 진훤이 거병하여 무주 동남 주현(州縣)을 장악하였다. 그럼에 따라 승평항도 자연스럽게 후백제의 수중에 떨어지게 되었다. 아니 승평은 당초 그 본거지 역할을 한 것이다. 이러한 상황에서 신라 조정의 대당교통로는 태안반도 쪽을 물색할 수밖에 없었다. 893년에 병부시랑 김처회(金處誨)를 당에 파견하였으나 도중에 익사하였고, 부성군(富城郡: 서산) 태수 최치원 등을 당에 파견하고자 하였으나 "도적들이 창궐하여 길을 막고 있어 가지 못하였다"고 했다. 아찬 양패(良貝)가 당에 가려고 할 때 백제 해적이 나루와 섬을 가로 막고 있다는 말을 듣고 궁사(弓士) 50명을 뽑아 따라가게 했다고 한다. 여기서 신라 조정이 두려워했던 '백제 해적'은 후백제와 관련된 세력임이 분명하다.

민화풍의 김총 영정
김총 묘소 밑의 사당에는 원래 김총의 영정(102.8×57.8 cm)이 별도로 봉안되어 있는데 융복(戎服)을 입고 걸상에 앉아 있는 민화풍의 전신상으로서, 전라남도 지방 민속자료 27호로 지정되어 있다. 순천 김씨로서 저명한 인물을 조선 세종 때의 무장인 김종서를 꼽을 수 있다.

김총의 묘

비석에 '신라 평양군 김공 총지묘 新羅平陽君金公摠之墓'라고 새겨져 있다. 여기서 '신라'는 '후백제'로 고쳐야 옳을 것이다. 그리고 비문에는 "신라 헌안왕 때(857~861) 인가별감을 지냈으며 평양군에 추봉(追封)되었다"고 새겨져 있다. 그러나 김총이 진훤에게 벼슬했음은 『신증동국여지승람』과 『강남악부』 등에서 확인되고 있다.

진례산(여수시 상암동)

18세기 말까지도 김총 사당이 존재했다.

『강남악부』에 보이는 김총 관련 기사

참고로 가난한 경주 주민 손순이 어린 아들을 묻기 위해 땅을 파다가 얻었던 석종(石鐘)을 탈취해 간 세력을 '진성왕대 백제 횡적(橫賊)'이라고 했다. 이처럼 후백제가 한반도 서남해변을 장악함에 따라 신라는 점차 국제적으로도 고립의 길을 면하기 어려웠다. 견당사의 실패는 바로 그러한 상황을 반영한다고 하겠다. 신라의 몰락은 진훤에 의한 해안과 해양의 봉쇄에 말미암은 바 크다고 본다.

이처럼 진훤의 최측근 인맥이 지금의 광주와 순천 쪽이었다고 하는 것은, 그의 초기 세력 기반과 거병 지역을 암시해 준다. 892년에 진훤이 역사의 전면에 등장할 때 무주(武州) 동남쪽의 군현(郡縣)이 일제히 진훤에게 항속(降屬)하였다고 한다. 지금의 광주인 무주의 동남쪽은 순천과 여수를 포함한 지역권으로서 그 중심지는 순천이었다. 순천은 해안을 끼고 있는 곳이 아닌가. 이 점 유의하지 않을 수 없다.

이와 관련해 939년에 세워진 대경대사비(大鏡大師碑)에 의하면 승려 여엄(麗嚴)이 당나라에서 신라로 귀국할 때인 909년에 무주(武州)의 승평(昇平)에 도달했다(此時天祐六年七月 達于武州之昇平)는 기록이 주목된다. 승평은 승주 그러니까 지금의 전라남도 순천을 가리킨다. 이 사실은 기존의 인식과는 달리 남단(南端) 내륙 교통의 요충지인 순천 또한 대 중국 항로와 관련한 항구로서 기능하였음을 알려준다.

해적 소탕 임무를 띠고 주둔했던 진훤의 군영(軍營)이 순천 해안가였다. 그러한 가운데서 자연스럽게 그의 초기 세력 인맥이 형성되어진 것으로 보여진다.

진훤의 초기 세력은 예하의 병력에다가 순천 지역 호족과의 혼인 관계를 통한 지역세력의 흡수, 나아가 순천만(順天灣)을 중심으로 횡행하던 해적 집단의 규합을 통하여 이루어진 것으로 보겠다. 그러면 진훤이 왕을 칭할 정도

여수 고락산성
진훤이 처음 거병했을 때 호응 지역이었을 것으로 보인다.

로 급성장하게 된 요인은 무엇일까? 약탈과 파괴를 일삼는 도적떼들과는 달리 정치적인 케치프레이즈를 가지고 있었기 때문일 것이다. 그것은 선동적인 색채를 강하게 띠었겠지만 차별 대우를 받고 있는 옛 백제 지역 주민들의 잠들었던 혼을 일깨우는 정신적 각성을 촉구하였다. 그 지역 주민들이라면 누구도 부인할 수 없는 일종의 공감대를 형성하는 '백제의 재건'이라는 대명제(大命題) 속에 주변 세력들을 하나로 규합시켜 나간 것으로 보인다. 명분의 선점(先占), 이것이 진훤의 급성장의 배경이 된다. 이는 그의 정치적 안목이 빼어났음을 알려주는 동시에, 오랜 기간에 걸쳐 거병을 준비했음을 뜻한다고 보겠다.

첫 번째 수도 광주(光州)

900년에 진훤의 전주 천도를 정도(定都)로 간주하는 이들이 많다. 이러한 시각은 전주 이전 진훤의 근거지였던 무진주를 왕도로 인정하지 않겠다는 심사가 된다. 그러면 다음의 기사를 통해 이 문제를 검증해 보고자 한다.

> 당나라 소종 경복 원년(892) 즉 신라 진성왕 재위 6년에 왕의 총애를 받던 아이들이 [왕의] 옆에 있으면서 정권을 마음대로 휘둘러 기강이 문란하고 해이해졌고, 그 위에 기근까지 겹쳐 백성이 떠돌아다니고 뭇 도적이 벌떼처럼 일어났다. 이에 진훤은 저으기 왕위를 엿보는 마음을 가져 무리를 불러 모아 왕경의 서남쪽 주현을 치자 이르는 곳마다 메아리처럼 호응하였다. 한 달 사이에 무리가 5천 명에 이르자 드디어 무진주를 습격하여 스스로 왕이 되었으나 아직 감히 공공연히 왕을 칭하지 못하고, 신라 서면도통지

휘병마 제치 지절 도독전무공등주군사 행전주자사 겸 어사중승
상주국 한남군개국공 식읍이천호 新羅 西面都統指揮兵馬 制置 持
節 都督全武公等州軍事 行全州刺史 兼 御史中丞 上柱國 漢南郡開
國公 食邑二千戶라고 스스로 칭했다(『삼국사기』 권 50, 진훤전).

위의 기사를 보면 진훤은 "왕경의 서남쪽 주현을 치자 이르는 곳마다
메아리처럼 호응하였다"고 했다. 신라 비장직의 진훤이 처음 거병한 곳
이 경주의 서남쪽임을 말하고 있다. 통일신라 때 승평항이었던 지금의 순
천만과 광양만 일대를 거점으로 하였던 진훤은 이곳을 기반으로 주변 지
역을 석권했음을 가리킨다. 그런 후에 진훤이 "드디어 무진주를 습격하
여 스스로 왕[自王]이 되었으나"라고 했다. 진훤은 서남해안 일대를 장악
하면서 휘하가 5천 명에 이르자 무진주를 점령한 후 '자왕' 즉 칭왕(稱王)
하였다. 진훤이 칭왕한 장소인 무진주는 왕도인 것이다.

문제는 당시 진훤의 '자왕'을 "감히 공공연히 왕을 칭하지 못하고"라
고 하였기에 국가로 인정할 수 없다는 주장이다. 마치 국가의 충족 요건

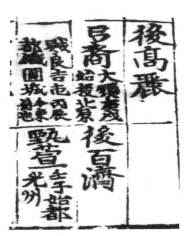

『삼국유사』 왕력편에 보이는 '始都光州' 문구

이나 인류학적 발전 단계를 검증
하는 듯한 인상을 받게 된다. 그러
나 이는 어디까지나 검증하기 어
려운 속성을 지녔다. 진훤 스스로
'자왕'한 것인 만큼 주관적인 성격
이 강하다. 그렇기는 하지만 진훤
의 자서(自署)에 보면 '신라 서면도
통지휘병마제치'라고 하였으므로
신라를 의식하고 있음은 분명하
다. 즉 자신을 신라왕의 신하로 인

광주의 무진주성

식한 것이다. 그러나 927년에 경주를 습격하여 경애왕을 처단하고 김부를 새로운 왕으로 옹립한 후에도 진훤은 신라의 신하로 여겼다. 즉 진훤은 왕건에게 보낸 국서에서 "나는 존왕(尊王)의 의(義)를 두터이 하고 사대(事大)의 정(情)을 깊이 하였다"고 했다. 가장 강성했을 때도 진훤은 자신을 신라왕의 신하로 간주했던 것이다. 그리고 진훤은 '도통 都統'이나 '태부 太傅' 등의 직함을 사용했는데, 신라의 지방관임을 자처한 것이라고 한다. 그러므로 이러한 표현이나 직함은 어디까지나 대외적인 선언에 불과할 뿐이었다.

진훤이 칭한 '자왕'의 용례는 손권(孫權)의 경우에서도 보인다. 즉 "겨울 10월 을묘에 황제가 위(位)를 물려주자 위왕(魏王) 비(丕)가 천자를 칭했다. 이듬해(221)에 유비가 촉에서 황제라고 칭하고, 손권 역시 오에서 스스로 왕이라 칭하니 이에 천하는 드디어 셋으로 나뉘어졌다("후한서』 권 9, 효헌제 25년 조)"고 했다. 손권은 주지하듯이 '자왕'한 221년 이전에 이미 국가를 경영하고 있었다. 또 손권은 '자왕'했지만 '오'라는 국호를 사용하였다. 이와 마찬가지로 진훤의 '자왕'도 국가 경영과 국호 사용을 전제하고 있다고 보아야 한다. 조선은 1392년에 개국했지만 1394년에도 태조는 조선왕을 칭하지 못하였다. 즉 조선 태조는 '권지국사 權知國事'라고 하였고, 감히 왕을 일컫지는 못하였다(不敢稱王)("태조실록』 권 6, 3년 6월 7일 조). 이러한 맥락에서 볼 때 진훤 스스로 "공공연히 왕을 칭하지 못하고"라고 했다고 해서 왕 행세를 못한 것은 아니었다. 진훤은 901년에 정개(正

開)라는 독자 연호를 반포했고, 왕 중의 왕인 대왕까지 칭했다. 이 사실은 그 이전에 이미 진훤이 칭왕했음을 뜻한다. 더구나 『삼국유사』에서는 진 훤의 근거지였던 광주를 "임자에 처음으로 광주에 도읍했다 壬子 始都光 州"라고 하였다. 광주가 후백제 최초의 왕도였음을 분명히 했다. 이는 다 음과 같은 정황에서도 유추된다.

진훤이 순천만에서 거병한 시점을 889년으로 지목한 견해를 취한다 면, 892년에 와서야 광주를 근거지로 삼은 것이다. 진훤이 순천에서 광주 로 진출하는 데 3년이라는 기간이 소요되었음을 알 수 있다. 거병한 지 3 년 동안 진훤은 한반도 서남해안 지역을 석권하였다. 이때 진훤은 자신이 장악한 지역 가운데 대도회인 광주를 점령한 후 이곳을 근거지로 '자왕'한 것이다. 진훤은 '자왕'과 동시에 백제의 부활과 재건을 광주에서 선포했다 고 보여진다. 그러므로 광주는 국가로서 백제가 부활된 시발지인 것이다. 이는 전주에 입성하기 전 진훤의 행차를 왕의 행차를 가리키는 '순 巡'이

진훤대
광주광역시 북구 동림동 대마산에 위치한다.
장유(張維: 1587~1638)는 다음과 같이 읊조렸다.
백제의 중흥을 꿈꾸며 百濟中興日 / 진훤왕이 말 달릴 때 甄王躍馬年 / 강산의 요충지를 다 차지하고 江山擅形勝 / 지략을 발휘하여 싸움마다 이겼다네 戰伐鬪機權 / 하지만 운이 다 했을까 웅대한 꿈은 허사되고 運去雄圖盡 / 왕의 체취뿐인 성터만 덩그러니 남아 있네 城留王氣遷…

라고 한 데서도 알 수 있다. 그리고 진훤은 전 주로 천도한 다음해인 901년에 정개 연호를 선포했다. 전주 천도와 짝하여 정개 연호를 제 정한 것은 아니었다. 바 꿔 말해 진훤이 전주로 천도한 해인 900년까지 이미 사용한 연호의 존 재 가능성을 심어준다. 그렇다면 진훤이 광주

왕조대(王祖坮)

광주·송정 간 대로변의 사월산(광주광역시 서구 벽진동)에 위치한다. 왕건이 진훤과 싸울 때 주둔했던 곳으로 전한다.

에 도읍하면서 국호와 연호를 제정했을 가능성이 높아진다. 또 그것을 주재한 진훤은 명백히 국왕인 것이다.

국왕권 행사로서 꼽을 수 있는 게 관직 하사이다. 이와 관련해 "이때 북원적 양길이 웅강하여 궁예가 스스로 투항하여 그 부하가 되었다. 진훤이 이 소식을 듣고 멀리 양길에게 관직을 주어 비장으로 삼았다(『삼국사기』 권 50, 진훤전)"는 기사가 주목된다. 무진주의 진훤은 궁예까지 포용했을 정도로 강성한 북원의 양길에게 비장직을 수여한 것이다. 비장은 당초 진훤이 신라 군대에서 거듭된 전공을 통해 받았던 최종 관직이었다. 게다가 대호족인 양길의 위세에 비추어 볼 때 비장은 단위 부대장 정도의 위상이 아니라 몇 개 부대를 거느린 총사령관직임을 알게 된다. 진훤은 당초 신라왕으로부터 비장직을 수여받았다. 그러나 이제는 진훤이 양길에게 비장직을 수여했다. 이 자체는 진훤이 자신의 위상을 '왕'으로 간주했기에 가능한 일이었다. 진훤은 자신의 예하에 양길을 정치적으로 가두기 위한 조치로써 비장직을 내려주었다. 또 그럼으로써 자신의 위상을 전국적으로 확대시키고자 하였다. 관직 제수는 궁예가 "개국칭군 開國稱君" 시점에서 왕건을 철원군 태수로 임명한데서도 보인다(『삼국사기』 권 50, 궁예전).

진훤의 '자왕'이 국가의 창건을 가리킴은 다음과 같은 궁예의 사례와 비교해 볼 때 보다 분명해진다.

〈거병~국가 선포까지의 궁예와 진훤 비교〉

		弓裔			甄萱	
1단계	894년	擧兵時 官職	將軍 可以開國稱君 始設內外官職	889년	擧兵時 官職	裨將
		獨立時 兵力	3,500명		獨立時 兵力	5,000명
2단계	901년	自稱王		892년	自王	
3단계	904년	立國 號爲摩震		900년	自稱後百濟王 設官分職	

주지하듯이 궁예의 세력을 국가로 인정해 주는 시점은 2단계인 901년의 '자칭왕'부터이다. 궁예의 경우를 진훤에게 대입시킨다면 1단계는 889년에 비장으로서 무리 5천 명을 거느리고 서남부 지역을 장악해가는 상황이다. 2단계는 진훤이 무진주를 점령하고 '자왕'한 892년에 해당된다. 따라서 진훤의 '시도광주 始都光州'는 개국과 관련지어 충분히 존중할 필요가 있다고 본다. 궁예의 건국은 "입국호위마진 立國 號爲摩震"라고 한 904년이 아니라 '자칭왕 自稱王'하였던 901년으로 인정하고 있기 때문이다. 따라서 진훤의 경우 892년의 '자왕' 시점을 건국으로 설정하는 게 가능하다. 결국 광주는 후백제의 첫 도읍지가 되는 것이다. 나아가 다음과 같이 적시(摘示)한 892년의 '자왕'과 900년의 '자칭후백제왕'은 본질적으로

동일하다고 하겠다.

> * 드디어 무진주를 습격하여 스스로 왕이라했으나[自王] 감히
> 공공연히 왕을 칭하지는 못했다 遂襲武珍州自王猶不敢公然稱王
> (892년)
> * 드디어 스스로 후백제왕이라 일컬었다 遂自稱後百濟王(900년)

광주에 도읍한 진훤의 포부는 자서에서도 유추할 수 있다. 지역과 관련하여 제일 앞에 적혀 있는 '지절 도독전무공등주군사 持節 都督全武公等州軍事'에 보이는 전주·무주·공주는 지금의 충청남도와 전라남·북도를 아우르고 있다. 이 지역은 백제 고지(故地)를 가리키고 있는 곳이다. 이에 덧붙여서 진훤은 무진주에서부터 '전주자사 全州刺史'를 칭하였으니 이미 전주 지역에 의미를 부여했음을 알려준다. 그러나 다음의 인용에서 보듯이 순암 안정복은 진훤의 자서 중에서 '한남군 개국공 漢南郡開國公'을 대표 관작으로 언급했다.

> 남해(南海)의 수졸(戍卒) 甄萱[甄의 音은 眞]이 반란을 일으켜
> 무주(武州)를 근거로 하고 스스로 한남군 개국공이라 칭하였다
> (『동사강목』 제5상, 임자년 진성여주 6년 조).

위의 인용에서 보듯이 안정복은 진훤의 내력을 서술해 나갔다. 그런데 안정복은 기존 학계의 인식대로 '행전주자사'가 아니라 그것을 뛰어 넘어서 '한남군 개국공'을 더 중요한 관작으로 생각했다는 것이다. 문제는 '한남군개국공 식읍이천호'의 '한남군'의 존재 여부가 된다. 한남군은 "수주(水州) : 별호(別號)가 한남이다[成宗이 정한 것이다]. 또 수성(隋城)이라고

도 부르는데 속현은 7개이다(『고려사』권 56, 지리지 수주 조)"고 했다. 즉 한남군은 고려 성종 이전인 신라 말기에는 존재하지 않았던 군명(郡名)이었다. 그러니 한남군은 어떤 관념이 투영된 지명이라고 볼 수 있다. 자의상(字意上)으로 '한남'은 한수의 북쪽을 가리키는 한양(漢陽)과는 달리 한수의 남쪽을 가리킨다. 한양군은 "본래 고구려의 한산군[또는 평양이라고도 함]을 진흥왕이 주(州)로 만들어 군주(軍主)를 두었고, 경덕왕이 개명하였는데 지금 양주(楊州) 옛 터[舊虛]이다(『삼국사기』권 35, 지리 2)"고 했다. 이렇듯 고구려 영역으로 인식했던 한양군 즉 한북(漢北)과는 달리, 한남은 백제 영역을 가리키고 있다. 비록 후대 기록이기는 하지만 다음과 같은 한남에 대한 인식에서도 확인된다.

* 고초(古初)에 한남의 땅이 삼한이었다(『동사강목』).
* 비류가 바닷가에 살고자 하니 10신(臣)이 간(諫)하기를 "오직이 한남의 땅은 북쪽으로는 한수를 띠고 동쪽으로는 고악(高岳)에 의지하고…"고 하였다(『신증동국여지승람』권 9, 인천도호부 고적 조).
* …온조가 한수의 북쪽에 나라를 세웠다. 그 14년 뒤에 한남으로 도읍을 옮겼으니 지금의 광주이다(『임하필기』권 11).
* 경기 한북(漢北) 지역 : 고려에 들어와서는 관내도가 되고, 우리 태종 때는 한남과 합하여 경기가 되었다(『임하필기』권 11).

위에 보이는 '한남'은 『삼국사기』동일 기사에서 '하남'으로 표기되었다. 한남은 한강 남쪽을 가리키는 것이다. 그리고 '한남'을 경기도 광주라고 한 것을 볼 때 백제 왕도를 가리킴을 알 수 있다. 남한산성 행궁 정문 이름인 '한남루 漢南樓'도 그러한 사실을 반영한다. 그리고 앞에서 보였던

'전·무·공등주'가 백제 고
지를 가리키고 있다. 그렇
다면 '한남군'은 한수 이남
의 백제 왕도를 포괄하는
백제 고지 전체를 망라하
는 관념적인 지명이라고
하겠다. 진훤의 관작 말미
에 적힌 한남군에는 한강
남쪽 백제 영역을 모두 제
패하려는 의도가 깔려 있
는 것이다. 이와 관련해
다음과 같은 관작이 참고
가 될 것 같다.

남한산성 행궁 정문 현판에 보이는 '漢南樓'

*도독요해제군사
정동장군령호동이중
랑장 요동군개국공고구려왕 都督遼海諸軍事征東將軍領護東夷中
郞將 遼東郡開國公高句麗王(장수왕 23년 조)
*봉상정경 평양군개국공 식읍이천호 奉常正卿 平壤郡開國公
食邑二千戶(김유신전 하)

　　장수왕 이래 고구려왕들이 '요동군개국공'에 봉해졌다. 이는 요동 지
역에 대한 지배권을 인정해 주는 의미가 담겨 있다고 하겠다. 김유신이
받은 '평양군개국공'의 평양은 고구려 왕도 이름으로서 고구려 영역에 대
한 지배권을 인정해준다는 의미가 부여된 것 같다.

전백제前百濟의 영역 회복기 900년~918년

감격적인 전주(全州) 입성

진훤은 병력을 이끌고 한반도 서남부 지역 일대를 훑어 나갔다. 그가
이르는 고을마다 환호 소리가 드높게 울려 퍼졌다. 옛 백제 땅과 주민들
에 대한 새로운 지배자요 구원자로서 진훤은 정예한 군대의 위용을 한껏
뽐내며 퍼레이드를 펼쳤던 것이다. 일종의 무력시위이기도 하였다. 그러
던 진훤은 지금의 전라남도 일대를 거의 장악하고나서는 북상해 올라갔
다. 현재의 전라북도 지역도 속속 진훤의 손아귀에 떨어졌다. 진훤은 유
서 깊은 도회인 완산주(完山州: 당시에도 全州라고 불렀다)에 대한 감격적인
입성을 단행하였다. 그 직전에 신라 조정에서 파견되어 군림해 온 관리들
은 완산주 주민들에 의해 축출되었을 것이다. 지금의 전주 땅인 완산주
주민들은 열광적으로 진훤을 환영하였다. 폭압적 지배 하에 있던 완산주
주민들은 메시아가 온냥 환호성을 지르며 기뻐했던 것 같다. 진훤은 인심
을 얻은 것이 못내 뿌듯하였다.

그리고 "진훤이 서쪽으로 순행하여 완산주에 이르니"라는 구절을 통
해 볼 때 민심을 수습하고 위무하기 위한 차원에서 서부 지역 각 고을에

대한 순행을 했음을 알 수 있다. 이러한 순행은 민심의 반응과 각 지역의 역사적 내력이나 자연환경을 살피기 위한 목적을 지녔다. 결국 진훤은 '서순 西巡'을 통해 전주 천도를 결행하였다.

진훤은 결국 900년에 전주를 도읍으로 삼았다. 그가 전주로 천도한 배경은 다음과 같이 살펴볼 수 있다.

첫째, 진훤은 '서순'을 통해 "완산주에 이르니 그 백성들이 환영하고 위로하였다. 진훤이 인심을 얻은 것을 기뻐하여"라는 사실을 확인하게 되었다. 진훤이 '서순'한 어느 지역보다도 열렬히 환영을 받은 곳이 완산주였다. 진훤은 인심을 얻었음을 알았고, 또 인심을 계속 얻기 위해서는 자신을 적극적으로 지지하는 지역을 수부로 삼는 게 현명한 일이었다. 진훤이 무진주에서 완산주 즉 전주로 천도하게 된 데는 주민들의 지지에 대한 체감도의 차이를 느꼈기 때문으로 보인다. 다시 말해 전주는 백제 재건에 대한 응집력이 강한 지역이었다는 것이다. 그러면 무슨 이유로 전주와 광주에서는 백제를 부활한 진훤 정권에 대한 지지도상 체감도의 차가 나타났을까? 이와 관련해 다음의 견해를 살펴볼 필요가 있을 것 같다.

진훤의 경우는 광주에서 전주로 천도하였다. 그 천도의 배경은 나주 지역이 궁예 세력의 위협을 받는 등 몇 가지 견해가 제기된 바 있다. 그러나 본질적인 동기는 나주 지역은 영산강 유역으로서 백제에 복속된 시기가 늦을 뿐 아니라 백제 부흥운동에서도 그 응집력이 취약했을 정도로 백제적인 구심력이 상대적으로 약한 곳이었다. 반면 노령산맥 이북의 전주 지역은 원(原) 백제 지역이었다는 점을 고려했던 것 같다.(이도학, 「궁예와 진훤의 비교검토」 『궁예와 태봉의 역사적 재조명』 제3회 태봉학술제, 철원군, 2003, 20쪽)

둘째, 전주 천도의 배경으로서 다음과 같은 문장에 대한 해석을 시도해 본다.

> 내가 삼국의 시초를 살펴보니, 마한이 먼저 일어나고 후에 혁거세가 발흥하였으므로 진한과 변한이 따라서 일어났다. 이에 백제가 금마산에서 개국하여 600여 년이 되었다 … (吾原三國之始 馬韓先起 後赫世勃興 故辰卞從之而興 於是 百濟開國金馬山六白餘年)(『삼국사기』권 50, 진훤전).

위에서 "오원삼국지시 마한선기 후혁세발흥 고진변종지이흥"이라고 한 구절의 '혁세 赫世'를 박혁거세(朴赫居世)를 가리키는 '혁거세'의 약기(略記)로 간주해 왔다. 그랬기에 "마한이 먼저 일어나고 그 후에 혁거세가 일어났다. 그런 까닭으로 진한과 변한이 뒤따라 일어났던 것이다"라는 식의 해석이 이어져 왔다. 그러나 '혁세'는 '누대' 즉 '대대로'를 가리킨다. 가령 대대로 현귀(顯貴)한 고관을 가리키는 '혁세공경 赫世公卿'이라는 용어가 말해주고 있다. 게다가 문리상 "마한이 먼저 일어나고"에 이어서는 신라를 가리키는 진한과 함께 변한이 마한(백제)을 좇아서 흥기했다는 내용이 되어야만 한다. 이렇듯 신라(진한)에 대한 분명한 언급이 있다. 그럼에도 불구하고 그에 앞서 미리 혁거세가 발흥한 까닭에 진한과 변한이 따라서 흥기했다는 서술과 해석은 어색한 것이다. 여기서 "후혁세발흥"라는 구절의 '후 後'는 연자(衍字)이므로 삭제하는 게 낫다. 그렇게 한다면 "마한이 먼저 일어나 누대로 발흥한 까닭에, 진한과 변한이 (마한을) 좇아 흥기했다"는 해석이 된다. 그러면 문장이 자연스러워진다.

진훤은 좌우의 측근들에게 다음과 같은 말을 했다. 장중한 어조였을 것이다.

내가 삼국의 시초를 살펴보니 마한이 먼저 일어나 누대로 발흥한 까닭에, 진한과 변한이 (마한을) 좇아 홍기했다. 이때에 백제는 나라를 금마산(金馬山)에서 개국하여 600여 년이 되었는데, 총장(摠章) 연간(668~669)에 당나라 고종이 신라의 요청에 따라 장군 소정방을 보내어 수군 13만을 거느리고 바다를 건너왔고, 신라의 김유신이 권토(卷土)하여 황산을 지나 사비에 이르러 당나라 군사와 함께 백제를 공격하여 멸망시켰다. 지금 내가 감히 완산에 도읍하여 의자왕의 숙분(宿憤)을 설욕하지 않겠는가!

이 말은 진훤 자신의 정치적 이상과 현실적 목표가 담겨 있는 것이다. 게다가 옛 백제 주민들에 대한 위무의 차원을 넘어선 다분히 선동적인 색채를 띠고 있다. 진훤의 말에서 '총장 연간'은 현경(顯慶) 연간이 맞을 것이다.

셋째, 전주 천도와 맞물려 진훤은 백제의 금마산 개국설을 주장하였다. 물론 이는 사실은 아니었기에 어떤 배경이 있었을 것으로 보인다. 물론 진훤 자신이 잘못 알고 있었을 가능성도 배제할 수야 없다. 가령 고려 말 이곡(李穀: 1298~1351)의 칠언고시 「부여회고 扶餘懷古」에 보면 "온조왕

현재의 금마산 원경
미륵산 앞에 보이는 왜소한 산이다.

남고산성 만경대에서 바라 본 전주 시가지와 그 북쪽 끝의 익산 미륵산
전주에서 한눈에 보이는 미륵산이 진훤이 말했던 당시의 금마산이었을 가능성이 높다고 본다.

이 동명가(東明家)에서 태어나 부소산 밑으로 옮겨와 나라를 세웠다"라고
했다. 이곡은 백제의 건국지를 '부소산하'로 잘못 알고 있는 것이다.

그러나 진훤이 자서한 관작에 보이는 '한남군'이 한수 이남을 가리킨
다고 할 때 백제의 영역을 정확히 간파했다고 본다. 특히 '한남군'은 고구
려 영역으로 인식한 한강 이북 서울 북부 지역을 가리키는 한양군에 대응
하는 지역이라고 할 때 한강 이남의 서울 남부 지역을 가리킬 수 있다. 그
렇다고 한다면 진훤은 백제의 개국지를 남한산 일대로 정확히 인지하였
을 가능성이다. 그럼에도 불구하고 그가 금마산 개국설을 선언한 데는 복
잡한 사정이 놓여 있었을 것으로 보인다. 가령 900년을 전후하여 백제고
지에서는 백제 재건을 선언한 여러 세력이 할거했을 가능성이다. 한강유
역을 비롯하여 광주(廣州=河南) 지역 호족 왕규(王規)나 죽주의 기훤, 공주
장군 홍기(弘奇)처럼 백제 고도에서 일어난 세력도 존재하였다. 백제 개
국지나 고도의 선점은 정통성의 후광을 입을 수 있는 요체이기도 했다.

경기도 하남시 춘궁동에 소재한 동사(桐寺) 터
내가 1986년 1월에 게재한 글에서 이곳을 왕규와 관
련지어 살펴본 바 있다.

이때 진훤은 자신의 현실적 기반이 한강유역과는 거리가 멀었다. 더구나 공주 지역에도 홍기라는 호족이 웅거하고 있었다. 이러한 상황에서 진훤은 사비성 도읍기 백제의 양도(兩都) 가운데 하나인 금마저를 주목하였던 것 같다. 진훤은 그것을 연줄로 하여 백제의 개국지를 익산으로 남하시켜 자신이 그 본류임을 선언하고자 했다.

게다가 백제 미륵신앙의 중심인 익산을 백제의 개국지(開國地)로 간주한 데는 특별한 종교적 의미마저 스며 있었다. 그러한 메카의 남쪽인 전

동양 최대의 백제 가람인 미륵사지에서 바라 본 미륵산

주에 백제를 개국시켰으니, 이 땅이 미륵 불국토의 중심이요 그 한복판에 좌정한 자신이 미륵불처럼 세상을 구하겠노라는 장대한 포부가 담겨 있는 것이다. 물론 현실적인 이유로서는 자신의 거점을 북상시킴으로써 지역 패자가 아니라 한반도 전체를 장악하는 통일 군주를 염두에 두었기 때문일 것이다. 해서 교통과 군사적 요충지인 익산의 남쪽 분지인 전주로 옮긴 것으로 보인다.

후백제 왕국의 웅도(雄都), 전주

진훤이 웅국(雄國)의 수부(首府)로 정한 완산 땅은 어떠한 곳이었는가? 『세종실록』 지리지에는 완산주의 변천 과정을 다음과 같이 담담하게 서술하였다.

본래 백제의 완산이었는데[일명 比斯伐 또는 比自火라고 한

동고산에서 바라본 전주천과 전주 시가지

다], 위덕왕 원년 을해(乙亥)에 완산주로 하였다가 11년이 지나서 을유(乙酉)에 주(州)가 폐지되었고, 의자왕 22년 경신(庚申)에 신라 사람들이 당나라 장수 소정방과 더불어 백제를 멸하자, 그 땅이 모두 신라에 들어갔으며 신문왕 4년 을유에 다시 완산주를 두었다가 경덕왕 15년 정유(丁酉)에 전주로 고쳤다. 효공왕 3년 경신(庚申)에 진훤이 완산에 도읍하고 후백제라 하였다.

전주 땅은 주치(州治)가 본래는 동쪽으로 좌정하여 서쪽을 향한(坐東向西) 것이었으나, 풍수설의 영향을 받아 남향으로 바뀌었다고 한다. 풍수설의 영향을 받기 전 옛 전주의 모습은, 남대천이 오목대 바로 밑에서 북쪽으로 흘러가고 있는 셈인데, 그 동편은 기린봉을 중심으로 하여 반월형을 이루고, 그 안에 완만한 대지를 포옹하는 형세였다는 것이다.

동고산성 성벽

고려의 대문장가인 이규보(李奎報)의 기문(記文)에는 "인물이 번호(繁浩)하고 가옥이 즐비하여, 옛 도읍[古國]의 풍이 있다. 그러므로 그 백성은 어리석거나 완박하지 않고 모두가 의관을 갖춘 선비와 같으며, 행동거지가 본뜰 만하다"고 하였다. 『택리지』에는 "마이산 이북으로 뻗어서 된 주줄산(珠峯山)은 진안·전주 사이에 자리잡고 서쪽으로 뻗은 한 지맥은 전주부(全州府)가 되는데, 이곳은 감사의 재임소이다. 동쪽에는 위봉산성이 있고, 조금 북쪽에는 기린봉이 있고, 여기서 한 지맥 이북의 서북쪽에 이르러 건지산이 된다. … 전주 부치(府

동고산에서 바라 본 전주 시가지
맨 오른쪽 끝에 미륵산이 보인다.

治)는 인구가 조밀하고 재화가 쌓여서 서울과 다른 것이 없어 진실로 큰 도회다. 노령 이북의 10여 읍은 모두 좋지 못한 기운이 있다. 오직 전주만이 맑고, 조촐하여 가장 살 만한 곳이다"라고 적혀 있다.

진훤이 완산에 도읍을 정하였음을 알려주는 기록은 매우 많은 편이다. 목은 이색(李穡)이나 정몽주(鄭夢周)와 이춘영(李春英: 1563~1606)의 싯구에 잘 나타나고 있다. 문제는 왕성(王城)의 소재지가 되겠다. 일반적으로 우리 나라의 고대 도성은 산성과 평지성이 조합되어 있는 예에 비추어 볼 때 후백제 도성의 경우도 그러했으리라고 믿어진다. 동고산성이 왕궁을 옹위하는 산성이요, 왕궁을 에워싼 궁성 담장은 중노송2동 주변의 '물왕물' 일대에 소재하였을 것이다. 물왕물은 '수왕(水王)의 마을'이라는 뜻

전주 시내 '견훤로' 도로 표지판
일국의 시조 왕이었으므로 '견훤(진훤)왕로'로 표기하는 게 좋을 것 같다.

으로 풀이하기도 한다. 지렁이의 자손인 진훤이 거처하는 궁전이 소재하였기에 생겨난 지명으로 생각된다. 『신증동국여지승람』 고적조에 적혀 있는 "부의 북쪽 5리에 있다. 터가 남아 있는데 진훤이 쌓은 것이다"고 한 '고토성 古土城'은

도성을 외곽에서 두르고 있는 나성의 흔적으로 파악되어진다.

　1943년에 간행된 『전주부사 全州府史』에서는 "전주역 동편 반태산(盤台山: 속칭 반대미)의 구릉지는 후백제 진훤왕의 궁터로 보아도 큰 잘못 없으며, 또 승암산 동남방의 성황사 소재 산곡의 성터가 같은 왕궁에 가장 인접한 산성으로 보인다. 이 고성지는 전주천을 건너 남고산에 이어지며, 이곳에도 진훤산성이라 불리우는 커다란 산성이 엄존하며 멀리 만마관지(萬馬關址)와 상응하고 있다. 전주역 동방 고산으로 가는 도로의 중간에 낀 일련의 구릉지대는 옛부터 후백제 진훤왕이 쌓은 토성지로 전해지고 있으며, 특히 이곳은 왕궁터로 추정되는 증거가 있다. 이곳에서 출토되는 연화문 와당(蓮花文瓦當)도 그 물증으로 볼 수 있고, 또한 이 지역이 옛 성터 중 가장 형승지를 이루고 있다. 그리고 이 일대의 민가를 자세히 조사

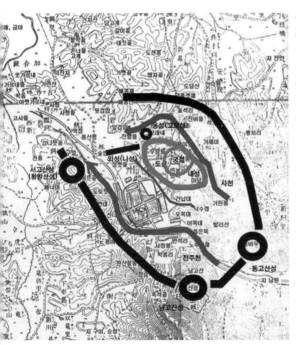

국립전주박물관에서 설정한
후백제 도성도
전주박물관에 따르면 후백제 도성은 북벽과 동벽은 연속된 구릉을 그대로 활용했고, 서벽과 남벽은 평탄 지대를 가로지르는 성벽을 거의 새로 쌓았다. 서벽의 경우 하천을 경계로 했고, 남벽은 일부 구간에 한해 독립된 구릉에 잇대면서 기린봉의 산자락을 성벽으로 대체하면서 자연 지형을 최대한 이용한 것으로 나타났다. 전체적으로 하천과 구릉, 높은 산의 능선이라는 자연 지형을 최대 활용했기 때문에 도성의 평면 형태는 자연스럽게 반월형을 이루게 됐다. 이처럼 남벽이나 북벽처럼 자연 구릉의 흐름을 타고 계속해서 성벽이 축조됐다는 가정 아래 과거의 인봉지 제방(현재 전주정보영상진흥원 뒷담)을 서벽으로 보는 주장이 힘을 얻게 됐다고 한다.

후백제 왕궁 서벽으로 추정되는 전주정보
영상진흥원 뒷담

한 결과 왕성의 건축 초석으로 사용되었을 것으로 보이는 각이 진 석재나 대형 냇돌들이 놀랍게도 10,000여 개나 현존하고 있다는 점이다. 이것은 1938년 6월 당시 조선총독부 도서관의 오기야마 히데오[萩山秀雄] 박사에 의한 조사 결과 입증된 것이다"라는 기록을 남기고 있다. 이러한 왕궁 유적은 육당 최남선(崔南善)이 1925년에 발표한 유명한 국토순례기인 「심춘순례 尋春巡禮」에도 "반대산 밑 철로 쪽으로 논두렁처럼 울묵줄묵하게 약간 일자로 남아 있는 것이 후백제의 성터라 한다"라고 하여 이미 살펴졌다. 그런데 최근의 연구에 따르면 이와는 다른 견해가 제기되고 있다. 즉 조선시대 전라감영이 있던 전주부성 일대로 지목하기도 한다. 혹은 성벽 유구가 남아 있는 인봉리 일대를 왕궁터로 지목하는 견해도 있는데 주목할 만하다.

그리고 동고산성은 발굴 결과 대형 건물지와 '전주성 全州城' 명문이 있는 막새 기와들이 출토되었다. 이 명문 기와에는 두 마리의 봉황 무늬 혹은 두 명의 무사가 서로 창을 겨누는 무늬가 새겨져 있었다. 그런데 암키와 가운데 세로 평행 줄무늬나 포목문

동고산성에서 출토된
'전주성' 명문 기와

동고산성 안의 건물지
앞면 길이 84.2m, 측면 폭 14.1m의 규모인데, 전면은
22칸에 달하는 대형 건물지이다.

동고산성 안의 '견훤 왕궁지 표석'

귀얄자국에 조족문(鳥足文)이 나타나는 경우가 있다. 이것은 확실히 유의된다. 조족문은 지금까지 백제 지역에서 출토된 토기와 백제와 관련 깊은 일본열도 지역에서 출토된 토기에서만 보여왔다. 그 조족문이 동고산성에서 출토된 암키와에 나타나고 있는 것이다. 이것은 무엇을 의미할까? 깊은 생각을 자아내는 은밀한 부호가 아닐 수 없다.

전해오는 말에 의하면 진훤은 전주에 도읍을 정하고 그 사방의 동·서·남·북에 4개의 견고한 진지를 구축했다는 것이다. 이름하여 4고진(固鎭)이 되겠는데, 수도를 외곽에서 방비하는 엄중한 책임을 띠고 있었다. 1844년에 건립된 남고진비(南固鎭碑)에 따르면 남고산성은 진훤이 축조했다고 한다. 물론 그 이전부터 존재했던 성이었겠지만, 후백제 왕국의 심장부를 방어하는 진보(鎭堡)로서의 기능이 강화되었을 것임은 자명하다. 이 4고진 안에는 사찰을 하나씩 창건하였다. 동·서·남·북의 4고사(固寺)가 그

복원한 남고산성 서쪽 성문

남고산성 만경대(萬景臺)에는 다음과 같은 고려 말 정몽주(鄭夢周)의 시를 새겨놓았다.
"천인(千仞) 높은 산에 비낀 돌길을/ 올라오니 품은 감회 이길 길이 없구나/ 청산이 멀리 희미하
게 보이니 부여국(扶餘國)이라/ 9월 높은 바람은 나그네를 슬프게 하고/ 백년 호기는 서생(書
生)을 그르치게 하누나/ 하늘 가로 해가 져서 푸른 구름 모이니/ 고개 들어 하염없이 옥경(玉京)
을 바라보네"

것이다. 이 중 동고사는 완산구 교동의 동고산성 근방에, 서고사는 덕진
구 만성동에, 북고사는 덕진구 진북동의 진북사이고, 남고사는 완산구 동
루학동 남고산성 안에 각각 소재하고 있다. 물론 이들 사찰의 창건 시기
는 동일하지 않지만 후백제 시기에 크게 중창된 것으로 해석된다. 진훤이
전주의 비보(裨補) 사찰로서 의미를 부여한 4고사의 하나인 남고사에서
후백제 시기의 금동불상 입상이 출토된 바 있다.

연호의 반포

완산주를 도읍으로 삼아 진훤은 당당하게 '백제왕'이라고 자처하였다.

그리고 그는 관제(官制)를 설정하고 직무를 분장(分掌)시켰다. 국가체제를 확립한 것이다. 국호를 '백제'로 확정하였다. 역사서에는 삼국시대의 백제와 구분하기 위해서 '후백제왕'·'후백제'로 표기하는 경우가 많다. 그러나 정진대사비(靜眞大師碑)를 비롯한 금석문 자료나 최승로 상서문과 같은 문서 등에 의하면 당시의 명칭은 '백제왕'과 '백제'였다. 그가 광주에 도읍했다가 완산주 즉 전주로 천도하기까지의 과정이 다음에 보인다.

> 6년에 완산적(完山賊) 진훤이 주(州)에 웅거하여 후백제라 자칭하니 무주(武州) 동남쪽의 군현(郡縣)이 모두 이에 항속(降屬)하였다(『삼국사기』권 11, 진성왕 6년 조).
>
> 진훤이 서쪽으로 순행하여 완산주에 이르니 그 백성들이 환영하고 위로하였다. 진훤이 인심을 얻은 것을 기뻐하여 좌우에게 말하였다. "내가 삼국의 시작을 상고해 보니 마한이 먼저 일어난 후에, 대대로 발흥한 까닭에 진한과 변한이 좇아 흥기했다. 이때에 백제는 나라를 금마산에서 개국하여 600여 년이 되었는데, 총장 연간(668~669)에 당나라 고종이 신라의 요청에 따라 장군 소정방을 보내어 수군 13만을 거느리고 바다를 건너 왔고, 신라의 김유신이 권토하여 황산을 지나 사비에 이르러 당나라 군사와 함께 백제를 공격하여 멸망시켰다. 지금 내가 감히 완산에 도읍하여 의자왕의 숙분을 설욕하지 않겠는가!" 드디어 후백제왕을 자칭하고 관직을 마련하니 이때는 당나라 광화(光化) 3년(900)이고 신라 효공왕 4년이었다(『삼국사기』권 50, 진훤전).

진훤은 처절하게 멸망한 지난 날의 백제 왕국을 부활시킨 것이다. 이때가 900년이었다. 신라 효공왕 4년이요 당나라 광화 3년이었다. 그러면

문경 봉암사 정진대사비에 보이는 '백제'

신라 지역 출신인 진훤이 백제를 재건한 이유는 어디에 있었을까? 매우 궁금하므로 규명되어야 할 사안이 아닐 수 없다. 단순히 자신의 복무지와 세력 기반이 옛 백제 땅이였기에 지역 감정을 불어 넣어 이용하기 위해서였을까? 그렇지는 않을 것이다. 이 문제 규명의 단서는 진훤의 향리에 전해 오는 전설이 되겠다. 이에 의하면 진훤의 조상은 백제인이었는데, 나라가 망한 후 가은현 땅으로 피란해 와 살았다는 것이다. 진훤은 본시 신라 땅에서 출생했지만 분명 백제인이었다. 백제는 망했으나 진표에 의한 백제의 정신적 부활운동이 전개되었듯이, 백제 유민들은 자신들의 정체성을 결단코 잃어버리지 않았던 것이다. 뜨거운 가슴을 지닌 백제인 진훤은 옛 조국의 완전한 복원과, 이루지 못했던 백제에 의한 국토의 재통일을 열망하였다. 이제 그 대장정의 위대한 첫 걸음을 떼게 되었다.

문헌에서는 확인되지 않지만 진훤의 새로운 백제 왕국은 연호를 반포했다. 진훤의 세력권이었던 전라북도 남원의 유서 깊은 실상사의 조계암(曹溪庵) 터에 이르면 편운화상부도

(片雲和尙浮屠)가 있다. 편운화상은 실상사의 개창자인 홍척(洪陟)의 제자이며 경상북도 성주(星州) 안봉사(安峰寺)를 열었던 고승이다. 그의 부도에 의하면 "정개십년경오세건 正開十年庚午歲建"이라는 문구가 3줄로 새겨져 있다. 정개는 후백제의 연호이다. 정개의 '개'에는 '열'·'펼'·'깨우칠'·'시작할' 등의 뜻이 담겨 있다. 그러므로 정개에는 '바르게, 열고·펴고·깨우치고·시작한다'는 의미가 함축되어 있는 것이다.

질곡과 파행의 역사에 종지부를 찍고 올곧은 역사의 시작을 열었음을 천명하고 있는 게 '정개' 연호가 함축하고 있는 깊은 뜻이다. 이는 왕건의 연호가 천명(天命)을 받았음을 뜻하는 천수(天授)였던 거와는 달리 정의감과 장대한 이상이 서려 있다. 왕건의 '천수' 연호는 상전이었던 궁예를 축출하고 즉위한 자신의 왕권을 정당화시키려는 데 그 의미가 머물러 있는 듯하다. 그에 비한다면 진훤의 '정개' 연호는 호쾌한 기상이 담겨 있는 것이다.

편운화상부도에 새겨진 '정개' 연호

편운화상부도

후백제의 연호와 관련하여 그 존재가 소개된 지 90년 가까이 되었다. 그럼에도 불구하고 실상산파의 3대조(祖)인 편운화상의 부도는, 한국정신문화연구원에서 발간한 『한국민족문화대백과사전』을 비롯하여 답사 관련 책자에서도 전혀 소개되어 있지 않다. 무엇을 찾으러 실상사를 드나들었는지 자못 궁금하지 않을 수 없다. 게다가 편운화상부도는 문화재로도 등록되지 않았다. 호적 없는 불행한 문화재인 것이다. 괴이쩍은 일이 아닐 수 없다.

그리고 정개 10년은 910년이 된다. 그러니까 정개 원년은 901년이다. 전주로 천도한 진훤이 후백제왕을 선포한 1년 후라고 하겠다. 또 901년은 신유년(辛酉年)인데, 참위설에서 자고로 혁명의 해로 중시되었던 간지(干支)가 되겠다. 이는 풍수설에 유독 민감했던 궁예가 신유년에 맞추어 국호를 마진(摩震)으로 고친 데서도 알 수 있다. 따라서 진훤은 공식적인 개국 선포 1년 뒤인 신유년에 맞추어 새로운 연호를 반포하면서 웅대한 포부를 천명했다.

연호를 사용하는 국가 후백제, 이는 신라가 백제를 멸망시키기 위해 당나라 군대를 끌어들인 태종무열왕 이래 당나라 연호를 사용한 것과는 정확히 구분되는 일이었다. 진훤은 자주국임을 선포한 것이다. 백제를 멸망시킨 철천지 원수 당나라의 연호를 거부하는 반당적(反唐的) 정서가 깔린 것으로 보겠다. 비록 당제국 말년인 이유도 있었겠지만, 대외정세에 민첩하였던 진훤이지만 당나라와는 일체의 외교 관계를 맺지 않았다.

이때 진훤은 독자적인 연호의 사용에 짝하여 '대왕 大王'을 칭했던 것으로 보인다. 이보다 훨씬 뒤의 사정을 기록한 『부상략기 扶桑略記』나 신검의 교서이지만, 그가 대왕을 칭한 사실이 확인되기 때문이다. 그리고 진훤은 일반 농민들의 생활을 향상시켜 주었다. 농민 출신이었기에 그는 촌락의 열악한 실정을 누구보다 잘 알고 있었다. 그랬기에 그는 농민들을 과중한 부세와 수탈과 질곡에서 해방시켰다. 이러한 진훤의 조치가 민심을 얻을 수 있었던 요인이라고 보겠다. 비록 수사(修辭)가 많은 진훤의 아들 신검(神劍)의 교서(敎書)이지만 "도탄에서 구해주셨으니 백성들이 편안히 살게 되고"라는 구절은 이것을 말할 것이다. 촌락 공동체를 뛰쳐나와 미아처럼 방황하는 유민들을 수습하여 농토에 묶어두면서 사회의 안정과 경제 기반의 확대를 가져왔음을 뜻한다. 그리고 호족들에 의한 강제 수탈로부터 농민들을 해방시켰음을 함축하고 있다.

진훤은 한반도에서 인구와 물산이 가장 풍부한 호남·만경평야 일대를 장악하였던 것이다. 그랬기에 가장 강대한 세력을 형성할 수 있었다. 진훤이 말년에 자신의 군사가 북군 곧 고려 군대보다 갑절이나 더 많았다고 회고하였듯이, 경제적 배경이 그가 웅강한 국가를 창건할 수 있었던 토대였다고 본다. 실제로 『동사강목』에서도 "진훤이 무리를 불러 모아 일어나서 영토를 넓히고 경계를 개척하여, 백제의 옛 땅을 남김없이 차지했다. 삼한을 침탈하기 40여 년 동안, 그 재력의 부유함과 갑병(甲兵)의 막강함은 족히 신라와 고려보다 뛰어나서 먼저 드날렸던 것이다"라고 평가하지 않았던가!

제3부
맞수의 등장

북방의 웅적_{雄敵} 궁예의 등장과
비뇌성 전투

지금의 전라남도와 전라북도 일부 지역 석권을 기반으로 진훤은 그 진출 방향을 서부 경상남도 지역으로 돌렸다. 901년 즉, 정개 원년에 지금의 전라북도 남원과 운봉을 지나 후백제 군대는 경상남도 합천의 대야성을 공격하였다. 이는 그 옛날 백제 의자왕이 즉위와 더불어 몸소 병력을 이끌고 서부 경상남도 지역을 유린하여 40여 개 성을 일거에 점령했던 사실을 환기시켜준다. 더구나 장군 윤충을 통해 대야성을 함락시키고 신라의 실권자인 김춘추의 사위와 딸을 생포하여 처형했던 서부 경상남도의 요진(要鎭)이 대야성이 아니었던가? 그러나 진훤은 황강이 도도하게 흐르는 곳에 축조된 대야성의 함락을 다음으로 기약해야 했지만, 그의 진격 방향이 신라의 심장부였음을 느끼게 한다. 신라의 목을 죄어야겠다는 일념으로 과거 의자왕이 그러했던 것처럼 낙동강 동안(東岸)에 이르는 최단 거리인 합천 루트를 이용하고자 했다. 그러나 이때까지만 해도 신라의 저항이 완강했던 것이다. 진훤은 그로부터 무려 26년의 세월을 보낸 후에야 목표했던 경주에 어느날 전광석화(電光石火)처럼 도달하여 국왕을 생

전라북도 장수의 합미성 수구/ 합미성 성벽

포·처단할 수 있었다. 한 세대에 가까운 시간을 필요로 했던 것이다.

　　그러는 가운데 한반도 내의 정세는 급격히 변모해 갔다. 궁예의 급성장이었다. 궁예는 895년에 저족(猪足: 강원도 인제)·생천(狌川: 강원도 화천)의 2개 군을 공취하고, 한주(漢州) 관내의 부약(夫若: 강원도 평강)·철원 등 10여 군현(郡縣)을 장악하였다. 898년에는 지금의 평양 이남인 패서도(浿西道)와 한산주(漢山州) 관내의 30여 개 성을 취하고는 거점을 송악으로 옮겼다.

　　양길은 부하 장수였던 궁예의 활약에 힘입어 영토를 크게 확장시켰었다. 그는 진훤으로부터 비장직을 제수받았다. 이는 서남부 지역에서 기세를 올리고 있던 진훤과 연계되어 있었음을 뜻한다. 그러한 양길은 궁예가 이탈한 후에 어떤 형편이었을까? 양길은 여전히 북원을 거점으로 하면서 국원성(國原城: 충주)을 비롯한 30여 개 성을 장악하고 있는 대호족으로 성장해 있었다. 양길은 소백산맥 남북 양대 교통로인 죽령로 및 계립령로와 연결될 뿐 아니라 이곳에서 남한강을 이용하여 한강 하구로 빠질 수 있는 요충지인 국원성을 장악했다. 이는 그의 영향력이 가위 대단했음을 뜻한다. 고구려가 충주 지역을 장악한 후 당시 수도였던 국내성(國內城)과 동일한 의미를 지닌 국원성이라는 행정지명을 부여하여 그 격을 높여 주었다. 그 이유는 소백산맥 이남 지역과 내륙 수로인 한강을 연결시켜주는 요지였기 때문이다. 게다가 국원성은 철광이 많이 산출될 뿐 아니라 인구 조밀 지역이었다.

그런데 양길이나 궁예의 입장에서 볼 때 신라 영역을 끊임없이 잠식했던 양자가 이제는 서로 경계를 접해 가면서 이해 관계가 맞물리는 양상을 띠게 되었다. 예성강과 임진강 그리고 한강 하류 일원을 장악한 궁예로서는 이제는 국원성 일원을 비롯한 남한강 유역을 장악해야만 했다. 그래야만 한반도 중심부를 관통하는 한강이라는 내륙 수로를 온전하게 이용할 수 있게 된다. 게다가 수도를 송악으로 정했을 때 수도와 지방 간의 연락·수송관계가 긴밀해질 수 있다. 그러나 양길의 입장에서 보자. 궁예가 한강 하구 지역을 완벽하게 장악한다면 남한강 유역만 장악하고 있던 자신으로서는 한강 수로를 온전하게 이용할 수 없게 된다. 이렇듯 한강의 지배권이 양분된 상황이었다. 서로 한강의 독점적 지배를 위해 대립각을 날카롭게 세웠다. 더구나 궁예는 양길 자신의 부하가 아니었던가! 양길로서는 자존심의 문제와도 직결된 일이었다.

양길은 궁예의 세력 팽창이 자신에 대한 위협임을 직감하게 되었다. 궁예가 지금까지 확보한 영역이 광활하였다. 위기감을 느낀 양길은 궁예를 치기 위해 예하에 있던 30여 개 성의 정예 병력을 출동시켜 기습·공격하고자 했다. 899년 7월 양길은 휘하의 성주들과 연합하여 출동을 준비하고 있었다. 이러한 움직임은 즉각 궁예에게 포착되었다. 궁예는 곧바로 대응 태세에 돌입했다. 양길이 지휘하는 군대는 비뇌성(非惱城) 아래까지 진군하였다. 그런데 비뇌성 밑에서 양길의 군대는 오히려 궁예 군대의 역습을 받아 궤멸되고 말았다. 이 전투에 관해서는 다음과 같이 기재되어 있다.

＊3년 (899) 가을 7월에 북원의 적수(賊帥) 양길은 궁예가 자기에게 딴 마음을 품고 있음을 꺼리어 국원(國原) 등 10여 성주들과 함께 그를 칠 것을 모의하고 군사를 비뇌성 아래로 진군시켰으나 양길의 군사가 패하여 흩어져 달아났다(『삼국사기』 권 12, 효공왕 3년 조).

＊4년 (900) 겨울 10월에 국원(國原)·청주(靑州)·괴양(槐壤)의 도적 우두머리 청길(淸吉)과 신훤(莘萱) 등이 성을 바쳐 궁예에게 항복하였다(『삼국사기』 권 12, 효공왕 4년 조).

＊[건녕] 3년 병진(896)에 승령현(僧嶺縣)과 임강현(臨江縣) 두 고을을 공격하여 취했다. 4년 정사(897)에 인물현(仁物縣)이 투항하였다. 선종은 송악군이 한강 이북의 유명한 군으로서 산수가 기이하고 아름답다고 생각했다. 드디어 이곳을 도읍으로 삼고 공암(孔巖)과 검포(黔浦)·혈구(穴口) 등의 성을 공격하여 함락시켰다. 그때 양길은 북원(北原)에 있으면서 국원(國原) 등 30여 성을 차지하고 있었는데 선종이 차지한 땅이 넓고 백성이 많다는 소식을 듣고 크게 노하여 30여 성의 강한 군사로써 습격하고자 하였다. 선종이 이것을 미리 알아채고 먼저 공격해서 크게 승리하여 물리쳤다. … 3년 경신(899)에 다시 태조에게 명하여 광주(廣州)·충주·당성(唐城)·청주(靑州)·괴양(槐壤) 등을 치게 하여 모두 평정하였다. 그 공으로 태조에게 아찬의 직위를 주었다(『삼국사기』 권 50, 궁예전).

비뇌성 전투 시점을 『삼국사기』 신라본기에서는 899년이라고 하였다. 그러나 『삼국사기』 궁예전에서는 이와는 달리 897년~898년 사이로 기재하였다. 양길이 동원한 병력도 신라본기에서는 국원 등 10여 성이라고 했다. 그러나 궁예전에서는 30여 성으로 서로 다르게 기재되었다. 궁예가 충주와 청주 및 괴양 등에 대한 장악 시점도 서로 1년씩 차이가 난다. 이 경우 기년은 신라본기가 타당성이 높지 않을까 싶다.

그러면 궁예가 국가를 탄생시키는데 일대 분기점이 되었던 전장인 비뇌성의 위치는 어디였을까? 비뇌성의 위치에 관해서는 지금까지 몇 가지 견해가 제기되었다. 다소 길기는 하지만 관련 논의의 정리를 위해 고려 현종의 몽진 기사를 상당 부분 다음과 같이 전재해 보았다.

> … 왕이 광주(廣州)를 출발하여 재를 넘어 비뇌역에 유숙(留宿)하는데 지채문이 아뢰기를 "호종(扈從)하는 장사(壯士)가 모두 '처자(妻子)를 찾는다'고 칭탁(稱托)하고서 사방으로 흩어졌으니 혼야(昏夜)에 적이 가만히 발(發)할까 두렵습니다. 청컨대 기치(旗幟)로 장사의 관(冠)에 꽂아서 변별하도록 하소서"하니 이를 따랐다. 유종이 말하기를 "신의 고향인 양성(陽城)이 여기에서 멀지 아니하오니 청컨대 행차하소서" 하매 기뻐하여 드디어 양성으로 행차하였는데 밤에 유종과 김응인(金應仁) 등이 어명(御命)을 사칭하고 어안(御鞍)을 헐어서 현인(縣人)에게 하사하니 새벽에 현리(縣吏)가 모두 도망하였다. 유종과 김응인 등이 또 청하기를 "두 왕후를 각각 그 고향에 돌려보내고 호종하는 장졸을 보내어 동변(東邊)에 가서 위급함에 대비하도록 하소서" 하였다. 이에 왕이 지채문에게 물으니 지채문이 크게 통곡하면서 말하기를 "이제 군신(君臣)이 도리를 잃고 잘못 앙화(殃禍)에 걸리어 파천(播遷)함이 이와 같으니 마땅히 인의(仁義)를 좇아서 행동하여 인심을 수습할 것이어늘 왕후를 버리고서 살길을 구함을 그 가히 차마 하리까" 하였다. 왕이 말하기를 "장군(將軍)의 말이 옳다"고 하고 드디어

사산현(蛇山縣)을 지나가는데 지채문이 기러기 떼가 밭에 있는 것을 보고 왕의 맘을 위열(慰悅)하고자 하여 말을 달려 전진하니 기러기가 놀라서 날으므로 몸을 뒤쳐 우러러 쏘니 활시위 소리를 따라 떨어지니 왕이 크게 기뻐하였다. 이에 지채문이 말에서 내려 기러기를 잡아 바치며 말하기를 "이와 같은 신하가 있으니 어찌 도적을 걱정하리오" 하매 왕이 크게 웃고 위장(慰奬)하였다. 천안부(天安府)에 이르니 유종과 김응인이 아뢰기를 "신 등은 청컨대 석파역(石坡驛)에 가서 공돈(供頓)하고 맞이하겠나이다" 하고 드디어 도망하였다(『고려사』권 94, 지채문전).

현종의 몽진은 일단 광주→비뇌역→양성(안성시 양성면)→사산현(직산)→천안부로 이어지는 노정을 따라 남하했음이 확인된다. 여기서 비뇌역은 광주와 안성시 양성면으로 이어지는 동선상(動線上)에 소재했음이 드러난다. 그리고 비뇌성은 비뇌역과 관련 깊은 성이라고 하자. 그런데 비뇌역의 존재는 정작 『고려사』나 여러 지리서에 보이지 않는다. 다만 이 구간에서 찾을 때 비뇌역과 음이 유사한 분행역(分行驛)이 『고려사』참역 조에 보인다. 『신증동국여지승람』죽산현 역원 조(驛院條)에 따르면 분행역은 죽산현 북쪽 10리 지점에 소재하였다고 한다. 그러므로 비뇌성의 위치는 그 부근에 소재한 게 분명하다고 본다.

그러면 이규보의 시에도 등장하는 분행역은 구체적으로 어디쯤 일까? 지금의 안성군 이죽면 매산리에 소재한 죽주산성(竹州山城) 북쪽 마을이 '분행'이다. 이곳은 「동여도 東輿圖」에 보이는 분행역의 위치와도 부합된다. 그리고 분행역 근처에 소재한 산성으로는 죽주산성밖에 지목할 수 없다. 그러므로 죽주산성은 자연 비뇌성으로 비정되어진다. 죽주산성에서 '분행' 마을은 불과 1㎞밖에 떨어져 있지 않다. 게다가 이곳은 전략

버스 정거장 이름 '분행'

「동여도」와 「대동여지도」가 결합된 지도에 보이는 분행역

적으로 중요한 곳이었
다. 충주와 청주에서 오
는 두 도로가 합쳐지는
요로(要路)에 소재하였다. 여기서 똑바로 서울로 올라갈 수 있게 된다. 류
성룡의 『군문등록 軍門謄錄』에서도 이와 같이 언급되었을 정도였다. 그러
니 죽주산성의 비중이 막중하였음은 두말할 나위 없다. 이는 궁예가 한반
도 중부 지역을 장악할 수 있는 중요한 전장으로서 『삼국사기』에 기록될
정도인 비뇌성의 역사적 사실과도 부합되고 있다. 비뇌성으로 비정되는
죽주산성은 본성의 둘레는 1,690m, 외성 1,500m, 내성 270m의 규모를
자랑하는 요새였다. 또 이곳에서는 안성벌이 한눈에 잡히는데, 죽주산성
은 충주와 청주의 두 길이 합치는 곳에 맞닿은 호서 지방의 요충지인 것
이다.

　얕으막하게 경사진 서편으로 계단을 따라 올라가면 1236년에 몽골 군
대의 침공을 격퇴한 송문주(宋文冑) 장군의 전공을 기리고 제사지내는 사
당이 나타난다. 몽골 군대는 보름간에 걸쳐 죽주산성을 포위하고 사납게
공격하였으나 격퇴당하고 말았다. 사당의 오른편으로 성벽이 통과하고
있는데, 그 북편에 또 한 겹의 석축 성벽이 돌아가고 있다. 이 성벽을 따
라 동쪽으로 내려오면서 오른쪽으로 꺾어지는 모서리에 방형의 장대지
(將臺址)가 나타난다. 네모난 화강암 장대석이 삼단으로 축조된 장대지에

죽주산성 동문과 성벽

죽주산성에서 바라 본 안성벌

는 사격이 가능한 총안(銃眼)이 모두 5개 뚫려 있으며, 동남쪽으로는 삼국시대의 성인 망이산성의 봉수대와 멀리 응대하고 있다. 또 안성벌이 한눈에 잡히는데, 죽주산성은 충주와 청주의 두 길이 합치는 곳에 맞닿은 호서 지방의 요충지인 것이다.

지금까지의 검토를 통해 다음과 같은 사실이 확인되었다. 궁예가 양길의 호족 연합군을 비뇌성 전투에서 궤멸시킨 후에 한반도 중부권을 완벽하게 장악할 수 있었다. 그런 만큼 비뇌성은 전략적으로 중요한 지점에 소재한 게 분명하다. 이러한 요소를 감안해서 비뇌성의 위치를 검증하는 게 필요했다. 그렇다고 할 때 비뇌성은 우선 비뇌역과 음사(音似)한 관계로 동일 지역으로 지목되며, 현종의 몽진 구간에서 살필 때 광주(廣州)에서 안성(安城) 사이에 소재한 역참으로는 분행역(分行驛)의 '분행'이 가장 음사하였다. 실제 분행은 비뇌→비냉에서 부냉으로 음전(音轉)된 것으로 볼 수 있다. 이러한 분행역과 관련된 관내의 죽주산성은 전략적 요지에 소재한 유서 깊은 산성이기에 비뇌성으로서는 손색이 없다. 비뇌성과 비뇌역에서 보듯이 '비뇌'로 일컫다가 '분행'으로 지명이 바뀌게 되었다. 그 이유는 사통팔달식 교통의 요지로서의 의미가 증대된 관계로 기존 음(音)에 근사하면서도 교통로로서의 의미를 살린 '분행(分行)'으로 고쳤던 것 같다.

죽주산성은 군웅이 할거하던 신라 말에 기훤이라는 도적 우두머리가 웅거하던 곳이다. 기훤은 자신에게 의탁한 궁예를 업신여겨 예우하지 않았으므로, 궁예는 원주 지역의 패자인 양길의 막하에 들었다. 어지러운 때를 만나 까마귀떼처럼 한때 서로 만난 것이다. 그 궁예가 상전인 양길을 격파하고 고려를 세운 것을 생각하면, 기훤은 사람 보는 안목이 있었단 말인가? 어쨌든 비뇌성의 기훤이 궁예에게 좋은 감정을 지녔을 리 만무하였다.

양길의 군대가 비뇌성까지 진군했다는 것은 기훤과 연합하여 궁예의 군대를 궤멸시키려는 전략에서 나왔다. 궁예 군대는 남하하였고, 양길 군대는 국원성 등 호족군대와 합세하여 북상하려는 계획을 가지고 있었던 것 같다. 양군은 그 분기점인 비뇌성에서 격돌하였다. 그런데 이 비뇌성 전투에서 양길의 호족연합 군대는 참패하였다. 이후 양길이라는 이름은 역사의 전면에서 사라져 버리고 말았다.

비뇌성 전투에서 대승함에 따라 궁예는 한반도의 허리인 중부권을 석권하는 위업을 달성하였다. 더구나 한강 수로를 완벽히 장악하게 되었으니 전략상으로 엄청난 승리를 얻은 셈이었다. 그 직후인 900년(효공왕 4)에 궁예는 광주(廣州: 경기도 하남시)·충주(忠州)·당성(唐城: 경기

비뇌성 승전 직후인 900년의 궁예의 세력 판도

도 화성시)·청주(靑州: 충북 괴산군 청천면)·괴양(槐壤: 충북 괴산군 괴산읍) 등의 고을을 모두 복속시켰다. 901년 궁예는 왕을 칭하면서 '고려(高麗)'라는 국가를 창건했다. 한반도 안에 또 하나의 국가가 등장하게 된 것이다. 옛 고구려 영역이었던 경기도와 황해도 그리고 충청북도와 강원도 서부 지역을 판도로 하는 고구려 계승을 표방한 국가의 부활이었다. 이러한 맥락에서 볼 때 비뇌성 전투는 궁예가 국가 창건을 단행할 수 있는 일대 전기가 되는 대승이었음을 알 수 있다. 따라서 비뇌성 승전은 조조(曹操)가 원소(袁紹)를 격파하고 하북(河北)을 석권한 기록적인 관도(官渡) 싸움의 전과에 견줄 수 있다고 본다.

양길의 패전 및 궁예의 중부권 제패와 연동하여 가장 타격을 입은 이는 진훤이었다. 진훤은 중부 내륙의 대호족인 양길을 일찌감치 자신의 영향권 내에 넣음으로써 한반도 전체를 지배할 수 있는 유리한 환경을 조성하는 데 성공하였다. 그러나 양길 세력의 붕괴로 인해 진훤이 구상한 정국 구도는 삽시간에 무산되었다. 반면 강적인 궁예의 등장을 야기시켰다. 더 나아가서는 궁예를 이은 왕건에게 그가 패함으로써 후삼국시대의 종언을 가져왔다. 이런 점에 비추어 보더라도 비뇌성 전투가 지닌 역사적 의의는 지대하기 이를 데 없다.

궁예는 누구인가

궁예는 어떤 인물이었는가? 진훤의 라이벌이었던 만큼, 그에 대한 면면을 살필 필요가 있을 것 같다. 역사적 인물 가운데 심리적으로 접근해 보고 싶은 이를 들라면 단연 궁예가 아닐까 생각해 본다. 그는 출생하는 날부터 사망할 때까지 갖은 곡절과 이웃하였으며, 여러가지 콤플렉스에 시달리다가 자멸하였던 것 같다. 그는 악인(惡人)으로 기록에 남아 있지만 그렇지만은 않은 것 같기도 하다. 이 점에 있어서는 현지에 전해 오는 구비전승의 경우도 예외가 되지 않는다. 궁예의 몰락은 그의 포악한 성격과 폭정 때문이므로 필연적이라는 정형화된 이야기에서 벗어나지 않았기 때문이다.

이와 관련하여 미국 캔사스 대학의 허스트 3세(G.Cameroon HurstⅢ) 교수는 궁예가 '추악한 인간'으로 배역을 받았다고 하였다. 어쨌든 그에게 씌워진 모든 불명예스러운 호칭들은 자신만의 탓은 아니었는지도 모른다. 시대적 상황과 사회가 그를 '악인'처럼 만든 측면도 배제하기 어렵다는 생각이 들었기 때문이다. 그를 옥죄이던 그것이 운명이라면 할 말이 없지만 너무나 무기력한 평가가 아닐런지 모르겠다.

궁예의 출신과 출생에 관해 『삼국사기』 궁예전은 다음과 같은 기록을
남기고 있다.

> 궁예는 신라인이다. 성은 김씨요 아버지는 제47대 헌안왕 의정
> 이요, 어머니는 헌안왕의 후궁이었는데 그 이름을 잃어 버렸다.
> 혹은 48대 경문왕 응렴의 아들이라고도 한다. 5월 5일 외가에서
> 태어났는데, 그때 지붕에 흰빛이 있었는데 마치 긴 무지개 같았으
> 며, 위로는 하늘에 닿았다. 일관(日官)이 아뢰기를 "이 아이가 중
> 오일(重五日)에 태어났고, 나면서 치아가 있었고, 또 광염(光焰)
> 이 이상하였으니 장래 나라에 이롭지 못할까 염려되오니 마땅히
> 기르지 마십시요"라고 했다. 왕이 중사(中使)로 하여금 그 집에 가
> 서 아이를 죽이도록 하였다. 사자는 강보 속에서 빼앗아 그를 다
> 락 밑으로 던졌는데, 젖먹이던 종이 그를 몰래 받다가 잘못하여
> 손으로 찔렀다. 이리하여 그는 한쪽 눈이 멀었다. 종은 아이를 안
> 고 도망하여 숨어서 고생스럽게 길렀다.

위의 기사에 의한다면 궁예는 47대 헌안왕 혹은 48대 경문왕의 아들
이 되는 것이다. 헌안왕에게는 딸밖에 없었다. 그러므로 궁예가 그 아들
일 가능성은 희박한 것으로 간주하기도 한다. 그러나 헌안왕에게는 보위
를 승계할 적실(嫡室)의 아들이 없었다는 것일 뿐 서자는 존재했을 수 있
다. 그 때문에 궁예가 헌안왕의 아들일 가능성을 전적으로 배제할 수는
없다. 궁예의 혈통은 선뜻 결론을 내릴 수 있는 성질의 것은 아니다. 그러
나 그가 왕자 출신인 것은 분명하지 않겠는가 하는 점이다. 물론 궁예의
출신을 액면대로 믿기 어려운 구석이 있다. 후백제 진훤의 경우 「이제가
기」에 따르면 그의 원조(遠祖)를 신라 진흥왕에서 찾고 있는 등 신라 왕실

과의 연결 고리를 맺고 있기 때문이다. 이것은 사실은 아니지만 왕건의
경우도 원조인 호경을 성골장군이라고 일컫는 등 신라 왕실과의 연관성
을 내세우고 있는 게 후삼국 왕실의 계보에서 확인되는 현상이다. 물론
궁예는 진훤이나 왕건과는 달리 구체적인 신라왕의 이름을 거명하면서
그 자손임을 명시하고 있다. 그렇다고 하더라도 미심쩍은 것이 있다. 궁
예가 부석사에 행차하여 신라왕의 화상을 칼로 친 사건과 결부지어 볼 때
패륜임을 나타내려는 목적에서의 조작 가능성도 제기될 수 있기 때문이
다. 궁예의 생애에는 극적인 요소가 너무나 많기 때문에 왕자 태생설의
경우도 액면대로 곧이 믿기 어려운 구석이 있음을 부인하기는 어렵다. 다
만 궁예가 왕자였기에 왕위에 오를 수 있는 권리를 지녔음을 암시해주고
있다. 까마귀가 떨어뜨려 준 점대에 쓰여진 '왕 王' 자 역시 그것을 뒷받
침해 주고 있다. 그러나 이러한 전승은 객관적인 증거 능력을 지니지는
않았다. 그가 억울하게 버려져서 비천하고 한 많게 성장한 데 대한 복수
의 근거로서 잘 조합되고 있을 뿐이다.

　또 하나는 신라 왕자 출신인 궁예가 옛 고구려 지역에서 그곳의 정서
에 호소하여 고구려를 재건할 수 있었겠냐는 의문이다. 그러나 신라 시조
인 박혁거세의 후손인 박지윤이 고구려의 대모달(大毛達)이라는 군관직을
칭하면서 지역 정서에 편승하는 것을 볼 때 얼마든지 가능하다는 생각이
든다. 즉 패서 지역 호족 가운데 황해도 평산의 박지윤(朴遲胤)의 아버지
박직윤(朴直胤)은 신라 시조 박혁거세의 후손이었다. 그럼에도 그는 고구
려의 장군 이름인 대모달을 칭하였다. 이는 패서 지역에서 고구려적인 정
서가 광범위하고도 짙게 깔려 있었음을 웅변해 준다. 아울러 통일신라의
실체는 덜 통합된 상태였음을 말해주고 있다. 박지윤 일가는 그같은 지역
정서에 역행할 수는 없었다. 그랬기에 신라 왕족 출신이었음에도 불구하
고 고구려로의 회귀를 열망하는 분위기를 선도하고 있었다고 보겠다. 고

구려를 부활시킬 수 있는 자격이 문제가 아니라 누가 그것을 점화시키는
가의 여부가 당시로서는 더욱 긴요한 문제였다. 궁예의 출생과 성장 스토
리는 그 전개 자체가 너무나 극적인 것을 비롯해서 석연찮은 구석이 적지
않다. 그렇지만 궁예의 계통을 신라 왕실과 연결시키고 있는 기록을 배제
하기는 어렵다고 본다.

아울러 궁예의 출생담은 자신을 축출했던 왕건의 출생담과는 정확히
대척 관계를 이루고 있다. 이와 관련해 양자의 생애를 아래와 같이 도표
화하여 덧붙였다.

	궁 예	왕 건
출 신	버림 받은 신라 왕자	개성 지역 고구려계 호족 아들
출생 당시의 상황	5월 5일 외가에서 출생. 흰 무지개가 지붕 위로 뻗었고, 출생하면서부터 치아가 있는 등 불길한 조짐을 보이며 출생하였기에 임금이 죽이라고 하였음.	도선이 삼한을 통일할 임금이 출생한다고 예언하였으며, 송악 남쪽 저택에서 출생했는데, 신령스런 빛과 자주색 기운이 용과 같은 형상으로 되어 방을 비추고 뜰에 가득 차서 종일토록 서리었다.
신체적 특징	한 쪽 눈이 멀게 된 애꾸였음.	어려서부터 총명하며 지혜가 있고 용의 얼굴에 이마의 뼈는 해와 같이 둥글며 턱은 모가나고 얼굴이 넓직하였으며 기상이 탁월하고 음성이 웅장하였으며 세상을 건질 도량이 있었음.
즉위 과정	상전인 양길을 배신하여 독립한 후 양길을 깨뜨리고 즉위.	패덕한 임금의 축출을 한사코 만류하다가 민심의 쏠림과 추대에 힘입어 어쩔 수 없이 즉위하게 됨.
정치적 이상	미륵세계의 구현을 내세우며 미륵불을 자처하며 허황된 내용을 주입시킴.	유교이념과 부처의 뜻에 따라 통일 대업을 착실히 추진하였음.
통치 행태	신비적이며 파괴적.	이성적이며 포용력.
사망	왕위에서 축출되어 비참하게 맞아 죽음.	이상을 이룬 후 편안히 임종을 맞음.

앞에서 소개한 궁예의 출생과는 달리 왕건에 대해서는 다음과 같은 기록이 보인다.

> 당(唐) 건부(乾符) 4년 정유 정월 병술에 송악(松嶽)의 남쪽 저택에서 탄생하니 신기한 빛과 자색의 기운이 방안에 비치고 뜰에 가득하여 하루종일 서리어 있는 것이 마치 교룡(蛟龍)과 같았다. 어려서부터 총명하고 지혜로웠으며 용안일각(龍顔日角)에 방광(方廣)으로 도량이 크고 깊으며 말소리가 우렁차고 장차 세상을 널리 잘 다스릴 역량이 있었다(『고려사』 권 1, 태조 즉위전).

왕건과 정확히 대척되는 궁예는 복잡다기한 성격의 소유자였다. 그의 성격은 몇 가지로 나누어 설명할 수 있는데, 대략 증오감·과대망상증·피해망상증·가학성 변태성욕 등이 된다. 이러한 그의 성격은 신라 왕자로서 출생하였음에도 불구하고 목숨을 위협받는 비극에서 비롯된 듯하다.

『삼국사기』 궁예전에 의하면 그는 헌안왕 혹은 경문왕의 아들이라고 하는데, 외가에서 5월 5일에 출생하였고 지붕 위로 긴 무지개와 같은 흰 빛이 하늘까지 뻗쳤을 뿐 아니라 나면서부터 치아가 있었다고 한다. 빈객을 좋아하였던 춘추시대 제(齊)나라의 유명한 맹상군(孟嘗君)이 장차 부모에게 해를 끼친다는 속설을 지닌 5월 5일에 태어났는데, 그 역시 출생과 성장에 곡절을 겪었었다. 이러한 전고(典故)가 있었기에 천문을 관측하는 관리인 일관(日官)이 이것을 불길하게 여기고는 임금에게 아이를 기르지 말라고 아뢴 것처럼 되어 있다. 임금은 즉시 궁예를 죽이게 하였다. 왕명을 받고 온 사자가 포대기에 싸인 젖먹이 궁예를 빼앗아 다락 밑으로 던졌다. 마침 젖먹이는 계집종이 그를 몰래 받다가 잘못하여 손가락으로 한 눈을 찔러 멀게 하였다. 계집종은 궁예를 안고 그 길로 달아나 숨어서 고

생스럽게 길렀다. 궁예는 나이 십여 세가 되어서야 유모에게서 출생의 비밀을 듣게 됨에 따라 자신이 애꾸가 된 내력을 알게 되었다. 그와 동시에 가슴 속에는 부왕과 신라에 대한 증오감으로 활활 불탔을 것이다.

그런데 『삼국사기』 기록처럼 신라왕의 서자였던 궁예는 불길한 현상을 나타내며 출생했다기보다는, 기실은 정권다툼의 희생이 된 것으로 짐작되는데 은신해 살았다. 또 궁예가 출생의 비밀을 알았다는 자체가 그의 운명을 결정지었다. 궁예는 이후 절에 들어가 의탁하면서 생활을 영위하였다. 당시 사원은 막대한 재산의 소유처로서 무위도식하는 인간들이 기대기에는 더할나위 없이 좋은 장소였다.

대개 사회가 불안할 때 생존 또는 스스로 보존할 힘이 없는 사람들은 자연히 어떤 강력한 집단에 의탁하려고 한다. 당시 사원은 비교적 기댈 만한 장소였다. 사원에 들어가는 것은 안전할 뿐 아니라 또한 생활에도 걱정이 없었으며 심지어 빌어먹는 일 조차도 속인(俗人)에 비해 쉬웠다. 당시 절간은 혈혈단신으로서 기댈 데가 없는 궁예에게는 신분을 숨길 수 있는 장소였다. 그리고 글자도 깨우쳐서 최소한의 교양을 갖출 수 있을 뿐 아니라 당장 먹는 문제를 해결해 줄 수 있는 공간이기도 했다. 은익과

세달사터 발굴 현장

세달사터
영월군 남면 흥월리의 흥월분교 자리가 세달사터이다.

교육 그리고 경제 문제를 한꺼번에 해결해 줄 수 있는 곳이 절간이었다. 십여 세의 궁예가 과연 이러한 계산까지 했는지는 알 수 없다. 그러나 그는 유모의 배려 등으로 인해 절간의 문을

세달사터의 석등 받침대
이곳이 절터임을 알려주는 근거이기도 하다.

두드렸던 것으로 보인다. 궁예는 유모와 결별한 후 절간을 찾았다.

궁예가 찾아 갔던 세달사(世達寺)의 위치에 관해서는 몇 가지 설이 있지만 강원도 영월군 태화산설이 온당하다고 본다. 그렇다고 할 때 십여 세의 궁예는 영월이나 그 인근 지역에서 숨어 살았던 것으로 추측되어진다. 당장의 호구지책으로 찾았던 세달사는 차후 궁예의 성격 형성은 물론이고 인생의 진로와 그 전체에 지대한 영향을 미치게 되는 전기가 되었다. 궁예의 정치적 성격이나 사상적 배경을 이해하는데 중요한 단서가 된다고 보겠다. 요컨대 궁예 생애에 있어서 일대 전환점이 되었던 사건이 출가(出家)라고 하겠다.

궁예는 세달사라는 절에 들어가 스스로 붙인 선종(善宗)이라는 법명(法名)의 승려가 되었다. 그가 청년시절을 보낸 세달사의 위치에 관하여, 필자는 28년 전 입추(立秋)날 밤 쓴 편지에 다음과 같이 적은 바 있다. 즉, "…세달사의 소재지에 관해서는 여러 설이 있지만 영월군 태화산설이 옳다고 봅니다. 왜냐하면 영월군 수주면 사자리에 있는 흥녕사(興寧寺) 징효대사 보인탑비(澄曉大師寶印塔碑)의 비음기(碑陰記)에 보면 '세달촌주 나생군 世達村主 奈生郡'이라는 글자가 있기 때문입니다. 즉, 나생군(영월의 옛 지명)에 세달촌이 있었다고 하는 것인데, 이 세달촌이라는 촌명에서 세달

사라는 절 이름이 유래한 게 거의 틀림없기 때문입니다. 그렇다고 할 때 세달사는 경기도 개풍이나 경북 영주가 아닌 영월에 소재한 것이 분명하다고 하겠습니다. 제가 세달사에 관해 이야기하려는 뜻은 다름이 아니라, 평소 연민의 정을 느꼈던 인물이 이 세달사에서 청춘시절을 보낸 인연 때문입니다.…"

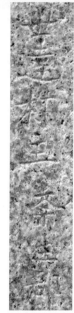

징효대사 탑비와 부도/ 영월군 징효대사 보인탑비에 보이는 '世達村主 柰生郡' 구절

세달사는 춘원 이광수의 유명한 소설 '꿈'의 무대이자 『삼국유사』에서 세규사(世逵寺: 世達寺의 誤刻임)로 나오는 사세(寺勢)가 큰 넉넉한 절이었다. 강원도 영월군 남면 흥월 2리에 소재한 흥월분교 주변이 그 터인 것이다. 선종이 하루는 명복을 비는 불공인 재(齋)를 올리러 가는 길에 까마귀가 무언가를 물고 와서 그가 가진 바리때에 떨어뜨렸다. 선종이 손으로 들어 보니 상아로 만든 점치는 막대기였는데, 임금 '王'자가 새겨져 있었으므로 기이하게 생각하면서도 비밀에 부치고는 말을 하지 않았지만 내심으로는 자못 자부심을 갖게 되었다.

그러면 세달사에서 궁예는 어떠한 종류의 승려였을까? 그가 불문(佛

門)을 뛰쳐 나와 양길의 부하로서 걸출한 군사적 업적을 이룩하였고, 왕국 건설 후에는 교주적(敎主的)인 군왕(君王)으로서 경전(經典)을 직접 저술하기까지 했다. 이러한 사실들을 토대로 세달사 시절 궁예의 역할을 시사받을 수 있지 않을까. 우선 통일신라 말 사찰에는 도적떼들로부터 사원을 지키기 위한 승군(僧軍)들이 존재하였다. 해인사의 경우 56명의 승군이 한꺼번에 전몰한 바도 있다. 궁예의 특출난 군사적 자질은 승군과의 관련성을 배제하기 어렵게 한다. 그러나 궁예가 재(齋)에 나갈 때의 일화가 전해지고 있을 뿐 아니라 불경에 대한 깊은 조예 등을 놓고 볼 때 승군 소속이었다고만 단정하기 어려운 구석도 있다. 그렇지만 어떠한 형태로든 궁예가 승군과 관련되었을 가능성이다. 그렇지 않고서는 궁예가 빼어난 군사적 자질을 배양할 수 있는 계기가 없었다고 보아야 한다.

궁예와 진훤은 승려와 군인으로서 각각 서로 다른 길을 걷게 되었다. 그러한 양자가 역사적으로 조우(遭遇)하게 된 계기는 신라 국가 해체의 도화선이었던 상주 지역 농민 봉기인 원종과 애노의 난이었다. 889년에 일어난 원종과 애노의 난은 진압되지 않았다. 이후 신라 사회는 가마솥이 끓는 것처럼 요동치게 되었다. 원종과 애노의 난과 그에 이은 전국적인 폭동 양상은 신라 사회를 해체시켜 나갔다. 다음의 기사가 그것을 잘 말해 준다.

신라 말기에 정치가 황폐해져서 백성들은 흩어지고 왕기(王畿) 바깥 주현(州縣)들 중에서 (신라 조정에) 반대하거나 붙는 수가 서로 반반씩이었다. 이곳 저곳에서 뭇 도적떼들이 벌떼처럼 일어나고 개미같이 모여들었다. 선종은 이런 혼란기를 타서 무리를 모으면 자신의 뜻을 이룰 수 있다고 생각하였다. 진성왕 즉위 5년 즉 대순(大順) 2년 신해년(891)에 죽주(竹州)의 도적 괴수 기훤(箕萱)

에게 의탁하였다. 기훤이 얕보고 거만하여 예로서 대접하지 않자, 선종은 울울한 마음에 기훤의 휘하에 있었던 원회(元會)·신훤(申煊)과 몰래 결합하여 벗으로 삼았다. 경복(景福) 원년 임자년(892)에 북원(北原: 원주)의 도적 양길(梁吉)에게 의탁하니 양길이 잘 대우하여 일을 맡기고 드디어 병사를 나누어 주어 동쪽으로 땅을 점령하도록 하였다. 이에 치악산(雉岳山) 석남사(石南寺)에 머물면서 주천(酒泉: 영월군 주천면)·나성(奈城: 영월읍)·울오(鬱烏: 평창읍)·어진(御珍: 울진읍) 등의 고을을 습격하여 모두 항복시켰다. 건녕(乾寧) 원년(894)에 명주(溟州: 강릉)에 들어가 거느린 무리 3천5백 명을 14개 부대로 편성하고 금대(金大)·검모(黔毛)·흔장(昕長)·귀평(貴平)·장일(張一) 등을 사상(舍上)으로 삼아 사졸들과 더불어 고생과 즐거움을 함께 하였고, 주고 빼앗는 일에 이르기까지도 공정하여 사사로움이 없었다. 이로써 뭇 사람이 마음으로 두려워하고 사랑하여 장군으로 추대하였다(『삼국사기』 권 50, 궁예전).

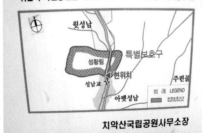

원주시 신림면 성남리의 '절골교'
사원 세력을 기반으로 했던 궁예의 근거지 석남사의 자취를 희미하게나마 말해주고 있다.

원주 성남리의 성황림
이곳은 석남사터로 지목되고 있다.

이 무렵의 혼란을『삼국사기』는 "신라 말기에 정치가 황폐해져서 백성들은 흩어지고 왕기(王畿) 바깥 주현(州縣)들 중에서 (신라 조정에) 반대하거나 붙는 수가 서로 반반씩이었다. 이곳 저곳에서 뭇 도적떼들이 벌떼처럼 일어나고 개미같이 모여들었다"고 서술했다. 대홍수를 만나 격류에 휩쓸리는 상황이었다. 세상이 들끓고 요동을 치고 있었다. 속세의 난리는 속세의 난리로 그치지 않았다. 곳곳의 절간들이 습격을 받아 불타고 있었다. 금물을 입힌 화려한 불상들은 때려 부숴지고 녹여져서 형적도 없이 사라져갔다.

어지러운 시국에 직면하여 궁예는 결국 891년에 절간을 뛰쳐나와 죽주의 기훤에게 의탁했다. 그 이듬해인 892년에는 궁예는 북원의 양길에게 의탁해서 상승장군으로서 혁혁한 전공을 거듭 세우게 되었다. 궁예가 기훤을 찾아 간 대순(大順) 2년(891)은 "궁예는 당나라 대순 2년에 일어나 주량(朱梁) 정명 4년(918)에 이르기까지 무릇 28년 만에 망하였다(『삼국사기』권 50, 궁예전)"라고 하였듯이 거병의 기점이자 생의 일대 전환점으로서 평가를 받고 있다. 궁예가 기훤을 찾아 갔을 때 단신이 아니었던 것 같다. 그는 세달사에서의 예하 승군을 거느리고 갔던 것으로 보인다. 가진

안성 기솔리 석불입상
안성에는 궁예 관련 미륵불상이 남아 있다.

것이 없는 일개 승려가 기훤에게 투신(投身)했던 것 같지는 않다. 기훤의
눈에 번쩍 띄는 무력을 동반한 귀부(歸附)였다고 보아야 할 것 같다. 그럼
에도 그는 기훤 휘하에서 중용되지 못한 관계로 불만을 가졌던 것이다.

결국 궁예는 마음을 터 놓고 지내면서 서로 의지했던 기훤의 부하인
원회(元會)나 신훤(申煊) 등과 숙의한 후 북원의 양길을 찾기로 하였다.
892년(진성여왕 6)에 궁예 일행은 북원을 향해 발길을 재촉했다. 양길의

영원산성

영채는 지금의 원주 금대리 쪽에서 협곡을 따라 끊임없이 올라가야 한다. 그 영채는 웅장한 산세를 자랑하는 치악산 줄기 가운데 해발 970m에 소재하였다. 지금의 영원산성(鴒原山城)이 양길의 본영이었다. 원주 시가지가 한눈에 잡히는 요충지였다. 영원산성의 남북으로는 해미산성과 금두산성이 삼각형 형세로 포진하고 있다. 그 중심 성인 영원산성에서 궁예는 양길을 대면하였다. 양길은 기훤과는 달리 궁예를 덥석 맞아 주었다. 양길은 궁예에게 일을 맡겼을 뿐 아니라, 성큼 병력까지 딸려 주었다. 그만큼 사람을 알아 보는 안목이 있었기에 신뢰했다는 이야기가 되겠다. 주머니 속의 송곳은 언젠가 주머니를 뚫고 삐죽 나오게 마련이다. 궁예는 결국 자신을 필요로 하는 시대를 만들 수 있는 발판을 구축하였다. 역사의 조연이 아니라 주연으로 일약 그가 무대에 서는 계기를 마련했다.

북원경의 내력 ▮

    궁예가 양길에게 투신한 북원소경 원주 땅은 어떤 곳이었는가? 신라
는 통일을 이루자 소경에 대한 증폐(增廢)를 단행했다. 아시촌소경과 북
소경은 폐지되었다. 그리고 원주 지역에 소경이 설치되었다. 『삼국사기』
지리지에 따르면 문무왕이 북원소경을 설치한 것이 확인되는데, 678년
(문무왕 18)이었다. 즉 "북원소경을 설치하고 대아찬 오기(吳起)로 하여금
지키게 하였다"는 기록이 보인다. 대아찬은 신라의 17 관등 가운데 5번째
관등으로서 진골 출신의 신분이 오를 수 있다. 소경의 장관은 사신(仕臣)
혹은 사대등(仕大等)이라고 일컬었다.

    소경은 그 이름이 상징하고 있듯이 왕경인 경주에 버금가는 대우를
받았고, 문화면에서도 그에 필적할 만한 번영을 누렸다. 북원소경은 신라
의 본부라고 할 수 있는 소백산맥 이남과 한반도의 중추부인 한강 유역을
연결시켜주는 요로(要路)에 소재하였다. 이러한 점이 고려되어 원주 지역
은 통일국가의 소경으로서 위상을 부여받은 것으로 보인다. 더욱이 원주
지역은 영서(嶺西) 지역은 물론이고 지금의 강원도 전역에서는 통일신라
시대의 유일한 소경이었다. 이곳은 673년(문무왕 13)에 설치된 9주 가운데

하나인 수약주(首若州)에 설치된 소경이다. 소백산맥 이북의 옛 고구려 영역에서는 국원소경에 이어 두 번째로 설치된 소경이 된다.

685년(신문왕 5)에는 원주 지역에 소경성(小京城)이 축조되었다. 즉 "북원경(北原京)은 본래 고구려 평원군(平原郡)이었는데, 문무왕이 북원소경(北原小京)을 설치하였다. 신문왕 5년에 성을 쌓았는데, 둘레가 1,031보였다(『삼국사기』 권 35, 지리 2)"라고 했다. 이는 서원소경이나 남원소경 그리고 김해소경에 소경성이 축조되지 않은 것과는 달리 그 격을 잘 말해주는 것이다. 북원소경성은 그 둘레를 주척(周尺)으로 환산하면 약 1,236m가 되는데 지금의 원주 중심지를 에워싸고 있었을 나성(羅城)으로 생각된다. 이 나성 안에는 관청과 시가지가 조성되어 있었을 것이다. 이곳에는 왕경을 축쇄 모방한 질서정연한 도시구획이 설정되어 있었던 것으로 간주한다. 그러나 현재까지 북원소경성의 유구는 확인되지 않았다. 아마도 현재의 원주 중심지에 축조된 관계로 시가지가 팽창되면서 파괴된 것으로 추측된다.

통일신라기 원주에 설치된 북원소경을 보위해 주는 성으로서는 원주 동방에 소재한 치악산을 중심으로 축조된 영원산성(鴒原山城)과 해미산성(海美山城), 그리고 금두산성(金頭山城)을 꼽을 수 있다. 이 성들은 원주의 남쪽 치악산 줄기에 축조되어 있는 고지대에 자리잡은 방어 기능만을 가진 성들이다. 먼저 영원산성은 "치악산의 남쪽 등성 마루에 있다. 돌로 축조했으며 둘레가 3,749척이다. 안에 우물 하나 샘물 다섯이 있었으나 지금은 폐지하였다. … 세상에 전하기를 이 성은 양길이 의거하던 곳이다(『신증동국여지승람』 권 46, 원주목, 고적 조)"고 하였다. 즉 영원산성은 원주 지역을 장악한 양길의 근거지였음을 밝히고 있다.

이러한 영원산성은 판부면 금대리의 치악산 중턱에 축조된 석축산성이다. 그 둘레는 약 2.4km에 이르고 있으며, 높이는 1~3m가 된다. 영원

강원도 원주의 영원산성
궁예의 상전이었던 양길이 웅거했던 곳이다. 금대리 쪽에서 협곡을 따라 3시간 정도 올라가야
되는데, 산성에서 원주 시가지가 보이는 요충지이다.

산성을 중심으로 약 1km의 거리를 둔 치악산 향로봉 정상의 남쪽 사면에
소재한 금두산성, 1,820m의 금대리 일론 마을 뒷산에 소재한 해미산성과
더불어 삼각형의 방어형을 이루고 있다. 금두산성과 해미산성은 영원산
성의 외곽성으로 파악되어진다.

　궁예와 진훤은 당시 평민들이 선망했던 승려와 군인의 길을 가게 되
었다. 서로 다른 길을 걸었던 양인은 행태에서도 차이가 있었다. 『삼국사
기』에 따르면 궁예는 "계율에 구속 받지 않고 건들건들하며 담기가 있었
다"고 묘사되어 있다. 그런데 반해 진훤은 "창을 베고 적을 기다렸으며
그 용기가 항상 다른 군사들보다 앞섰다"라고 기록되었다. 궁예는 승률
(僧律)에 구애되지 않았다고 했을 정도로 일탈된 생활을 하였다. 반면 진
훤은 군무(軍務)에 무척 충실하였음을 생각하게 한다. 그가 왕경에서 방
수군(防戍軍)으로 차출되어 해변에서 해적을 소탕하는데 발군의 전공을
세웠음은 주지의 사실이다. 순천만 일원에서 해적 소탕에 여념이 없던 진

훤은 비장으로 승진하게 된다. 승려로서 일탈된 생활을 했던 궁예와는 달리 진훤은 신라 방수군으로서 군무에 충실한 청년 장교였던 것이다. 궁예가 기존의 틀에서 뛰쳐나오려는 기질이 이때 엿보이고 있다. 그에 반해 진훤은 기존의 틀을 충실하게 고수하는 면모를 보였다. 이 점은 양자가 지닌 신라에 대한 인식과 깊이 연결된다고 보겠다.

진훤은 892년에 신라 조정에 반기를 들고 독립한 것으로 적혀 있다. 궁예가 불문을 뛰쳐 나온 1년 후가 된다. 그러나 진훤이 독립한 시점은 889년으로 지목하는 게 온당하다. 이때는 상주에서 원종과 애노의 난이 발생한 그 시점이다. 상주의 경우는 진훤과 연관된 향리일 뿐 아니라 그 아버지인 아자개가 이 반란에 가담했던 것으로 추정되고 있는 만큼 양자와의 어떤 관련성을 생각하게 한다. 더구나 궁예는 양길의 부장으로 있다가 894년에서야 독립하게 된다. 어떠한 시점을 따르던 간에 진훤이 궁예보다는 일찍 역사의 전면에 그 모습을 드러냈던 것은 분명하다. "이때 북원적 양길이 가장 강성하여 궁예가 스스로 투항하여 그 부하가 되었다. 진훤은 이 소식을 듣고 멀리 양길에게 벼슬을 주어 비장으로 삼았다(『삼국사기』권 50, 진훤전)"는 기록도 진훤이 가장 먼저 위세를 떨쳤음을 뜻하고 있다.

궁예가 인심을 모으고 세력을 규합할 수 있었던 방식은 여러 형태였을 것이다. 일단 "사졸들과 더불어 고생과 즐거움을 함께 하였고, 주고 빼앗는 일에 이르기까지도 공정하여 사사로움이 없었다. 이로써 뭇 사람이 마음으로 두려워하고 사랑하여 장군으로 추대하였다"라고 한데서 잘 드러난다.

궁예는 전쟁터에서 나날을 보내며 사졸들과 더불어 고생과 즐거움을 함께 나누었다. 그는 지금의 강원도 영월 등지를 무대로 하여 휩쓸고 다녔다. 선종은 주고 빼앗는 일에 이르기까지 공평하여 사사로이 취하지 않앉다. 이러한 선종의 행위를 평등한 인간관계를 바탕으로 하는 이상세계를 구현하려는 포부가 반영된 것으로 이해하기도 한다. 혹은 가난한 농민들은 도와준 반면, 농민들의 원성을 사고 있던 지주들이나 사원으로부터는 재물을 빼앗은 행위로 풀이하는 견해도 있다. 궁예의 군대는 엄한 군율에 따라 일사불란하게 움직이는 조직이었다. 이는 전적으로 미륵신앙의 영향으로 생각되어진다. 궁예는 계율의 준수를 통해 하생한 미륵불의 구원을 받을 수 있다고 주장했다는 것이다. 궁예 군대의 엄한 군율은 엄한 계율에 바탕을 두고 있는 것으로 해석하고 있다. 궁예는 미륵신앙을 중심으로 하는 군정적 결사를 영위했던 것이다.

궁예는 한 가족처럼 사졸들과 혼연 일체가 되어 전투에 임했다. 그랬기에 응집력이 강한 군대를 만들 수 있었다. 궁예가 지휘하는 군대의 폭발적인 힘의 원천은 바로 이에 기인하였다. 더구나 궁예는 승려 출신이라 강원도 지역 사원세력의 기반을 한껏 이용했다. 그 지지를 이끌어 내는 데 성공했던 것이다. 궁예가 사원 세력으로부터 도움을 받은 것은 구체적으로 밝혀진 바 없다. 당나라의 경우를 원용해 볼 때 "천하 재산은 불교가 7·8할을 가지고 있다"는 말이 있었다. 부역을 지지 않은 구(口)가 전체 구수(口數)의 6분의 5를 넘었다고 한다. 이러한 부역을 지지 않은 호구의 태반은 사원으로 도망쳐 와 있었다고 한다. 게다가 중국에서는 군량이 부족할 때 으레 사원에서 양식을 대차하고는 했다. 궁예의 경우도 자신에게 익숙했던 강원도 지역의 사원 세력으로부터 인력과 경제력 그리고 군량을 차출하는 데 성공했고, 이것이 승전의 한 요인으로 간주된다.

궁예의 측근 세력으로는 승려 출신이었던 소판 종간(宗侃)과 종 출신이었던 내군장군(內軍將軍) 은부(狄鈇)를 지목할 수 있다. 이들은 어렸을 적부터 각각 절간에 있었거나 남의 집 종 노릇을 했었다. 모두 미천한 신분 출신들이었다. 승려 출신이었던 종간이 궁예 정권의 핵심 인물이었다.

이는 그가 궁예의 세력형성 과정에서 큰 역할을 하였음을 뜻한다. 아마도 그는 궁예와 세달사에서부터 인연을 맺었던 사이가 아니라면 강원도 일대의 사원세력을 궁예에게 흡수시키는데 지대한 공을 세웠던 인물로 간주되고 있다. 궁예는 그밖에 김주원(金周元) 후손을 비롯한 명주 지역 호족세력과 박지윤으로 대표되는 패서(浿西) 호족 그리고 불만 농민들을 포섭하여 세력을 확대시켰다.

문막 전투 ▌

    원주 지역에서 양길이 몰락한 이후의 이곳 형세는 어떠하였을까? 원주 지역의 전승에 따르면 문막읍 일대에서 전장이 형성되었다고 한다. 예컨대 문막읍 건등리(建登里)의 유래를 "왕건이 올랐다고 해서 건등산이라고 한다. 후삼국시대 건등산에는 왕건이 성을 쌓고 진을 치고 있었고, 진훤은 궁촌리에서 견훤산성을 쌓고 있었다고 전한다"고 소개하였다. 그러한 문막 전투는 대체로 다음과 같은 이야기로 구성되어졌다. 궁예가 비뇌성에서 대승한 직후였다. 진훤이 원주 문막에서 899년 10월부터 900년 4월까지 궁예 군대와 교전을 치른 후 전주로 내려갔다는 것이다. 이와 관

문막 건등산과 건등면 견훤산성

견훤산성 내에 건립된 '견훤산성 유적지비'   건등산 유적지비

련한 물증으로서 원주시 문막읍 포진리(浦津里)에 견훤성터가 있다. 역시 문막읍 건등리에는 왕건이 진훤과 싸울 때 대진(對陣)했다는 건등산(建登山)이 자리잡았다. 견훤성과는 약 4㎞ 떨어져 있다. 이때 후백제군은 견훤성이라는 산성에 주둔하고 있었다. 그에 반해 궁예가 보낸 왕건의 군대는 그 북쪽의 건등산에 진을 쳤다. 이 사실은 왕건이 이곳으로 진주할 당시 후백제군이 먼저 남쪽의 산성을 점거하였다. 그럼에 따라 왕건의 군대는 이에 대치하면서 적정(敵情) 관찰과 방어에 매우 유리한 북쪽의 건등산에 진을 쳤던 때문으로 파악된다.

진훤이 왕건과 싸웠다는 전설과 더불어 원주시 부론면 노림리 진골[甄谷]은 진훤이 지나간 고을의 뜻이라고 한다. 혹은 문막읍의 견훤산성에서 영원산성을 지키기 위한 방어선을 구축하기 위해 문막으로 들어오는 길목이기에 '진골'이라고 했다고 한다. 또는 "고려 왕건과 후백제 진훤의 싸움에서 진훤이 이곳을 통해 도주했는데 싸움에서 졌다고 해서 '진골'이라고 했다고 한다"고 하였다. 그밖에 "이곳은 땅이 대체로 질어서 옛날에 왕건과 진훤이 싸우다가 진훤이 패하여 도망갈 때 이곳에 이르게 되었는데, 군사들이 진흙탕에 빠져 많은 군사가 왕건의 군사에게 사로잡히고 죽기도 했다고 한다"고 했다. 각각의 전승이 틀리기는 하지만 분명한 것은 이곳에서 진훤과 왕건이 전쟁을 했음을 한결같이 증언하고 있다. 문막 전투와 관련된 전설을 옮겨 보면 다음과 같다.

> (아마도 문막 지명의 기원이 되었음직한) '물'막리 전설로는 왕건이 진훤과 전쟁할 때 밤새 섬강을 막았다가 동이 틀 때 이 마을 앞 석지 마을에서 백회를 섞어서 풀어놓으니 강물이 '쌀뜨물'로 보였다. 견훤산성 앞 넓은 들에는 밤을 세워가며 이 건등산 뒤 억새들에서 풀을 베어다가 허수아비를 만들어 이 마을에서 병사들 한 사람이 군사옷을 입힌 허수아비를 하나씩 옆에 끼고 앞에는 등불을 끄고 돌아왔다. 그러자 밤새도록 갖다놓은 허수아비 병사들이 실제 공격하는 병사들인 줄 오인하게 하였다. 섬강에 내려오는 강물은 병사들의 쌀뜨물로 오인하게 하여 진훤의 군사가 달아났다는 전설이 있다. 백회를 섞은 마을은 석지 마을, 억새풀을 베어 온 곳은 억새들(또는 왁새들), 물을 막았다가 풀어놓은 강마을은 물(문)막리로 전한다. 왕건이 오른 산은 건등산, 등불을 들고 떠난 마을은 등안이, 그리고 마을 동편에 고개를 넘는 위치에 방가(房伽)를 지어 놓고 여기에서 병사들과 같이 우물 물을 마셨다는 방가정(房伽井)이 있으며 … (북원문화역사연구소, 『건등산 뿌리의 후삼국지』, 2005)

건등산: 관문(官門) 서쪽 40리에 있는데 고려 태조가 적을 토벌하고 개선하여 이 산에 올라 돌에다가 새겼기에 후세 사람들이 이

로 인하여 산 이름으로 삼았다(『여지도서』).

산천편(山川篇)에 보이는데 산세가 험준하다. 땅이 또 고대(高
大)한데 지금부터 천년 전 고려 태조가 군병(軍兵)을 이끌고 돌을
모아 성을 만들었다. 산을 파서 정호(井戶)를 만들고 병력을 머무
르게 하여 적장인 진훤을 정벌한 유허(遺墟)이다(『조선환여승람』).

반저리 마을 이름 유래: 반계리(磻溪里) 마을은 원래 반저리라고
하였는데, 그 건등산에 있던 고려 태조 왕건의 건승비(建勝碑)를
서울로 옮겨 가던 도중에 이 마을 앞에서 반으로 부러져서 반저리
라고 하였다고 한다(『한국지명총람』2(강원편)).

＊견훤산성: 건등면 후용리에 있다. 진훤이 성을 쌓고 병력을
주둔시켰다. 고려 태조를 맞아 싸웠으나 패한 유지(遺址)이다(『조
선환여승람』).
＊건등면 후용리에 있다. 진훤이 성을 쌓고 병사를 주둔시켰으
나 고려 태조와 싸움을 하여 패배한 곳이다(『강원도지』).
＊견훤산성이라고 칭하는데, 괴정 부락 남방의 작은 구릉 상에
소재한 석성임. 주위 약 5정(町)이 거의 폐퇴함. 고려 초기 진훤이
고려 군대와 싸우면서 이곳에 병사를 주둔 한 곳이라 전함(『朝鮮
寶物古蹟照査資料』).
＊건등면 후용리에 있다. 진훤이 성을 쌓고 병사를 주둔시켜 고
려 태조와 싸우다 패망한 유적지이다(원주시, 『原州市史』, 민속·
문화재편, 2000).

16세기 말에 이기(李墍: 1522~1604)가 편찬한 『송와잡설 松窩雜說』에 따르면 건등산과 관련한 중요한 기록을 다음과 같이 남겼다.

> 원성읍(原城邑) 서쪽 1사(舍: 30리) 밖에 역(驛)이 있는데 안창관(安昌館)이라고 한다. 관(館)의 남쪽에 강이 있고, 강의 동쪽에 산이 있다. 세상에서 건등산(建登)이라고 부르는데, 왕건(王建)이 올랐던 곳이라고 말한다. 한 가운데는 높고 사방 주위는 낮은데, 높고 커서 새가 날개를 편 것 같다. 그 위는 넓고 평평하여 백여 명이 앉을 만하다. 찬 샘물이 있어 비록 극심한 가뭄이라도 마르지 않는다. 세상에 전하기를 "고려 태조가 태봉(泰封)에서 벼슬하면서 대군을 거느리고 백제를 정벌하던 날에 좌우 군사를 산의 남쪽과 북쪽 들판에 주둔시키고, 이 산에 올라 기(旗)를 꽂은 곳"이라고 한다. 고려는 5백년의 장구함으로 문물과 예법이 갖추어지지 않은 것이 없었다. 그런데 시조의 이름을 피하지 않고 건등(建登)이라 일컫기에 이르렀으니 민속(民俗)의 비야(鄙野)함이 심하다.

충청남도 홍성 출신의 손곡 이달(李達: 1539~1618)의 「건등산」 시에도 관련 사실이 함축되어 있기에 다음과 같이 옮겨 보았다.

건등산에 세워진 손곡 이달의 시비

고려 태조가 군사를 인솔하던 날	麗祖提兵日
만마의 발굽이 올랐었다네	登臨萬馬蹄
뭇 영웅들이 정권을 다투었는데	群雄爭逐鹿
참 주인이 마침내 신라를 차지했네	眞主竟操鷄
지난 일은 연기와 노을에 오래되었고	往事煙霞古
남긴 자취는 풀과 나무에 아득하네	遺蹤草樹迷
삼한이 일통으로 돌아 갔으니	三韓歸一統
공은 이 산과 더불어 영원하리라	功與此山齊

　그런데 문막 전투는 사서에서는 보이지 않는다. 사서에서 보이지 않
는다고 해서 존재하지 않았던 일로 간주할 수 있을까? 그러기에는 기존
사서들의 기록이 너무나 영성하다. 이에 반해 문막 전투는 전승(傳承)이
존재하고 있고, 관련 유적이 남아 있다. 물론 옛 백제가 소재했던 한반도
서남부 지역을 근거지로 해서 막 국가를 형성한 진훤이 어떻게 멀리 강원
도 땅에서 왕건과 격돌할 수 있을까라는 의문을 제기할 수 있다. 이러한
이유로 문막 전투를 부정하기 십상이다. 그러나 전설이 확고하다는 점을
상기하지 않을 수 없다. 이 점에 미루어 볼 때 부족한 정보를 토대로 한
정황에 의존한 판단을 내리기보다는 다른 각도에서 사실성을 타진해 볼
필요가 있을 것 같다.
　우선 문막 전투의 시점이다. 문막 전투는 비뇌성 전투 직후로 운위되
고 있다. 그렇다면 비뇌성 전투 직후에 문막에서 궁예의 휘하인 왕건과
진훤이 격돌하게 된 이유를 찾아야 할 것 같다. 이 점을 시사해주는 단서
가 진훤이 양길에게 비장을 제수했다는 사실이다. 즉 "이때에 북원의 도
적 양길이 가장 웅강하여 궁예가 스스로 투항하여 그 부하가 되었는데 진
훤이 이 소식을 듣고 멀리 양길에게 관직을 주어 비장으로 삼았다"고 했

다. 이는 당시 왕을 칭했던 진훤이 자신의 위세를 영서 지역의 강자인 양
길에게 과시하려는 측면도 있었을 것이다. 진훤이 자신의 전직(前職)인
비장직을 양길에게 내려줌으로써 자신의 위상을 높이는 동시에 여타 호
족들과 차별화를 시도한 것으로 보인다. 여기서 보다 중요한 사실은 진훤
이 양길과 세력을 제휴했다는 점이다.

그런데 비뇌성 패전으로 인해 양길이 무너지자 원주를 비롯한 남한강
유역 일대가 궁예 수중에 떨어지는 것은 시간 문제였다. 양길의 패전으로
인한 이 일대 힘의 공백을 메꾸고, 또 궁예에게 이 지역이 떨어지는 것을
좌시할 수 없었던 관계로 진훤이 원정을 단행했던 것으로 보인다. 그러나
병참선이 길었을 뿐 아니라 현지 지세에 밝지 못한 관계로 진훤 군대는
패배하여 전주로 회군했던 것 같다. 900년에 진훤이 수도를 광주에서 전
주로 옮긴 데는 여러 이유가 있었을 것이다. 그 가운데 광주를 수도로 한
상황에서는 한반도 중부 지역에 대한 제패에 어려움을 겪었기 때문으로
해석할 수 있다.

고려 건국의 묘상苗床으로서 원주

후삼국기의 원주 지역이 지닌 역사적 위상과 의미를 어떻게 찾을 것인가? 이런 물음에 대한 적절한 답변을 찾는다면 다음과 같은 최영희(崔永禧: 1921~2006)의 글을 소개하고자 한다.

… 이렇게 원주는 고대로부터 중요한 지역이었다. 신라 하대에 각 지방에서는 반란이 일어나 지방 호족의 세력이 큰 정치 세력으로 발전하고 서로 다툴 때 원주 지방에서는 양길이 일어나고 그 밑의 부하로 들어갔던 궁예는 강원도·경기도 세력을 확대하여 철원에서 태봉국(泰封國)을 세웠다. 또 그 밑의 부하장이었던 왕건이 고려를 건국했으니 지역적 인연을 거슬러 올라가면 고려의 건국은 원주에 있었다고도 할 수 있을 것이다.

원성군 문막 동북 간 3km에 건등산과 문막 남쪽 4km에 견훤산성이 있다. 건등산은 왕건이 궁예의 부하장으로 있을 때에 진을 치고 섬강을 가운데 두고 견훤산성의 견훤군과 대치하여 승리한 곳으로 전한다(『한국사기행—그 터』, 일조각, 1987).

위의 인용에서 '고려의 건국은 원주에 있었다'고 한 평은 의미심장하다. 북원경이었던 원주는 당초 양길이 웅거하였던 곳이다. 그러한 양길의 휘하에 투탁한 이가 궁예였다. 궁예는 원주를 기점으로해서 승승장구하였고, 결국 고구려를 부활시켰다. 궁예의 휘하였던 왕건은 원주 문막 전투에서 대승을 거둔 관계로 후백제 세력의 남한강 유역 진출을 차단할 수 있었다. 30여 개 성을 휘하에 두었던 양길이나 궁예 그리고 왕건 역시 원주 지역에서 승기(勝機)를 잡았고, 국가 창건에 성공할 수 있었던 것이다. 그런 의미에서도 원주를 '고려의 묘상'이라고 한 표현은 적절하다고 하겠다.

문막 전투의 현장인 건등산에서 바로 보이는 절터가 흥법사지(興法寺址)이다. 그러니까 원주시 지정면 안창리의 흥법사지에서 섬강을 사이에 두고 정면으로 마주 보이는 산이 건등산이 된다. 그 옛날 궁예의 막료 시절 왕건이 진훤과 격전을 치렀던 현장이기도 하다. 당시 절터만도 3만 3000㎡에 이르던 거찰로, 고달사와 마찬가지로 구산선문 중 봉림산파에 속하는 선종사찰이었다. 태조 왕건이 직접 비문을 지은 「진공대사탑비문」에 보면 왕건은 흥법선원(興法禪院)을 크게 일으켜 훗날에 진공대사 시호를 내린 충담(忠湛: 869~940)으로 하여금 흥법사에 주석하게 했다. 왕건은 자신이 대승(大勝)한 현장이 바라 보이는 곳에 소재한 흥법사에 충담이 주석하게 하였다. 그뿐 아니라 왕건은 충담이 940년(태조 23)에 사망했을 때 탑비문을 직접 짓기까지 했다. 이 탑비문이 태조 왕건의 3대 친제문(親製文) 가운데 하나가 되는 것이다. 그만큼 그가 충담을 자별하게 기렸다는 게 된다. 왕건이 또 그러한 충담을 흥법선원에 주석하게 한데는 문막 전투가 지닌 의미가 남달랐기 때문일 것이다.

이와 관련해 볼 때 건등산 정상에서는 서북편으로 섬강 건너의 흥법사지가 한눈에 잡힌다. 그러한 흥법선원이 건등산에 주둔하고 있던 왕건을 지원했을 가능성이다. 왕건이 청도(淸道)의 폐성(吠城)을 공략할 때 봉성사(奉聖寺)의 보양 법사(寶壤法師)가 신통한 계책을 주어 승리한 바 있다. 그 전공으로 왕건은 매년 조(租) 50석을 봉성사에 내려 주었다. 바로 이와 동일한 인연을 문막 전투 때도 왕건과 흥법선원이 맺었을 가능성이다. 그랬기에 왕건은 흥법선원을 중흥시켜 주었을 뿐 아니라 비중 있는 고승(高僧) 충담을 주석시킨 게 아닐까.

그러한 충담은 태조 왕건이 한반도의 재통일이라는 위업을 달성한지 4년 만에 세상을 떴다. 통일의 뜨거운 감회가 식지 않은 때였다. 그런 만큼 왕건은 문막 전투의 현장을 지켜 보면서 자신을 지원했던 흥법선원과 훗날 그곳에 주석했던 충담에 대한 감회가 유별났을 것이다. 이런 연유로 왕건은 자신과 인연을 맺었던 숱한 선사들을 제키고 유일하게 충담의 탑비문만은 몸소 지었던 것 같다. 게다가 당태종의 비문을 집자(集字)해서 비문을 새긴 관계로 훗날 「진공대사탑비문」을 천하의 보배라는 평가를 얻게 하였다. 가령 고려 말의 이제현(李齊賢)은 "말 뜻이 웅장하며 깊고 위대하다"고 극찬했다.

『고려사』에는 940년에 진공대사비가 제막된 기록이 보인다. 기록에는 보이지 않지만 왕건이 충담과의 마지막 인연의 빗장을 푼다는 의미에서 탑비 제막식에 참석했을 가능성이다. 만약 이러한 상상이 맞다면 그는 건등산을 바라보면서 남다른 감회에 젖었을 법하다. 해서 다음과 같은 상상도 해 보았다.

절터에서 몇 가지 단상을 떠올리며 감회에 젖게 된다. 혹 위와 같은 추리가 맞다면 며칠 동안 노구(老軀)의 안식을 취하면서 흥법사에 묵었을지도 모르는 왕건은 역사의 물굽이마냥 도도히 흘러만가는 섬강 물줄기를 바라보면서 청년 시절 자신의 모습과, 이곳 원주에서 '북원 왕국'을 건설하며 할거했던 양길, 그리고 자신의 상전이었던 궁예, 마지막까지 버티면서 대항했다가 제발로 손아귀에 들어온 진훤 등 소멸되어 간 기라성 같은 정적(政敵)들을 회상하면서 한편으로는 벅찬 감격에 휩싸였는지도 모른다. 혹은 노령의 자신도 사위어 가는 운명임을 헤아리면서 덧없는 인생을 탓하였을까? 많은 상념이 일렁이는 곳이 섬강가의 흥법사터이다.

이렇듯 진공대사비가 세워져 있던 흥법사는 건등산의 문막 전투 현장과 어우러져 역사의 깊이를 더해 주고 있다. 어쨌든 비뇌성 전투에서 압승함에 따라 궁예는 국가 창건의 결정적인 토대를 확고하게 구축할 수 있었다. 궁예가 창건한 국가의 성격을 고구려로 잡게 된 배경은 지배하에 두었던 영역의 질적인 성격과 깊은 관련을 지녔다. 즉 충주(국원성)나 원주(평원성) 및 양주(남평양성), 이 3곳이 고구려의 별도(別都)였던 점에 힘입은 바 크다고 본다. 과거 고구려의 비중 있는 별도를 3곳이나 장악한 궁예는 이제는 시간 문제인 평양 구도(舊都)의 접수와 더불어 고구려 계승자로서의 자신감을 지니게 되었다. 게다가 그는 당시 신라의 5소경 가운데 국원경과 북원경 및 서원경 등 모두 3곳의 소경을 장악하였다. 그럼에 따라 궁예는 정국 주도의 유리한 주도권을 장악할 수 있었다. 이

귀부와 이수만 남은 흥법사터 진공대사비에서 바라 본 건등산

'己卯興法院' 명문 기와

러한 배경 속에서 궁예는 고구려에 의한 이른바 삼한의 통합을 주도하고 자 했던 것이다.

이 같은 궁예의 고구려 부활은 비뇌성 승전에 따른 북원경과 국원경(중 원경) 장악이 직접적인 배경이 되었을 것으로 판단하였다. 이러한 점에서 원주 지역은 '고려 건국의 묘상'으로서 의미를 지녔던 것이다.

궁예, 고구려 별도였던 국원성과 평원성 장악

　궁예는 비뇌성과 문막 전투의 승리로 인해 막대한 경제·문화·정치적 자산을 확보하게 되었다. 첫째 궁예는 한강을 대동맥으로 하는 한반도 중부권을 석권하게 된 것이다. 궁예는 한강을 수로로 하는 물류 운송 체계를 완벽하게 독점할 수 있었다. 그 옛날 백제가 그러하였듯이 궁예는 생필품인 소금의 독점적인 공급을 통해 관련 경제적 이익을 독점할 수 있게 되었다. 둘째 신라 5소경의 하나인 북원경을 장악하게 되었다는 것이다. 이는 정치·문화적으로 비중이 높은 도시의 확보로써 자연 궁예의 정치적 위상도 올라 갔다. 실제 북원경을 거점으로 한 양길이 주위의 30여 개 성을 장악한데서 알 수 있듯이 이 곳의 정치적 위상은 지대했던 것이다. 이와 더불어 궁예는 중원경까지 장악하게 되었다. 궁예는 과거의 소경이었던 강릉의 동원경은 물론이고, 이어서 서원경(청주)까지 지배하였다. 그럼으로써 궁예는 신라의 5소경 가운데 남원경과 금관경만 빼 놓고 나머지 3곳을 장악한 것이다. 그런데 3개의 소경 가운데 중원경과 북원경은 모두 고구려의 별도(別都)였다. 이에 대한 설명이 필요할 듯 하다.

고구려는 국원성(國原城)이라는 행정지명을 충주에 부여하였다(『삼국사기』 권 35, 지리 2). 국원성이라는 행정 지명은 고구려의 여느 지명과는 구분되는 만큼 특수 행정 구역일 가능성을 시사하고 있다. 국원성의 '국(國)'은 국도(國都)를, '원(原)'은 고구려어에서 토지(土地)를 가리키는 말인 내(內)·노(奴)·나(那)·양(壤)·낙(洛)·뇌(惱)의 역어(譯語)인 것이다. 그러므로 국원성은 '국도(國都) 지역'이라는 의미가 담겨 있다. 고구려 국도인 국내성(國內城)의 '국'이 국도의 의미를, '내'는 토지를 가리키는 '노'와 연결된다. 국내성 역시 '국도 지역'이라는 의미가 된다. 따라서 국원성(國原城)과 국내성(國內城)은 동일한 의미를 지닌 행정지명임을 알 수 있다.

고구려가 충주에 국원성을 설치한 배경은 몇 가지로 나누어진다. 먼저 지리적인 측면에서 볼 때 충주는 교통의 요지(要地)라는 전략적 중요성을 지니고 있었다. 충주는 소백산맥 남북을 잇는 양대 교통로인 계립령과는 직접 통할 뿐 아니라 죽령과도 연결되어 있다. 더욱이 충주는 이러한 내륙 교통로를 다시금 남한강을 이용한 수운(水運)으로 연결시켜 주는 위치에 있었다. 고려의 12조창(漕倉)의 하나인 덕흥창(德興倉)과 조선의 가흥창(可興倉)이 있던 충주는 경상도 북부 지역과 충청북도 전역에 걸친 세곡(稅穀)을 모았다가 남한강의 수운을 이용해서 개성 및 서울의 경창(京倉)으로 운반하는 역할을 맡은 바 있었기 때문이다. 그리고 고구려가 충주에서 계립령을 넘어 문경 방면으로 진출하게 되면 대동강에서부터 한강과 낙동강을 잇는 거대한 전략 수로(戰略水路)를 확보하게 된다. 이러한 전략 수로는 평양성에서 남평양성(경기도 양주=서울 북부)과 국원성 그리고 낙동강 하구의 구야국(狗邪國: 김해) 지역을 잇는 최단거리 코스였다. 그 중간 거점에 충주가 소재하였다.

경제적인 측면에서 볼 때 충주는 비상하게 주목을 요하는 도회였다. 남한강과 넓은 충적평야를 끼고 있는 충주는 거주에 적합한 조건을 갖추었던 관계로 인구 조밀 지역이었다. 따라서 자연 생산 활동도 활발하여 잉여 농산물 또한 풍부하게 집적되어 있었다. 아울러 교통의 요지인 관계로 충주는 내륙 경제의 중심지로서 번성하였다. 그런데 충주의 경제적 기반과 관련해 홀시할 수 없는 사실은 고대국가의 잠재적 국력의 척도이기도 한 철(鐵)과 동(銅)이 다량으로 산출되었다는 점이다. 이러한 충주 지역에서의 철광 개발은 노동력의 집중을 초래하여 국원성의 인구를 증가시키는 요인이 되었다. 아울러 제철을 원료로 하는 각종 산업의 발달을 가져와 국원성은 번성하는 도시의 면모를 갖추게 되었던 것 같다.

그러면 원주의 경우는 고구려와 어떤 연관을 맺고 있었을까? 고구려가 지배할 때 원주는 평원군(平原郡)이라고 하였다. 즉 "북원경(北原京)은 본래 고구려 평원군이었는데, 문무왕이 북원소경(北原小京)을 설치하였다. 신문왕 5년에 성을 쌓았는데, 둘레가 1,031보였다. 경덕왕이 [이름을] 그대로 썼다. 지금의 원주(原州)이다(『삼국사기』 권 35, 지리지)"고 하여 보인다. 이러한 군(郡) 단위는 당시 성(城)으로 표기되었다. 일례로 남평양 '군'을 (남)평양 '성'으로 호칭한 사례를 꼽을 수 있다. 그러므로 평원성의 '평원'은 고구려 별도였던 국원성의 '국원'과의 관련성을 시사해준다. 동시에 이곳은 여타 지명들과는 차이가 나는 원주 지역의 정치·경제적 비중을 암시해 주는 행정지명이라고 할 수 있다. 국원성의 정치적 비중에 따라 신라 진흥왕이 이곳을 점령한 후에 국원소경을 설치하였다. 통일신라 때는 이곳을 중원소경 혹은 중원경이라고 일컬었다. 이러한 맥락에서 볼 때 통일신라가 원주 지역에 북원소경을 설치했을 때는 그 이전 시기 이곳의 정치·지리적 비중을 충분히 고려한 결과였다. 그렇다고 할 때 평원성 역시 고구려 점령기에 국원성과 짝을 이루면서 영서 지역 고구려 통치와 관련한 별도로 기능했을 여지가 크다.

그러면 어느 때쯤 원주 지역이 고구려의 별도가 되었을까? 이와 관련해 평원성의 '원(原)'은 고구려어에서 토지를 가리키는 말인 내(內)·노(奴)·나(那)·양(壤)·낙(洛)·뇌(惱)의 역어(譯語)라는 점을 상기하지 않을 수 없다. 여기서 '원(原)'은 '양(壤)'의 역어이기도 한 만큼, 평원성(平原城)은 '평양성(平壤城)'으로도 표기할 수 있다. 이는 국원성을 국내성과 연결 짓는 경우와 상통한다고 하겠다. 또 국원성은 고구려가 국내성을 국도로 운용하던 시기의 별도 이름으로 지목되었다. 그렇다면 평원성은 평양성 도읍기에 설정된 별도로 간주하는데 무리가 없을 듯 싶다. 따라서 평양성 도읍기의 고구려는 한성(재령) 외에 남평양성과 평원성이라는 2개의 별도를 새롭게 설정했음을 알 수 있다.

궁예는 신라의 5소경 가운데 3곳이나 지배하게 되었다. 이 사실은 궁예가 신라 영역 가운데서 정치·문화·경제적으로 가장 비중이 큰 거점들의 확보를 뜻한다. 이때 궁예는 반신라적 명분의 확보 차원에서라도 이들 3개 소경의 본질이랄 수 있는 연원을 파악하는 게 긴요하였다. 그런데 3개의 소경 가운데 서원경은 백제 영역이었다. 중원경과 북원경은 본시 고구려의 별도였던 곳이었다. 더구나 궁예가 898년에 왕건을 시켜 양주(楊州)와 현주(見州)를 차지하였다. 이때 점령한 양주는 북한산군(北漢山郡)이었다. 즉 이곳은 "본래 고구려의 남평양성(南平壤城)이니, 일명 북한산군이다. … 고려 초에 양주(楊州)로 고쳤다(『세종실록』 권 148, 지리지, 경도 한성부 조)"는 기사에서 확인된다. 이곳 역시 고구려의 별도였던 남평양성이 설치된 곳이었다.

궁예의 지배 영역 가운데 과거 고구려의 별도가 3곳이나 포함되었다. 궁예가 거론한 구도(舊都) 평양은 잡초만 무성한 실정이었다. 그러한 평양 역시 궁예의 영향권 내에 소재하였다. 이러니 궁예의 지배 영역은 고구려 지역으로서의 명과 실이 부합된 관계로 격과 비중이 월등이 크고 높았음을 알 수 있다. 이러한 상황에서 궁예는 자연히 '고구려'가 상품 가치가 높다고 판단하였을 것이다. 결국 궁예는 지역적 기반의 정서를 무시할 수 없었다기보다는 이용하는 게 현실적으로 유리하다고 판단하였다고 본다. 궁예가 평양을 '구도'라고 일컬은 것은 자신의 왕도를 '신도(新都)'로 간주했음을 뜻한다. 궁예는 자신을 고구려 계승자로 분명히 인식했던 것이다.

고구려의 부활, 고려의 건국

고구려 유민들이 오매불망 바랐던 고구려의 재건이 현실이 되었다. 궁예의 국가 창건에 관한 기사가 다음과 같이 보인다.

> *궁예가 왕을 칭하였다(『삼국사기』권 12, 효공왕 5년 조).
>
> *선종은 스스로 무리가 많고 세력이 커지자 나라를 세우고 임금을 일컬을 만하다고 여겨 비로소 내외관직을 설치하였다(『삼국사기』권 50, 궁예전).
>
> *천복(天復) 원년 신유(901)에 선종은 스스로 왕이라 칭하고 사람들에게 말하기를 "지난날 신라가 당나라에 군대를 청하여 고구려를 격퇴하였기에 평양(平壤) 구도(舊都)는 묵어서 잡초만 무성하니 내가 반드시 그 원수를 갚겠다!"라고 하였다(『삼국사기』권 50, 궁예전).

위의 기사를 통해 궁예는 옛 고구려를 재건했음을 알 수 있다. 그리고 자신이 세운 국가의 연원을 예전의 고구려에서 찾았다. 국호도 삼국 당시 그대로 '고려'였다. '후백제'와는 달리 '후고구려'라는 국호는 후대 사가들에 의해서도 사용된 바 없다. 흔히 고려라는 국호는 왕건이 최초로 사용한 것으로 알고 있다. 그러나 궁예가 처음 사용한 국호였다. 삼봉 정도전도 "왕씨가 궁예를 대신하여 '고려'라는 국호를 그대로 사용하였다(『삼봉집』 권 13, 「조선경국전」 상)"고 정확하게 지적한 바 있다. 그런데 더 정확히 말하자면 고려 국호는 부활된 것이다. 이 국호는 고구려 3글자에서 2글자로 줄인 것이 아니었다. 고구려 당시에 그렇게 불리어왔던 것이다. 고구려는 5세기 이후에 국호를 고려 2글자로 표기하였다. 5세기대와 그 이후를 시대적 배경으로 하는 중국이나 일본의 역사책이나 금석문 자료에 보면 한결같이 '고려'로 표기되었다. 장수왕대에 건립된 유명한 충주고구려비는 '5월 중 고려 태왕'으로 문장이 시작되고 있다. 여기서 '고려 태왕'은 다름 아닌 '고구려 태왕'을 가리키는 것이다. 539년에 제작된 연가(延嘉) 7년명 금동불상의 광배명에도 그 불상의 제작지를 '고려국 낙랑동사 高麗國樂良東寺'라고 하였다. 고려국은 고구려

를 가리킨다. 고구려는 그 역사 후반기에 국호를 고려라고 일컬었었다. 이 국호를 고스란히 계승하여 궁예는 새로운 나라의 이름으로 사용한 것이다. 이는 말할 나위 없이 앞서 궁예 자신의 선언에 나오듯이 고구려의 계승과 부활을 뜻한다.

『삼국유사』 왕력에 보이는 궁예의 '高麗' 국호

　　고려를 다시 세우고 왕이 된 선종은 이무렵 자신의 이름을 '궁예'로 고쳤던 것 같다. 궁예는 문자 그대로 '활의 후예'라는 뜻이 되는데, 부여 말에서 '활을 잘 쏘는 자'를 뜻하는 보통명사에서 비롯된 고구려 시조 이름인 '주몽(추모)'을 염두에 두고 지은 듯하다. 주몽의 후예라는 뜻을 담고 있는 '궁예'는 고구려의 힘찬 부활을 열망하면서 지은 이름이라고 하겠다.

게다가 철원 등에 전해지고 있는 궁예 관련 구비 전승의 경우, 주몽 설화의 계승 양상을 보이고 있다 한다.

궁예는 "지난날 신라가 당나라에 군대를 청하여 고구려를 격파했기에 평양 옛 서울은 풀만 무성하게 되었으니 내가 반드시 그 원수를 갚겠다"고 선언하였다. 이렇듯 고구려의 후계자임을 자처한 궁예는, 고구려를 멸망시킨 신라에 대해 무자비하고도 철저한 파괴로써 감정을 표출하였다. 그는 신라의 수도인 경주를 멸도(滅都)라고 일컬었거니와 신라로부터 항복해 온 사람들을 가차없이 죽였다. 적어도 신라 사람들에게 있어서 그는 전율할 만한 공포의 대상이었을 뿐이었다.

신라에 대한 궁예의 극한 감정에는, 진훤의 경우와 비교해 볼 때 자신의 목숨을 앗으려고 했거니와 또 불구로 만든 데 대한 철저한 복수심이 깔려 있었던 것이다. 얼결에 자신의 일그러진 얼굴이 거울이나 물에 비칠라치면 궁예의 마음 속에 어떠한 상념이 비감스럽게 스쳤으리라는 것을 헤아리기는 어렵지 않으리라. 일례로 중국 삼국시대 위(魏)나라의 맹장 하후돈이 화살을 맞아 애꾸가 된 후 어느 날 자신의 얼굴을 비춰보다가 성을 내면서 거울을 땅에 내동댕이쳤다고 한다. 강직한 기개를 가진 사나이로 정평이 난 하후돈이었지만 자신의 흉해진 얼굴을 몸서리치게 혐오했던 것 같다. 하후돈이야 전투에서 부상을 입은 것이고 또, 자신에게 살을 먹인 적장을 베었기에 유감이 있을 리야 없겠지만, 궁예는 아무 죄없이 불구가 되었다고 생각하니 억장이 미어지는 심정이었으리라. 궁예의 분노가 어떠한 방향으로 분출될 지는 불을 보듯 뻔한 일이 아니었겠는가!

한번은 궁예가 영주 부석사에 행차한 적이 있는데, 벽에 신라왕의 초상화가 그려져 있음을 보고는 분격한 마음에 칼을 뽑아 치기까지 한 데서도 잘 나타나고 있다. 『삼국사기』에는 "지금도 그 칼날 자국이 남아 있다"고 하여 마치 패륜아의 행태가 백세의 감계(鑑戒)가 되는 것처럼 호재(好

영주 부석사 선묘각

材)로서 거론하였다. 그러나 단재 신채호 선생은 자신을 죽이려고 한 아비라면 궁예가 설령 실제 몸에 칼질을 하였더라도 죄될 것까지 없다면서 그를 옹호해 주었다.

궁예는 신라 왕자임을 자처하였다. 그가 승려로 있을 때의 일화가 다음과 같이 전한다. "일찍이 재를 올리려고 가는 길에 까마귀가 물고 있던 물건을 들고 있는 바리때에 떨어뜨렸다. 그것을 들여다보니 상아로 만든 점대에 '王' 자가 쓰여져 있었기에 숨기고 말을 하지 않았으나 자못 자부하였다." 궁예는 왕자 출신이라는 자부심에다가 승려 생활을 통해 교양과 품격을 쌓게 되었던 것 같다. 궁예는 신체적인 콤플렉스를 지니고 있었지만 그것을 상쇄하고도 남을 정도로 절대적인 카리스마를 지니고 있었다. 점복(占卜)을 구사하는 궁예의 샤먼적인 예지력도 그것에 한몫하였을 것이다. 그랬기에 미륵불을 자처할 수 있었고 또 그렇게 비칠 수 있었던 것 같다.

소백산맥 이남으로의 진출 통로 확보

903년에 수도를 옮길 목적으로 궁예가 철원(鐵圓: 현재는 鐵原으로 표기함)과 평강 일대를 순시한 사실도 접하였다. 그 이듬해 궁예는 국호를 마진(摩震)으로, 연호를 무태(武泰)로 개정했다. 지금의 평양 이남을 가리키는 패서도(浿西道)의 10여 주현(州縣)이 궁예에게 항복해 들어 갔다. 904년 7월에 공주장군(公州將軍) 홍기(弘奇)가 궁예에게 귀부하였다. 궁예의 세력권이 금강 유역까지 미친 것이다. 905년에 궁예는 2년간의 역사(役事)가 끝나자 철원으로의 천도를 단행했다. 궁예의 영토는 날로 넓어져만 갔다. 죽령 동북에까지 궁예의 영토가 확장되었다. 신라의 영토는 축소 일로였다. 신라 조정에서는 성주들에게 나가서 대적치 말고 지키고만 있으라고 당부하였다.

906년에 궁예의 명을 받은 왕건은 정기장군(精騎將軍) 검식(黔式) 등을 인솔하고 군사 3천 명을 이끌고 상주 사화진(沙火鎭)을 공격하였다. 잘 알려져 있듯이 상주는 계립령을 넘어 충주로 통하는 교통로와, 화령을 넘어 보은·청주로 통하는 교통로가 교차하는 요충지였다. 『택리지』에 의하면 "상주는 일명 낙양(洛陽)이라 하고, 조령 아래의 한 큰 도회이다. 산세는

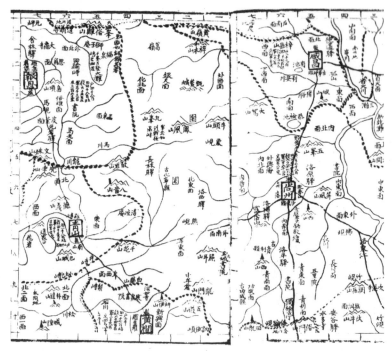

『청구도』에 보이는 상주와 그 주변 지역

웅대하고 평야는 넓고 그리고 북쪽은 조령에 가까와서 충청·경기에 통하고, 동쪽은 낙동강에 임하여 김해·동래에 통한다. 육운(陸運)이나 해운(海運)이 모두 남북으로 통하여 수륙 교통의 요지를 이룬다"라고 하여 그 비중을 잘 전하고 있다.

　소백산맥 이남 지역으로 진출하기 위한 교두보로서 궁예는 사벌진을 공격한 것이다. 후백제 군대는 궁예 군대의 상주 진격을 막기 위해 여러 번 격돌을 벌였으나 패하였다. 907년에 진훤은 대신 지금의 경상북도 선산군 일대인 일선군(一善郡)에 대한 공략을 단행하여 그 이남의 10여 개 성을 장악하였다. 추풍령을 넘어 김천을 지나 동진해 온 후백제군은 일선군 일대를 장악하여 낙동강의 중류를 끊어놓는 전략상의 개가를 올렸던 것이다. 안동 방면에서 김해까지 흘러가는 영남 지역의 대동맥 구실을 하는 낙동강의 허리를 자름으로써 대수로(大水路)를 확보하고자 하였다. 영남 지역의 물물 교류와 부세의 징수는 낙동강을 운송 수단으로 하여 이루어졌다. 그런데 그 기간(基幹) 수송로가 후백제 군대에 의해 두절되고 말았다. 신라 조정과 영남 지역의 호족들을 경제적으로 고립시키려는 전략의 일환이었다. 그리고 상주 방면에 진출한 궁예 군대의 수로(水路) 이용을 봉쇄하기 위한 목적이 컸었다.

서남해에서 궁예와의 대결 █

    궁예가 세운 신흥국가 고려는 해상활동에 박차를 가하였다. 대대로 해상과 관련한 업무를 관장하였기에 누구보다 '바다'에 능했던 왕건을 부하 장수로 삼으면서 자신이 붙었다. 바다를 장악함으로써 중국 대륙뿐 아니라 여타 지역과 신속하게 교류를 할 수 있어 선점의 속도가 배가될 수 있었던 것이다. 기동전을 생각했던 궁예는 해상활동에서 괄목할 만한 성과를 올렸다. 903년(효공왕 7) 3월에 궁예의 부하 왕건은 수군을 거느리고 서해를 이용하여 광주계(光州界)에 이르러 금성군(錦城郡)을 공략하였다. 금성군뿐 아니라 그 주변 10여 개의 군현(郡縣)까지 장악함으로써 금성군을 나주(羅州)라 일컫고는 군대를 주둔시켰다는 것이다.

    그런데 왕건의 나주 장악 연대에 대해서는 일찍부터 이론이 제기되었다. 왜냐하면 903년에 왕건이 나주를 장악했다고 하자. 그러면 6년간 아무런 기록도 없다가 909년의 나주 경략과 910년에 후백제 군대의 나주 탈환 작전은 사리에 맞지 않다. 909년에 왕건이 금성을 공략하여 나주를 설치했기 때문에 후백제 군대의 탈환 작전이 그 이듬해에 개시된 것으로 보겠다. 실제 그렇게 볼 수 있는 근거가 있다. 『삼국사기』 궁예전에 따르면 왕건이 나주 경략에 성공하여 금성을 나주로 고치면서 대아찬을 제수 받았다. 그 시기는 궁예가 연호를 수덕만세(911~913)로 고친데 이어 나타나고 있다. 그러므로 나주 설치 시기는 911년이나 그 이후가 맞다고 하겠다.

당시 나주 세력은 대중국 항해와 무역을 통해 성장해 왔었다. 그런데 후백제가 서남해안을 독점·장악함에 따라 나주 호족들은 된서리를 맞은 격이었다. 이들은 자활(自活)을 위한 숨구멍을 궁예의 힘을 빌어 트고자 모색하

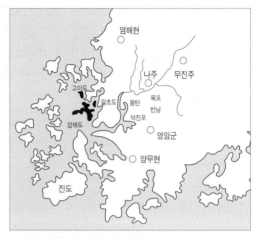

서남해안 진훤과 궁예의 대결 현장

였다. 이같은 제의는 궁예에게도 저윽이 구미가 당겼다. 궁예의 입장에서 볼 때 후백제의 전선(戰線)을 양분(兩分)시키는 전략적 성과를 얻을 수 있었다. 아울러 후백제를 한반도 안에 가둔다는 전략까지 가세하여 나주 경략에 박차를 가했다. 후방에서 후백제를 견제하는 동시에 중국대륙과의 교섭을 차단시키려고 하였다.

그랬기에 궁예 군대의 수군 활동 또한 눈에 띄게 빈번하게 펼쳐졌다. 궁예의 부장 왕건에 의해 진행된 서남해안 공략은 진훤을 무척 당황하게 만들었다. 후백제의 앞 마당을 유린하며 선단을 이루며 항진하는 궁예 군대와의 교전에 직면했기 때문이다. 그러한 나주의 연혁과 지리적 환경은 다음에서 보인다.

본래 백제의 발라군(發羅郡)이었는데, 신라에서 금산군(錦山郡)으로 고쳤고, 신라 말년에 진훤이 후백제왕이라 일컫고 모두 그 땅을 차지하였는데 얼마 안가서 금산 사람들이 후고려왕 궁예에게 붙으니 궁예가 명하여 고려 태조를 정기대감으로 삼고 수군을 거느리고 공격하여 빼앗게 하여서 나주로 고쳤다(『세종실록』 지리지).

나주의 진산인 금성산

나주는 노령 아래의 한 도회로 금성산(錦城山)을 등지고, 남쪽은 영산강에 임하여 읍치의 지세가 마치 한양과 비슷하다. 옛날부터 높은 벼슬을 지낸 집안이 많

나주 관아의 정문인 정수루

다. 이곳 영산강은 서쪽으로 흘러 무안(務安)의 목포(木浦)에 이르는데, 강 연안에는 명승과 촌락이 많고, 강 건너는 큰 평야를 이루어 동쪽은 광주에 연접하고, 남쪽은 영암(靈巖)에 통한다. 목포는 풍기(風氣)가 화창하고, 땅은 넓고 물자도 넉넉하며, 촌락은 여기저기 분포되어 얽히고, 또 서남쪽 강과 바다는 운수의 이익을 통제하여 광주(光州)와 함께 이름난 고을로 일컬어진다. 나주 서쪽의 칠산해(七山海)는 옛날에는 깊었으나 근자에 와서는 모래와 흙으로 메꾸어져 점점 얕아져서 조수가 나갈 때는 물 깊이가 무릎에 닿을 정도이다. 중앙의 한길이 강신(江身)과 같이 되어 배들은 이

곳을 따라 다닌다.

　나주 서남쪽은 영암군이다. 군(郡)은 월출산 아래에 자리잡았
다. 월출산은 대단히 맑고 뛰어나 이른바 화성조천(火星朝天)의
지세다. 남쪽에는 월남촌(月南村), 서쪽에는 구림촌(鳩林村)이 있
는데, 모두 신라 때의 이름난 촌락이다. 지역은 서남해가 서로 맞
닿은 곳에 위치하여 신라가 당나라로 들어갈 때는 모두 본군(本
郡) 바다에서 배가 떠났다. 하루를 타고 가면 흑산도에 이르고, 이
섬에서 하루를 타고 가면 홍의도(紅衣島)에 이르며, 또 하루를 타
고 가면 가가도(可佳島)에 이르고, 여기서 북동풍으로 사흘을 타
고 가면 곧 태주(台州) 영파부(寧波府) 정해현(定海縣)에 이르고,
만약 순풍이면 하루에 이른다. 남송이 고려와 통하는데도 또한 정
해현 해상에서 배를 출발시키어 7일에 고려 국경에 상륙하였는
데, 그곳이 곧 영암군이다. 당나라 때 신라인이 배를 타고 당에 들
어 갔을 때도 강나루를 통하는 중요한 나루터와 같이 선박의 왕래
가 계속하였다(『택리지』).

　영산강 하구에 소재한 나주 회진(會津)은 중국대륙에 가는 중요한 항
구였다. 이는 1122년 5월에 명주를 출발한 송(宋)나라 사행(使行)들의 항해
노정에서 흑산도가 보이므로 확인된다. 흑산도에는 백제가 멸망할 때 세
명의 왕자가 피란하여 살았던 곳이라고 한다. 미국의 저명한 동양학자인
라이샤워(Edwin O.Reischauer: 1910~1990)가 "극동의 역사에 있어서 가장
위대한 기행문이다"고 극찬했던 엔닌[圓仁]의 『입당구법순례행기 入唐求法
巡禮行記』에 전하는 이야기이다. 엔닌은 당에서 일본으로 돌아가는 귀국
선을 타고 신라의 서남해변을 지나면서 이곳이 지난 날의 백제 땅이었음
을 회상하면서 그러한 말을 했던 것이다. 동서로 다소 기다란 모습을 가

진 흑산도에는 300~400호가 지금도 산 속에 살고 있다고 전했다. 엔닌은 200년 전의 백제를 상기했던 것이다.

이처럼 흑산도와 연결된 비중이 큰 나주 세력이 지역적으로 격절된 궁예에게 붙었다. 그 이유는 궁예의 공략에 직접 원인을 찾기보다는 나주 세력 자체의 의사가 크게 작용한 것으로 판단된다. 나주 세력은 대 중국 항해와 무역을 통해서 성장해 왔었다. 그런데 후백제 세력이 바다를 장악함에 따른 불만이 싹텄고, 그 숨구멍을 궁예의 힘을 빌어 트고자 했던 것으로 보인다. 궁예의 입장에서는 후백제를 한반도 안으로 '가둔다'라는 차원에서 나주 세력과의 이해 관계가 맞아 떨어졌던 것이다.

『삼국유사』 진성여왕 거타지 조에 따르면 '백제 해적'이 신라의 당나라 교섭로를 위협하고 있었음이 확인된다. 이 '백제 해적'은 '3명의 백제 왕자'의 후예 집단이든지 아니면 진훤의 후백제 세력을 가리키는 것으로 보인다. 아마도 진훤은 대 중국 항해와 무역의 이익을 독점해 가려는 기도에서 해상을 누비던 군소 해적 집단들을 '백제'라는 간판 하에 통합시켜 간 것으로 생각된다.

기록만 본다면 나주 일원에 대한 정벌은 오로지 왕건의 작품으로만 적혀 있다. 그런데 「법경대사 보조혜광탑비문」에 따른다면 "선왕(先王)이 곧바로 북쪽에서 출발하여 오로지 남쪽을 정벌하니 순행할 때"라고 적혀 있다. 여기서 왕건의 '선왕'은 궁예이므로 나주 일원을 직접 정벌하는 데 참여했음을 알 수 있다. 908년 7월 당나라에서 나주 회진에 상륙한 경유(慶猷)는 '제명(帝命)'을 듣고 이곳 군영에서 궁예를 만났던 것이다.

그런데 나주 관내의 여러 고을은 궁예의 세력판도와는 격절되어 있었기에 민심이 오락 가락하였다. 이러한 나주 지역을 확실하게 장악할 목적으로 909년에 궁예는 왕건을 출병시켰다. 왕건은 수군을 거느리고 지금의 전라남도 영광군 관내인 염해현(鹽海縣)에 이르렀다. 이곳에서 진훤은 오

나주 반남 포구(석해포)에서 바라 본 자미산성

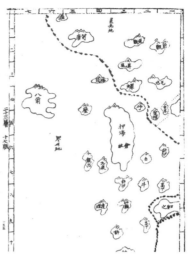

『청구도』에 보이는 압해도와 고이도

월국에 보내는 선박을 나포당하

였다. 후백제의 외교 사신을 비

롯하여 뱃꾼들과 방물뿐 아니라

문서들마저 모두 노략당하였던 것이다. 진훤은 낭패하지 않을 수 없었다.

　왕건의 군대는 개선하여 올라간 후 경기도 개성 서남편의 풍덕(豊德)

에서 전열을 정비한 후 2,500명의 병력을 실은 함선을 이끌고 진도(珍島)

를 공략하여 항복을 받았다. 이어서 영암군 앞 서해에 소재한 섬인 고이

도(皐夷島: 신안군 古耳島)를 점령하였다. 고이도는 『입당구법순례행기』에

서 '고이도 高移島'로 표기되어 있는데, "광주의 서남쪽 지방이요, 이 섬의

신월항에서 바라 본 고이도

서북쪽으로 1백 리 남짓한 곳에 흑산도가 있다"고 기록하였다.

진훤은 왕건의 궁극적인 공격 목표가 나주라는 것을 알았다. 진훤은 몸소 정예한 수군을 이끌고 왔다. 후백제 군대의 전함은

'왕건수'라는 이름을 가진 우물
나주 지역에 남긴 왕건의 체취로, 나주고등학교 앞에 있다.

목포에서 덕진포(德眞浦: 영암군 덕진면)까지 배열하였고, 뭍에서도 진(陣)을 형성하고 있었다. 『동사강목』에 의하면 덕진포는 영암 북쪽 5리에 소재하였다고 한다. 수륙 양면의 종횡(縱橫)으로 포진하였는데 군세가 자못 강성하였다. 왕건의 군대를 압도했다. 그런데 왕건의 함선이 급히 공격해 오자 후백제 선단은 일단 퇴각하였다. 이 틈을 놓치지 않고 왕건 군대가 바람을 따라 불을 지르니 후백제 군사들은 절반이나 불에 타고 물에 빠져 죽었다. 우세에 있던 후백제 군대는 왕건 군대의 화공전으로 인해 패하고 말았다. 그랬기에 훗날 김종직은 덕진포 전투를 적벽대전에 견주었던 것이다. 후백제 군사가 500여 명이나 전사하는 상황에서 진훤은 기함(旗艦)

을 버리고 작은 선박을 이용하여 돌아왔다. 진훤과 왕건이 얼굴을 맞대고 겨룬 첫 싸움은 진훤의 완패로 끝났다. 후백제 땅 후미에 떡 버티고 있는 궁예의 영역 나주는 '트로이의 목마'와 같은 존재가 되었다.

나주시 공산면 상방리 성주

덕진나루에서 바라 본 월출산

산(해발 600m) 정상에는 후백
제의 정찰 초소가 설치되었
다. 이곳에서는 영산강과 삼
포강 줄기와 드넓게 펼쳐진
평야 지대를 한눈에 볼 수 있
는 요충지였다. 성주산 아래
후동골에는 후백제 정예 부

덕진포

대가 주둔하였던 군 막사가 있었다. 그리고 인근 복사초리에서는 후백제
군과 왕건의 태봉 군대가 공방전을 전개했다는 전승이 남아 있다. 이에
의하면 왕건은 수군을 동원하여 먼저 해상 방어의 요충지인 공산 지역을
공취하여 후백제군의 포위를
뚫으려고 했던 것 같다.

왕건은 종횡무진으로 서
해안을 휩쓸고 다녔다. 나주
관할의 압해현(壓海縣)이 설
치된 섬, 그러니까 지금의 무
안반도와 목포 사이에 소재
한 압해도(신안군 押海島)라는
섬과, 그 인근의 갈초도(葛草

복사초리 마을

島) 등지를 누비던 능창(能昌)과 같은 해적들을 소탕·제압하였다. 왕건은
바다를 청소하면서 다녔던 것이다. 후백제는 이로 인해 중국과의 외교적
교섭이 위협 받게 되었다. 게다가 소금의 이익마저도 타격을 입게 되는
것이다. 용납할 수 없는 상황이었다. 이듬해인 910년 진훤은 몸소 보병과
기병 3천 명을 이끌고 나주성을 포위하였다. 열흘이 넘도록 결판이 나지
않은 채 후백제 군대는 포위를 풀지 않았다. 그러자 궁예는 즉각 왕건을

파견하였다. 왕건은 수군을 이끌고 후백제 진영을 습격하자, 진훤은 군대를 이끌고 물러났다. 이때의 전장은 나주 북쪽의 금성산성 일대였다. 나주 반남면의 자미산성 또한 관련 전설을 안고 있다. 진훤은 자미산성에 주둔하였고, 왕건은 영암군 신북면의 갈마산에 진을 치고 서로 싸웠다고 한다.

반남면의 자미산성과 지금의 LG 나주공장터에서는 진훤과 왕건 군대의 격돌이 있었다고 한다. 그리고 나주향교 자리는 원래 궁예 군대의 훈련장이었던 관계로 활터[弓場]로 전해지고 있다. 나주시 동강면 옥정리에서 무안군 몽탄면 명산리로 건너는 나루 이름이 몽탄(夢灘)이다. 사연인즉 왕건이 진훤 군대에게 쫓기다 꿈속에 나타난 신령의 계시에 따라 강을 건넜기 때문이라고 한다. 역사서의 기록과는 달리 왕건이 고전했음을 암시해준다.

몽탄 전승을 구체적으로 소개하면 다음과 같다. 진훤이 나주성에 웅거하고 있을 때였다. 왕건이 직접 군사를 거느리고 나주시 동강면 옥정리 몽송부락에 당도하여 진을 쳤었다. 진훤군이 사방을 애워싸고 공격하니 포위된 왕건 군대는 당황하여 포위망에서 혈로를 뚫으려 하였으나 마침 강물이 범람하여 빠져 나갈 수 없기 때문에 왕건 군대는 사력을 다하여

몽탄교

몽탄나루 원경

방어하였으며 밤이 깊어서야 후백제 군이 공격을 멈추어 서로가 방어태세를 갖추게 되었고 싸움은 소강상태에 들어가게 되어 왕건 군대는 지친 나머지 잠에 빠지게 되었다. 궁예의 장수 왕건도 군막에서 잠이 들었는데 백발노인이 왕건 앞에 나타나 "앞으로 대업을 이루려는 장군이 일기도 모르고 잠만 자면 되는가 지금 강물이 빠졌으니 군사를 이끌고 빨리 강을 건너 무안 청용리 두대산을 향하여 파군천 하류에 진을 치고 있으면 진훤 군대가 뒤를 쫓을 것이다. 그러면 그곳에 군사를 매복시켰다가 진훤군을 치면 장군은 크게 승리하고 삼국을 통일하는데 성공할 것이다"라고 말하며 사라졌다고 한다.

『세종실록』 지리지에 의하면 911년 왕건의 군대는 무진주의 지경(地境)을 공략하여 왔다. 왕건의 선단이 뭍에 올라 나주를 경유하여 지금의 광주 땅으로 진격한 것이다. 성주인

파군교

지훤(池萱)은 왕건 군대와 대치하였으나 나가 싸우지 않고 굳건하게 잘 지켜서 물리쳤다. 과연 진훤의 사위다웠다. 지훤이 굳건하게 방비한 성은 광주시 중심지에서 동북동(東北東) 쪽으로 약 3㎞ 떨어져 있는 북구 청풍동 소재의 둘레 약 3.5㎞ 규모의 포곡형 석축 산성으로 지목되어진다. 이

성은 평지에 축조된 무진주성의 배후 산성으로 추정될 정도로 비중이 컸다.

『삼국사기』에 따르면 912년에 진훤은 궁예를 상대로 덕진포(德津浦)에서 싸웠다. 「무위사 선각대사비문」에서는 912년(天祐 9)에 "천우 9년 8월에 이르러 … 전주(前主: 궁예)가 결국 북쪽을 평정하고 남쪽을 정벌하기 위해 큰 배들을 내보내고 친히 수레를 몰아오셨다. 이때 나주는 귀명(歸命)하였으므로 포서(浦嶼)의 가에 군대를 주둔시켰으나, 무부(武府)가 역린(逆鱗)하였기에 교기(郊畿)의 장소에서 무리를 움직였다"고 했다. 이 구절에 보이는 '무부'는 후백제 영역인 '무진주 武珍州'를 가

강진 무위사의 선각대사비

「선각대사비문」의 궁예를 가리키는 '前主' 구절

리키는 것이다. 그리고 궁예가 직접 나주까지 친정했음을 알 수 있다. 비문을 통해 읽을 수 있는 궁예의 친정은 『삼국사기』 기록과도 부합한다.

914년에는 시중(侍中)으로 있던 왕건이 다시금 수군을 거느리고 나주에 왔다. 즉 예전의 경기도 개성의 풍덕인 정주(貞州) 포구에서 전함 70여 척을 정비하여 2천 명의 병력을 싣고 나주항에 이르렀다. 궁예는 이때 보병장군 강선힐(康瑄詰)과 흑상(黑湘) 그리고 김재원(金材瑗) 등을 왕건의 부장으로 삼았다. 궁예가 이들을 딸려 보낸 이유는 왕건의 행동을 견제하고

반란 모의를 미연에 차단하기 위한 목적에서였다. 나주 지역을 다시금 장악한 후 왕건은 철원으로 돌아갔다. 왕건은 선박 100여 척을 더 건조하였다. 큰 전함 십수(十數) 척은 사방이 각각 16보(步)인데, 갑판 위에는 망루(望樓)를 만들었고 병마(兵馬)가 달릴 수 있도록 했다. 왕건의 선단(船團)에는 사방을 조망할 수 있는 망루와 말들이 달릴 수 있을 만큼 넓은 갑판을 가진 대형 전함을 갖추고 있었던 것이다. 그러니까 이 배는 길이가 31m에 이르는 거대한 규모인데다 갑판 위에 상장(上粧)을 꾸민 장대한 누선이었다. 1492년 콜럼버스가 세 척의 범선을 이끌고 대서양을 횡단할 때 타고 간 기선(旗船) 산타마리아호의 길이가 27.4m에 폭이 약 6.1m였던 점과 비교된다. 더구나 산타마리아호는 "배가 너무 크기에 조금 더 작아야 한다" 했다. 이와 비교해 왕건의 전함의 규모와 빼어난 조선술을 짐작할 수 있는 것이다. 이러한 왕건을 상대하다 보니 진훤은 바다를 빼앗길 수밖에 없었다.

궁예의 몰락 배경

궁예는 국가 창건 이전에는 신체적 제약에도 불구하고 무서울 정도로 정력적인 정복전쟁을 몸소 추진하였다. 그러나 궁예는 국가 창건 이후에는 전쟁을 부하 장수에게 위임하는 경우가 많아졌다. 그럼으로써 왕건이 세력을 군부에 형성할 수 있는 계기를 만들어 주었으며, 군부에 대한 장악 능력이 떨어지게 되었다. "처음에 나주 관내의 여러 고을이 우리편과 서로 막혀 있고 적병이 차단하였으므로 서로 도울 수가 없어 자못 두려움과 의심을 품었는데 이에 이르러 진훤의 정예군을 꺾으니 여러 사람의 마음이 다 안정되었다. 이에 삼한의 땅을 궁예가 태반이나 차지하게 되었다 (『고려사』권 1, 태조 1, 즉위전)"는 개평(開平) 3년(909)의 영역에서 더욱 팽창시켰다. 고려 말의 충선왕이 "삼한 땅의 3분의 2를 궁예가 지배했다"고 (『익재난고』권 9, 下, 사찬) 평가했을 정도로 가장 넓은 영역을 확보했었다. 실제 궁예의 영역은 현재의 강원도·충청북도·황해도·경기도를 죄다 병합시켰다. 나아가 충청남도 공주·홍성·예산·아산 방면까지 영토를 확대시켜 나갔다. 게다가 나주와 그 주변의 도서 지역을 거점으로 후백제의 배후를 위협하고 서해의 제해권을 장악하는데 성공했다.

반면 진훤은 몸소 시종 전장을 누볐다. 진훤은 거병한 이후 생을 마치는 순간까지 전장을 누볐다. 그럼에 따라 군부에 대한 그의 장악 능력은 가위 절대적이었다. 일리천 전투에서 신검의 후백제 군대가 고려군 진영에 있는 진훤을 보는 순간 붕괴되었다. 후백제군은 자중지란으로 무너져내렸던 것은 그가 지닌 절대적인 권위를 상징하는 것이다. 진훤은 비록 왕위 계승 분쟁에서 기습을 받아

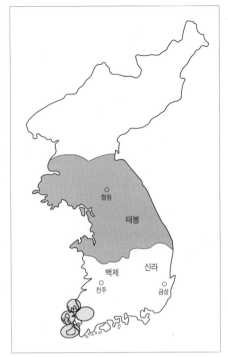

궁예의 세력 판도

권좌에서 축출되기는 하였다. 그렇지만 여전히 그는 군부에 대한 영향력을 지녔음을 뜻한다. 그 요인은 병사들과 고락을 같이하며 평생을 야전에서 생활했던 때문으로 생각된다. 그러한 진훤의 후백제 영역은 금강 이남의 나주 방면을 제외한 옛 백제 지역과 지금의 경상남도 김해와 부산 앞바다의 절영도에 이르는 옛 가야 지역과 경상도 북부 지역을 장악한 바있다.

궁예는 강력한 제해권을 기반으로 거란을 비롯해서 남중국의 오(吳)와도 교섭을 가졌다. 궁예는 사대(史臺)를 설치하여 외국어를 배우게 하였다. 중국어·거란어·일본어 등을 익히게 하여 동아시아 제국들과의 교섭에 만전을 기한 듯하다. 아울러 궁예는 왕건을 파견해서 서남해변을 공

략하여 후백제가 오월국에 보내는 선박을 나포하였다. 이렇듯 궁예는 서남해안 도서를 장악하여 그로 인한 경제적 기반을 확고하게 구축했다. 진훤은 남중국의 오월국을 비롯해서 북중국의 후당(後唐)뿐 아니라 거란과도 외교 관계를 맺었다. 그리고 진훤은 일본과의 외교적 교섭을 시도해서 쓰시마와 몇 차례 접촉한 바 있다. 진훤은 자신의 위상을 높이는 동시에 한반도 전체에 대한 주도권 장악 차원에서 대외 교섭을 힘차게 추진하였다.

이렇듯 궁예는 진훤과 비교해 볼 때 뒤처지는 게 없다. 그럼에도 궁예가 부하들의 기습을 받아 몰락한 이유는 무엇일까? 일단 궁예는 자신을 미륵불(彌勒佛)의 현신(現身)인 것처럼 행세하였다. 미륵불은 불교에서 세상 끝날에 나타나 구원한다는 미래불(未來佛)로서 기독교에서 말하는 메시아에 해당된다. 그런데 신라 말의 전국적인 내란에서 빚어진 참혹상은 '메시아'의 출현을 갈구하게 하였다. 이때 신라인들은 말세관에 사로잡혀 미륵불의 하생(下生)을 손꼽아 기다리는 체념적인 삶에 머무르고 있었던 것 같다. 최치원이 지은 충청남도 보령의 성주사지(聖住寺址) 낭혜화상백월보광탑비의 "계족산 봉우리에서 미륵불의 하생을 기다리듯이 오래 오래 동쪽 계림(鷄林) 나라에 있어주오"라는 문구에서도 이같은 염원이 절절 흐르고 있다.

궁예와 인연이 깊은 철원 도피안사

궁예는 이것을 놓치지 않고 당시 민중들이 출현을 갈망하였던 미륵불을 자신인양 당겨서 행세하였다. 과대망상증이 화려하게 꽃피운 것이라고 하겠는데, 어쩌면 본인은 그렇게 믿었는지도 모른다. 그래서 그는 머리에 금색 고깔을 쓰고 방포(方袍)를 걸치고, 두 아들을 각각 청광보살과 신광보살이라고 하였다. 행차할 때 그는 항상 백마를 타고 채색 비단으로 말갈기와 꼬리를 장식하고, 동남동녀(童男童女)로 하여금 일산과 향(香)과 꽃을 받들게 하여 앞에서 인도하고, 2백명의 승려가 불덕을 찬양하는 노래를 부르면서 뒤를 따르게 하였다. 또 궁예 스스로 불경 20권을 저술하기까지 하였다. 요컨대 궁예는 세속적 권력과 종교를 일치시킨 신정적(神政的) 전제왕권을 확립하였던 것이다. 그가 불국토국가(佛國土國家)의 이상을 이 땅에 구현하려는 강렬한 열망에 불탔음은 사실인 듯하다.

궁예의 이상은 그가 제정한 몇 개의 국호에서도 엿보여진다. 우선 마진(摩震)이라는 국호는 마하진단(摩訶震檀)의 약칭으로 대동방국(大東方國)의 의미를 지니고 있고, 태봉(泰封) 국호에는 조화로운 이상적 낙원의 뜻이 담겨 있다고 한다. 또 수덕만세(水德萬歲)라는 연호의 수덕은 오행사상에서 나온 것으로, 진나라 시황제가 최초로 수덕을 혁명사상으로 채택하였던 거와 동일한 맥락에서 그 제정을 생각하게 한다. '만세'에는 미래에 대한 호기로운 낙관이랄까 자신감이 배어 있음을 느낄 수 있다. 이는 궁예가 915년에 거란왕에게 보검을 보냈듯이 자신의 위세를 동방에서 크게 떨치기 위해서임은 의심할 나위 없다. 게다가 그는 중앙통치조직에서 신라적인 요소에서 벗어나 혈연이 아닌 직능화된 능력위주의 관계조직(官階組織)을 확립하여, 고대사회를 종식시키려고 하였던 이를테면 사회혁명가로서도 평가 받기도 한다.

그러나 교주적(敎主的)인 군왕이 밥 문제를 해결해 주지는 못하였다. 오히려 폭압적인 고통으로 인하여 일반 주민의 불만은 누적되었고 대신과 장군들은 동요하는 기색마저 보였던 것 같다. 이로 인해 궁예는 저들이 자신을 해치지 않을까 하는 피해망상증에 시달리게 되었다. 그래서 그

경기도 안성 미륵당의 태평미륵상

국사암 미륵 석상
안성의 국사봉(삼죽면 기솔리)에는 궁예 미륵으로 불리는
석상 3구(軀)가 전한다. 미륵신앙 속에 궁예가 부활하고
있는 것일까?

는 그 타개책으로 관심
법(觀心法: 마음의 본성을
관찰하는 법)이라는 일
종의 자아 도취적인 넘
겨짚기로 위협적인 세
력들을 제거해 나갔다.
왕건도 하마터면 이 관
심법의 희생자가 될 뻔
하였다.

918년 여름, 궁예의 수도 철원에서 정변이 발생하였다. 왕건은 2천여
명의 병력을 동원하여 궁예를 축출하고 포정전(布政殿)에서 즉위하여 국
호를 '고려'라 하고 연호를 천수(天授)로 정하였다.

사서에 따르면 궁예의 몰락은 오만불손한 행태에서 예견되도록 하였
다. 이러한 행태는 자부심의 결과라기보다는 오히려 자부심의 결핍, 즉
강박적인 열등감과 이를 보상해 주고 있던 가족 로맨스의 허황된 공상 심
리에서 찾기도 한다. 궁예가 독자적인 불경(佛經)을 저술하게 된 것도 지
적 열등감을 보상하고 끊임없이 자기를 위협하던 피해의식을 방어하기

위해서 미륵불이라는 지존자와 동일시하는 방어기전을 보였던 것으로 간주하고 있다. 이러한 심리 분석이 과연 정곡을 찔렀는지는 단언할 수 없다. 그러나 육체적 결함에 의한 열등감과 이로 인해 멸시받고 소외당한데 대한 분풀이 감정을 비롯해서, 번듯하게 생긴 휘하의 부하들에 대한 질투심으로 성정이 더욱 거칠어질 수는 있었다고 본다.

그러면 예견되도록 서술되었던 궁예의 몰락 과정을 살펴본다. 먼저 궁예가 부하들에게 축출되게 된 배경은 축출 모의를 하기 위해 왕건 집에 모인 이들의 다음과 같은 말을 통해 드러난다.

> 여름 6월 장군 홍술(弘述) · 백옥삼(白玉三) · 능산(能山) · 복사귀(卜沙貴)는 홍유(洪儒) · 배현경(裴玄慶) · 신숭겸(申崇謙) · 복지겸(卜知謙)의 어릴 때 이름이다. 네 사람이 몰래 모의하고 밤중에 태조의 집에 찾아가 말하였다. "지금 임금께서 음란한 형벌을 마음대로 써서 자신의 처자를 살륙하고 신료를 목베이며, 백성을 도탄에 빠뜨려 살아갈 길이 막연합니다. 옛부터 어리석은 임금을 폐위시키고 지혜가 밝은 임금을 세우는 것은 천하의 큰 의리입니다. 청컨대 공께서는 탕왕과 무왕의 일을 행하십시오!" 이에 태조는 얼굴 빛을 붉히며 거절하면서 말하였다. "나는 충성스럽고 순박하다고 스스로 믿어 왔는데 지금 비록 포악하고 난폭하다고 하여 감히 두 마음을 가질 수 없다. 대저 신하로서 임금을 교체하는 것은 소위 혁명이라고 하는데 나는 실로 덕이 없어 감히 은나라 주나라 건국자의 일을 본뜰 수가 없다." 여러 장수들이 말하였다. "때는 두 번 오지 않습니다. 이런 때를 만나기는 어렵고 기회를 잃기는 쉽습니다. 하늘이 주는데도 취하지 않으면 도리어 그 재앙을 받는 법입니다. 지금 정치가 어지럽고 나라가 위태로우며, 백성들이 모

두 왕을 미워하기를 원수같이 하니, 지금 덕망이 공보다 더할 사람이 없습니다. 하물며 왕창근이 얻은 거울의 글이 저와 같은데 어찌 가히 가만히 엎드려 있다가 독부(獨夫)의 손에 죽임을 당하리오?(『삼국사기』 권 50, 궁예전)"

궁예가 축출된 배경은 대략 "궁예의 성품이 잔인하여 해군통수(海軍統帥) 왕건이 그를 살해하고 자립하였다(『자치통감』 권 271, 용덕 2년 12월 조)"는 서술이 기조를 이루고 있다. 앞서 인용한 문헌에 보이는 바처럼 잔인하고 난폭했던 게 궁예 축출의 배경이 되는 것일까. 이러한 경우로는 백제 동성왕을 "무도하고 백성에게 포학하여 국인이 드디어 제거했다"라고 한 기록을 꼽을 수 있다. 그러나 동성왕이 잔학했기에 살해된 것은 아니었다. 강력한 왕권을 구축하는 과정에서 귀족들과 이해가 충돌되어 피살되었다.

궁예가 당초 혁명의 기치를 내걸었을 때는 고구려 재건을 대내외에 선포했다. 해서 국호도 고려라고 하였다. 그러나 궁예는 자신의 세력 범위가 한반도 중부 이남 지역으로 급속히 확대되어 가자, 고구려 재건만 가지고서는 백제와 신라계 주민들을 포용할 수 없다는 현실 인식을 하게 되었다. 이제는 고구려를 뛰어넘는 더 큰 차원에서의 웅강한 국가를 창건하여 미래를 열어야겠다는 웅걸찬 야심을 가지게 되었던 것이다. 이러한 맥락에서 '마진 摩震'과 '태봉 泰封'의 국호가 나왔다. 그러나 이는 궁예의 당초 세력 기반이었던 옛 고구려 지역 출신의 호족들과 장군들을 불안하게 만들었다. 궁예가 한반도 전체의 패자가 된다면 자신들은 밀려날 게 명약관화하다고 판단하기 시작했다.

궁예는 금강(공주강) 이남 쪽에도 세력을 미쳐 공주장군 홍기 등을 영향권에 넣었을 정도로 옛 백제의 핵심 지역까지도 장악해가는 상황이었다. 궁예는 더구나 정략적인 차원에서 이들을 융숭하게 접대하였다. 그랬기에 궁예가 축출되고 난 직후 이들은 후백제에 붙는 등 왕건에게서 이탈하였던 것이다. 바로 궁예는 새로운 지지 기반으로 옛 백제 지역의 호족들을 하나하나 포섭해 나갔었다. 더구나 한반도를 관통하는 대동맥인 한강을 끼고 있는 중부 지역은 당초 백제의 옛 땅이요 성립지였던 것이다. 게다가 궁예는 청주 세력을 자신의 기반으로 끌어 당겼었다. 그랬기에 왕건이 즉위한 후 청주 세력의 모반이 빈발하였던 것이다. 그러한 청주 세력 역시 백제계 주민이었다.

이러한 상황에서 위기 의식을 느낀 황해도와 경기도 북부의 옛 고구려 지역 출신의 호족들과 장군들이 왕건을 중심으로 결집되었다. 왕건은 쿠데타 당일 날 마치 떠밀리다시피 하여 자의반 타의반 거사한 것처럼 되어 있지만, 성공한 쿠데타치고 그렇게 엉성하게 기획한 경우는 없다. 이는 조선 태조가 개국할 만반의 채비를 다했음에도 불구하고 세 번이나 굳게 사양했다는 이른바 삼양수겸한 후 즉위한 예를 통해서도 알 수 있다. 요컨대 왕건을 축으로 한 쿠데타 모의가 치밀하게 준비되었고, 그랬기에 결국 성공하게 되었다고 본다.

그러면 왕건이 정변에 성공하게 된 요인은 무엇일까? 일단 궁예와 옛 고구려 지역 호족들 간에 정치적인 방향성에 있어서의 심각한 차이가 표출되고 있었다. 이러한 선상에서 궁예는 관심법을 이용한 대대적인 숙청을 단행하였다. 왕건은 이때 궁예와 이해관계가 대립되는 세력들을 우군으로 삼을 수 있었다. 이와 관련해 1938년에 『조광 朝光』시(誌)에 「제성대 帝星臺」라는 제목으로 연재했다가 출간된 김동인의 장편소설 「진헌 甄萱」의 다음과 같은 구절은 거의 사실에 접근하는 구성으로 보인다. 현재 학계의 시각과 별반 차이가 없기 때문이다.

그러면서 이 임금으로 하여금 왕건의 지혜에 탄복케 한 것은, 하고 많은 좋은 국호 가운데 '고려'라는 칭호를 끌어낸 왕건의 기지였다. 궁예가 옛날 칭왕을 할 때, 고구려 유민의 민심을 사고자, "고구려를 재건하여 신라의 원수를 갚겠노라"고 선언하였다. 그러나 신라의 왕자인 궁예가 세운 나라요, 게다가 나라 이름까지도 고구려와는 아무 연락이 안되는 '마진' 혹은 '태봉'이라 하였으니, 고구려의 유민이 이 궁예의 나라를 고구려 재건으로 볼 까닭이 없었다. 왕건은 나라를 세우며 즉시 국호를 '고려'라 했다. 누가 보아도 고구려의 후신이었다. 게다가 왕건의 집안이 고구려의 유민이었다. 고구려의 유민이 군사를 일으켜 새 나라를 세우고 국호를 고려라 하였으니, 이것은 틀림이 없는 고구려의 후신이었다. 압록강 이남의 주인이 없어서 쩔쩔매던 고구려 유민들은 모두 다 이 왕건의 날개 아래로 모여들 것이었다.

또 다른 측면에서 접근한다면 궁예의 국호와 연호에 대한 거듭된 개변에서 짐작되듯이 심리적으로 지극히 불안정한 상태에 놓여 있었다. 궁예는 고구려의 부활에는 성공했지만 남방의 강적 후백제와 대치하는 형국을 이루면서 거병 초기와는 달리 스피디한 감각을 상실하게 되었다. 전선의 정체에 따라 궁예는 초조감을 감추지 못했다. 이것을 국호 개변이나 연호의 개칭을 통해서 심기를 일전시키고 국운을 열려는 일종의 요행수마저 엿보였던 것이다. 그러니 가공할 만한 파괴력을 지닌 궁예 특유의 역동성이 현저히 떨어지게 되었다. 자신도 위험 부담을 감수하면서 전장을 누비는 것보다는 이제는 밀전에 안주하여 호령하는 선에 머무르고 말았다. 이것은 왕건에게 절호의 기회를 주었다. 왕건은 부하 사병들과 고락을 같이하면서 자신의 세력을 군 내부에 서서히 뻗어가면서 야금야금

부식시켜 가고 있었다.

왕건의 쿠데타로 축출된 궁예의 사망에 대해서는 다음과 같이 보인다.

여러 장수들이 태조를 옹위하고 문을 나섰다. 길잡이로 하여금 외치게 하기를 "왕공께서 이미 의로운 깃발을 들었다!" 하니 이에 앞뒤에서 분주하게 달려 와 따르는 자가 헤아릴 수 없이 많았다. 또 먼저 궁성의 문에 이르러 북을 치고 떠들며 기다리는 사람이 또한 1만여 명에 달하였다. 왕이 이 말을 듣고 어찌할 바를 몰라 미복으로 갈아 입고 산 속으로 도망쳤으나 곧 부양(斧壤: 평강) 백성들에게 살해당하였다(『삼국사기』 권 50, 궁예전).

먼저 궁문에 이르러 북을 치며 떠들썩하게 기다리는 자가 또한 1만여 명이나 되었다. 궁예가 이를 듣고 놀라 말하기를, "왕공(王公)이 차지하였으니 나의 일은 이미 끝났구나" 하며 이에 어찌 할 바를 모르고 미복(微服)으로 북문을 빠져나가 도망가니 나인이 궁궐을 청소하고 새왕을 맞이하였다. 궁예는 암곡(巖谷)으로 도망하여 이틀밤을 머물렀는데 허기가 심하여 보리 이삭을 몰래 끊어 먹다가 뒤이어 부양 사람에게 죽임을 당하였다(『고려사』 권 1, 태조 즉위전).

위의 인용에 따르면 여러 장수들이 왕건을 에워싸고 문으로 나가면서 앞에서 외치게 했다. "왕공께서 벌써 의로운 깃발을 들었다!" 그러자 수도 헤아릴 수 없을 정도로 많은 사람들이 앞뒤로 달려와 왕건의 대열에 참여하였다고 한다. 먼저 궁문 밖에서 북을 치면서 기다리는 자도 1만여 명이나 되었다는 것이다. 1만여 명이라는 숫자는 믿을 수 없다. 게다가

궁예 전설이 남아 있는 철원 금악산과 곤암산(우)

그 성격은 군인으로 간주되지는 않는다. 그렇지만 군중 동원이 이루어졌다는 것은 이 쿠데타가 치밀한 사전 계획하에 추진되었음을 뜻한다.

궁예가 이 소리를 듣고는 깜짝 놀라며 말하였다. "왕공이 이미 차지하였으니 나의 일은 다 끝났다!" 궁예는 어찌할 줄을 모르다가 미복(微服)으로 갈아 입고는 북문을 통해 빠져 나갔다. 그러자 나인들이 궁안을 깨끗이 하고는 왕건 일행을 맞아들였다고 한다. 과연 그랬을까? 진각성경(珍閣省卿) 류척량(柳陟良)의 충직함을 설명하는 구절을 보자. 이에 의하면 쿠데타군이 밀려 들어 왔을 때 동료 관료들은 죄다 뿔뿔이 흩어져 달아났었다. 오직 류척량만이 자신이 근무하던 진각성을 이탈하지 않아 소관하던 창고를 손실없이 보전할 수 있었다고 한다. "창고에서는 없어진 것이 없었다"고 한 것을 볼 때 여타의 창고들은 약탈당했던 것이다.

그러면 궁예는 왜 변변히 대적도 못한채 무너졌을까? 역사서의 궁예 축출 과정은 원체 압축된 내용이라 당시의 정황을 제대로 전하지 못한다. 다만 왕건을 추대했던 홍유 등 4명의 기장(騎將)은 궁성을 호위하는 궁예의 친위군 장수들이었다. 이들의 기습적 모반으로 인해 궁예는 손 쓸 사이 없이 붕괴되었다.

아비규환의 와중을 틈타 궁예는 궁중을 탈출하였다. 그는 암곡(巖谷)으로 도망하였으나 이틀 밤을 지새고는 배가 너무 고파 보리 이삭을 잘라 훔쳐 먹었다. 그런 연후에 궁예는 부양(斧壤: 강원도 평강)의 백성들에게 살해되었다고 한다. 대순(大順) 2년(891)에 일어나 정명(貞明) 4년(918)까지 이르렀다가 몰락했으니 28년 만이라고 했다.

이때 궁예의 나이 50세 안팎의 한창 때였을 것으로 보인다. 궁예의 아버지 경문왕은 846년에 출생했

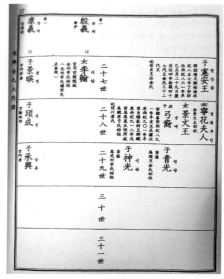

『순흥 김씨 족보』에 보이는 궁예

다. 경문왕이 20세에 궁예를 낳았다고 하더라도 865년에 출생한 게 된다. 궁예가 죽을 때 나이는 53세였다. 궁예가 정비(正妃) 출신이 아니라고 가정한다면 그보다 늦게 출생하였을 가능성이 높으므로 사망시 50세도 안 되었을 것이다.

궁예는 몽롱한 정신 속에서나마 만감이 교차하였을 것이다. 파노라마처럼 자신의 비극적인 생애가 빠른 속도로 스쳐 갔는지도 모른다. 축복보다는 저주를 받으며 출생했던 남아, 영문도 모른채 힘겹게 숨어 살았던 한 줌의 핏덩이, 출생의 비밀을 알았을 때의 자지러지게 놀람, 건들거리며 절간에 기웃거렸고, 까마귀가 바리때에 던져준 점치는 막대기에 적혀 있던 ‘王’이라는 글자에 흥분하며 저윽이 자부하던 나날들, 장삼과 가사를 벗어 던지고 창을 잡던 순간, 기훤의 냉대와 양길의 후대, 부하들을 이끌고 질풍처럼 휩쓸고 다니던 순간, 장군으로 추대되었을 때, 고구려를 부활시켜 왕이 되어 호령하던 모습, 열광적인 환영을 받으며 은안백마에 올

라 미륵불이 되었던 순간, 환영 인파의 물결과 굉음 뒷편의 거친 신음 소리…

박종화의 소설 「삼국풍류」에는 궁예의 마지막 모습을 다음과 같이 묘사했다.

> 부양 사람들이 우루루 헛간으로 무기 들고 몰려 들었다. 궁예는 적수공권이었다. … 궁예는 최후의 길을 각오했다. … 자기의 성격이 너무나 좁고 급하고 너그럽지 못했던 것을 뉘우쳐 보는 생각이 일어났다. 공연히 미륵부처를 팔고 생불 행세를 해서 거짓 불경을 꾸며낸 일을 후회하는 생각이 간절했다. 부석사에서 아버지 신라왕의 화상과 큰어머니 영화공주의 화상을 찌르던 일을 뉘우치는 마음도 일어났다. 어머니 설화공주와 유모 영이를 다시 한 번 만나지 못하고 영영 이 세상을 떠나는 것이 안타까왔다. … 큰 소리로 꾸짖는 백성의 꾸중을 들으며 궁예는 아무런 반항도 없이 고요히 죽음을 받는다.

나는 박종화의 이 소설을 인용하면서 "어머니 설화공주와 유모 영이를 다시 한 번 만나지 못하고 영영 이 세상을 떠나는 것이 안타까왔다"라는 구절에 눈이 멎으며 가슴이 뭉클해졌다. 정말 궁예가 그랬을 것만 같았다. 한 많은 세상을 하직하면서 생모와 유모 이 두 여인만은 그렇게도 찾았을 법하다고 생각되어졌다. 순간 눈시위가 발그래해지면서 눈물이 그렁 그렁 맺혔었다. 사람은 임종 직전에 뉘우치게 되며, 꼭 한 번 보고 싶은 사람이 있다고 하지 않던가.

지금까지의 이야기가 파란만장한 궁예의 일생이요 그 가운데 최후 모습이다. 궁예는 몰락하여 역사의 뒷전으로 밀려나 버렸다. 궁예는 말이 없다. 그를 위해 변명해 줄 사람조차 없다. 궁예는 왜 몰락했으며 그 몰락과 관련된 내용은 어느 정도의 진실을 담고 있는가? 여기서 한 마디만 먼저 말한다면 왕건의 쿠데타 군이 몰려 올 때 궁예가 했다는 말이다. "왕공이 이미 차지하였으니 나의 일은 다 끝났다!" 과연 이런 말을 궁예가 했을까? 왕건을 '왕공'이라는 경칭(敬稱)으로 불렀을 리가 없다. 모르긴 해도 저주 섞인 욕설을 퍼 부어도 시원찮을 마당에, 또 측근 방어 병력의 동원을 외쳤을 긴박한 상황에서 경칭을 사용하면서 체념적인 말을 던졌다는 게 사리에 맞지 않는다. 또 도망가면서 지난 번에 관심법에 모반 음모가 걸려 들었을 때 용서하지 않고 죽였어야 하는건데 하면서 길게 후회하였을 법한 일이다. 그리고 "배가 너무 고파 보리 이삭을 잘라 훔쳐 먹었다"고 했는데, 왕토사상(王土思想)에 의하면 왕의 것이 아닌 것이 없는데 굳이 '훔쳐 먹었다'는 기록을 남긴 것도 그 편견의 정도를 짐작하게 한다.

궁예의 묘소는 강원도 평강 땅 국사령(國師嶺) 밑에 소재하였다. 언제부터인지 담을 쌓아서 북방에서 내려오는 적들의 침입을 막았던 방어 담장의 하나인 중방(中防) 서편에 자리잡았었다. 궁예 묘소는 그가 타살된 장소 근방에 조영된 듯 싶다. 조선조 말기에 편찬된 『청구도』에 의하면 궁예의 묘는 '궁왕묘 弓王墓'라고 하여 보인

『청구도』에 보이는 궁예묘

다. 무덤의 존재에 대한 기록이 남아 있는 것을 볼 때 일정한 예우를 받아 조영되었음을 뜻하는 것 같다. 20세기에도 궁예의 묘소는 확인된 바 있다. 1926년에 춘원 이광수가 지은 「궁예왕릉」이라는 시를 다음과 같이 소개해 본다.

내 어디로 갈거나 필마 단기로
첩첩 산중에 풍우도 잦다
천하를 건지잔 뜻은 어이코
시내 따라 헤매는 늙은 영웅아
가신 지 천년에 옛 백성들은
집 한 간 지어 놓고 탱 그려 걸고
구천에 조는 혼을 날마다 불러는
복 달라, 아들 달라, 하소연하네
왕릉 곁에 우뚝 솟은 젓나무
웬걸 천년이야 살았으랴만
황혼에 우뚝 솟은 그 기우
영웅인 듯하여 다시 우럴다

위의 시주(詩註)에 보면 "삼방역에서 약수포 들어 가는 노방(路傍)에 칡 넝쿨 덮인 석축릉(石築陵)이 있고, 그 앞에는 민간에서 치성 드리노라고 지어 놓은 조그마한 사(祠)가 있고, 능(陵) 앞에는 늙은 젓나무 한 그루가 서 있다"고 했다.

궁예의 악행에 대한 검토

인생의 절정기요 군주로서 강력한 권력을 행사하던 시기에 궁예는 어떤 행태를 보였을까? 부정적인 기사만 다음과 같이 추려서 검토해 보기로 한다.

양(梁) 개평(開平) 3년 기사에 태조는 궁예가 날로 교만하고 잔인하여짐을 보고 다시 경외(境外)에 뜻을 두게 되었다(『고려사』권1, 태조 즉위전).

선종은 스스로 미륵불이라 일컫고 머리에는 금책(金幘)을 쓰고 몸에는 방포를 입었다. 맏아들을 청광보살이라 하고 막내 아들은 신광보살이라고 했다. 밖으로 나갈 때는 항상 백마를 탔는데, 비단으로 갈기와 꼬리를 장식했으며, 사내아이와 계집아이에게 깃발과 천개(天蓋)·향·꽃을 들려 앞에서 인도하게 하고, 또 비구(比丘) 2백여 명에게 명령하여 범패를 외면서 뒤에 따르게 했다. 또 스스로 불경 20여 권을 지었는데, 그 말이 요망하여 모두 정도에 어긋나는 일이었다. 때로는 혹 정좌하여 이것을 강설했으므로, 중 석총(釋聰)이 이렇게 말했다. "그것은 모두 올바르지 못한 설과 괴이한 얘기이므로, 세상 사람에게 가르칠 것이 못됩니다." 선종은 이 말을 듣고 노하여 쇠몽둥이로 그를 때려 죽였다. … 정명 원년(915)에 부인 강씨(康氏)는 왕이 법에 어긋난 일을 많이 행하므로, 정색을 하고 간하니 왕은 이를 싫어하여 강씨에게 말했다. "네가 다른 사람과 간음한 것은 무슨 이유인가?" 강씨는 말했다. "어찌 그런 일이 있겠습니까?" 왕은 말했다. "내가 신통력으로 이를 보고 있다." 뜨거운 불에 쇠방망이를 달구어 그녀의 음부를 찔러 죽이고 그 두 아들까지 죽였다. 이후부터 의심이 많아졌고 갑자기 성내기를 잘 하여 여러 보좌관·장수·관리와 아래로 평민에 이르기까지 죄도 없이 죽임을 당한 사람이 잇따라 자주 있었으므로, 부양(斧壤)과 철원 사람들은 그 해독을 견딜 수 없었다(『삼국사기』 권 50, 궁예전).

이때에 궁예가 반역죄를 터무니없이 꾸며서 날마다 많은 사람들을 죽이니 장수와 신하 가운데 해를 당하는 자가 십중팔구나 되었다. 항상 스스로 말하기를, "나는 미륵관심법을 체득하여 능히 부인(婦人)의 음사(陰私)함을 알아낼 수가 있으니 만약에 나의 관심법을 범하는 자가 있으면 곧 준엄한 법을 행하리라" 하고 드디어 3자나 되는 쇠방망이를 만들어 죽이고 싶은 사람이 있을 때 곧 이것을 불에 달구어서 그 음부를 쑤시면 연기를 입과 코로 뿜으며 죽어 갔다. 이로 말미암아 여자들이 무서워 떨며 원한과 분노가 날로 더하여 갔다(『고려사』 권 1, 태조 즉위전).

신하들이 엎드려 절하고 말하기를, "신들이 전 임금의 세상을 만나 어질고 착한 사람은 해를 당하고 죄 없는 사람은 학대받음에 늙은이나 어린이나 할 것 없이 울부짖어 원망을 품지 아니함이 없었는데, 이제 다행이 목숨을 보전하여 성스럽고 밝으신 임금을 만나게 되었으니 감히 힘을 다하여 보답하기를 도모하지 않으리까"라고 하였다. 무오에 왕이 한찬 총일(聰逸)에게 말하기를, "전 임금이 참소를 믿어 사람 죽이기를 좋아하여…"고 하였다(『고려사』 권 1, 태조 원년 6월 조).

위의 기사들은 궁예의 당초 면모와는 전혀 다르다. 궁예는 과대망상·피해망상·부정(不貞)망상(의처증)이 겹친 정신병자가 되어 있었다. 인생의 절정기에 오른 궁예는 미륵이 아닌 그 정반대의 야차와 같은 행태를 보이고 있다. 왜 그랬을까? 이와 관련해 기존의 정신분석학적인 설명을 원용해서 언급해 본다. 궁예는 고구려의 부활이라는 숙원을 구현하기 위해 왕성한 열정을 무서울 정도로 유감없이 발휘했다. 결국 그 집념을 이루었던 것이다. 그러나 왕성한 패기, 용맹성, 적절한 판단력, 민심 수습을 위한 공평무사함과 포용성 등도 일단 어느 정점에 이르자 균형을 잃어갔다. 이것은 심리적으로는 어떤 일정한 목표 달성 후에 오는 해이감 또는 공허감과도 연관을 갖는다고 한다. 편협하고 불합리한 집념으로 다져진 어떤 목표가 그 과녁을 뚫고 거기에 쏠렸던 에너지가 일단 보다 다른 방향 전환을 못했을 때, 내심의 공격력은 자기나 타인에게로 확산해가는 결과를 낳게 마련이다.

궁예는 오만불손해지고 기괴한 언행이 많아지고 사람들을 가차없이 죽이는 잔혹성이 발휘되기 시작했다. 그럼으로써 차츰 민심의 괴리를 자초하고 말았다. 이러한 기미는 절정기에서부터 이미 그 싹수를 느껴 볼 수가 있었다. 왕을 칭하고부터 궁예는 잇따라 국호와 연호를 바꾸었다. 마치 불안증에 사로잡힌 강박증 환자가 의식에 떠오르려는 불안을 애써 부정하려는 경우와 같았다. 국호나 연호를 바꾸어서 심기일전을 꾀했던 강박행위의 일종으로 설명할 수 있다. 여하튼 궁예는 국호와 연호를 정하고 한반도에서 가장 큰 세력을 갖게 되었을 때부터 유아독존격이 되어 마침내 성격 변태자가 되었던 게 아닐까.

더구나 교주적인 군왕이 밥 문제를 해결해주지는 못하였다. 오히려 폭압적인 고통으로 인하여 일반 주민의 불만은 누적되었고 대신과 장군들은 동요하는 기색마저 보였다. 이로 인해 궁예는 저들이 자신을 해치지 않을까 하는 피해망상증에 시달리게 되었다. 궁예는 그 타개책으로 관심법을 통해 위협적인 세력들을 제거해 나갔다. 사실 궁예는 자신의 예지력과 점복에 대해 상당한 자부심을 지니고 있었다. 대표적인 사례가 최지몽의 출생에 관한 이야기가 된다.

그런데 궁예는 왕비 강씨를 살해하고 난 직후부터 "이후부터 의심이 많아졌고 갑자기 성내기를 잘 했다"고 하였다. 이로 보아 궁예의 성격 파탄은 강씨 사건과 깊은 연관이 있는 것으로 보여진다. 강씨의 간통 사건은 사실일 것으로 믿는 견해가 제기되고 있다. 궁예는 승려 출신이라 누구 보다 도덕적 결백성이 심했고, 풍속을 바로잡아 건전한 도덕과 윤리관을 확립하려했던 것으로 해석하기도 했다(문경현, 『고려시대사연구』, 경북대학교 출판부, 2000). 혹은 궁예는 백성들에게 늘상 계율의 준수를 요구했다고 한다. 그러한 궁예였기에 음행을 저지른 강씨를 용납할 수 없었을 것이다. 철원 지역에 전해지는 전설에 따르면 왕건은 왕비 강씨와 간통했다고 한다. 그러나 이것은 사실일 리 없다. 다만 궁예는 왕비 강씨의 간통에 대해서 혐의를 두었다. 또 이로 인해 크나큰 충격을 받았던 것 같다. 이러한 충격으로 인해 궁예의 내면 깊숙이 침잠해 있던 피해 망상증을 비롯한 복잡다기한 갖은 요소들을 일제히 토(吐)해내게 했던 것 같다.

국가 창건기에 궁예와 진훤은 전쟁을 추진하는 한편, 새로운 수도 건설과 관제(官制) 설치에 소요되는 엄청난 재원이 필요했다. 그에 대한 부담은 전적으로 주민들에게 돌아갔던 것 같다. 왕건은 궁예가 주민들로부터 원성을 사면서까지 닦아 놓았던 토대들을 고스란히 물려받았던 것이다. 권좌에서 축출될 정도로 궁예가 치른 값비싼 희생의 열매는 왕건의 몫이 되었다.

제4부
후삼국의 공존·정립기
918년~925년

왕건의 즉위, 그리고 모반의 연속

918년 6월 병진일(丙辰日)에 왕건은 철원의 포정전(布政殿)에서 즉위하였다. 쿠데타에 성공한 다음 날이었다. 왕건은 즉위하면서 국호를 '고려'로 부활시켰다. 연호는 천수(天授)라고 하였다. 고려 국호의 부활은 고구려로의 회귀, 고구려의 계승, 고구려 영광의 구현을 의미하는 것이다. 왕건은 국가의 정체성을 고구려에서 찾았다. 또 천수라는 연호는 '천명을 받았다'는 뜻으로서, 자신의 즉위가 천명에 따른 것임을 선포하는 것이었다. 역으로 말한다면 이는 왕건 자신이 상전을 축출하고 즉위한 데 따른 심적 부담이 실로

연천 숭의전에 모셔진 왕건 영정

컸음을 뜻하는 증좌이기도 하다.

왕건은 즉위 이튿날인 정사일에 조서를 반포하여 궁예의 폭정을 규탄하면서 이것을 교훈 삼아 화합의 정치와 밝은 사회를 만들겠다는 뜻을 천명했다. 즉위한 지 3일째 되는 날, 왕건은 한찬 총일(聰逸)에게 이런 말을 했다. "이전 임금이 참소를 믿어 사람 죽이기를 좋아하여 그대의 고향 청주는 땅이 비옥하고 호걸이 많아 변란을 일으킬까 두려워하였기에 장차모두 죽이려고 하여 군인 윤전(尹全)과 애견(愛堅) 등 80여 명의 무고한 사람들을 불러다가 칼을 씌워 끌고 가는 도중에 있으니 그대는 빨리 가서 고

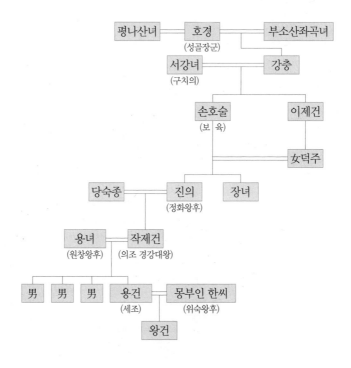

고려 왕실 선대 세계표

향으로 돌아가게 하거라!" 왕건은 유서 깊은 고을인 청주 지역의 인심을 얻는 동시에 자신이 어제 공표했던 화합의 정치를 몸소 실천하려는 의지를 보여주었다. 그럴 수밖에 없는 것은, 자신의 기반이 취약했기에 왕건은 궁예 정권기의 관료들을 물갈이도 못한 채 껴안고 있을 수밖에 없었다.

이러니 왕권의 집권은 지극히 불안정한 위치에 놓여 있었다. 궁예를 축출·제거하는데는 성공했지만, 궁예 세력은 온존하였다. 그뿐 아니었다. 혁명세력 간에도 은근히 논공행상에 불만을 가지는 이들이 나오게 마련이다. 그 가운데 한 사람이 마군장군 환선길(桓宣吉)이었다. 환선길은 아우인 향식(香寔)과 함께 왕건을 추대하여 권력을 잡게 한 공신이기도 했다. 그랬기에 왕건은 그를 믿고는 항시 날래고 용맹스러운 군사들을 거느리고 왕궁을 숙위(宿衛)하게 하였다.

환선길은 여러 날을 뜬 눈으로 지새우며 왕궁을 숙위하다가 모처럼 집에 들렀다. 그때였다. 기다렸다는 듯이 환선길의 아내는 퉁명스런 투로 따지듯이 이런 말을 했다. "당신의 재주와 능력은 남보다 훨씬 나으므로 사졸들이 복종하고 있지 않습니까. 또 큰 공이 있음에도 불구하고 정권은 다른 사람에게 있으니 부끄럽지 않습니까!" 여기서 '남'이나 '다른 사람'은 모두 왕건을 가리키고 있다. 순간 환선길은 내심으로 자신과 왕건을 저울질해 보았다. 환선길의 명령 하나는 추상같아서 여측이 없었다. 그는 부하 장졸들을 완벽하게 장악하고 있었다. 또 신망 받고 있는 장군이었다. 그랬기에 자신이 왕건의 쿠데타에 가담하자 군말없이 사졸들이 일제히 복종하지 않았던가. 게다가 궁예시절에 큰 공을 세운 적이 한두 번이었던가? 혁혁한 전공을 무수히 세워 장졸들의 우상이기도 했다. 환선길은 골똘히 생각하였다. "그럼에도 정작 권력은 왕건이 쥐고 있다. 궁예를 축출하는 모의에 함께 가담했지만 열매는 정작 왕건이 따 먹었다 …"

환선길은 왕건과 더불어 국가의 장래에 대한 우려를 많이 하였던 것

백두산에서 바라본 만주 일대
왕건의 족조(族祖)는 백두산과 연계되어 있다.

같다. 궁예를 축출하자는 데도 공감하였을 게 분명한 서로 비중 있는 장군들이었다. 울분을 함께 토로하면서 우국지정(憂國之情)을 나누었던 일종의 동료이기도 했다. 그런데 정작 왕건이 집권하자 직급에 상관없이 서로의 마음을 털어 놓았던 두 사람은 하늘과 땅처럼 수직적 관계로 급선회하였다. 또 사실 군부 내에서의 신망은 자신이나 왕건이나 서로 비등한 처지였었다. 환선길이 쿠데타를 일으킨 직후에 왕건은 "천명이 이미 정해졌는데 네가 감히 그럴 수 있느냐!"고 말했다. 여기서 '천명이 이미 정해졌다'고 한 것은 자신이 이제는 왕이 되었으니 넘보지 말고 현실을 수용해야 한다는 뜻이 아니었을까? 이러한 맥락에서 볼 때 환선길 아내의 말도 터무니 없지는 않았다. 환선길 자신도 왕으로 추대될 수 있는 위치에 있었던 것이다. 또 그러할 수 있는 잠재적 권리를 여전히 쥐고 있었다.

환선길은 내심으로 아내의 말이 일리가 있다고 생각했다. 왕건을 제거하고 권력을 장악하기로 결심했다. 그는 은밀히 측근들과 모의하여 군대를 동원하기로 했다. 쿠데타에는 군대의 동원이 따르게 되니 그야말로 쥐도 새도 모르게 추진할 수 있는 일은 전혀 아니었다. 왕건의 심복 복지겸이 그러한 조짐을 잽싸게 포착하였다. 복지겸은 몰래 왕건을 만나 환선길의 동태를 보고했다. 그러나 왕건이 보기에 환선길에게서 모반의 징후가 뚜렷하게 드러나지 않았다. 그러므로 왕건은 복지겸의 말을 받아들이지 않았다. 더구나 환선길은 자신을 도와 군대를 동원했던 공신이 아니었던가.

왕건은 환선길을 의심하지 않았다. 왕건이 즉위한 지 닷새째 되는 날이었다. 왕궁을 숙위하고 있던 환선길은 그 날을 거사 일로 잡았다. 자신이 먼저 덮치고 아우인 향식은 후방을 맡기로 하였다. 그때 왕건은 궁전 안 용상에서 학사(學士) 두 서너 명과 국정을 논의하고 있었다. 비무장의 무방비 상태였다. 환선길은 궁정을 수비하다 말고 예하의 병력 50여 명을 이끌고 임금이 있는 내정(內庭)으로 급히 뛰어들어 갔다. 왕건을 바로 찌르려고 하였다. 왕건에게는 일촉즉발의 위기였다. 그때 용상에 앉았던 왕건은 지팡이를 짚고 일어서 일갈(一喝)했다. "짐이 비록 너희들 힘으로 임금이 되었지만 어찌 천명(天命)이 아니겠느냐! 천명이 이미 정해졌는데 네가 감히 그럴 수 있느냐!"

환선길이 보기에 너무나 왕건의 태도가 자약(自若)하였다. 절체절명의 위기에 처한 사람치고는 너무나 당당하고 침착했다. 찰라적인 판단이었지만 환선길이 생각하기에 너무나 이상했다. 그 직후 환선길은 믿기지 않은 행동을 하였다. 환선길은 복병이 있는 것으로 의심하여 부하들을 거두어 화급히 달아났다. 그렇지만 그는 왕궁을 지키던 병사들에게 추격당하여 죽임을 당했다. 환선길의 아우 향식은 뒤따라서 병력을 동원하여 왔으나 일이 실패한 것을 알고는 도망하다가 군사들에게 죽임을 당하고 말았다.

그 아내가 부추겨서 일으켰던 환선길의 쿠데타는 의외로 싱겁게 끝나고 말았다. 그런데 아무리 복병이 있는 것 같더라도 면전에 왕건과 두세 명의 학사 그러니까 모두 서너 명이 무방비로 있는 상태가 아니었던가. 그럼에도 왕건을 죽이기로 작정을 하고 달려든 50여 명의 무장 병력이 왕건의 호통 한 마디에 칼 한 번 휘두르지도 못하고 달아났다는 게 너무나 석연찮은 것이다. 역사에서 가정이란 용납되지 않지만, 만약 환선길이 왕건을 살해하였다면 어떻게 되었을까? 모르긴 몰라도 우리 역사의 물굽이는 크게 달라졌을 것이다.

왕건은 이렇게 해서 즉위 후 첫 번째 위기요 생애 두 번째 위기를 넘겼다. 즉위 후 엿새째 되는 날인 신유일(辛酉日)에 관제를 설정하고 직무를 분장하였다. 사무에 능숙하였을 뿐 아니라 청렴하고 근면하여 군중의 신임이 두터웠던 인물들을 기용하였던 것이다. 이들은 왕조 창업 당시부터 왕건을 보필하여 공을 세웠던 이들이었다. 즉위 후 이렛째 되는 날 왕건은 박질영(朴質榮)을 시중으로 임명하였다. 동시에 이 날 왕건은 쿠데타에 성공하면서 투옥시켰던 궁예의 측근들에 대한 대대적인 처형을 감행했다. 대표적인 이가 승려 출신이었던 소판 종간과 종 출신이었던 내군장군 은부였다. 이들은 어렸을 적부터 각각 절간에 있었거나 남의 집 종 노릇을 했었다. 모두 미천한 신분 출신들이었다. 다만 아첨하는 재주가 뛰어나서 궁예의 총애를 받았다고 한다. 또 그것을 빌미로 이들은 어질고 착한 이들을 참소하여 해쳐 왔었다는 것이다. 그러나 이러한 평가들은 은부를 죽인 측에서 남긴 기록이므로 액면대로 믿기는 어렵다. 승려 출신이었던 종간이 궁예 정권의 핵심 인물이었음은, 궁예의 세력형성 과정에서 큰 역할을 하였음을 뜻한다. 아마도 그는 궁예와 세달사에서부터 인연을 맺었던 사이가 아니었거나, 강원도 일대의 사원세력을 궁예에게 흡수시키는데 지대한 공을 세웠던 인물이었을 것이다.

왕건은 즉위한 후 이들을 비롯한 궁예의 친위세력들을 제일 먼저 처단했던 것이다. 일종의 혁명재판이 열린 셈이다. 그 다음 날은 은사(隱士) 박유를 접견하고는 관대(冠帶)를 하사하고 왕씨 성을 내려 주었다. 왕건에게서 최초로 사성(賜姓)을 받은 이가 되겠다. 그는 궁예에게 벼슬했다가 동궁기실까지 역임했지만 궁예의 정치가 문란함을 보고는 산골짜기에 숨어서 지내다가 왕건이 즉위했다는 소식을 듣고는 찾아 왔던 것이다. 박유가 궁예의 태자와 관련된 동궁기실이라는 직책에 있었다는 사실에 비추어 볼 때, 궁예의 두 아들의 처형을 전후해서 궁중을 탈출했던 것으로 보인다.

왕건은 궁예에게 빌붙어 악행을 일삼던 자들을 처단한 후에 제도 개혁을 단행했다. 급진 혁명가인 궁예는 신라의 품계와 관직 그리고 고을 이름들이 모두 비속하다고 하여 새로 죄다 고쳤던 것이다. 새로 고친 제도 이름들을 여러 해 동안에 통용하였으나 백성들이 쉽게 적응하지 못했다. 이런 이유로 인해 왕건은 신라 제도로 환원시켰던 것이다. 왕건은 궁예와는 달리 현실 인식이 빠른 실용적인 인물이었다. 요컨대 왕건은 즉위 직후 인맥과 제도에 있어서 궁예의 유산을 청산해 갔던 것이다.

그러나 왕건은 중앙 권력만 움켜쥐었을 뿐 변방 지역을 완전히 장악하지는 못하고 있었다. 궁예 말년에 장악한 곳이 변방인 웅주(지금의 공주)였다. 이곳에는 마군대장군(馬軍大將軍) 이흔암(伊昕巖)이 주둔하고 있었다. 이흔암은 말 달리고 활 쏘는 전형적인 무인이었지만 궁예에게 은밀한 사실을 탐지하여 일러바치는 것으로 신임을 받아 왔다. 이흔암은 궁예의 심복이었던 것이다. 그는 도성에서 정변이 발생하여 궁예가 축출되고 왕건이 즉위했다는 소식을 급하게 접했다. 이흔암은 주군이었던 궁예의 피살에 충격을 받았다. 자신의 안위가 저윽이 신경 쓰이지 않을 수 없었다. 그에 대한 보복으로 왕건을 제거해야겠다고 생각했다. 이흔암은 왕건이 소환하지 않았음에도 불구하고 도성의 공기도 살필 겸 일선 병력을 이끌고 돌아왔다.

이러한 군사력의 공백을 틈타 호시탐탐 노리고 있던 후백제가 웅주 땅을 넝큼 삼켜버리고 말았다. 이는 친궁예적인 웅주 지역 호족세력의 이탈과도 무관하지 않았다. 정변의 와중에서 이들은 강대한 후백제에 귀속을 요청했을 것으로 보인다.

도성에 들어온 이흔암은 예하의 병력을 동원하여 왕건을 제거할 계획을 꾸미고 있었다. 이흔암의 집에는 갑자기 사람들의 발길이 문턱이 닳도록 분주해졌다. 군마(軍馬)의 집결과 이동, 분주한 사람들의 발걸음, 누구나 수상쩍게 느끼지 않을 수 없었다. 이흔암의 집은 수의형대령(守義刑臺令) 염장(閻萇)의 집과 붙어 있었다. 아무래도 낌새가 이상하다고 느낀 염장은 이흔암의 모반 혐의를 잡고는 왕건에게 자세히 밀고하였다. 그러나 왕건은 즉각 이흔암을 덮치지 못했다. 그 명목상의 이유는 이러했다. "이흔암이 지키는 땅을 버리고 제멋대로 와서 변경의 땅을 상실했으니 그 죄는 실로 용서하기 어렵다. 그러나 나와 함께 어깨를 나란히 하고 왕을 섬겨 그 전부터 정분이 있으니 차마 죽일 수는 없다. 또 그가 반역한 형적이 드러나지 않았으니, 저도 반드시 변명할 말이 있을 것이다"

왕건은 모반의 혐의를 잡지 못했다고 한다. 그렇더라도 주둔지 이탈만 가지고서도 이흔암을 얼마든지 처단할 수 있었다. 그러나 왕건은 옛 정분을 내세워 이흔암을 살려두고자 했다는 것이다. 이 점 역시 이해되지 않는다. 측근인 왕궁 숙위를 하던 환선길의 모반 사건이 엇그제일 뿐 아니라, 더구나 이흔암은 궁예의 심복이 아니었던가? 왕건이 선뜻 이흔암을 제거할 수 없었던 데는 어떤 이유가 있었을 법하다. 마군장군보다 격이 높은 마군대장군으로서 최일선에 주둔했던 이흔암은 상당한 파워를 지닌 군사령관이었다. 왕건은 그를 잘못 건드렸다가는 큰일 난다고 생각되어 자극을 주지 않는 선에서 예의 주시한 것으로 보인다. 당장은 신정권의 위세에 눌려 납작 엎드려 있는 친궁예 계열 장군들이지만 지방 곳곳에 그들이 포진하고 있는 현실이었다.

왕건은 염장의 요청에 따라 나인(內人)을 염장의 집으로 보냈다. 나인은 장막 안에서 이흔암의 집을 엿보고 있었다. 하루는 이흔암의 아내 환씨(桓氏)가 뒷간에 갔다가 그곳에 사람이 없는 줄로 알고는 오줌을 누고는 탄식하며 중얼거렸다. "내 남편의 일이 만약 성공하지 않으면 나도 화를 당할 것이다." 그 말을 마치자마자 환씨는 집으로 들어가 버렸다. 왕건이 보낸 나인은 즉각 환씨의 독백을 보고했다.

왕건은 두말없이 이흔암을 투옥시켰다. 이흔암은 모든 사실을 순순히 자백했다고 한다. 백관으로 하여금 이흔암의 죄를 의논하게 하자 이구동성으로 "마땅히 목을 베어야 한다"고 했다. 그러자 왕건은 직접 이흔암을 꾸짖고는 말했다. "네가 평소부터 흉한 마음을 먹고 있다가 스스로 죽을 죄에 빠졌구나. 법이란 것은 천하에 공정한 것이므로 사정으로써 법을 굽힐 수는 없다" 이흔암은 눈물만 흘릴 뿐이었다고 한다. 왕건이 즉위한 지 14일째 되던 날 마군대장군 이흔암은 저잣 거리에서 처단되었다. 이흔암의 집은 적몰되었지만 그 도당들의 죄는 캐묻지 않았다고 한다.

여기서 왕건이 이흔암 측근들을 제거하지 못한 것 역시, 당초 이흔암을 처벌하지 않고 관망했던 것처럼, 친궁예 계열 장군들의 반발을 의식해서 적당한 선에서 무마한 것으로 보인다. 그만큼 왕건의 기반이 취약했다는 사실을 암시해 준다.

그러나 다른 한편으로 생각해 보면 이흔암은 모반을 도모하지 않았을 가능성도 있다. 왕건이 당초 그의 혐의를 잡지 못했을 뿐 아니라, 이흔암 처의 독백과 투옥된 이흔암의 자백에만 의존했을 뿐 아니라, 실제 모반을 준비했다면 연루자들이 나오지 않았다는 게 이상한 것이다. 또 그 연루자들을 처벌하지 않았다는 것도 납득하기 어려운 일에 속한다. 이흔암 정도의 장군이라면 기라성같은 측근 장수들을 거느리고 있게 마련이다. 이와 관련해 이흔암의 처의 성씨가 환씨(桓氏)라는 점이 유의된다. 왕건을 도와 쿠데타를 일으켰다가 뒤에 그를 찌르려다가 실패해서 죽은 환선길과 같은 성씨라는 점이다. 우연찮게 희성(稀姓)으로 양자가 연결되고 있다. 어쩌면 환선길과 이흔암은 매부와 처남 간일 가능성을 짚어준다. 그게 아니라고 하더라도 양가(兩家) 사이의 어떤 관련성, 가령 인족(姻族)일 가능성을 짙게 시사해 준다. 그렇다고 할 때 환선길 세력의 제거라는 차원에서 이흔암을 엮은 것으로 볼 수는 없을까. 이 사건은 왕건보다는 그 밑의 부하 장수들이 조작했을 가능성을 생각하게 한다.

왕건은 처복이 많은 편인데, 그 이유를 언급해 둘 필요가 있겠다. 왜냐하면 모반을 도모했던 환선길이나 이흔암 모두 그 처(妻)들로 인해 불행한 최후를 자초했기 때문이다. 환선길의 처는 개국공신으로서 왕건의 신임을 얻고 있던 환선길에게 "당신은 재주와 힘이 남보다 뛰어나서 사졸들이 복종하고, 또 큰 공이 있음에도 불구하고 정권이 남에게 있으니 억울하지 않습니까!"라고 하며 부축이는 바람에 거사를 했다가 처참한 최후를 맞았다. 이흔암의 처는 측간에 가서 남편의 거사 계획을 혼자 중얼거리는 바람에 염탐되어 참수되었던 것이다. 이렇듯 동일한 '모반'을 하였지만 왕건은 처 덕분에 군왕이 되었고, 나머지 두 사람은 지옥의 나락으로 떨어지고 말았다. 이러니 처복을 이야기하지 않을 수 없지 않겠는가!

왕건은 7월에 접어들어 조서를 내렸다. "태봉 임금이 백성을 침노하여 자기의 욕심을 채워서 오직 거둬들이기만을 일삼고 예전 제도를 따르지 아니하여 1경(頃)의 토지에 조세를 6석이나 받으며 역(驛)에 소속된 호(戶)에 실[絲]을 3속이나 부과하여 백성들로 하여금 농사짓는 일을 걷어치우고 김쌈하는 일을 폐지하여 떠 돌아다니고 도망하는 사람이 서로 잇달아 생기게 하였다. 앞으로는 조세의 부과는 마땅히 천하의 통법(通法)을 써서 상례로 삼으라!"

왕건은 8월에 또 한 차례의 조서를 내렸다. "태봉 임금이 참서(讖書)를 믿고 송악을 버리고 부양(斧壤)으로 돌아와 거처하며 궁실을 지으니, 백성이 토목공사에 피곤하고 삼시(三時: 봄·여름·가을)에 농사 시기를 놓쳤다. 더구나 기근이 거듭 이르고 질역(疾疫)이 뒤이어 일어나서 집을 버리고 길에서 굶어 죽는 자가 서로 잇달았으며, 한 필의 세포(細布) 값이 쌀 5되와 맞먹게 되었다. 평민들이 몸을 팔고 자식을 팔아 남의 종이 되는 데까지 이르렀으니 짐은 매우 민망히 여긴다. 그 지방의 해당 관원을 시켜 실정을 자세히 기록하여 아뢰도록 하라!" 이러한 왕건의 지시에 따라 1천여 명을 찾아내어 내고(內庫)의 포백(布帛)으로 몸값을 갚아주고 돌려 보내었다.

그 직후 왕건은 창업공신들에 대한 대대적인 포상을 단행했다. 홍유·배현경·신숭겸·복지겸을 제1등공신으로 삼았다. 견권(堅權)·능식(能寔)·권신(權愼)·염상(廉湘)·김락(金樂)·연주(連珠)·마난(麻煖)을 제2등공신으로 하였다. 그리고 쿠데타에 동원되었던 2천 명의 병졸들은 제3등공신으로 삼으면서 비단과 곡식 등을 내려주어 단단히 포상했다. 여기서 정변에 동원된 장군은 모두 11명에 불과하였다. 조선 세조가 안평대군 등을 제거하는 데 공을 세운 정난공신(靖難功臣)은 43명이었다. 이와 비교해 볼 때 왕건은 소수 병력으로 왕조교체라는 엄청난 일에 성공한 셈이다. 역시 왕건의 기반이 탄탄하지 않았음을 암시해준다. 사실 궁예는 많은 적을 양산해내는 바람에 그 불만이 쌓이고 쌓여 산을 이루고 있는 실정이었다. 이러한 분위기에서는 누구라도 먼저 쿠데타를 하는 게 임자였다. 왕건은 다른 사람보다 먼저 거사에 성공하여 정국의 주도권을 장악했던 것이다. 쿠데타에 성공한 직후 반궁예 세력들과 관망 세력들이 왕건 밑으로 집결하게 되었다.

　왕건은 공신에 대한 포상으로서 즉위와 관련된 일련의 조치를 마무리 지었다. 이와 더불어 왕건은 호족들에게 사자를 보내 폐백을 후하게 하고 언사를 한껏 낮추어 화호(和好)의 뜻을 보였다. 쿠데타에 의한 정권 교체, 그로 인해 엄청난 청산과 개혁의 문제가 산적한 상황에서 외침을 받게 되면 삽시간에 정권이 붕괴될 수 있는 위기 상황에 직면하게 된다. 내부적으로는 세력권 내의 호족세력의 이탈을 막고 통제해야 하는 이중고에 부대끼고 있었다. 그런데 뜨문 뜨문 화호의 의사를 보내오는 호족도 있었다. 적극적으로 귀부 의사를 표하는 호족도 나타났다. 대부분 신정권에 대해 관망하는 입장이었지만 반감을 표시하는 경우는 많지 않았다. 그런데 유일하게 남방의 웅국(雄國) 후백제의 진훤만은 묵묵부답이었다. 왕건은 여타 호족들하고는 격이 다른 진훤에게는 이들과 비교되지 않을 정도의 엄청난 폐백과 거물급 사신을 파견한 바 있었다. 그럼에도 진훤은 답례 사절을 보내지도 않은 채 말이 없었다. 진훤의 침묵은 왕건을 불안하게 하였다.

진훤의 왕건 정권에 대한 공작

"대끝에서 삼년"을 보내다가 쿠데타로 즉위한 왕건은 당분간 외정(外征)보다는 내정(內政)에 힘을 쏟을 수밖에 없었다. 그러기 위해서는 일단 대외 관계가 원만해야만 하였다. 왕건은 주변의 호족들에게 사신을 파견하여 폐백(幣帛)을 후하게 보냈을 뿐 아니라 언사를 한껏 낮추었다. 이로써 관망파 호족들을 하나 하나 포섭해 나갔다. 진훤의 후백제 왕국에도 고려의 사신이 당도하였다. 진훤은 팔짱만 낀 채 왕건의 신정권을 수수방관하지만은 않았다. 은밀하게 왕건 정권의 붕괴 공작을 시도하고 있었다. 왕건이 우려해서 걱정하고 있던 곳이 교통의 요지이며 유서 깊은 고을인 청주 지역이었다. 왕건은 청주 호족들이 변란을 일으킬 것을 우려해서 항시 주시하고 있었다. 급기야 왕건은 홍유와 유검필로 하여금 1천 5백 명의 군대를 이끌고 진주(鎭州: 충북 진천)에 주둔하게 했다. 청주에서 변고가 생기면 즉각 투입하기 위한 거였다.

이것을 뚫고 진훤은 청주 호족들의 마음을 사로잡고 있었다. 이러한 낌새를 포착한 왕건은 즉각 심복인 제2등공신이요 마군장군인 능식을 현지에 투입하여 호족세력의 이탈을 막았다. 나주 전투에서 진훤에게 뼈아픈 패배를 안겨주었던 왕건과 수교하여 왕건 정권의 권위를 높여주는 데 협력자가 되기를 거절하였다. 진훤은 왕건에게 축하 사절을 파견하지 않았다. 그러던 중 진훤은 왕건 정권이 튼튼하게 뿌리내리는 것을 확인하였다. 현실 인식이 빠른 그는 그해 8월에 즉각 축하 사절로 일길찬인 민합(閔郃)을 파견하였다. 민합은 왕건에게 공작선(孔雀扇)과 지리산의 죽전(竹箭)을 선물로 바쳤다. 일길찬은 신라의 17 관등 가운데 7번째 관등에 해당된다. 이로 미루어 후백제의 관등과 관직 체계는 신라제도에 의거하였음을 알 수 있다. 궁예가 신라의 품계(品階) 관직과 군읍(郡邑)의 이름이 모두 비루(鄙陋)하다고 하여 새로 제정한 관계로 주민들에게 혼란을 초래한 적이 있었다. 반면에 진훤은 일반 주민들에게는 익숙해진 신라의 제도적 틀을 부수지는 않았던 것이다. 물론 궁예 정권의 관직 이름에 신라 구제(舊制)가 없는 것은 아니었다.

진훤은 사신을 파견하되 그 급을 한껏 낮추었음을 알 수 있다. 민합은 감미현(甘彌縣)에서 고려 관리들의 영접을 받아 후한 접대를 받고는 돌아왔다. 감미현은 지금의 어느 지역인지 알 수 없다. 당시 고려 수도인 철원에 이르는 길목에 소재하였을 가능성을 생각해 볼 만하다. 감미현의 소재지는, 후백제 사신이 육로보다는 선편을 이용하여 왔을 가능성이 크고, 옛날 백제의 북방 요새였던 관미성(關彌城)과 이름이 유사한 만큼, 임진강 어귀 일대일 가능성이 없지 않다. 이와는 달리 『세종실록』 지리지 안성군조에 의하면 "수원(水原) 임내(任內)인 양양(陽良)·감미탄(甘彌呑)·마전(馬田)·신곡(薪谷)의 4부곡(部曲)을 떼어 주고"라는 기사에 '감미탄'이 보인다. 이곳과 감미현이 무관하지 않다고 볼 때 지금의 수원 남쪽과 안성 북쪽 부근에 소재했을 가능성이다. 그렇지만 『고려사』 지리지에서 "풍세현(豊世縣)은 본래 백제의 감매현(甘買縣)이다"고 하였다. 감매현과 음이 닮은 감미현은 천안시 동남구 풍세면 일대이다. 응당 이곳이 감미현이라고 본다. 고려 관리들이 풍세까지 영접 나왔다는 사실은 천안 지역이 고려의 영향권이었음을 뜻한다. 후백제와 고려는 천안 계선에서 서로의 영역을 설정하고 있었던 것 같다.

그 직후였다. 진훤은 전광석화처럼 양동작전을 펼쳤다. 웅주(熊州: 충남 공주)와 운주(運州: 충남 홍성) 등 10여 개의 주(州)와 현(縣)들을 일제히 후백제로 끌어 당기는 데 성공했다. 진훤은 아산만 이남까지 그 북방 세력권을 확대시킬 수 있었다. 백제 계승자임을 자처한 진훤은 옛 백제의 영역을 모두 석권하려는 목표를 가지고 있었다. 명실상부한 백제왕이 되고자 했기 때문이다. 진훤은 옛 백제의 두 번째 수도였던 공주를 포함한 내포(內浦) 일대를 장악하게 되었다.

진훤은 왕건의 동태를 계속 주시하고 있었다. 그러던 중 왕건 정권 내부에서는 다시금 모반 사건이 발생하였다. 918년 9월에 병권을 쥐고 있던 순군리(徇軍吏) 임춘길(林春吉)이 청주 사람들과 모반을 꾀하다가 일이 누설되어 발각·처형되었던 것이다. 이 사건은 마군장군이요 개국1등공신 복지겸이 밀고했었다. 10월에도 청주의 호족 파진찬 진선(陳瑄)이 그의 아우 선장(宣長)과 함께 반란을 도모했다가 역시 처형되었다. 이 모반 사건의 배후에는 후백제가 도사리고 있었다. 진훤은 고려의 신정권에 대한 붕괴 공작을 시도하였다. 진훤은 궁예 계열의 호족들을 포섭하면서 왕건 정권의 전복을 원격 조종하였던 것이다.

왕건이 즉위한 지 넉달 만에 4차례나 반란 사건이 발생하였다. 그만큼 왕건 정권의 기반이 취약했음을 반증해준다. 또 정정이 여전히 불안하다는 조짐이었다. 고려가 접수한 후백제의 배후인 나주에도 사령관이 부임하지 않으려고 하였다. 나주에 대한 통수권의 공백이 한동안 계속되고 있었다. 왕건은 궁예 정권 시절의 시중이었던 구진(具鎭)을 나주도대행대 시중(羅州道大行臺侍中)을 삼아 나주로 파견하고자 했다. 그러나 구진은 고생했던 일을 핑계 삼아 가려고 하지 않았다. 이에 왕건이 겁을 주어 억지로 나주로 파견하였다. 이러한 사례도 왕건 자신이 군부를 완벽하게 장악하지 못했음을 반증한다.

후백제왕 진훤은 공주 땅을 확보하여 옛 백제 영역에 대한 회복을 착실히 거듭하고 있었다. 왕건도 이에 질 수는 없었다. 왕건은 고려 국가의 정체성인 고구려 영역의 회복에 박차를 가하면서 평양 경영에 적극 나섰다. 고구려의 옛 도읍지였던 평양은 황폐한 지 오래되어 가시나무가 우거진 상황이었다. 지금의 황해도 황주와 해주·배천·연안 지역의 주민들을 평양으로 이주시켜 이곳을 대도호(大都護)로 만들었다. 아울러 왕건은 사촌 아우인 왕식렴(王式廉)과 광평시랑 열평(列評)을 파견하여 지키게 했다.

왕건은 상전이었던 궁예를 제거하고 집권에 성공했다. 궁예의 잔재를 없애기 위해 노력을 쏟았다. 그러나 자신은 궁예의 그림자 안에서 크게 벗어나 있지는 못했다. 일단 국호를 고려라고 한 것도 그렇다. 궁예가 국가를 창건하고 제정한 최초의 국호가 고려였다. 왕건의 국호 제정은 바로 그것으로의 회귀에 불과했다. 『세종실록』 지리지에 따르면 이런 기록이 보인다. "궁예가 철원에 웅거하여 스스로 후고려왕이라 일컫고 패서(浿西) 13진(鎭)으로 분정(分定)하였는데, 고려에서 그대로 따라 패서도(浿西道) 또는 북계(北界)라고 칭하였다"

궁예의 유산 가운데 하나가 팔관회(八關會)였다. 팔관회는 본래 중국의 진대(晉代)부터 시작한 불교 계율의 팔계(八戒)를 받는 법회였다. 우리나라의 경우는 진흥왕대에 팔관회가 설치되어 572년(진흥왕 33)에 일종의 전몰 장병 위령제로서 팔관회가 열린 바 있다. 궁예는 신라의 팔관회를 성대하게 거행하였다. 이 팔관회는 천신(天神)과 오악(五嶽)·명산대천(名山大川)·용신(龍神)과 같은 토속신을 섬기는 기복적 성격의 제례였다.

왕건 즉위년이었다. 왕건은 11월에 궁예가 매년 중동(仲冬)에 크게 팔관회를 설치하여 복을 빌었으니 그 제도를 따르라는 유사(有司)의 건의를 받아들였다. 해서 매년 겨울에 팔관회를 열었던 것이다. 「훈요십조」에서 왕건은 팔관회를 국가적 행사로서 반드시 시행할 것을 힘주어 당부하고 있다. 지은이를 모르는 「팔관일호종 八關日扈從」이라는 칠언절구는 화려하고 떠들썩했던 그 정취를 아련하게 간직하고 있다.

송악시대의 개막

919년 정월, 왕건은 철원을 떠나 송악 남쪽에 도읍을 정하였다. 왕건은 자신의 고향에 고려 왕국의 수도를 정했던 것이다. 이와 관련해 도선과 관련된 이야기가 다음과 같이 전한다. 도선은 송악의 산천을 돌아 본 다음에 이런 말을 했다. "이곳이 앞으로 8백년은 이 나라의 운수를 지탱할 곳이니 축하할 일이로다" 그 말이 끝나자 동남쪽에 안개가 개이면서 한양과 삼각산이 우뚝하게 넘어다 보이는 게 아닌가. 도선은 이것을 바라다 보면서 스스로 탄식했다. "저 삼각산은 봉우리가 진방(辰方)에 있어서 마치 도둑놈의 깃발처럼 되었으니 4백 년이 지나면 이 나라의 큰 운수는 장차 저 산 밑으로 옮겨갈 것이로다" 이렇게 말하고 도선은 75 마리의 돌개[石犬]를 만들어 진방을 향해 세워서 마치 도둑놈을 지키는 형세를 만들어 놓았다고 한다. 홍만종의 『순오지』에 전해오는 이야기이다.

왕건은 수도의 이름을 개주(開州)라고 하여 격을 높였다. 수도에는 시전(市廛)을 설치하고 방리(坊里)를 구획하여 5부(部)로 나누고 6위(衛)를 설치하였다. 3월에 왕건은 법왕사(法王寺)와 왕륜사(王輪寺) 등 10개의 사찰을 도성 안에 창건하고는, 지금의 개성과 평양의 2서울[京]에 소재한 탑묘

(塔廟)와 초상(肖像)이 퇴락하고 훼손된 것들을 죄다 수리하게 했다. 평양을 개성과 동급으로 간주하여 중시했던 것이다.

그런데 이에 대한 『고려사절요』 사관의 평은 지극히 비판적이었다. 왕건이 즉위한 지 겨우 1년 만에 10개의 사찰을 도성에 짓고 탑묘를 두 곳에나 수리한 것은 일의 경중(輕重)과 완급(緩急)에 어두웠기 때문이라고 꾸짖었다. 후백제와 신라가 버티고 있는 상황일 뿐 아니라 항복하지 않은 성(城)들이 많아서 전쟁이 그치지 않았고 전쟁의 상처가 회복되지 않았음에도 불구하고 무엇이 급해 무익한 공사에만 서둘러서 행하였는가라고 힐책했다. 사관은 왕건이 "화복(禍福)과 인과(因果)의 설을 두려워했던 까닭인가?"라고 반문했다. 상전인 궁예를 축출한 데 따른 업보를 두려워해서 사찰들을 열심히 지었냐는 것이다.

사관은 또 말하고 있다. 훗날 "개태사(開泰寺)를 지을 때에도 사치가 극도에 이르고, 손수 소문(疏文)을 짓고 중들을 모아 낙성(落成)하기까지 하였으니, 불교의 인심을 빠지게 함이 심하구나"라고 했다. 광명정대(光明正大)한 왕건이 불교를 혹신하게 되니 임금을 본받아 일반인들이야 다투어 불교에 메달리게 되는 폐단을 빚었다는 것이다. 자신은 "신라가 절

2013년에 발굴했던 개태사터 건물 유구

을 지어 빨리 망했다"고 해 놓고는 "불교를 믿으라"고 하여 그 폐단을 후손들에게 막심하게 끼쳤다고 했다. 가령 하루에 바치는 쌀이 7만 석에 이르고, 해마다 공양한 중이 3만 명이나 되며, 사원과 초상 중에 금·은으로 장식하지 않은 것이 없으며, 불경의 천함(千函)·만축

(萬軸)의 글자 중에 금과 은으로 꾸미지 않은 것이 없을 정도로 사치가 극심했다는 것이다.

물론 『고려사절요』의 사관은 고려를 무너뜨리고 건국된 조선왕조 초기의 성리학자들이다. 그렇기 때문에 왕건의 불교 신봉에 대해 혹독한 비판을 가할 수 있는 입장이기는 했다. 그렇더라도 만약에 왕건이 후삼국의 쟁패전에서 패배하여 역사의 뒷전으로 밀려났다면 어떻게 되었을까? 말할 나위없이 현실 인식을 결여한 불교에 대한 광신에서 비롯된 토목공사와 사치로 인해 국가재정을 위기에 몰아넣었기에 자멸하게 되었다고 평했을 법한 것이다. 현전하는 역사 기록은 결과론에 입각한 적어도 이긴 자의 기록이 되다 보니까, 패배자에게는 패할 수밖에 없는 당위적인 이유만이 따라 붙는 경우가 다반사였다.

일례로 『삼국사기』 백제본기 말미에 보면 백제 멸망에 대한 다음과 같은 평이 적혀 있다. "백제 말기에 이르러서는 행함에 있어 비도(非道)가 많았다. 또 대대로 신라와 원수가 되고 고구려와 연화(連和)하여 신라를 침략하였다. 이득이 있으면 기회를 타고 신라의 중성(重城)과 거진(巨鎭)을 떼어다가 빼앗는 것을 멈추지 않았다. 이른바 '어진 사람과 친하고 이웃과 잘 사귀는 것이 나라의 보배라는 것'과는 다르다. 이에 당나라 천자가 두 번씩이나 조서를 내려 그 원한을 풀라고 했으나 겉으로는 따르면서도 속으로는 이 말을 어겼기에 대국에 죄를 얻었으니 그 나라가 패망한 것은 역시 마땅하다!"

만일 왕건이 역사의 패자로 전락했다면 야심만 가지고 궁예를 축출한 데 따른 자업자득이라는 냉소와 혹평을 면하기 어려웠을 것이다. 그러니 "어쨌든 이기고 봐야 된다"는 말과 "모로 가도 서울만 가면 된다"는 식의 말이 행세하며 결과론적인 평가가 주류를 형성하고 있는 듯하다.

왕건의 세력 확장과 아자개의 고려 귀부 ▌

청주 세력의 모반을 비롯한 즉위 초의 몇 차례 반란을 진압한 왕건은 정권의 토대를 단단히 구축해 나갔다. 그러한 일환으로 919년 8월에는 청주에 행차하여 민심을 수렴하고 위무해 주는 노력을 게을리하지 않았다. 아울러 남쪽으로는 오산성(烏山城)이라 했던 예산현(충남 예산읍)까지 세력을 미쳤다. 서북으로는 평양과 용강현(龍岡縣: 평남 용강)을 비롯한 대동강 유역에 대한 적극적인 경영에 나섰다. 동북으로는 골암진(鶻嚴鎭)에 유검필을 파견하여 3천 명의 군대를 이끌고 큰 성을 축조한 후 지키게 하였다. 북방 달고적(達姑狄)의 무리들이 동해안 루트를 따라 등주(登州: 함남 안변)를 지나 신라를 침공하려고 했었다. 왕건이 견권(堅權)을 파견하여 달고적 무리를 한 명도 살리지 않고 격파했던 것이다.

이 무렵 왕건의 호족에 대한 포용 정책이 상당한 실효를 거두었다. 920년에는 멀리 강주(康州: 경남 진주) 지역을 호령하고 있던 강주장군 윤웅(閏雄)이 자신의 아들 일강(一康)을 보내왔다. 왕건은 일강에게 아찬 벼슬을 내려준 후 조정 신하의 누이동생과 결혼을 시켜주고는 볼모로 삼았다. 아울러 자신의 측근 부하를 강주 지역에 파견하여 그 지역에 대한 동정 탐지와 견제의 역할을 수행하게 했다. 그러니까 호족의 경우는 귀부의 표시로서 자신의 아들이나 형제를 고려의 수도로 보내 인질로 삼게 하였다. 동시에 고려 조정의 관리를 그곳에 파견하여 양자 간의 관계를 긴밀히 하는 연결 고리로 삼았던 것이다. 왕건은 낭중(郎中)이라는 관직을 지닌 부하들을 파견하여 변경을 순시하게 한다든지 호족의 동태를 탐지해서 보고하게 하였다.

왕건은 양팔을 쩍 벌려서 품안에 넣고자 했다. 왕건에게 달려온 이들 가운데 925년까지의 대표적인 경우만 언급하면 다음과 같다. 궁예를 피하여 북쪽 변방으로 달아나 골암성에서 2천 명의 무리를 모아 할거하고 있던 윤선, 흑수(黑水)추장 고자라(高子羅), 흑수의 아어간(阿於間), 하지현 장군(下枝縣將軍: 경북 안동) 원봉(元奉), 명주장군(溟州將軍: 강원도 강릉) 순식(順式), 진보성주(眞寶城主: 경북 청송군 진보면) 홍술(洪術), 명지성장군(命旨城將軍: 경기도 포천) 성달(城達), 벽진군장군(碧珍郡將軍) 양문(良文), 매조성장군(買曹城將軍: 경기도 양주) 능현(能玄), 고울부장군(高鬱府將軍: 경북 영천) 능문(能文)이 그들이다.

왕건의 세력권은 윤웅의 경우에서 알 수 있듯이 지금의 경상남도 진주를 위시하여, 강원도 강릉, 경상북도 일원으로 뻗어 갔다. 그러나 왕건의 본영에서 지근 거리인 경기도 양주와 포천 지역의 호족들이 이제서야 귀부했다. 그간 궁예와 왕건의 외압에 견디어 왔다는 게 여간 신기한 일이 아닐 수 없다. 그들의 존재를 다시 보게 하는 것이다.

왕건은 진훤에게 당하고만 있지 않았다. 내포 일대를 진훤에게 빼앗겼고, 청주 지역에 진훤의 입김이 미치고 있었으니 세력 만회를 생각했다. 한편으로는 연이은 모반 사건으로 자신의 권위가 실추되고 있는 상황이었다. 구진의 예에서 알 수 있듯이 말이 잘 먹혀들어 가지 않고 있었다. 자신의 권위를 세우고 분위기를 일신시킬 수 있는 큰 건수를 생각하게 되었다.

　당시 왕건은 물 밑에서 호족세력들에 대한 포섭 공작을 은밀하면서도 광범위하게 펼치고 있었다. 그러던 중 상주 지역 호족 아자개에게도 사람을 놓아 접근을 시도했다. 당시 아자개의 아들 진훤은 한반도 서남부 지역에서 기세를 올리며 맹위를 떨치고 있었다. 그럼에도 왕건은 아자개의 마음을 사로잡는데 성공하였다. 결국 진훤을 크게 놀라게 만든 사건이 발생했다. 918년 9월에 아자개가 왕건에게 투항한 일이었다. 『고려사』에 따르면 "상주(尙州) 적수(賊帥) 아자개(阿字盖)가 사인(使人)을 보내서 내부(來附)하였다"라는 기록이 보이고 있다. 한자(漢字) 표기는 조금씩 다르지만 상주 지역을 장악하고 있던 이 아자개는, 진훤의 아버지로서 장군을 칭했던 그이가 분명한 것이다. 물론 아들인 진훤이 강성한 힘을 자랑하고 있는 판국에 그 아버지가 아들의 적(敵)에게 투항한다는 것은, 전쟁에 의한 강압적 굴복도 아닌 만큼, 연구자들을 자못 의아하게 만들었다. 미스터리와 같은 사건이었던 것이다. 이런 이유로 인해 『동사강목』을 저술한 순암 안정복(安鼎福)같은 이는 양자를 동명이인(同名異人)으로 파악하였다. 그 후 이 견해를 추종하는 이들도 나오게 되었다. 그러나 이는 보통 사람들의 상식적인 정서에 근거한 해석일 뿐이다. 복잡다기한 정치의 흐름이 인륜(人倫)에 부응하지 않은 경우도 많지 않은가?

　진훤이 서남해안 지역에서 위세를 떨치고 있을 무렵 상주 지역 아자개의 움직임에 관해 전혀 알지 못하고 있다. 아자개는 상주시 병성면의 병풍산성에 근거지를 형성하고 있었다. 그 옆으로는 낙동강이 굽이 굽이 흘러가고 있듯이 병풍산성은 수운(水運) 교통의 요로에 포진하였다. 쌀과 누에고치와 곶감으로 유명한 삼백(三白)의 고향인 상주와 낙동강 수로(水路)를 통하여 경제적 기반을 다져나갔을 아자개, 그는 어떻게 웅거하고 있었을까?

이 문제는 그의 처음 근거지와 관련해서 살펴보아야 할 것 같다. 아자개는 자신의 출신지인 가은현과 근거리이며 산악이 중첩된 상주시 화북면과 화서면 일대에서 거점을 확보한 것으로 생각된다. 화북면 장암리에 소재한 견훤산성에서는 서쪽으로는 속리산 줄기와, 동쪽으로는 문경 쪽의 크고 작은 산간 마을과 청화산 줄기의 첩첩 산봉우리들이 바라보인다. 이 산성의 남쪽은 갈령을 넘어 상주 시내와 화령장 방면으로 향하는 길이 있다. 또 북쪽은 눌재를 넘어 화양천(華陽川)을 따라 충청북도 괴산으로 통하는 길과 연결된다. 견훤산성은 괴산과 상주를 잇는 유일한 교통로인 것이다. 그랬기에 현지에서는 진훤이 이 산성을 근거지로 하여 북쪽에서 왕도(王都)로 이어지는 공납물을 약취했다는 전설이 남아 있다. 화북면 동관리의 성산산성(城山山城)은 진훤이 대궐을 짓고 웅거하였다고 한다. 모두 진훤이 아니라 '상주적수 尙州賊帥'로 기록에 보이는 아자개와 관련된 사적으로 보겠다. 더욱이 진훤은 향리를 떠나 있었기 때문이다.

아자개는 세력을 확장시켜 상주 중심부를 장악하여 명실상부한 사벌주의 패자로 군림했다. 그러한 그에게는 5남 1녀가 있었는데, 큰아들인 진훤은 15세 되던 해에 그 곁을 떠나갔다. 나머지 아들들은 나이가 어렸으므로 진훤을 따라 함께 종군한 것으로 보이지는 않는다. 아자개 곁에 있었다고 보이는데, 둘째 아들인 능애, 셋째 아들인 용개, 넷째 아들인 보개, 다섯째 아들은 소개가 그들인 것이다. 아자개의 이들 아들 형제들도 이름을 떨쳤다고 하는데, 상주 관내의 여러 성에 분거(分據)하면서 '사벌왕국'의 한 축을 형성했다고 본다.

그러한 사벌왕국에도 시련과 도전이 불원간 엄습해 왔다. 아자개가 삽과 곡괭이를 내던지고 혁명의 대열에 뛰어든지 17년 되던 해인 906년이었다. 궁예의 명을 받은 왕건이 정기장군 검식 등과 더불어 3천 명의 병력을 이끌고 사화진을 공격해 왔다. 이 방어 전투에 진훤이 개입한 것

사벌국 왕릉

상주시 병성면에 위치하며, 경명왕의 아들인 박언창의 무덤으로 전한다. 이와 관련한 전승은 분별이 필요하지만 다음과 같다. 즉 박혁거세의 후손인 박언창은 917년에 경명왕에 의해 사벌대군(沙伐大君)에 봉해지고 사벌 지역의 방어장(防禦將)으로서 외적을 막게 되었다. 당시 신라는 고려와 후백제의 침략을 받아 영토가 낙동강 동쪽으로 축소됨에 따라 사벌주가 고립되자 사벌주를 지키기 위해 사벌국이라 하고 왕으로 자립하여 통치하다가 11년 만에 후백제에 패망했다는 것이다.

을 볼 때 아자개는 아들인 진훤에게 구원을 요청하였거나 아니면 당초부터 후백제 병력이 이곳에 주둔하였을 가능성을 제기해 준다. 어떠한 경우이든 진훤과 상주 지역은 깊은 관련을 맺고 있었음을 알 수 있다. 그러나 진훤의 군대는 패배를 거듭했다고 한다. 그럼에도 불구하고 918년까지 아자개 세력이 건재했던 것을 볼 때, 군진(軍鎭)의 이름을 달고 있는 사화진은 상주 전역을 가리킨다기보다는 음리화정이 설치되었던 지금의 상주시 청리면 일대만 가리키든지, 보은에서 상주로 접어드는 초입을 가리킬 가능성이 높다. 궁예와 뒤의 고려 군대의 소백산맥 이남 진출 통로로서 사화진 일대가 장악되었던 것으로 보인다.

　이러한 맥락에서 볼 때 아자개는 후삼국의 풍파에 직접 영향을 받지 않을 수 없게 되었다. 진훤 또한 아버지인 아자개의 영역을 보위해 주기 위해 심혈을 쏟지 않을 수 없었을 것이다. 그럼에도 불구하고 아자개는 왕건에게 귀부의 형식을 빌어 투항하였다. 소백산맥과 잇대어 있는 상주는, 궁예와 왕건으로 이어지는 세력의 끊임없는 목표물이 되었을 것이다. 이것은 너무나 자명한 일이었다. 아자개는 그것을 감당하기가 너무나 벅찼던 것인가? 이러한 요인과 더불어 왕건 측의 공작에 비중을 두는 게 어떨까 한다.

왕건은 즉위 초기의 취약한 왕권을 강화시키기 위해 각지의 호족들을 포섭하는데 온 힘을 쏟았다. 이들에게는 많은 선물과 더불어 자신을 한껏 낮춘 친서(親書)를 동봉하여 보냈다. 왕건은 자신보다 나이가 많은 호족들에게는 상보(尚父)를, 나이가 적은 호족들은 형(兄)이라고 불렀던 것이다. 이때 왕건은 최대의 적수(敵手)인 진훤의 후백제를 와해시키는 공작을 추진했는데, 아들과 격리되어 있는 아자개에 대한 포섭이었다. 918년 무렵 진훤은 52세의 노년기에 접어들었다. 그러므로 그 아버지인 아자개가 70세를 상회하는 고령이었음은 의심할 여지가 없다. 물론 아자개 측근에는 장년의 장군 아들들이 있었지만 인생의 황혼기였음은 속일 수 없었다. 그러한 아자개의 마음을 헤집고 들어온 이가 허월(許越)이 아니었을까? 허월은 승려로 있었다. 그는 뒤에 왕건에게 포섭되어 개성의 내원(內院)에 거처하면서 아들인 강릉 지역의 대호족인 명주장군(溟州將軍) 김순식(金順式)을 귀부시키는데 공을 세운 인물이었다. 922년에 왕건의 명을 받고 허월이 김순식을 포섭하는데 이용되었다면, 이전에 그같은 공로가 있었기에 왕건은 다시금 허월을 찾았던 것은 아니었는지?

이러한 추리가 허용된다면 승려 신분인 허월은 자연스럽게 아자개에게 접근하였고, 그의 마음을 흔들어놓지 않았을까? 이것이 아니라면 왕건의 조부인 작제건(作帝建)이 승려로서 만년을 보냈던 곳이 상주에서 가까운 속리산 장갑사(長岬寺)였다. 그가 생존해 있었다면 918년경에는 80세를 상회하는 고령이 된다. 그가 이때까지 생존해 있었다면 아자개에게 접근하여 귀부시킨 것은 아니었을까?

혹은 신라와의 관계에 대한 진훤과 아자개 간의 정치적 갈등의 산물로 이해하는 시각도 있다. 그게 아니라면 아자개의 아들 형제들 간에 상속 문제를 둘러싼 내분이 발생했고, 그 와중에서 혹은 그 여파로 고려로 귀부하였을 가능성을 배제하기 어렵다. 더욱이 아자개의 적자(嫡子)인 진훤이 향읍을 떠나 있는 상황이었던 만큼, 상속권 다시 말해 상주 지역의 지배권을 놓고 형제들 간에 힘겨루기를 하였고, 그러한 선상에서 아자개의 내투가 있었을 일말의 가능성을 생각하게 한다. 진훤이 만년에 왕위계승 문제로 인해 왕건에게 내투한 것도 이러한 아자개의 전철을 밟은 것인가? 하여간 모를 일이다. 많은 추리를 가능하게 하는 역사의 미스터리라고 하겠다.

고려에 귀부한 아자개는 고려 조정으로부터 대대적인 환영을 받았다. 왕건이 문무 관료들을 거느리고 나아가 이들을 구장(毬場)에 도열시켰다. 구장은 말을 타고 작대기로 공을 치는 전통무예인 격구(擊毬)를 하던 넓은 운동장이었다. 그러한 관계로 환영 행사를 비롯한 모종의 의식을 치르는 집결지로서 이용되고는 하였다. 이러한 격구는 신라 말 귀족들의 유흥으로서 자리잡았음을 시사해 주는데, 오늘날 행세깨나 하는 이들이 골프를 선호했던 거와 같은 의미였을 것으로 해석된다. 바로 그러한 구장에서 문무관을 죄다 동원하여 아자개에 대한 환영 의식을 대대적으로 연습시켰다. 이 과정에서 도열하는 위치의 위계(位階)를 다투던 2명의 관료가 변경으로 귀양 보내졌다. 그러했을 정도로 아자개는 절도 있고 파격적이요 융숭한 접대를 받았던 것이다.

이때 진훤의 반응은 전하지 않고 있다. 그러나 그가 향리의 아버지 아자개의 고려 내부에 엄청난 충격을 받았을 것임은 의심할 나위 없다. 그로부터 3개월이 지나 고려는 919년 정월에 수도를 철원에서 왕건의 고향인 개성으로 옮겼다. 궁궐을 짓고 관부(官府)를 설치하고 도성 구획을 나누고 사찰을 창건하였다. 수도의 완성을 위한 대규모 토목 공사에 국력을 쏟고 있었다.

청주 지역의 동향

호걸이 많은 청주 지역에 대해 궁예는 신경을 많이 썼었다. 왕건이 집권한 후에도 청주 지역의 동향이 심상치 않았다. 모반 사건이 연이어 발생했기 때문이다. 이러한 청주 지역에 눈독을 들이고 있던 진훤이 청주 지역을 장악한 기록이 보인다. 1744년(영조 20)에 상당산성 승병장 영휴(靈休)가 지은 「상당산성고금사적기 上黨山城古今事蹟記」에 따르면 주목할 만한 전승이 수록되어 있다. 그 내용을 옮겨보면 다음과 같다.

　… (궁예)는 장성하자 머리를 깎고 승려가 되었다. 가서 양길을 보자, 양길이 병력을 나눠줘서 동쪽으로 땅을 경략했다. 이로 인하여 이곳에 성을 쌓고 도읍을 하여 이곳에 거처하자 무리가 점점 많아졌다. 후에 진훤이 빼앗아 거처했다. 진훤은 본래 상주 사람이다. 아비가 경작을 하고 어미가 음식을 갖다 주기 위해 진훤을 수풀 밑에 두었는데, 호랑이가 그에게 젖을 물려주었다. 장성해서 궁예의 반란을 듣고는 완산에서 반란을 일으켜 스스로 후백제왕(원문에는 '王'이 누락되어 있다)이라고 일컬었다. 장사 수천 인을

정북동토성

거느리고 낮밤으로 쉬지 않고 200 리를 걸어 밤에 (상당산)성을 넘어 이곳을 빼앗았다. (상당산성) 서문 밖 까치내[鵲川] 가에 토성을 축조하여 창고를 짓고 부세(賦稅: 곡식)를 쌓아놓고 지키고 있다가 성중으로 운반하였다. 그 후 시인들이 말하기를 들에 있는 토성은 백제를 지나… 진훤이 강제로 임금을 죽이고 그 일족인 김부를 세우자, 고려 태조가 통합의 뜻이 있어서 공산 동수성(桐藪城: 원문은 相藪城이지만 誤字이기에 정정했다)에서 요격했다가 패배하여 대장 신숭겸과 김락이 죽었다. 고려 태조가 돌아가려고 하자, 복지겸이 말하기를 "동수는 3면이 막혀 있고, 강이 띠를 두르고 있으므로 급히 공격할 수가 없습니다. 또 이곳을 빼앗았더라도 오랫동안 거처할 수 없습니다. 세(勢)가 상당(上黨)에 뜻을 두는 것만 못합니다. 상당(산성)은 이미 빼앗겼으니 튼튼하게 지키게 하여 완급(緩急)의 바탕으로 삼으면 삼남(三南)에 걱정 거리가 없을 것입니다." 왕이 말하기를 "상당(산성)은 험애(險隘)하여 쉽게 함락시킬 수 없으니 이를 어찌하면 좋겠는가?" 복지겸이 말하

기를 "제가 듣건대 험한 것을 믿는 자는 패한다고 했으니 저 병사
들은 그 험한 것만을 믿고는 서북을 염려하지 않고 군량을 돌보고
있으니 무농정(務農亭: 청주한씨 시조 한란이 지은 정자로 방서동
소재)에 군사를 집결시키십시오." 그러자 앞 봉우리로 나가 크게
기치를 펼쳐서 의병(疑兵)을 보태게 하였다. 마땅히 정예 병력을
이끌고 밤에 서북으로 들어가니 싸우지도 않고 함락시켰다. 왕이
그 계책에 따라 성을 점령했는데, 머리를 벤 것은 수를 헤아릴 수
도 없었다. 지금까지도 사람들은 피내[血川]라고 일컫는다.…

　　위와 같은 내용이 수록된 「상당산성고금사적기」의 기사는 음미해 볼
가치가 있다. 우선 진훤이 까치내 가에 토성을 축조했다는 기사는 미호천
남쪽 평지에 소재한 둘레 675m의 정북동토성(청주시 청원구)을 가리킨다.
정북동토성은 3세기대에 축조된 성이다. 그렇지만 9세기 말~10세기 초
의 유물들이 성 안에서 출토된 바 있다. 이로 볼 때 정북동토성은 후삼국
시대에도 활용되었음을 알게 된다. 그런 만큼 「상당산성고금사적기」의 기

상당산성

사는 후백제가 정북동토성을 병참 용도로 활용한 사실을 가리킨다. 그리
고 서원경의 중심 성인 상당산성에 대한 중요한 단서를 제공해 주었다.
상당산성은 둘레 4.2㎞에 이르는 대규모 성일 뿐 아니라 통일신라시대에
도 활용된 사실이 드러났다. 그리고 신라 말에 이곳을 궁예가 장악했지만
왕건 정권이 들어선 이후 진훤이 빼앗아 점거한 사실이 밝혀졌다. 상당산
성을 고려가 장악한 시점은 928년이나 그 이후라는 사실이 새롭게 확인
되었다.

후백제와 고려의 맹약

후삼국이 동란의 시기였음은 재언할 필요가 없다. 그랬기에 후백제와 고려는 시종 전쟁으로 치닫고 결국 고려의 승전으로 수십 년간에 걸친 동란이 종식된 것으로 이해하고 있다. 그러나 이는 지극히 단선적인 이해로써 양국과 신라를 포함한 후삼국 간에는 상호 대립을 지양한 일정 기간 동안의 화평 상태가 존재했었다. 다음의 기사가 그것을 함축하고 있다.

> 11년(928) 봄 정월에 왕이 진훤에게 글로 회답하기를 " … 얼마 전에 삼한이 액운을 당하고 전국[九州]이 흉년으로 황폐해져 많은 인민들이 반란군[黃巾賊]에 몰려 가, 전야(田野)는 황폐하지 않은 땅이 없었기에, 병란의 소란함을 종식시키고 나라의 재난을 구하려고 스스로 이웃 나라와 친목하여 어느덧 결호(結好)했으니 과연 수천리에 농상(農桑)을 즐겨 일삼고, 7·8년 동안 사졸들이 한가로이 쉬는 것을 보았더니, 유년(酉年) 10월에 이르러 갑자기 사단을 일으켜서 곧 싸우게 되었다(『고려사』 권 1, 태조 11년 조)."

위의 기사는 927년의 공산(公山) 전투에서 참패한 직후에 진훤이 보낸 국서에 대한 왕건의 답신이다. 이 글에서 "7~8년 동안 사졸들은 한가로이 쉬었는데, 유년에 이르러 10월에 문득 사건을 일으켜 곧 싸움에까지 이르렀다"라고 하면서 양국이 틈이 벌어져 대립하게 된 내력을 언급하고 있다. 여기서 후백제와 고려는 7~8년간의 휴전 기간이 존재했음을 알 수 있다. 그런데 양국 간 휴전의 기점을 왕건이 진훤에게 보낸 윗글이 작성된 928년에서 7~8년을 역산한 결과 920년경으로 지목하기도 한다. 아울러 920년 10월 이후 924년 7월까지 후삼국 사이에 직접적인 전투가 없었다는 점을 제시하였다. 그리고 924년에 환국한 법경대사(法鏡大師)의 비문에서 "동방으로부터 잠깐 소식을 들으니 본국에는 큰 산(山)의 안개가 걷히고 점차 바다에는 파도가 가라앉아 외란(外亂)은 모두 사라지고 다시 중흥을 이루었다는 것이다. 동광(同光) 2년에 옮기어서 귀국하니 나라 사람들이 서로 경하하여 환영하는 소리가 하늘을 진동하였다"라는 문구를 방증 자료로 제시하고 있다.

여기서 후백제와 고려 양국 간에 화평 기간이 존재했다고 인식한 것은 지극히 온당하다. 그러나 양국 간에 전투가 없었던 것은 920년부터가 아니었다. 그 이전까지 소급되어야 한다. 궁예가 왕건에게 축출되고 왕건 정권이 수립된 이후부터 양국 간의 전쟁 기사가 자취를 감추었기 때문이다. 게다가 윗글에서 왕건이 말하는 "스스로 이웃 나라와 친목하여 어느덧 결호했으니"로 시작되는 문구는, 문맥상 화평한 시기가 7~8년간 지속되다가 '유년'에 이르러서 비로소 그것이 깨졌음을 알린다. 여기서 '유년'을 기준으로하여 7~8년을 소급시킨 게 화평 곧 '결호'의 기점이 되는 것이다. '유년에 이르러 10월'은 윗글이 작성된 928년 이전의 어느 때가 되는데, 925년의 '을유년'을 가리킨다고 보겠다. 정확히 925년의 을유년 10월에는 후백제와 고려가 조물성에서 격돌하게 된다. 그러나 후백제가 조물성을 처음 공격한 것은 그보다 1년 전인 924년의 갑신년(甲申年)이었다. 조물성 전투와 관련한 924년과 925년의 기사를 각각 옮겨 보면 다음과 같다.

(924년) 가을 7월에 진훤이 아들 수미강(須彌康)·양검(良劍) 등을 보내어 조물군(曹物郡)을 공격하게 하자 장군 애선(哀宣)에게 명하여 그곳을 구원하게 했다. 애선이 전사하자 군인(郡人)들이 굳게 지켰으므로 수미강 등이 이로움 없이 돌아갔다(『고려사』권 1, 태조 7년 조).

(925년 10월) 을해일(乙亥日)에 왕이 스스로 군대를 이끌고 조물군에서 진훤과 싸웠다. 검필(黔弼)이 병력을 이끌고 와서 모이자 진훤이 겁이나서 화친을 청하면서 외생(外甥) 진호(眞虎)를 볼모로 삼았기에, 왕 역시 당제(堂弟)인 원윤 왕신(王信)을 볼모로 교환하였다. 진훤이 10년이나 연장이므로 상보(尙父)라 일컬었다. 신라왕이 이 소식을 듣고는 사신을 보내와서 말하기를 "진훤은 반복과 속이는 게 많으므로 화친할 수 없다"고 하자 왕도 그렇다고 했다(『고려사』권 1, 태조 8년 조).

위에서 을유년인 925년에서 7~8년을 소급시키면 고려의 건국년인 918년에서 멎게 된다. 이로 볼 때 후백제는 왕건 정권의 고려가 출범하는 918년부터 휴전을 했음을 알 수 있다. 실제로 후백제와 궁예 정권 간에는 격렬한 전쟁이 지속되었지만, 왕건 정권 수립 이후부터는 양국 간 전쟁 기사가 일체 사라진 바 있다. 그런데 진훤은 918년 6월에 정변을 통해 집권한 왕권 정권을 즉각 승인하지는 않았다. 그로부터 2개월이 흐른 8월에야 사신을 보내 축하를 하였다. 이때를 전후하여 양국 간에 결혼 협약이 체결되었던 것으로 추정할 수 있다.

양국이 체결한 결혼 협약의 내용은 알 수 없다. 이와 관련해 조물성 전투 이전까지는 양국 간의 직접적인 전쟁이 없었다는 점과, 결혼 결렬의 단초가 된 조물성 전투의 전장이 원신라 영역이라는 점을 단서로 해야 될 것 같다. 그렇다면 양국은 자국의 고지를 복구하는 선에서 예전의 삼국처럼 정립하자는 분할정립론(分割鼎立論)에 합의했던 것으로 추정된다. 즉 신라의 존재를 인정하는 한편 옛 백제와 옛 고구려의 영역만을 복구하도록 한 것이다. 이와 관련해 신라 경순왕의 고려 귀부를 받아들이는 과정에서 보이는 왕건의 다음과 같은 언사가 유의된다.

> 짐이 신라와 더불어 삽혈(歃血)하면서 동맹하여 양국의 우호 관계를 영구히 하고 각각의 사직을 보전하기를 희망하였다. 그런데 지금 신라왕이 굳이 신하가 되겠다고 청하고 경들 역시 좋다고 하니 짐의 마음은 부끄러우나 여러 사람들의 뜻을 어기기가 어렵다 (『고려사』 권 2, 태조 18년 12월 조).

위의 기사를 통해 고려와 신라 간의 맹약이 있었음을 알 수 있다. 물론 그 시기는 알 수 없다. 그러나 이러한 맹약은 양국 간의 것이었다기보다는 고려와 후백제 신라 삼국 간의 결혼 때의 것일 가능성이 높다. 그리고 보다 중요한 사실은 "각각의 사직을 보전하기로" 했다는 점이다. 이 사실은 삼국분할 정립론을 단적으로 시사하는 문구라고 하겠다. 그러면 왕건이 이같은 삼국 분할정립안을 수용할 수밖에 없는 이유는 무엇이었을까? 왕건은 정권의 기반이 당초 취약했을 뿐 아니라 집권 초기의 잇따른 모반 사건 등으로 인해 내정 정비에 진력할 수 있는 시간을 벌 필요가 있었다. 무엇보다 왕건은 자신의 정권을 승인하지 않고 관망하고 있던 진훤에 대해 불안해하고 있었다. 다음의 기사가 그것이다.

> 짐은 제도(諸道)의 구적(寇賊)들이 짐이 처음으로 즉위했다는 말을 듣고 혹은 변방에서 환란을 구축할까 염려되어 사신들을 파견하여 중폐비사(重幣卑辭)로써 혜화(惠和)의 뜻을 보이자 귀부한 이들이 많았는데, 유독 진훤만이 교빙이 없었다(『고려사』 권 1, 태조 원년 8월 조).

그 이후 마지 못한 듯이 고려에 축하 사절로 파견된 후백제 사신 민합의 관등은 신라의 17관등 체계로 한다면 7등인 일길찬에 불과했다. 그럼에도 왕건은 차관급인 광평시랑(廣評侍郎) 한신일(韓申一) 등을 파견하여 민합을 감미현(천안시 풍세면)에서부터 영접했었다. 게다가 "후례(厚禮)하여 그를 보냈다"라고 했을 정도로 가히 파격적으로 후대하였다. 이러한 상황에서 왕건은 "스스로 이웃 나라와 친목하여 어느덧 결호했으니"라고 하였듯이 화평을 제의했던 것으로 보인다.

그러면 불투명한 동란의 시기에 국가 간에 결호가 유지되기 위해서는 어떻게 했을까? 무엇보다 경역(境域)의 획정이 전제되어야 함은 두말할 나위 없다. 그렇다고 할 때 앞서 언급했던 것처럼 왕건은 진훤에게 분할 정립안을 선뜻 제의했던 것으로 유추되어진다. 주변의 상황이 유리하지 않은 입장에 처한 이는 왕건이었다. 또 928년의 국서에서 '스스로'라고 하였던 바 그가 제의한 것은 분명하였다. 그러므로 왕건이 진훤에게 대폭 양보하는 입장이었을 것임은 자명해진다.

이러한 차원에서 교착(交錯)이 심한 예전의 백제와 고구려 경역에 대한 구분을 획정하였을 것이다. 양국은 당시의 현실적인 세력 판도를 감안하여 지금의 금강선을 경계로 인정했던 것 같다. 진훤이 전주에 입성했을 때 백제의 개국지(開國地)로 익산 금마산을 운위한 것도 이러한 영역관에 영향을 미쳤던 것으로 보인다. 그 결과 왕건은 본래 백제 영역이었던 웅주(충남 공주)·운주(충남 홍성) 등 10여 주현에 대한 후백제의 지배를 인정했던 것으로 추정된다. 고려 개국 축하사신인 후백제의 일길찬 민합이 환국하고 난 직후에 발생한 이들 지역의 후백제로의 이탈과 그에 대한 왕건 정권의 보복·대응 없는 묵인은 전후 상황을 놓고 볼 때 이러한 결호의 결과로 보인다. 진훤은 왕건 정권을 인정해 주는 대가로 금강 이남에 대한 영유권의 확보라는 실리를 챙긴 것이다.

진훤이 중국 왕조로부터 수여받은 작호에는 지배 지역이 적혀 있다. 진훤이 거병해서 최초로 받은 작호에는 '한남군'이라는 지명이 보였다. 이곳은 백제 건국지로 인식된 한강 이남 지역을 가리킨다. 그런데 이후 진훤의 작호에는 한남군은 더 이상 보이지 않는다. 그 이유는 이때 왕건과 경역을 구획하면서 일종의 타협을 본 때문으로 생각된다. 왕건은 통일신라의 9주(州) 가운데 지금의 서울을 비롯한 경기도 일원을 포함한 한주가 고구려 고지(故地)였음을 내세웠을 수 있다. 반면 통일신라의 웅주와 그 이남을 백제 영토로 인정하는 선에서 경역이 확정되었기 때문으로 보인다. 한주를 고구려 영역으로 인식했음은 서울시 종로구 신영동에 소재한 장의사(庄義寺)에 대한 재문(齋文)에서 읽을 수 있다. 태조가 이곳을 가리켜 "고려 옛 땅이요, 평양 명산이다"라고 했기 때문이다. 재문에 보이는 '고려'는 고구려를, '평양'은 남평양을 가리키고 있다.

왕건은 국호를 '고려'로 부활시켜 고구려 계승을 천명하였다. 이는 자신이 축출한 궁예의 정치 행태와는 180° 다른 정확히 선을 긋는 행위였다. 궁예가 고려 국호를 폐기하고 대동방국의 뜻을 지닌 마진 등으로 국호를 개칭했다. 그뿐 아니라 옛 고구려 영역 밖으로 영토를 확장시키는 동시에 옛 백제 지역 출신들을 등용한 결과 정권의 근간을 이루었던 고구려계 호족들을 동요시켰었다. 그것이 궁예의 실정과 맞물려서 그 몰락으로 이어지게 되었던 것이다. 그러므로 정권 기반이 취약했을 뿐 아니라 고구려계 호족의 이익을 대변하는 입장에 선 왕건은 그 동요 요인을 근절시킬 필요가 있었다. 아울러 자신이 세운 국가가 고구려를 계승한 국가라는 정체성을 분명히 해야만 하였다. 왕건은 고구려계 호족들을 안심시키기 위한 차원에서라도 옛 백제 영역이었던 웅주와 운주 등 10여 주현에 대한 과감한 포기를 결행한 것으로 보인다. 고구려의 부활과 계승으로써 정권을 출범시킨 왕건으로서는 당분간 고구려적인 색채를 유지하는 게 급선무였기 때문이다.

요컨대 결호 기간 동안 후백제와 고려는 설정한 옛 2국의 영역선 안의 호족세력들을 흡수하는 작업을 꾸준히 추구해 나갔던 것으로 짐작된다. 결국 화평 기간을 통해 양국은 예전의 왕국을 명실상부하게 복원하는 데 진력하였고, 결국 그런 점에서 성공했다고 보겠다.

왕건이 정권을 장악한지 만 5년이 되는 924년까지 백제와 고려는 표면상 우호 관계를 유지하고 있었다. 왕건이 즉위 이듬 해에 송악에 창건한 사찰 가운데 왕륜사(王輪寺)가 있었다. 이 절에는 좀이 슬고 너덜 너덜해진 책자가 보관되어 있었다. 최승로의 저술로 알려진 이 책자에는 궁중의 잡저(雜著)와 시고(詩藁)가 실려 있었다. 이 가운데 사운절구(四韻絕句)로서 「백제진백작찬 百濟進白鵲讚」라는 제목의 시가 있다. '백제에서 흰 까치를 진상한 것을 찬양한다'는 뜻을 지닌 시가 되겠다.

| 희고 흰 날개로 울며 날아 가기 좋아 하는가 | 皚皚雪色奴飛鳴 |
| 강남(江南)에서 날아오기 겨우 열흘 걸릴세 | 來自江南僅十程 |

너의 깃털은 비할데 없이 맑고 깨끗한데   看爾羽毛備潔朗

다만 성서롭게 날아와 이 시절을 더욱 맑게 하누나   只應來瑞我時淸

　후백제가 사신을 보내어 서상(瑞祥)의 상징인 흰 까치를 바친 것을 유
쾌하게 노래하고 있는 시이다. 이 시의 작자는 927년에 출생한 최승로가
될 수는 없다. 왕건 측근 문사의 작품인 것이다. 이 싯구절에는 후백제와
고려 양국 간의 우호관계가 화기애애하게 응결되어 있다. 그러나 그 밀월
관계는 냉혹한 현실 앞에 서서히 밀려 가고 있었다. 후백제와 고려 두 나라
는 숙명적으로 자웅을 겨루어야 될 관계였다. 그러나 일단은 탐색전만 하
면서 상대방의 허실과 실책에 대해서는 눈에 불을 켜고 있는 상황이었다.

제5부
통일전쟁기
- 승기를 잡은 통일전쟁
925년~929년

득의에 찬 대야성 점령과
'또 하나의 남북국시대'

본서에서는 후백제와 고려가 정치적 신경전에서 벗어나 바야흐로 군사적으로 격돌하려고 하는 이 시점부터 후백제의 군대는 '남군'으로, 고려 군대는 '북군'으로 표기하고자 한다. 『삼국유사』에 의하면 진훤의 말 가운데 "노부(老夫)가 신라 말기에 후백제라고 한지 지금 여러 해가 되어 군사가 북군(北軍)보다 배나 더 하되 … 북왕(北王)에게 … "라고 하여 고려 군대를 '북군'으로 고려왕을 '북왕'으로 지칭하고 있다. 이 말은 후백제가 고려를 '북국 北國'으로 인식했음을 뜻한다. 이러한 인식의 저변에는 언젠가는 하나로 통합되어야 할 공동체로서 상대방을 인식했음을 뜻한다. 이것은 고려 측에서도 동일한 선상에서 의식했다고 본다. 왜냐하면 왕건이 진훤에게 보낸 국서에서 후백제인을 '남인 南人'이라고 일컬었기 때문이다. 그리고 "남북이 오래 나누어지고", '남북용인 南北庸人'이라는 용어가 쓰여지고 있다. 물론 여기서 '북'은 발해를 가리킨다고 보기도 하지만 최승로의 상서문에 등장한다.

해가 다시금 바뀌어 920년이 밝았다. 진훤의 나이 54세였다. 그 해 9

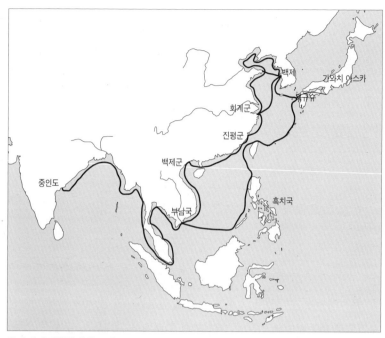

백제 때의 광활한 해상 교역로
인도지나 반도까지 뻗쳐 있다. 통일신라도 이것의 일부를 계승한 것으로 간주하는 시각이 지배적이다.

월 진훤은 아찬 관등의 공달(功達)을 고려로 보내어 지난 번과 마찬가지로 공작선과 지리산의 죽전(竹箭)을 바치게 하였다. 공작선은 공작의 꼬리털로 만든 부채로서, 후백제인들이 공작을 직접 사육했다 하더라도 남방 세계와의 교역을 통해서만이 얻을 수 있는 물품이다. 공작선은 후백제 왕국의 번성을 상징하는 물품이었다. 죽전은 주지하듯이 대나무로 만든 화살이다. 특히 전라남도와 경상남도가 대나무 산지로 유명하다. 진훤은 북방의 왕건이 갖지 못한 공작선을 통해서는 영화와 경제력을, 화살의 재료인 대나무가 무성하다는 것을 통해 풍족한 무력 기반의 위세를 과시하고자 했던 것으로 보인다.

특히 대나무는 통대로 만들어 끝에 날을 물린 무기인 죽장창(竹長槍)의 재료요, 건축재나 가구재를 비롯하여 부채와 같은 죽세공재였다. 그와 더불어 번식력이 강하고 상록인 점에서 소나무와 비견되는 영생과 불변을 상징한다. 진훤이 죽전을 왕건에게 보낸 데는 강대한 무력을 담보로 하는 후백제 왕국의 영생과 불변의 확고한 왕권에 대한 자신감이 담겨 있지 않았을까?

진훤은 이처럼 고려와의 관계에 틈을 보이지 않으면서 또 안심시킨 후 군사적인 작전을 전격적으로 신속하게 단행하였다. 진훤은 그 해 10월에 보병과 기병 1만 명을 이끌고 지금의 합천인 대야성을 공격하여 함락시켰다. 19년 만에 대야성에 입성한 것이다. 혈기 왕성했던 35세 나이에 함락시키지 못했고, 초로(初老)인 50세 때에도 공격했지만 실패했었다. 그러한 대야성을 노인의 나이가 되

합천의 대야성 원경/ 대야성 성벽

어서야 쟁취하였다. 감회가 일렁이지 않았다면 거짓말일 것이다. 후백제 군대는 내친김에 구사성(仇史城: 경상남도 창원시 구룡산 정상에 축조된 성)을 함락시켰다. 일거에 2개 군을 점령했던 것이다.

진훤의 군대는 여기서 멈추지 않고 진례성(進禮城)까지 진격하였다. 『삼국사기』와는 달리 『고려사』에는 진례성이 아니라 '진례군'으로 적혀 있다. 그러나 진례군은 충청남도 금산 일대이므로 남군의 진출로와 관련 지

어 볼 때 타당하지 않다.
진례성은 김해의 서북편에
소재하였는데, 남군은 김해
쪽에서 낙동강을 건너 양산
으로 이어지는 루트를 따라
북상하여 경주를 공략하려
는 계획을 지녔던 것이다.
그러자 신라에서는 아찬 김
율(金律)을 고려로 급히 보
내어 구원을 요청하였다.
이에 북군이 출동하자 진훤
은 이 소식을 듣고는 물러
갔다. 이로부터 후백제와
고려 사이에 틈이 생겼다는
기록을 남기게 되었다. 국
지전이 아니라 양국 간에

후백제와 고려의 전투 상황도

전면전이 벌어지게 되었던 것이다. 이 사안에 대해서 배경과 충돌 과정을
살펴보기로 한다.

후백제의 가야고지加耶故地 진출

후백제는 결호에 따라 실리를 챙긴 관계로 고려와의 군사적 충돌을 빚지 않았다. 그러나 고려에 비해 내부 체제가 일찌감치 정비되어 있던 후백제는 그 진출 방향을 설정하지 않을 수 없었다. 그 진출 방향은 말할 나위없이 금방 결호 관계가 깨질 뿐 아니라 위험 부담이 큰 고려 영역이 될 수는 없었다. 후백제는 신라 지역에 대한 끊임없는 잠식을 시도하였다. 그러니까 무력적인 공략보다는 그곳의 호족세력들을 이탈·포섭하는 공작이었다. 그러나 잠식 작업은 한계가 있었을 뿐 아니라 영속적인 잠식 작업을 추진하기 위해서는 무력을 수반하는 대대적인 공략이 필요하였다. 후백제는 고려와의 정면 대결을 피한채 타깃으로 설정한 신라 영역 가운데서도 신라에 대한 귀속감이 상대적으로 취약한 가야고지에 대한 진출을 기도한 것으로 보인다.

물론 후백제는 결호 이전부터 가야고지로의 진출을 일찍부터 시도한 바 있다. 여러 차례 시도된 그 관문격인 대야성에 대한 공격이 그것을 뜻한다고 하겠다. 대야성은 삼국시대의 신라가 대야주를 설치했을 정도로 정치·군사적 비중이 큰 지역이었다. 후백제가 집요하게 이곳을 공격한 이유는 설명이 어렵지 않다. 대야성을 장악하게 되면, 남으로는 곧바로 강주(康州: 경상남도 진주 방면)로 직행할 수 있고, 북으로는 지금의 고령→대구 방면으로 해서 경상도 북부 지역으로 진출할 수 있는 전략적 교두보였던 것이다. 대야성은 후백제가 신라의 심장부인 경주 방면으로 진출하기 위해서는 양면에서 협공할 수 있는 분기점이 되는 요충지였다.

후백제는 901년에 처음 공격한 이래로 916년에도 대야성을 공격하였지만 함락시키지 못하고 회군하였다. 대야성에서는 남군의 침공을 막는 데 일단 성공했지만, 원신라 지역은 물론이고 가야고지의 호족들이 위기감을 가졌을 것임은 의심할 나위 없다. 이러한 위기감은 승려 이엄(利嚴)이 김해부 지군부사(金海府知軍府事) 소율희(蘇律熙)의 지원으로 김해에서 주석(駐錫)한 지 4년 만인 915년에 이석(移錫)하면서 "땅이 적굴(賊窟)과 붙어 있어서 신변의 도모가 안전하지 않았다(『광조사 진철대사 보월승공탑비문』)"라고 한 말에서도 엿볼 수 있다. 여기서 '적굴'은 후백제의 영역을 뜻하는 것이다. 김해 지역 인근에 후백제의 거점이 소재하고 있으면서, 김해 지역을 압박하고 있음을 의미한다. 이러한 상황에서 가야고지 호족들이 택할 수 있는 길은 고려에 의존하는 것이 한 방편이 되었다. 다음의 기사가 그것을 말한다.

> 3년 강주장군(康州將軍) 윤웅(閏雄)이 아들 일강(一康)을 볼모로 보냈다. 왕이 일강에게 아찬의 품계를 주고 경(卿) 행훈(行訓)의 누이 동생에게 장가들게 하였다(『고려사』권 1, 태조 3년 조).

지금의 경상남도 진주 지역을 장악하고 있던 강주장군 윤웅이 920년에 아들을 고려에 볼모로 보냈다는 것은 귀부를 뜻하는 것이다. 왕건이 928년 정월에 진훤에게 보낸 답서에서 "강주는 남쪽으로부터 와서 귀부했다"는 기사가 그것을 말한다. 윤웅은 고려에 의존해서 세력의 유지를 바랬던 것이다. 그로부터 몇 개월 후인 920년 9월에 진훤은 아찬 공달(功達)을 고려에 보내어 공작선(孔雀扇)과 지리산(智異山)의 죽전(竹箭)을 선물했다(『고려사』권 1, 태조 3년 조). 그와 동시에 그해 10월에 진훤은 기민하게 군사행동을 하였다. 다음의 기사가 그것이다.

> 10월에 후백제 임금 진훤이 보·기병 1만을 거느리고 와서 대야성을 함락시키고는 진례성(進禮城)으로 진군하였다. 김율(金律)을 보내어 태조에게 구원을 청했다. 태조가 부장을 명하여 군대를 내어서 구원하니 진훤이 이를 듣고는 철수했다(『삼국사기』권 12, 경명왕 4년 조).

> 겨울 10월에 진훤이 신라를 침공하여 대량(大良)·구사(仇史) 2군(郡)을 탈취하고 진례군(進禮郡)에 이르렀다. 신라가 아찬 김율을 보내어 구원을 청하였기에 왕이 군사를 보내어 구원하였다. 진훤이 그 소식을 듣고 퇴각하였는데, 이때부터 그는 우리와 불화하게 되었다(『고려사』권 1, 태조 3년 조).

위에서 '대량'은 대야성 곧 합천을 가리킨다. '구사'는 종전에는 초계로 지목하였지만 창원이 타당하다. 그리고 진례성도 경상북도 청도 지역이 아니라 김해의 서북 진례면 지역이 온당하다. 그렇다고 할 때 남군은 합천에서부터 신속하게 창원과 김해를 잇는 루트를 따라 진격해 왔음을 알 수 있다. 이때 신라 경명왕이 왕건에게 구원을 요청했다는 것은, 진례군이 후백제에 함락된다면 김해 지역은 물론이고 전체 신라 지역의 안전이 위태롭다는 공멸 의식을 가졌기 때문으로 보인다. 아울러 남군의 가야고

강주의 치소였던 진주성

지 진출은 고려와 체결한 결호의 결과인 세력삼분 정립구도에 대한 파기였다. 그러므로 이 사실을 신속히 고려에 알림으로써 고려 세력을 끌어들여 이 지역에 대한 안전과 현상 유지를 기하고자 했던 것이다. 결국 진훤이 퇴각함으로써 양국 간의 직접적인 충돌은 피할 수 있었고 화평도 지속될 수 있었다. 진훤이 1만에 이르는 대병을 거느리고 신속하게 김해 지역까지 진출했지만 선뜻 퇴각할 수밖에 없었던 이유는 기존의 결호 구도를 존속시키면서, 지리적으로 고려보다 유리한 이점을 활용하여 가야고지를 잠식하고자 했던 것으로 보인다. 진훤의 퇴각은 전술상의 후퇴에 불과했던 것이다.

그러면 후백제가 김해 지역을 기습적으로 노렸던 이유는 무엇일까? 남군은 김해 쪽에서 낙동강을 건너 양산(梁山)으로 이어지는 루트를 따라 북상하여 경주를 공략하려는 계획을 지녔던 것으로 볼 수도 있다. 그렇지만 신라왕의 신하임을 자처한 진훤은 경주 정권의 타멸을 우선의 목표로 삼았을 리 없다. 그렇다고 하더라도 신라에 대한 시위효과뿐 아니라 친후백제 정권의 수립 가능성은 염두에 두었다고 본다. 이와 관련해 김해 지역은 낙동강 하구에 소재한 관계로 소백산맥이라는 지형구 안의 대동맥 격의 운송로인 낙동강의 목을 점하고 있는 전략적 요충지라는 점이다. 김해 지역의 장악은 낙동강이라는 병참선과 교역로의 지배를 뜻한다. 그 결과 소백산맥 내 신라계 호족들의 대외교섭로를 차단할 수 있다. 당시의 항해는 중국대륙과 한반도의 연안을 통해 일본열도로 이어지고 있었다. 김해 지역은 일본열도로 가는 항로상의 중간 기항지(寄港地)이기도 했다.

3세기 후반에 쓰여진 『삼국지』에 의하면 황해도에 설치된 대방군에서 왜(倭)에 이르기까지의 이정(里程) 기록을 "군에서 왜에 이르기까지는 해안을 돌아 수행(水行)하여 한국(韓國)을 지난다"라고 서술했다. 그러면서 교역선들이 해안선을 따라 연안항해를 하는 구절에 "그 북안(北岸)인 구야한국(狗邪韓國)에 이른다"라는 문구를 덧붙여 일본열도에 이르는 중간 기항지로서 지금의 김해 지역인 구야한국의 존재를 특기(特記)하고 있다. 이러한 사실은 해상교통의 요지에 자리잡은 김해 지역이 중개 무역지로 기능하였음을 짐작하게 한다. 아울러 후백제는 낙동강을 대동맥으로 하는 소백산맥 내의 호족세력들을 고립시키는 한편, 영향력을 행사하려는 전략적 차원에서 진례성 진격이 전격적으로 단행되었던 것 같다. 그 영향력을 행사할 수 있던 명분은 낙동강 유역의 가야제국에 미쳤던 옛 백제의 그것을 복원한다는 차원이었던 것으로 보겠다.

후백제는 결국 김해 지역을 미구에 장악하였다. 922년 5월에 후백제가 사신 휘암(輝嵒)을 쓰시마에 파견한 사실이(『扶桑略記』) 그것을 암시한다. 왜냐하면 후백제가 쓰시마에 사신을 파견하기 위해서는 그 교두보격인 김해 지역의 장악이 선결되어야만 하기 때문이다. 929년 1월에는 탐라와 해조(海藻)를 교역하던 후백제의 상선이 쓰시마의 시모겐 군[下縣郡]에

표착하였다. 그러자 쓰시마 수[對馬島守] 사카노우에 게이구니[坂上經國]
는 사절을 동반시켜 후백제인들을 김주(金州)까지 데리고 왔다(『扶桑略
記』). 이러한 상황은 1049년에 김효(金孝) 등 20명이 폭풍을 만나 쓰시마로
표류했다가 쓰시마 관인들의 도움을 받아 김주로 귀환한 경우와 동일하
다(『고려사』 권 7, 文宗 3). 이때도 귀환지를 '김주'라고 하였다. 김주는 김해
를 가리킨다. 이러한 정황에 비추어 보더라도 『부상략기』에서 언급한 김
주는 김해가 분명하다.

『부상략기』의 '김주 金州'를 '전주 全州'의 오기(誤記)로 파악하기도 한
다. 그렇지만 고려시대 때 김해를 '김주 金州'라 하였고(『삼국사기』 권 34, 지
리 1; 『세종실록』 지리지, 김해도호부 조) 924년 7월에 부산 앞바다에 소재한
절영도(絕影島)의 총마(驄馬)를 고려에 선물했을 정도로 후백제는 김해와
부산으로 이어지는 연안 지역과 항로를 장악하고 있었다. 신라 귀족들은
섬을 목마장으로 이용했었다. 절영도의 경우도 예외가 아니었다. 733년

김해 분산성

(성덕왕 32)에 성덕왕이 김유신의 후손인 김윤중에게 절영도의 말[馬] 1필을 하사했다는 기록이 보이기 때문이다(『삼국사기』 권 43, 김유신전). 물론 이 기사에는 '절영산 絕影山'으로 적혀 있지만 동일한 지역을 가리킨다. 게다가 후당(後唐)의 등조우[登州]와 신라의 김주를 연결하는 신라인 연락관이 파견되어 있었을 정도로 경제와 전략적으로 중요한 곳이 김해 지역이었다. 따라서 중국대륙과 한반도 연안 그리고 쓰시마를 잇는 중요한 기항지가 김해라는 사실이 밝혀지게 되었다. 이러한 요인으로 인해 일본열도와의 교섭을 열망하고 있던 후백제는 920년에 전격적으로 김해 지역의 장악을 서둘렀다고 하겠다.

후백제가 일본열도와의 교섭을 시도한 배경에 관해서는 여러 가지 추측이 가능하다. 그런데 분명한 것이 있다. 전통적으로 백제와 우호 관계를 유지했던 일본과의 교섭에서 백제를 계승한 국가임에도 불구하고 후백제는 922년에 다자이후[大宰府]로부터 받은 첩(牒)에서 진훤이 '도통 都統'으로 표기되었다는 사실이다(『本朝文粹』 권 12, 牒, 大宰府荅新羅返牒). 물론 진훤이 신라의 지방관임을 뜻하는 '도통'을 칭한 것은 여러 곳에서 확인된다. 그럼에도 굳이 일본과의 관계에서도 그것이 운위되었기에 그러한 호칭이 언급되었다는 것이다. 그렇다면 여기에는 특별한 의미가 있었을 것으로 보인다. 그 이유는 후백제가 중국대륙의 등조우에서 한반도 남단의 김주로 이어지는 거대한 상업 교역망을 확보하게 된 상황에서 일보 전진하여 쓰시마와 북규슈로 이어지는 교역 채널만 잇는다면, 장보고 시절의 교역 채널을 고스란히 복원·장악하는 게 된다. 바로 그러한 현실적인 경제적 욕구 때문에 후백제가 일본과의 교섭을 서두른 것으로 간주하는 게 온당해 보인다. 후백제는 탐라와 해조를 교역하고 있었거니와 남방 서식의 공작을 재료로 한 공작선을 고려에 선물했을 정도로(『고려사』 권 1, 태조 3년 9월 조) 드넓은 교역권을 자랑하고 있었다. 이로 볼 때 후백제는 장보고 시절의 교역망의 복원이라는 차원에서 일본열도의 초입(初入)인 쓰시마를 두드린 것이 아닐까 싶다. 후백제가 일본에 기댈 수 있었던 것은 정치적인 것이라기보다는 경제적인 데 있었음은 자명하다. 후백제가 일본과 연결된다고 해서 한반도 내에서의 입지가 강화될 수 있는 여지는 그다지 없었다. 물론 이러한 후백제의 일본과의 교섭은 실패로 결말나고 말았다. 그러나 이러한 현상은 후백제에만 국한된 것은 아니었다. 고려를 비롯하여 동단국(東丹國)과 오월(吳越) 사신들도 일본과의 통교에 모두 실패했기 때문이다(石上英一, 「日本古代10世紀の外交」『日本古代史講座』 7, 1982).

후백제가 거둔 외교적 교섭을 통한 정치적 성과는 오월국과의 그것을 통해 이미 확보하고 있었다. 어쨌든 922년 이전에 후백제는 지금의 경상북도 지역 호족들이 외부세계와 교통할 수 있는 대야성(합천)과 진례성(김해)이라는 양대 관문(關門)을 장악하였다.

왕건을 제압한 조물성 전투

진훤은 그간 왕건에 대해 호의적인 제스처를 많이 취했었다. 그러나 가야고지로 진출함에 따라 이제는 진훤의 의도가 드러나게 되었다. 진훤이 경주를 기습적으로 강타하려는 계획은 실패했지만 경주 진공까지는 7년이라는 세월이 더 필요했다. 그로부터 세월은 흘러갔다. 진훤과 왕건 간에 군사적 충돌에 관한 기록은 보이지 않는다. 그러나 921년이 저물어 갈 무렵이었다. 후백제인 궁창(宮昌)과 명권(明權) 등이 고려로 투항해 갔다. 이들은 그곳에서 전택(田宅)을 하사받을 정도로 대우를 받았다. 그런 것을 볼 때 이들은 후백제의 고관이었음을 시사해 준다. 진훤 정권 내부의 사정이 순탄하지만은 않았는지도 모른다.

오랜 군사적 침묵을 깨고 진훤은 924년 경상도 북부 지역으로의 출병을 결행하였다. 7월에 진훤은 아들 수미강(須彌强·康)과 둘째 아들 양검(良劍)을 보내어 대야성과 문소성(聞韶城) 등 2성의 군대를 동원하여 조물성(曹物城)을 공격하게 했다. 대야성은 지금의 합천이고, 문소성은 지금의 경상북도 의성이다.

조물성의 위치에 관해서는 선산 금오산성설, 안동이나 김천으로 비정

조문국박물관에서 바라 본 금성산성과 그 밑의 탑
리와 대리 고분군

금성산성 성벽

하고 있지만 의성설이 타당하다. 『용비어천가』49장에서 남양만 부근에 소재한 '김홀도(김忽島)'를 '죠콜섬'이라고 하여 '忽'을 '콜' 즉 '골'로 읽고 있다. 아울러 '김'를 '죠'로 발음했다는 점에 유의할 때, 조물성은, 죠문국[召文國]이 소재했던 경상북도 의성 지역으로 비정되어진다. 물론 문소성이 의성이 분명한 만큼, 그렇다면 의성 지역(문소성)의 군대를 동원하여 의성(조물성)을 공격한 게 되어 모순을 느끼게 한다. 해서 문소성의 군대 동원 기사는 신빙하기 어렵다는 견해가 있다. 일견 타당하기도 하지만, 문소성은 지금의 의성 안계 평야가 소재한 곳을, 조물성은 탑리 방면의 금성산성으로 비정한다면 충돌이 되지 않는다.

이때 진훤의 아들로 처음 등장하는 수미강은 누구일까?『삼국사기』진훤전에는 이 전투의 지휘자로서 수미강만 기록되어 있다. 그런데『고려사』에는 수미강에 이어 둘째 아들 양검도 기재되어 있다. 기록 순서로 볼 때 수미강은 양검의 형인 신검일 가능성이 없지 않다. 그러나 이름에서 수미강과 신검은 유사점이 잡히지 않는다. 오히려 수미강은 금강일 가능성이 높다.

금강의 '금'은 우리말로 '쇠'가 되는데, '수미'로 표기된다. 이것을 입증해 주는 예가 있다. 고구려의 권신인 연개소문(淵蓋蘇文)을 개금(蓋金)으로 표기하기도 하는데, 이는 그 음독(音讀)과 훈독(訓讀)이 된다. 개소문의 '개'는 '개금'의 '개'로, '소문'은 '금'으로 훈독되고 있는 것이다. 그러니까 '금'의 훈독인 '쇠'를 '소문'으로 표기하였음을 알게 된다. 이것을 뒷받침해 주는 게 『일본서기』의 기록이다. 여기에서는 연개소문을 '이리가수미 伊梨柯須彌'라고 표기하였는데, '이리'는 '연'에, '가'는 '개'에, '수미'는 '소문'에 해당됨을 알 수 있다. '금'을 '소문' 혹은 '수미'로 읽었음이 확인된다. 그렇다고 할 때 수미강의 '수미'는 '금'의 훈독이요, '강'은 음독이라고 보여지므로 자연스럽게 '금강'이 되는 것이다.

금강이 전쟁을 지휘했음은 군사적 능력이 탁월했음을 뜻한다. 더구나 『고려사』에서처럼 둘째 아들인 양검보다 앞서 넷째 아들인 금강이 기록되었다면 사족을 불허하는 것이다. 이러한 추정은 금강이 키가 크고 지략이 많았다는 평가와 정확히 부합되고 있다. 체격이 장대하고 지략이 많았음은 군사적 능력의 탁발성을 웅변하고 있는 것이기 때문이다.

그런데 남군의 조물성 공격은 고려 군대의 지원과 성민(城民)들의 완강한 저항에 걸려 실패로 돌아가고 말았다. 남군은 고려의 지원군 장수인 애선(哀宣) 및 왕충(王忠)과 격렬히 싸웠다. 그 결과 애선을 전사시켰다. 그러나 조물성 주민들의 거센 저항을 꺾지 못하고 퇴각하였다. 이 전투 직후인 8월에 진훤은 지금의 부산시 앞 바다에 소재한 절영도의 총마 1필을 왕건에게 보내었다. 총마는 '총이말'이라고도 하는데, 흰 바탕에 푸른 빛깔이 섞인 말을 가리킨다. 『증보문헌비고』에서는 흰 털과 푸른 털이 섞인 말이라고 했다.

그런데 당시 섬은 신라 귀족들의 목마장으로 이용되어 왔었다. 절영도 역시 예외가 되지 않았는데, 신라 왕실 목장이었다. 733년(성덕왕 32)에 성덕왕이 김유신의 후손인 김윤중(金允中)에게 절영도의 말 1필을 하사한 기록이 보이기 때문이다. 그러나 이제는 후백제가 장악하게 된 것이다. 절영도는 조선 전기까지만 하더라도 국가에서 소재관(所在官)을 파견하여 제사지냈을 정도로 풍수지리상 적지 않은 의미를 지닌 곳이었다. 어쨌든 진훤은 특유의 화전 양단책(和戰兩端策)을 구사했던 것이다. 진훤의 대 왕건시책은 사절을 파견하여 왕건을 안심시킨 후 불의에 그 예하의 세력을 쳤다. 아니면 전투를 치른 직후에 급히 사신을 파견하여 동정을 탐지하는 동시에 다독거리는 전술이었다. 그랬기에 진훤을 일컬어 "속임수가 많다"라고 평하였던 것이다.

이러한 진훤의 외교술은 백제 외교의 전통적인 행태였다. 백제의 외교 방식은 중국이나 신라 그리고 왜의 문헌을 통해서 명료하게 드러난 바 있다. 가령 "고구려와 화통하면서 간사한 마음을 가지고 중국을 엿본다. 수나라 군대를 돕는다고 하면서도 실제로는 양단책(兩端策)을 쓰고 있다(『수서』 백제 조)". "백제는 반복(反覆)하는 나라이므로 믿을 수 없다(『삼국사기』 죽죽전)". "백제는 반복이 심한 나라이다. 도로(道路)의 사이에도 오히려 속임수를 쓴다(『일본서기』推古 31년조)". 이러한 기록을 통해 볼 때, 백제는 외교에서 반복이라든지 고도의 기만술을 구사하는, 그러니까 양면성을 띠고 있는 백제 외교의 변화무쌍한 모습을 그릴 수 있다. 진훤의 외교술도 옛 백제의 국가 생존전략에 연원을 둔 것처럼 비춰진다.

한반도의 정세는 시시각각으로 변해 갔다. 924년 8월에 신라 경명왕이 세상을 뜨고, 경애왕이 즉위하였다. 천년왕국인 신라 왕조의 끝에서 두 번째 임금이었다. 신라의 멸망이 이제 목전에 성큼 다가 온 것이다. 그러나 무엇보다 동만주 지역에 중심을 형성하고 있던 발해가 거란에 몰리는 상황이 벌어졌다. 신라에 앞서 발해의 멸망이 그야말로 초 읽기에 들어선 것이다. 그 여파가 한반도의 정세에 영향을 미치지 않았을 리 없다.

925년 9월에는 발해장군 신덕(申德) 등 500여 명이 고려로 귀부해 왔다. 그 직후에 발해의 예부경(禮部卿) 대화조(大和鈞)·균노(均老)와 사정(司政) 대원균

발해 연화문 와당
발해 상경 용천부 터에서 내가 발견한 것이다.

(大元鈞) 그리고 공부경(工部卿) 대복예(大福譽)와 좌우위장군(左右衛將軍) 대심리(大審理) 등과 같은 발해 조정 요직에 있던 인물들이 주민 100여 호를 거느리고 왔다. 이듬해 발해는 거란에게 망하였다. 이 기간을 전후하여 발해인들이 국경을 접하고 있었을 뿐 아니라 동족의 국가였던 고려 땅으로 대거 몰려들었다. 그 수는 무려 10여만 명을 헤아렸다. 발해에 대하여 왕건은 "발해는 우리와 혼인했다", "발해는 본시 내 친척의 나라이다"라고 공언(公言)하면서 양 팔을 활짝 벌려 그들을 포용하였던 것이다.

발해 유민들을 흡수한 고려는 한층 강성해졌다. 고구려계 발해 유민들의 흡수로 인해 인구 증가는 물론이고, 고구려 계승이라는 명분을 일층 강화시킬 수 있었다. 그러는 가운데 신라왕국의 기본 영역이었던 지금의 경상도 땅을 놓고 후백제와 고려는 자웅을 겨루었다. 진훤과 왕건이 볼 때는 무주공산쯤으로 여겼던 곳이었다. 경주에 근접한 지금의 경상북도 영천 지역인 고울부(高鬱府)의 장군 능문(能文)이 고려로 귀부하였다. 상황은 고려에 한층 유리하게 전개되는 듯했다. 이에 힘입어 왕건은 정서대장군(征西大將軍) 유검필을 보내어 후백제를 공격하게 하였다. 연산진(燕山鎭: 충청북도 청주시 문의면)에서 길환(吉奐)이 전사하고, 임존성(충청남도 예산군 대흥면)에서는 3천 명이 죽거나 생포되었다. 후백제는 고려의 압박

임존성 성벽

을 감내하고만 있을 수는 없었다.

925년 10월에 진훤은 몸소 기병 3천 명을 거느리고 조물성에 이르렀다. 왕건도 정예 병력을 이끌고 와서 서로 겨루게 되었다. 임금을 사령관으로 하는 양군(兩軍)이 격돌하게 된 것이다. 후백제와 고려가 향후 10년간 치열한 소모전으로 치닫게 되는 첫 전투였다. 그런데 남군의 군세가 원체 강성한지라 왕건이 이끈 북군이 몰리는 형편이었다. 유검필이 응원군을 이끌고 왔지만 전세가 반전(反轉)되지는 않았다. 왕건은 꾀를 내었다. 진훤에게 글을 보내어 화친을 청했던 것이다. 협상이나 화친은 먼저 제의한 측이 곤경에 놓여 있음을 뜻한다. 흉노의 대군에 포위되었던 유방의 군대도 마찬가지의 수순을 밟지 않았던가? 왕건은 진훤을 상보(尙父)라는 존호(尊號)로 부르는 굴욕을 감내하였다. 그러면서 자신의 당제(堂

弟)인 왕신(王信)을 볼모로 보내었다.

진훤도 형세가 유리한 것만도 아니었던지 화친을 수용하는 표시로, 외생(外甥)인 진호(眞虎)를 볼모로 보냈다. 외생은 처남이나 누이의 아들인 생질을 가리킨다. 여기서 진호는 진훤과 어떤 관계인지 명확히 알기 어렵다. 「이제가기」에 의하면 진훤의 형제는 5남 1녀로 되어 있다. 진훤의 누이 이름을 대주도금이라고 특별히 기록하고 있는 점을 유의한다면, 진호는 진훤의 누이의 아들일 가능성이 높다. 이러한 추정이 허용된다면 진훤은 자신의 향읍과 긴밀한 관계를 지속하고 있었음을 알려주는 것이다.

그리고 볼모는 일종의 담보물로서 파견되는 것이다. 그러면 진훤이 화친을 선뜻 받아들인 이유는 무엇일까? 경애왕이 왕건에게 "진훤은 속임수가 많으니 화친하여서는 안될 것입니다"라고 말하였듯이 복선을 깔고 있었는지 모른다. 적을 안심시킨 후 일격을 가하는데 진훤은 일가(一家)를 이루고 있었다는 말이다. 노회한 진훤 병법의 한 특징이었지만 이제 노출이 되었다. 알지만 수용하지 않을 수 없는 게 왕건이 처한 현실이기도 했다.

화친으로 북군을 묶어둔 진훤은 군대를 이끌고 그해 12월에 거창(居昌) 등 20여 개 성을 일거에 점령했다. 이 '거창'을 '고창 古昌' 곧 지금의 안동의 잘못으로 간주하면서 후백제가 경상북도 북부 지역의 20여 개 성을 장악한 것으로 잘못 파악하기도 한다.

기세를 올린 진훤은 즉각 후당에 사신을 파견하였다. 후백제는 번국(藩國)을 칭했다. 이때 진훤은 후당으로부터 '검교태위 겸 시중 판백제군사 檢校太尉兼侍中判百濟軍事'를 제수받았다. 그뿐 아니라 종전의 지절도독(持節都督)인 전주(全州)와 무주(武州) 그리고 공주(公州) 등의 주(州)에 대한 군사(軍事)와 '행전주자사 해동서면도통지휘병마제치등사 백제왕(行全州刺史海東西面都統指揮兵馬制置等事百濟王)'에 식읍 2,500호는 그대로 두었다. 45자로 구성된 길다란 관작명 가운데 보이는 전주와 무주 그리고 공주는 완산주와 무진주 그리고 웅주를 가리키는 것이다. 후백제 왕국의 통치 구간을 말한다. 지금의 전라남·북도와 충청남도에 이르는 영역의 범위를 알려주고 있다.

그런데 이듬해인 926년 4월, 고려에 볼모로 가 있던 진훤의 생질인 진호가 얄궂게도 갑자기 병사(病死)했다. 고려의 시랑 의훤(大萱)이 그 상(喪)을 호송(護送)하면서 후백제로 왔다. 시랑은 차관급이므로 상당히 예우했음을 뜻한다. 그러나 진훤은 격노하였다. 고려 측에서 생질을 죽인 것으로 단정했다. 진훤은 즉각 고려 측의 볼모인 왕신을 하옥시켰다. 그리고는 출병을 단행했다. 진훤은 몸소 군대를 이끌고 지금의 충청남도 공주인 웅진(熊津)까지 진군하였다. 금강이 북으로 띠를 두르며 흘러가고 있는 요새인 공산성에 주둔한 게 분명하겠다. 일전을 불사하겠다는 단호한 의지를 보인 것이다. 진호의 갑작스러운 죽음은 남군이 북군을 공격할 수 있

금강에 접한 공주 공산성

는 명분을 제공한 것이다. 진호의 사인(死因)은 '병사'라고만 적혀 있다. 베일에 싸인 진호의 사망 원인이 승자인 고려가 남긴 기록에 납득하게끔 기록되지 않았다. 이로 볼 때, 모종의 불상사가 게재되었을 혐의를 배제하기 어렵게 한다. 실제로 진훤이 화친 약속을 어기고 경상북도 일대를 유린한 관계로, 고려 측에서 보복 살해한 것으로 간주하는 시각도 있다.

진호의 사망으로 인한 출병시 남군의 병사들은 분노에 몸을 떨었음은 자명하다. 남군의 군세가 워낙 드센지라 왕건은 여러 성에 명령을 내려 "성벽을 굳게 지키고 나와 싸우지 말라"고 당부했다. 북군이 몰리는 상황이었다. 답답하였던지 신라의 경애왕이 사신을 왕건에게 보냈다. 경애왕은 "진훤이 맹약을 어기고 군대를 일으켰으니 하늘이 반드시 도우지 않을 것입니다. 만약에 대왕께서 한 번 전고(戰鼓)를 울리는 위세를 떨치기만 하면 진훤은 반드시 저절로 패배할 것입니다"고 말하였다. 왕건은 신라 사신에게 "내가 진훤을 두려워하는 것이 아니요, 악(惡)이 차서 스스로 쓰러질 것을 기다릴 뿐이다"고 답하였다. 그러나 이 말은 상투적인 언사에서 크게 벗어나지 않았다. 왕건은 기실 진훤을 두려워 하였고, 자극하지 않기 위해 애써 싸움을 피하고 있었던 것이다. 그런데 경애왕의 이 같은 친고려적인 행태는 진훤을 크게 자극시키고 있었다. 진훤은 경주 진공을 의중에 두고 있었다.

앞일을 예측할 수 없는 안개 정국인 경우에는 작은 일에도 민감하게 반응하기 마련이다. 비록 후백제가 군사적 우위를 자랑하고는 있지만 그러나 그것은 절대적인 게 아니었다. 어디까지나 상대적인 우세였다. 그러니 남군과 북군의 싸움에서 민심의 흐름에 촉각을 세우지 않을 수 없었다. 당시 도참서(圖讖書)에 이러한 말이 적혀 있었다. "절영도의 명마(名馬)가 이르면 백제가 망한다"는 것이다. 아차! 하는 생각이 들었던 진훤은 그 말을 돌려줄 것을 왕건에게 청하였다. 왕건은 웃으며 돌려주었다고 한다. 진훤의 궁색함과 대비되는 왕건의 호쾌하고도 관대한 기상을 돋보이게 하는 사건으로 기록에 남아 있다. 그러나 이 사건은 입장을 바꿔놓고 생각해야 될 문제이다. 유언비어일지라도 참언은 민심의 동향을 반영하고 또 민심에 직접 영향을 미치고 있기 때문이다. 그러므로 이것의 흐름을 타면서 처신하는 게 현명한 일이요 대세를 선점하는 길이기도 하였다.

이런 일이 있지 않았던가? 신라 선덕여왕 말기에 고신라 최대의 내란인 상대등 비담(毗曇)의 반란이 일어났다. 비담의 군대는 명활산성에, 여왕을 지키는 김유신 일파는 왕궁인 반월성에 진을 치고 있었다. 그런데 한밤 중에 유성이 반월성으로 떨어졌다. 자고로 병가(兵家)에서는 별이 떨어진 곳에는 유혈(流血)이 낭자하다는 말이 있다. 패한다는 이야기이다. 고구려에 보복하기 위해 백제 아화왕은 한강을 건너 올라가는데 한밤 중에 큰 별이 소리를 내며 진영으로 떨어지자 경악하여 출병을 중단하였다. 그러나 김유신은 연(鳶)에다가 불붙인 허수아비를 달아서 공중으로

부산 절영도
현재는 영도라고 부른다.

날리면서 "어제 우리 진영에 떨어졌던 별이 이제는 반란군 진영으로 떨어졌다!"고 하여, 병사들의 사기를 충천시켰고 결국 전세를 반전시켰다.

진훤도 절영도의 명마를 찾아온다는 게 궁색한 일임을 누구보다 잘 알고 있었다. 고려 측의 웃음거리가 된다는 것도 모를 리 없었다. 그렇지만 민심을 전환시키기 위해서는 "고려에 이르렀던 절영도의 명마는 다시 돌아왔다"라든지, "당초부터 절영도의 명마는 후백제 땅에 있었다. 여기 있지 않은가?"와 같은 정치 쇼가 필요했기 때문일 것이다. 진훤의 속 좁은 사례로 간주하기는 어려운 일이라고 하겠다.

927년 정월에 왕건은 직접 군대를 이끌고 후백제의 세력권이었던 용주(龍州: 예천군 용궁면)를 공략했다. 경애왕이 출병시킨 신라 군대까지 합세하여 북군을 지원하였다. 결국 용주가 북군에게 함락되었다. 왕건은 소백산맥 이남으로의 진출 통로를 확보하기 위해서 무진 노력을 했었다. 그러나 남군이 소백산맥 이남의 문경과 예천 일대를 꽉 틀어쥐고 있었다. 북군의 낙동강 유역 작전은 그간 진척이 없었던 것이다. 그런데 용궁을 장악함에 따라 교두보를 확보하게 되었다. 그러자 진훤은 특유의 화해 제스처를 취했다. 진호의 사망에 대한 앙갚음으로 처형했던 왕신(王信)의 시신을 정중히 보내주었다. 그렇다고 양국 간의 평화가 지속된 것은 아니었다.

예전과는 달리 북군의 공세가 심화되었다. 진훤은 지금의 충청남도와 경상북도라는 2곳에 전장을 형성하고 있었다. 927년 3월 북군은 운주(運州: 충청남도 홍성)를 공격하였다. 북군은 운주 성주인 후백제의 긍준(兢俊)을 패퇴시켰다. 936년에 고려 군대가 후백제의 신검 군대를 치기 위해 총동원한 군대 가운데 대상(大相) 벼슬인 긍준의 존재가 눈에 띈다. 927년~936년 사이 어느 때 긍준이 고려에 투항했음을 뜻한다. 그 시점은 934년 9월의 운주성 패전 직후로 짐작된다. 운주성은 이곳의 토호(土豪)인 홍규(洪規)가 고려로 귀부한 관계로 성내에서 소요를 일으켜 걷잡을 수 없는 혼란 상태에 빠져 함락되었다고 한다.

서부 경남, 그 남해안 지역의 장악
– 강주왕국康州王國 왕봉규의 짧은 영광

북군의 공격은 내포 지역과 동시에 경상북도 북부 방면으로 쏠렸다. 운주를 공격한 지 3일 후에 지금의 문경시 산북면에 소재한 후백제의 근암성(近嵓城)을 함락시켰다. 근암성은 왕건이 직접 함락시킨 것이다. 그런데 근암성을 『고려사』와 『고려사절요』에는 '近品城'으로 표기하였다. 대부분의 연구자들도 '近品城'으로 표기하고 있다. 그런데 이 성이 소재한 현재의 산 이름이 근암산(近巖山)이다. 그러므로 『삼국사기』에서처럼 '近嵓城'이 옳은 표기라고 하겠다. 어쨌든 근암성 공격은 전광석화 같은 북군의 공격이었다. 죽령로를 이용하던 북군이 영(嶺)을 넘어와 서진(西進)을 시작하여 문경 지역을 장악하게 되면 계립령로까지 확보하게 된다. 근암성의 함락이 그 서곡을 알리는 것이었다.

927년에 접어들어 남군과 북군은 지금의 경상남도 남해안에서 치열한 각축전을 전개하고 있었다. 이러한 전투는 대규모 병력과 무기를 비롯한 보급품을 운송할 수 있는 선박을 위시하여 병참선 등이 확보되어야 하는 것이었기에, 양국은 엄청난 출혈을 감내하면서 공방전을 전개하고 있었다. 이러한 와중에도 아랑곳하지 않고 그 틈새에는 큰 포부를 지닌 호족이 떡 버티고 있었다.

그의 존재는 중국 역사서인 『신오대사 新五代史』나 『책부원구 册府元龜』에 먼저 등재되었다. 이것을 토대로 『삼국사기』에 그의 존재가 수록될 수 있었다. 이 지방세력가는 신라 조정과 어깨를 나란히 하면서 924년 정월에 후당에 사신을 파견하였다. 그가 천주절도사(泉州節度使)라는 직함을 가졌던 왕봉규(王逢規)라는 호족이다. 천주(泉州)는 경상남도 의령군 부림면의 통일신라 때 이름이었다. 절도사는 원래 당나라 때부터 오대(五代)에 걸쳐 지방에 할거하면서 독립된 세력을 형성했던 군벌을 가리키는 호칭이다. 왕봉규의 존재는 다음의 기사에 보인다.

＊＊ 봄 정월에 사신을 보내어 후당(後唐)에 조공했는데, 천주절도사 왕봉규도 사신을 보내어서 방물을 바쳤다(『삼국사기』 권 12, 경명왕 8년 조).

＊＊ 신라국주 김박영(金朴英) 및 그 천주절도사 왕봉규 모두 사자를 보내 왔다(『신오대사』 권 5, 同光 2년 조).

왕봉규는 924년 이전에 강주 관내의 의령 지역을 장악하였다. 그럼으로써 천주절도사를 자칭하여 후당에 사신과 방물을 보냄으로써 자신의 지위를 확고하게 굳히고자 했다. 『책부원구』에 따르면 그로부터 3년 후인 927년 3월에 그는 권지강주사(權知康州事)라는 직함과 회화대장군(懷化大將軍)이라는 위계로서 다시금 등장하고 있다. 후당 명종(明宗)으로부터 왕봉규가 장군호를 받게 된 것이다. 그 해 4월에는 이에 대한 답례로서 왕봉규가 임언(林彦)을 사신으로 삼아 후당에 조공을 하였다. 이러한 『책부원구』의 기사를 『삼국사기』에서는 다음과 같이 인용했다.

> 후당 명종은 권지강주사 왕봉규를 회화대장군으로 삼았다. 4월
> 에 권지강주사 왕봉규는 사신 임언을 후당으로 파견하여 조공하
> 였다. 후당 명종은 그를 중흥전(中興殿)에 불러 대하여 물자를 하
> 사하였다.

그럼에 따라 왕봉규는 그 존재와 지위가 국제적으로 인증(認證)되는 동시에 국제적 배경까지 얻게 되었던 것이다. 또 천주절도사에서 권지강주사를 칭함에 따라 왕봉규는 강주 즉 통일신라 9주의 하나인 지금의 경상남도 진주를 중심으로 한 상당한 지역을 장악했음을 뜻한다. 의령 지역의 호족에서 지금의 서부 경상남도 일대인 강주 전체를 호령하는 대호족으로 성장하였던 것이다. 이는 920년에 고려에 붙은 강주장군 윤웅(閏雄)의 제압 없이는 생각하기 어렵다. 윤웅은 그 아들을 고려에 볼모로 보내는 한편, 혼인 관계를 통하여 고려 조정과의 정치적인 유대를 단단히 맺고 있었다. 그러한 윤웅이 지배하던 강주 일대를 왕봉규가 호령하게 된 것이다. 그런데 왕봉규의 존재는 순암 안정복이 시말을 알 수 없다고 했을 정도로 홀연히 기록에 나타났다가 사라진 것이다. 924년 정월에서 927년 4월까지라는 3년 4개월의 짧은 순간, 반짝하면서 자취를 감췄다.

왕봉규는 진훤이나 왕건에 의해 역사의 뒷전으로 밀려난 것으로 볼수 있다. 927년 4월부터 928년 8월까지 남군과 북군이 강주 일대에서 치열한 전투를 벌였다. 후백제가 강주 일대를 장악하자 북방의 고려도 영유권 쟁탈에 가세한 것으로 보인다. 왕봉규의 운명은 그의 사신이 후당에 당도한 927년 4월 이전에 결정된 것으로 판단하는 게 옳을 것 같다. 그 운명을 쥐었던 이는 여러가지 정황으로 미루어 볼 때 기습전에 능한 진훤

미타산성과 그 밑의 광활한 초계 분지
의령군 부림면에 소재하는 둘레 2km의 미타산성은 왕봉규의 최초 근거지로 추정된다.

왕봉규가 이용했을 그 북편의 합천군 관내를 통과하는 낙동강 수계

으로 지목되고 있다. 진훤이 처음으로 강주를 공략할 때인 927년 벽두에 희생된 것으로 짐작하기도 한다. 그러나 여기에는 의문이 제기되지 않을 수 없다. 고려의 후방 거점이었던 강주를 장악한 이가 왕봉규이고 보면, 그에 대한 보복 차원에서의 공격은 후백제보다 고려의 현안이었을 것이다. 그러므로 북군의 공격으로 왕봉규가 몰락했을 가능성이 높다.

실제로 927년 4월에 북군은 수군을 동원하여 강주 관내의 남해안을 강타하였다. 강주 관내의 전이산(轉伊山: 轉也山으로도 표기하는데, 지금의 남해군 일부)과 노포(老浦)·평서산(平西山: 남해군 남면 평산리)·돌산(突山: 여수 돌산도)이 속속 북군의 수중에 떨어졌기 때문이다. 아울러 927년에 왕봉규의 사신으로 후당에 파견되었던 임언이 왕건의 사신으로 기록되어 있다. 물론 전자에서는 927년 4월이요, 후자에서는 927년으로만 적혀 있지만, 양자를 동일인으로 지목하고 있는 만큼 고려에 의해 왕봉규가 소멸되었음을 암시해 준다. 아울러 임언이 왕건의 11번째 왕비인 천안부원부인(天安府院夫人)의 아버지였다는 사실도 왕봉규의 부하였던 임언이 왕건의

남해도

휘하에 들어왔음을 뜻한다고 보겠다.

927년 4월에는 북군은 주전장이었던 경상북도 북부 방면에서 나왔다. 고려는 수군을 동원하여 남해안을 강타하였다. 후백제의 허를 찌른 것이다. 성동격서(聲東擊西)와 같은 작전이었다. 진훤은 저으기 당황하지 않을 수 없었을 것이다. 강주 관내의 전이산·노포·평서산·돌산이 속속 북군의 수중에 떨어졌기 때문이다. 여기서 돌산은 지금 전라남도 여수 관내의

남해도 임진성

남해도 대국산성 저수지

대국산성에서 바라 본
남치리 마을 원경

은제 관식이 출토된 남치리 석실분

돌산도

섬인데, 왜인들이 왕래하던 루트에 소재하고 있어 전략적으로 중요하였다. 그로부터 3일 후에 왕건은 친히 군대를 이끌고 웅주(熊州: 충청남도 공주)를 공격해 왔다. 그러나 남군은 북군을 격퇴시켰다. 역시 공주는 천험의 요충지였던 것이다. 그리고 후백제의 군사력은 고려보다 압도적으로 우세하였다.

후백제의 강주_{康州} 장악

북군은 927년 4월 전후하여 강주를 장악했던 것 같다. 그럼에도 그러한 기록이 승자인 고려 측 문헌에는 일체 보이지 않는다는 게 석연치 않다. 그러나 북군이 강주를 장악하고 있었음은 분명하다. 928년 1월에 남군이 강주를 포위했다는 자체가 이곳이 고려의 영역이었음을 뜻한다. 또 같은 해 5월에는 역시 남군이 북군을 격파하고 강주장군 유문의 항복을 받아낸 다음의 기사에서 확인되어진다.

> 을해일에 원윤 김상(金相)·정조 직량(直良) 등이 강주를 구원하러 가는 길에 초팔성(草八城)을 통과하다가 성주 홍종(興宗)에게 패한 바 되어 김상은 죽었다(『고려사』 권 1, 태조 11년 정월 조).

> 경신일에 강주 원보 진경(珍景) 등이 고자군(古子郡)에 양곡을 운반하러 간 사이에 진훤이 몰래 군사를 보내어 강주를 습격하였다. 진경 등이 돌아와 싸웠으나 패배하여 죽은 자가 300명이나 되었고, 장군 유문이 진훤에게 항복하였다(『고려사』 권 1, 태조 11년 5월 조).

위의 기사로 볼 때 928년 5월에 후백제가 강주를 지배하게 되었음을 알 수 있다. 진훤의 둘째 아들 양검이 935년에 진훤을 축출하는 모의에 가담할 때 강주도독이었다. 그러므로 후백제는 그 말기까지 강주 지역을 장악하고 있었음이 분명하다. 진훤의 맏아들 신검은 전주에 거주하고 있었고, 둘째 양검과 셋째 용검은 강주와 무주에 각각 파견되어 있었다. 진훤의 둘째 아들이 통치하던 구역이 강주였음은 그 비중이 무주보다 컸음을 뜻한다. 사실 후백제의 입장에서 볼 때 강주는 서부 경남 제일의 대도회일 뿐 아니라 내륙에서 남해로 통하는 포구라는 전략적 이점과 더불어 신라 수도로 진출하는 5개의 간선도로 가운데 하나인 해남통은 강주를 통과하게 되어 있었다.

그런데 진주 촉석루 앞의 의암 일대를 시굴 조사한 결과 '보정 寶正'이라는 오월국의 연호가 있는 명문 기와가 출토되었다. 보정 연호는 926년 ~931년간 사용된 연호이다. 이 연호를 진주에서 사용할 수 있던 세력은 후백제를 제외하고는 달리 생각하기 어렵다. 앞서 언급했던 왕봉규는 후당으로부터 관작을 받았을 뿐이고, 고려의 경우는 918년 단 한 차례 오월국에 사신을 파견한 적 밖에는 없다. 그런데 반해 후백제는 오월국과 긴밀한 관계를 지속했다. 후백제는 900년에 오월국에 사신을 파견하였고, 오월국에서 보빙사가 와서 진훤에게 검교대보를 추가로 제수하였고, 909년에는 염해현에서 오월국에 가는 선박이 왕건에게 나포된 적도 있었다. 918년에는 오월국에 사신을 파견하여 말을 바쳤다. 또 동일한 해에 오월국에서 보빙사가 와서 중대부직을 진훤에게 추가해 주었고, 나머지 직위는 예전과 같이 하였다. 927년 11월에는 오월국의 반상서가 조서를 지니고 후백제에 왔었다.

이러한 정황에 비추어 볼 때 진주성 밖에서 출토된 보정 명 기와의 제작 주체는 후백제였다는 결론에 이르게 된다. 아울러 후백제는 정개와 같

'寶正' 명 기와가 출토된 현장

'寶正' 명 기와

은 고유 연호를 버리고 오월국의 연호를 사용하면서 오월국과의 관계가 한층 유착되었음을 알려준다. 실제로 공산 전투 직후 오월국의 반상서는 후백제의 손을 들어주었다. 그렇지만 후백제는 923년에 건국된 북중국의 후당과는 925년에 외교 관계를 맺었다. 936년 정월에는 후백제의 사신이 후당에 도착했었다. 아울러 정변을 통해 진훤을 유폐시킨 신검이 935년 10월에 반포한 교서에 보면 '청태 淸泰'라는 후당의 연호를 사용하고 있다. 이로 볼 때 후백제는 '정개' →'보정'→'청태'라는 연호를 사용한 사실이 확인된다. 후백제의 외교 전략에 따라 오월국과 후당의 연호를 채용한 것이다. 여기서 후당의 연호를 사용한 시점을 갑자기 구명하기는 어렵다. 유감스럽게도 발굴된 보정 명기와편에는 보고서 기술과는 달리 연대가 명료하지 않기 때문이다.

후백제가 925년 이후 936년 이전에 후당과 교섭을 한 기록은 보이지 않는다. 그러나 926~935년 사이에 후백제가 후당과 교섭이 없었다면 청태 연호를 사용하기는 어렵다. 물론 고려가 후당의 연호를 933년부터 사용하였으므로, 고려를 통해 그 연호를 채용했을 가능성을 제기할 수는 있다. 그러나 중국 연호의 채용은 외교적인 관계에서 나온 것일 뿐 아니라, 그 연호의 사용은 양국 간의 유착을 뜻하므로 관계 증진의 기폭제가 될 수 있다. 따라서 후백제가 그 사실을 후당에 알리지 않았을 리 없다. 그렇지만 후백제가 후당의 연호를 채용한 시점은 선뜻 짐작할 수가 없다. 후당과 돈독한 관계를 유지해 온 고려는 그 연호를 채용하고 있다. 그러한 시점인 933년은 왕건과 그 비(妃)인 정주 류씨가 후당으로부터 책봉되는 등 양국 간의 유착관계가 어느 때보다도 강화된 시점이었다. 더구나 이때의 책봉문에는 왕건의 치적을 한껏 추켜 세워주면서 "정예한 병력으로 진훤의 세력을 좌절시켰고"라고 하였듯이 후백제를 적대 세력으로 분명히 하였다. 이러한 점에 비추어 볼 때 933년 이후 어느 때에야 후백제는 후당의 연호를 채용했다고 보아야만 사세에 부합된다. 그렇다고 할 때 신검이 정변 직후 그 아버지인 진훤과 유착된 오월국과의 외교로써는 즉위를 인준받을 수 없었기에 불가피하게 후당만의 외교로 선회하지 않았을까 생각해 본다. 바로 그 사실을 나타내주는 것이 신검 교서의 청태 연호이고, 936년 정월에 후당에 도착한 후백제 사신이라고 하겠다.

빼앗길 수 없는 땅, 문경

927년 7월에는 김락(金樂) 등이 이끄는 북군은 후백제의 대야성을 함락시켰다. 장군 추허조(鄒許祖) 등 30여 명이 포로가 되기까지 하였다. 소백산맥 안에서의 북군의 군사 활동은 활기를 띠었다. 8월에는 왕건이 고사갈이성(高思葛伊城)을 순행(徇行)하였다. 고사갈이성은 지금의 문경시 읍내를 가리키는 행정지명이다. 그 치소(治所)는 읍내의 마고성(麻姑城)이었다. 고사갈이성의 성주인 흥달(興達)은 북군에게 속속 넘어지는 주변의 정세에 편승하여 항복하였다. 그럼에 따라 흥달을 감시하고 통제하기 위해 후백제가 파견한 관리들 마저도 일제히 투항했다. 여기서 진훤의 호족들에 대한 견제랄까 통제책을 읽을 수가 있다. 후백제 조정의 관리들을 파견하여 현지 호족들의 동태를 감시하였던 것이다. 게다가 그 자제들을 중앙으로 불러들이는 일종의 볼모책을 구사하기도 하였다.

이와 더불어 문경 지역에 관한 설명이 필요할 것 같다. 삼국시대부터 신라는 소백산맥 남북을 잇는 교통로인 계립령로를 방비할 목적으로 많은 성들을 요소 요소에 축조하였다. 교통의 요로(要路)에 자연지세의 험고함을 이용하여 성들이 곳곳에 포진하고 있었다. 문경읍 마원 3리의 정곡 마을 뒷산의 깎아지른 듯한 절벽 위에 자리잡은 마고성에서는 문경 읍내를 굽어 볼 수 있다. 이 성의 서북쪽으로는 문경새재, 그 서편으로는 이화령, 동북쪽으로는 신라 때의 북진 통로였던 계립령이 바라

고사갈이성으로 추정되는 마고성의 성벽

보인다. 왕건이 고사갈이성을 장악함에 따라 영남 지역으로 진출할 수 있는 완전한 통로를 확보하게 된 것이다.

마고성에서 상주 방면으로 진출하기 위해서는 문경읍 남쪽으로 9km쯤에 소재한 곶갑천(串甲遷)을 통과해야만 한다. '천 遷'은 신라 방언에서 '물 언덕 돌길 水崖石路'에 대한 호칭이었다. 지금의 이화령과 더불어 문경 지역 3대 험조처의 하나인 곶갑천은 묶어 놓은 듯한 양쪽 산협의 가운데를 관류하는 하천의 옆 벼랑에 3km에 걸쳐 나타나는 사다리길[棧道]이 되겠다. 『신증동국여지승람』은 곶갑천을 설명하기를, 이곳은 용연(龍淵)의 동쪽 언덕인데 토천(兎遷)이라고도 한다면서, "돌을 파서 사다리길을 만들었는데, 구불 구불 거의 6~7리나 된다"라고 하였다. 이곳은 잔도 곧 사다리길을 사이에 두고 고모성(姑母城)과 고부성(姑父城)이 응대하고 있는 천험의 요진(要鎭)이었다. 조선 초기의 저명한 성리학자인 권근(權近)의 「견탄원기 犬灘院記」에서 "곶갑이 가장 험하여 벼랑에 의지하여 사다리길을 만들었다"고 하였을 뿐 아니라 어변갑(魚變甲)의 다음과 같은 시는 관갑천의 험조(險阻)함에 관해 잘 표현하고 있다.

방비한 시설은 함곡관(函谷關)같이 장(壯)하고　　設險函關壯
가기 힘들기는 촉(蜀)나라 길처럼 험(險)하다.　　行難蜀道奇

고모산성과 곶갑천

고모산성을 끼고 있는 다리가 진남교인데, 이 부근이 경북8경의 하나로 꼽힐 정도로 승경이 빼어나다.

바로 촉도(蜀道)와 같이 험한 길이 견탄(犬灘)의 북쪽 벼랑 길이었다. 『세종실록』 지리지에는 이곳의 험조처가 430보라고 했다. 『선조실록』에도 "극히 험준하여 두 산이 벽립하여 있고 그 사이에 다만 하나의 통로가 있을 뿐인데 계곡이 굽이 굽이 돌고 골짜기가 깊어 요새에 적합합니다. 정경세가 요새를 설치하고자 하는 곳은 바로 고모성인데 그 형세가 참으로 천연의 험고한 요새입니다(선조 29년 4월 2일 조)"라고 하여 그 전략적 중요성을 묘사하고 있다.

이는 임진왜란 때의 실제 상황을 통해서 생생하게 느껴질 수 있을 것이다. 『징비록』에 의하면 "아아 원통하도다! 뒤에 들었지만 왜적이 상주에 들어왔으나 그래도 험한 곳을 지나갈 것을 두려워하였다. 문경현의 남쪽 10여 리쯤 되는 곳에 옛 성인 고모성이 있는데, 여기는 좌·우도(左右道)의 경계가 되는 곳으로서 양쪽 산골짝이는 묶어놓은 듯하고 가운데는

곶갑천 잔도(棧道)

중국의 사천성 아미산(峨嵋山)에는 지금도 벼랑에 붙은 사다리길이 남아 있다. 다산 정약용은 「산행일기 汕行日記」에서 강원도 화천 일대를 지나면서 "때때로 땔나무로 잔도를 만들었다 時以薪柴爲棧"고 하여, 우리나라에서의 잔도의 존재와 그 모습을 짐작시켜준다. 『정조실록』 20년 5월 8일자에도 "송전(松田)에서 연지평까지의 거리가 25리이며, 그 사이에는 깎아지른 절벽에 아슬아슬한 잔도가 나 있어 낭떠러지를 따라 통하게 됩니다"라고 하여 함경도 지방의 잔도에 관한 기록을 남기고 있다. 그 외에도 잔도는 많은 곳에 설치되어 있었다.

곶갑천 잔도

큰 냇물이 흐르고, 길이 그 아래로 나 있었다. 적병들은 이곳에 우리 군사가 지키고 있을까 두려워하여 사람을 시켜 두세 번 살펴보게 하여 지키는 군사가 없다는 것을 알고는 곧 노래를 부르고 춤을 추면서 지나갔다고 한다. 그 뒤에 명나라 장수인 도독 이여송(李如松)이 왜적을 추격하여 조령을 지나면서 탄식하기를 '이와 같이 험한 요새가 있는데도 지킬 줄 알지 못하였으니 신총병(申總兵: 申砬)은 실로 모책(謀

策)이 없는 사람이었다고 이를 것이다'"고 적어 놓고 있다.

이러할 정도였으니 왕건이 이곳으로 남정(南征)했을 때 길을 잃어 고전했다는 고사를 남겼다. 즉 "고려 태조가 남쪽으로 쳐 와서 이곳에 이르니 길이 없었는데, 토끼가 벼랑을 따라 달아나면서 길을 열어주어 갈 수가 있었으므로 토끼비리[兎遷]라고 불렀다"는 『신증동국여지승람』의 기록이 그것이다.

여하간 진훤은 계립령을 비롯한 문경 일원에 병력을 집중 배치하여 북군의 남하를 저지하고 있었다. 물론 북군은 죽령을 통해 경상도 북부 지역에 진출해 있었다. 그러나 북군은 문경 일대를 장악하지 못했기에 낙동강 상류 방면에서의 군사 활동은 자연 제약을 받지 않을 수 없었다. 그런데 뜻밖에도 고사갈이성 성주 흥달이 고려에 귀부함에 따라 북군은 한강과 낙동강을 잇는 거대한 수운로를 확보할 수 있게 되었다. 병력과 물자를 신속하게 수송할 수 있는 병참선을 확보했던 것이다.

흥달이 귀부했을 때 왕건이 흥달과 3명의 그 아들들에게 모두 일정한 지역을 주어 경제적 수취를 허용해 주는 녹(祿)과 전택(田宅)을 하사하는 등 파격적인 예우를 하였다. 즉 흥달에게는 청주록(靑州祿)을, 그 아들 준달에게는 진주록(珍州祿)을, 둘째 아들 웅건에게는 한수록(寒水祿)을, 셋째 아들 옥달에게는 장천록(長淺祿)을 하사한 것이다. 이 녹 가운데 청주록은 현재의 괴산군 청천면 지역을, 한수록은 청풍군 한수면에, 장천록은 청풍군 수하면에 각각 소재한 것으로 추정된다. 이로 볼 때 진주록도 이 근방이었을 것으로 간주된다. 그런데 흥달과 그 아들들이 하사받은 녹은, 기실 흥달이 장악하고 있던 지역에 대한 기득권을 인정해 준 것이었다. 계립령 이북의 흥달의 전지(田地)가 고려군의 남진에 따라 상실되었다. 그런데 흥달이 왕건에게 귀부함에 따라 녹을 하사하는 형식을 빌어 이것을 다시금 회복시켜준 것으로 보인다. 이러한 사례는 조조가 원소의 생질인 고간(高幹)이 병주(幷州)를 가지고 투항하자, 다시금 병주자사로 삼았던 데서도 나타난다(『자치통감』 건안 9년 조).

지금까지 살펴본 바에 따르면 문경 지역의 비중을 실감할 수 있다. 실제 흥달의 귀부로부터 3년이 지난 후 후삼국의 진운을 결정짓는 지금의 경상북도 안동인 고창(古昌) 병산 전투를 북군이 승리로 이끌 수 있었던 요인도 문경 지역의 장악에서 비롯된 수운 교통로의 확보에 힘입었다고 보겠다. 북군은 지금의 문경시 호계면에 소재한 배산성(拜山城)을 수축하였다. 정조(正朝) 제선(沛宣)이 군사 2대(隊)를 거느리고 이곳을 지켰다. 당시 군사 편제상 1대가 250명이었으니, 2대는 500명의 병력이 되겠다.

흥달의 투항에 진훤은 분노하였다. 계립령로 주변의 탈환과 보복을 위해 출정했다. 927년 9월에 진훤은 지금의 문경시 산양면 현리에 소재한 근암성을 공격하였다. 남군은 이 성을 불사르고 굉장히 빠른 속도로 남하해 내려갔다. 고울부로의 진격을 시작했다. 고울부는 절야화군(切也火郡)이라고 불렀던 지금의 경상북도 영천 땅이었다. 영천은 신라 수도인 경주의 서북편에 소재하였다. 이곳을 지나면 건천과 모량을 지나 경주의 남교(南郊)에 이르게 되는 것이다. 남군은 문경 쪽

근암성 안의 성황당

29년 전 겨울에 나는 근암성 밑의 초지가 펼쳐진 목장에서 끝죽을 대접 받고는 장화 신은 총각의 안내로 성에 올랐었다. 멀리 안동 일원까지 조망되는 성이었다. '근암성에서'라는 다음과 같은 시가 있다.

오늘/ 大嶺을 넘어/ 新羅 近巖城에/ 들어섰네// 무너진 城壁 사이로/ 甄萱의 怒氣가 넘나드는/ 近巖城은/ 曦陽도 夷正도 처음이라네// 그러나 曦陽의 鄕品이 지척이라/ 낯설지만은 않다네/ 사람들아!/ 曦陽과 甄萱이 同鄕인 것을/ 탓하지 말게나/ 曦陽의 古代史 사랑하는 마음만 기억하게나// 뒷날 好事家 있어/ 우리 자취 찾거들랑/ 近巖城 주춧돌 위에/ 흙 한 줌 보탰다고/ 일러주게나

근암성 성벽

을 공격하였지만 기실은 성동격서 전략으로서 전광석화처럼 남하하여 신라 도성에 바짝 다가선 것이다. '성동격서' 출전은 『통전 通典』의 "말로는 동쪽을 때린다고 하고는 실은 서쪽을 때리는 것이다 聲言擊東 其實擊西"에서 유래하였다. 남군의 신속한 이동을 신라는 감지하지 못하고 있었다.

회심의 경주 입성入城 ▮

진훤은 오래 전부터 경주 공략을 계획하고 있었다. 경주 공략은 신라 멸망에 목적을 둔 게 아니었다. 진훤과 왕건 공히 허울만 남아 있었지만

성덕대왕신종

천년왕국인 신라의 권위를 부정 하지는 못하였다. 이미 밝혀져 있듯이 진훤과 왕건이 주고 받 은 글월에는 존왕(尊王)의 의(義) 를 내세우는 등 신라왕실과의 관계를 군신관계로 밝히고 있 다. 「통진대사탑비문」에 의하면 진훤을 '도통·진태보훤 都統甄太 傅萱'이라고 하였는데 '도통 都 統'·'태보 太傅' 등의 직함이 보 인다. 여기서 도통은 자서(自署) 한 벼슬 이름과 후당에서 제수 받은 벼슬 이름에 공히 보이고

있다. 태보는 오월국으로부터 받은 '검교대보 檢校大保'의 '대보'에 해당되고 있는데, 모두 지방관의 직함에 붙어 있는 호칭이다. 그런데 당나라로부터 책증(冊贈) 된 헌강왕의 경우도 이 벼슬을 받았다. 그러므로 진훤은 '백제왕'을 자칭하기는 했지만 대외적인 명분상에는 신라왕의 신하로 행세했다는 견해에는 의문이 제기된다. 그렇지만 '도통'의 직함은 지방관의 그것임이 분명하다.

그러므로 이러한 인식을 깔고 있던 진훤의 경주 공략의 타깃은 신라의 멸망이 아니었다. 극단적인 친고려주의자 경애왕의 제거였다. 진훤이 보기에 고려와 신라의 유착을 원천적으로 차단하기 위해서는 그 원흉을 제거하는 것이었다. 극약처방이었지만 진훤은 너무나 감정이 격해 있었다. 그렇다고 감정을 드러낼 수는 없었다. 당시의 민심에 어느 정도 순응해야 하기 때문이다. 그러한 이유로 진훤은 오랜 동안 경애왕을 주시하고 있었다.

잘 알려져 있듯이 경애왕은 신라 말 3대에 걸쳐 이례적으로 등장하는

신라 때 경주 시가지 모습 모형

박씨 계통의 마지막 왕이었다. 53대 신덕왕(神德王)→54대 경명왕(景明王)→55대 경애왕(景哀王)으로 이어지는 박씨 3대 왕의 재위 기간 15년 동안에는 왕실 내의 분열이 심했다고 한다. 특히 김씨계 왕족들의 불만이 누적된 상황을 간파했다고 볼 수 있다. 진훤은 김씨계 국왕의 즉위를 약조로 경주의 김씨 왕족들의 협조를 얻었을 것으로 보인다. 진훤은 친후백제 정권을 세우고자 했던 것이고, 김씨 왕족들은 김씨 왕가의 부활을 열망하고 있었다. 상호 이해가 부합되어 진훤의 경주 공략이 단행된 것이다.

무엇 보다도 진훤의 경주 공략과 관련된 직접적인 요인은 경애왕이 왕건을 경주로 초청하고 있다는 사실이었다. 신라 국상(國相) 김웅렴(金雄廉)이 왕건을 초청하였던 것이다. 왕건이 경주에 먼저 입성하여 민심을

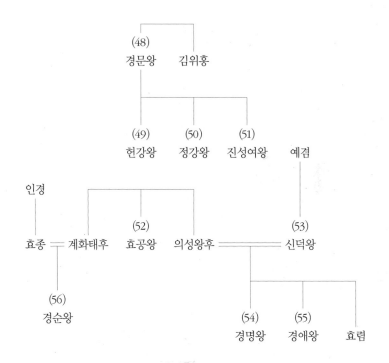

본문과 관련된 신라 왕위계승 관계

얻게 되는 것을 차단해야만 했다. 친고려주의자 경애왕의 제거와 왕건의 경주 입성을 차단하기 위한 목적으로 진훤은 서둘러 경주 공략을 결행하게 되었다. 진훤은 경애왕과 더불어 대표적 친고려주의자인 김웅렴의 제거를 계획에 두었다. "반드시 네 놈을 사로잡는다!"

남군이 영천까지 진격해 오자 신라 조정은 발칵 뒤집혔다. 경애왕은 연식(連式)을 고려로 보내어 위급함을 고하였다. 왕건은 즉각 시중인 공훤(公萱)을 사령관으로 삼아 군사 1만 명을 거느리고 가서 구원하게 하였다. 이 군단에는 왕건의 쿠데타에 공을 세워 2등 공신에 봉해졌던 연주(連珠)가 손행(孫幸)을 거느리고 투입되었다. 그러나 고려의 구원군이 당도하기 전에 진훤의 군대는 신라 도성으로 진격하였다. 그런 줄도 모르고 경애왕은 비빈(妃嬪)·종척(宗戚)들과 함께 포석정(鮑石亭)에 나와 술자리를 베풀고 있었다. 『표제음주동국사략 標題音註東國史略』과 『동사강목』에 의하면 경애왕은 매양 미인들과 함께 이곳에서 「번화지곡 繁華之曲」을 연주했다고 한다. 경애왕이 봄놀이하면서 지은 노래인 「번화지곡」의 노랫말은 다음과 같다.

기원과 실제사/ 두 절의 동쪽에	祇園實際兮二寺東
두 그루 소나무 기대 선/ 나정(蘿井) 골짜기 가운데	兩松相倚兮蘿洞中
머리 돌려 바라보면/ 꽃은 언덕 가득한데	回首一望兮花滿塢
엷은 안개 실구름에/ 희미하게 가렸어라(鄭珉 譯)	細霧輕雲兮並濛曨

위의 「번화지곡」에 대한 오역(誤譯)이 지금까지는 심했다. 가령 '기원'은 본시 인도 마갈타국의 수달장자가 정사(精舍)를 세웠던 곳이다. 그렇지만 『삼국사기』 진흥왕 37년 조에 "기원과 실제 2절이 낙성되었다 祇園實際二寺成"라고 하였다. 그러므로 기원사는 실제사와 더불어 경주 남산 근

방에 소재했던 사찰이었다. 포석정 동편의 남산 골짜기를 '기암골'이라고
하였으므로 관련이 있어 보인다. 게다가 "정명(貞明) 원년(915) 봄에 이르
러 대사가 급히 선중(禪衆)을 이끌고 제향(帝鄕: 경주)에 오자 전날과 같이
남산의 실제사에 머물게 할 것을 명하였다(「태자사 낭공대사 백월서운탑비
문」)"고 했다. 이렇듯 '기원'과 '실제'는 사찰 이름인 것이다. 그리고 '나동'
은 신라 시조인 혁거세의 출생과 관련 있는 나정이라는 우물이 소재한 곳
을 가리키는 것으로 생각된다. 이곳은 포석정 북편에 소재하고 있기에 충
분히 시재(詩材)에 등장할 수 있다.

경애왕이 즐겨 연주했던 「번화지곡」을, 당시 사람들은 중국 진(陳)나
라의 마지막 임금이 즐겨 듣다가 나라를 망하게 한 「후정화 後庭花」라는
노래에 견주었는데, 결국 그대로 되었다는 것이다. 『신증동국여지승람』에
의하면 포석정은 "경주부의 남쪽 7리, 금오산의 서쪽 기슭에 소재하였다"

포석정터의 돌 유구
이곳에는 물을 받아 토하는 거북 모양의 돌이 있었다고 하는데, 19세기 후반에 안동으로 옮겨
간 후 그 소재를 알 수 없다고 한다.

고 기술하고 있다. 아울러 "돌을 다듬어 포어(鮑魚)의 형상으로 만들었기 때문에 그렇게 이름을 지은 것이다. 유상곡수(流觴曲水)의 유적(遺跡)이 완연히 남아 있다"고 한 그 유구가 되겠다. 남산 계곡에서 끌어들인 물이 홈을 따라 흘러가면 그곳에 잔을 띄워 자기 앞에 이르면 시를 읊었다. 동진(東晋)시대에 유행했던 '유상곡수' 시회(詩會)를 연상시키는 장소였다. 물론 이 유적은 현재 전복 모양의 돌 유구만 보전되어 있다.

그런데 진훤의 군대가 경주의 문턱까지 이르렀고 또 구원을 요청하는 다급한 상황임에도 불구하고 경애왕이 포석정에서 태연히 유흥을 즐겼다는 것은 이해되지 않는다. 진훤이 감히 경주를 침공하리라고는 생각지도 못했단 말인가? 그럼에도 불구하고 구원을 요청한 것은 무엇을 의미하는 것일까? 왕건을 믿었단 말인가? 이 점은 확실히 미스터리라고 보겠다. 그렇기에 경애왕의 축출을 바라는 김씨 왕족이 진훤과의 사전 협의하에 남군을 불러들인 것으로 해석하기도 한다. 경애왕은 감쪽같이 속은 채 포석정에 왔다는 것이다.

여하간 진훤의 군대는 경주를 바람처럼 때렸다. 경애왕은 자지러지지 않을 수 없었다. 왕은 왕비와 더불어 도성 남쪽의 별궁으로 달아났다. 현장에서 왕을 시종하던 신하와 궁녀들과 악공(樂工: 伶官)들은 미처 피하지 못한 채 죄다 살해되었다. 이들은 땅을 기며 노복이 되기를 빌었지만 소용이 없었다. 이러한 장면은 진훤의 군대가 포석정까지 이르렀을 때도 유흥이 계속되었기에 빚어지게 되었다.

진훤은 두 번째로 경주 땅을 밟았던 것이다. 홍안의 15세 나이로 종군했을 때 천년왕국의 수도인 경주에 첫 발자국을 찍었었다. 그때까지의 경주는, 산골 출신의 진훤에게는 가 없는 동경의 대상이었을 터이다. 실제로 80m가 넘는 황룡사 9층탑을 비롯하여 경주 도성을 꽉 채우고 있는 대형 건조물들은 주눅들게 하기 십상이었다. 탑들이 별처럼 박혀 있고, 사찰들이 기러기처럼 늘어선 모습, 휘황찬란한 금동불상들, 웅장한 대저택인 금입댁들… 사춘기 소년이었던 진훤의 경주 입성은 그의 시선을 한껏 어지럽혀 놓았을 것이다. 그러나 융창한 경주의 모습과 귀족들의 질편하게 취해서 뒹구는 저편에는 질곡하는 농민들의 신음 소리가 있었다. 농민의 아들인 진훤은 누구보다 그걸 잘 알고 있었다. 이것과 겹치면서 그의 눈에 비친 경주는 사치와 방탕 그리고 부패 속에서 썩어 문드러져 가는 퇴폐의 소굴에 다름 아니었다.

　진훤이 두 번째로 왕경인 경주에 입성했을 때는 백발이 성성한 61세 환갑의 나이였지만 여전히 패기 만만하였다. 한 세대 반인 46년 만에 밟아 보는 경주 땅이었다. 감회가 일렁이지 않을 수 없었다. 처음 경주 땅에 왔을 때는 일개 사졸에 불과했지만 이제는 천하를 호령하는 왕자(王者)로서 신라인들을 벌벌 떨게 만들며 입성한 것이다. 삼한통합의 웅대한 뜻을 품고 북군과 자웅을 겨루며, 또 북군을 소멸시킨 후 통일왕국 백제의 대왕으로서 경주 입성을 꿈꿨을 법하다. 열렬한 환영을 받으며, 해방자로서 자신의 모습을 그렸는지도 모른다. 그러나 이때의 경주 입성은 여유롭지 못했다. 진훤은 해방자로서 경주에 들어온 것은 아니었다.

　왕건과 밀착된 경애왕을 응징하기 위한 기습 공격이었다. 진훤의 분노가 매섭게 폭발했던 것이다. 게다가 북군이 남하하고 있다는 사실도 염두에 두고 있었다. 때문에 진훤에게 경주는 포용의 대상이기보다는 짓밟아야 할 악의 원천이었다. 도저히 용납하기 어려운 대상이었을 뿐이다. 『동사강목』에 의하면 경애왕은 호위 군사가 없자 다급한 김에 손수 병풍으로 가리고 광대 100여 명으로 막게 했다. 그러나 상대가 될 수 없었다. 이들은 죄다 어육(魚肉)이 되었을 뿐이다. 그렇지만 경애왕은 이 틈을 이용하여 황급히 이궁(離宮)으로 달아나 숨었다고 한다. 진훤의 군대는 응징의 대상인 경애왕을 색출하기 위한 수색을 벌였다. 그러는 과정에서 남군

경주 시가지와 신라 왕궁인 반월성 모형

은 대대적인 약탈을 감행하였다. 아비규환의 상황이었다. 진훤의 군대는
전율할 만한 공포의 대상으로 경주인들의 뇌리에 각인되는 순간이었다.

　진훤은 신라의 궁궐에 들어가 거처하였다. 지금의 반월성이나 월지에
소재한 임해전에 좌정했을 것이다. 일개 신라의 군졸에서 몸을 일으켜 백
제의 대왕이 되었던 자신이 신라의 심장부에 웅거하며 신라인들을 공포
속에 몰아넣고 있었다. 이 순간처럼 진훤이 자신의 거대한 힘을 만끽한
적은 없었을 것이다.

　이윽고 비첩(妃妾) 몇 사람과 함께 후궁(後宮)에 숨어 있던 경애왕이
군사들에게 잡혀 왔다. 국왕이 적국 왕에게 생포된 경우는 흔치 않은 사
례였다. 백제 개로왕이 고구려 장수왕에게, 백제 성왕이 신라 진흥왕에게
사로잡혀 죽은 일이 있었다. 신라의 도성을 습격하여 엎어버렸다고 할 수
있는 진훤은, 경애왕을 생포하자 기세가 한층 등등해졌다. 삼엄한 호위
속에, 그것도 정비된 무력을 도열시킨 후 단상에 높이 걸터 앉은 진훤은
사색이 된 경애왕을 성토했을 것이다. 죄상을 만천하에 포고하는 의식을

복원된 월정교와 반월성 성벽

가졌을 게 명확하다고 본다.

　가령 진훤이 자신의 생질이 죽음에 따라 출병하자 왕건은 겁먹고 있었다. 그러한 왕건에게 진훤을 치라고 부추겼던 죄 등 경애왕의 죄상을 낱낱이 성토하였을 것이다. 그 직후 진훤은 단호하게 그의 처형을 지시했을 법하다. 그러나 일국의 왕이요, 그것도 천년왕국인 대신라의 군왕을 살해한다. 그렇게 되면 관망하고 있던 경상도 방면의 신라계 호족들의 동향에 악영향을 미칠 게 분명하였다. 게다가 신라계 주민들의 민심이 자신에게서 멀어질 것을 생각하지 않을 수 없었다. 왕건과 건곤일척(乾坤一擲)의 자웅을 겨루는 상황에서 공연히 신라인들을 자극할 필요가 없다고 판단하였다. 분노를 꾹꾹 억누른 진훤은 자신의 손에 피를 묻히는 것은 하책(下策)이라고 생각했다. 경애왕 스스로 자신의 운명을 매듭지도록 하였다. 진훤은 포효하는 듯한 벽력과 같은 소리로 경애왕의 자결을 강요하였을 것이다. 경애왕의 친고려 정책, 이것은 장기적인 안목에서 볼 때 결국 고려가 한반도의 재통일에 성공한 최종 승자였으므로 혜안을 지녔다고 평가할 수 있다. 그러나 고려는 멀리 있었다. 진훤은 한달음에 달려와 경주를 엎어버렸고, 경애왕 자신의 목숨을 거머쥐고 있지 않은가? 이것은 얼음장같은 현실이었다.

　진훤은 자신의 손에 피를 묻히지 않은 채 경애왕에 대한 숙분을 풀었다. 아니 자신이 언명했던 의자왕에 대한 숙분을 풀던 것일까? 그런데 그 직후 진훤을 악인으로 간주하게 하는 사건이 발생하였다. 진훤이 궁중으로 들어가 억지로 왕비를 끌어 당겨 강간한 일이었다. 과연 진훤이 경애왕비를 능욕(凌辱)하였을까? 역사서에는 한결같이 이 기록을 남기고 있다. 그와 더불어 부하 장수들을 풀어 경애왕의 비첩들을 난행(亂行)하게 하였다고 한다. 전장에서 사병들의 강간 사례는 고금을 통해 비일비재하다. 그렇지만 임금과 부하 장수들이 일체가 되어 강간을 자행한 일이 역사에 있을까? 하여간 이 일로 인해 진훤은 씻을 수 없는 오명(汚名)을 얻게 되었다. 믿기지 않은 일이다. 경애왕을 직접 살해하지 않았을 정도로 용의주도했던 그가 국왕으로서의 체통을 포기한채 금수(禽獸)와 같은 짓을 자행할 수 있었을까? 나는 허스트 3세가 지적한 바처럼 악인으로 배역 받은 진훤에게 악인인 이유를 만들어 주기 위해 조작된 사건일 가능성이 다분하다고 본다. 만약 진훤이 경애왕비를 겁탈했다면 왕건이 보낸 국서에서 그러한 이야기를 꺼내지 않았을 리 없기 때문이다.

　경애왕을 제거한 진훤은 그 후사(後嗣) 문제를 생각하였다. 신라의 심장부를 강타하고 국왕을 제거했다 해서 이 나라가 진훤의 소유가 되는 것은 아니었다. 진훤의 타도 목표는 왕건이었지 썩은 고목과 같은 신라는 전혀 아니었다. 왕건을 넘어뜨린 후 신라로부터 선양(禪讓)의 형식을 빌어 삼한의 통합을 완료하려는 구상을 가지고 있었다. 그러기 위해서는 신라가 고려에 붙는 것을 차단해야 되었다. 927년의 경주 습격은 친고려 국왕과 그 일파를 제거하려는 정치적인 목적을 지니고 있었다.

진훤은 친후백제 정권은 아니라고 하더라도 어느 쪽에도 가세하지 않는 적어도 중립적인 신라 조정을 세워둘 필요를 느꼈던 것이다. 경애왕의 표제(表弟:『삼국사기』에는 族弟로 되어 있음) 곧 이종사촌 동생인 김부(金傅)를 옹립하여 임시로 국사를 맡아 보게 하였다. 이 사람이 신라의 마지막 임금인 경순왕이다. 경순왕 김부는 이찬 효종(孝宗)의 아들로서 김씨 진골 왕족이다. 그의 어머니인 계아태후(桂娥太后)는 49대 헌강왕의 딸이자 52대 효공왕의 여동생이었다. 효종은 경주에 눈먼 홀어머니 몰래 품을 팔면서 봉양하던 지은(知恩)이라는 효녀의 이야기와 관련해 등장하기도 한다. 화랑이었던 효종과 낭도들이 효녀에 관한 소식을 듣고는 지원하였고 진성여왕도 곡식과 집까지 하사하였다. 의협심 강한 화랑인 효종의 아들이 훗날 '천년왕국'의 마지막 임금인 경순왕이 된다. 경순왕의 즉위는 아버지 효종이 베푼 음덕을 입은 것인가?

실제로는 그렇지도 않다. 효종은 자신이 왕이 될 수 있는 기회가 있었기 때문이다. 효공왕의 매부가 김부의 아버지인 효종이 된다. 효공왕이 아들이 없이 사망하자 어쩐 일인지 그의 매부인 박경휘(朴景暉)가 추대되었다. 박경휘는 신라의 53대 신덕왕이 된다. 효공왕의 2명의 매부 가운데 김씨인 효종이 아니라 박씨인 박경휘가 즉위한 것이다. 그럼에 따라 8대 아달라니사금을 끝으로 단절되었던 박씨 왕계가 무려 728년 만에 신덕왕으로서 부활하였다. 그러나 이는 절대 다수를 점하고 있던 진골 김씨 왕족들의 잠재적 불만을 초래했으리라고 본다. 이러한 기미를 진훤이 모르지는 않았을 것이다. 박씨 왕가(王家)를 전복함으로써 김씨 왕족들의 지지도 끌어내고 결국 친후백제 정권을 구성할 수 있는 호기로 판단했던 것 같다.

진훤은 경주에 주둔하면서 경순왕의 아우인 효렴(孝廉)과 재상 영경(英景) 등을 사로잡아 갔다. 일종의 인질로서 끌고 간 것이다. 진훤의 통치 방식의 한 전형이기도 했다. 또 국가의 창고에 보관되어 있던 재물과 진보(珍寶)와 병장(兵仗)을 빼앗았다. 그리고 왕의 자녀와 기술이 뛰어난 장인(匠人)들을 죄다 붙잡아서 데리고 갔다. 이때 후백제 군대는 신라 왕실이 소장하고 있던 역사책들을 바리 바리에 실어 갔던 것으로 보고 있다.

이후 전개될 후삼국의 세력 각축도(927년 9월~929년 12월).
○ 후백제 군대가 대승을 거둔 전장.
○ 후백제 군대가 승리한 전장.

이와 관련해 『삼국유사』에는 아내와 더불어 남의 집에 품을 팔아 노모를 봉양하던 손순(孫順)이라는 가난한 사람의 이야기가 전한다. 손순에게는 어린 아이가 있어 매양 노모의 음식을 빼앗아 먹는지라, 두 부부가 민망하게 여겼을 뿐 아니라 그로 인해 노모의 굶주림이 심하였다. 손순 부부는 "아이는 다시 얻을 수 있으나 어머니는 다시 얻기 어렵다"는 데 생각이 일치하였다. 해서 이 아이를 땅에 묻어 버리고 노모의 배를 부르게 하는 것이 낫겠다고 판단하여 뜻 모르는 아이를 업고 산에 갔다. 손순이 아이를 묻을 땅을 파다가 기이하게 생긴 돌종[石鐘]을 얻었다. 돌종을 잠깐 나무 위에 걸어 놓고 두드려 보았더니 퍽이나 은은하였다. 이들 부부는 신기한 돌종을 얻은 것을 아이의 복으로 간주하여, 아이 묻는 것을 그만 단념한 채, 아이를 업고 돌종을 가지고 집에 돌아와 들보에 달아 두었다. 손순이 돌종을 두드리니 그 낭낭한 소리가 대궐까지 들리게 되었고, 연유를 알게 된 임금이 그 효성에 감복하여 집과 곡식을 내렸다고 한다. 손순은 옛 집을 희사하여 홍효사(弘孝寺)라는 이름의 절을 삼았다. 이곳에 안치된 돌종은 진성여왕대에 '백제의 도적'들이 탈취해 갔다고 하지만, 927년 후백제 군대가 경주를 습격했을 때의 일로 여겨진다.

후백제 군대가 경주에 입성했을 때였다. 훗날 유교에 의한 고려 초기의 통치 이데올로기를 확립한 최승로는 석달배기 젖먹이었다. 최승로의 아버지는 부처님 전에 기도하여 늦게 얻은 젖먹이 최승로를 경주 중생사(衆生寺) 사자좌(獅子座) 밑에 황급히 감추어 두고 몸을 감추었다. 보름이 지나 후백제 군대가 철수한 후에 찾아 왔더니 최승로는 살결이 갓 목욕한 것 같았고, 파리하기는커녕 얼굴도 좋아지고 젖냄새 마저 입에서 감돌았다고 한다. 부처님의 섭리로 태어났던 젖먹이 최승로는, 진훤의 경주 습격에서도 용케 살아남아 유교 이데올로기로서 고려 500년의 튼튼한 토대를 마련한 것이다.

공산에서의 대승, 아! 신숭겸

신라의 수도를 마음껏 유린했던 남군은 회군을 시작했다. 진훤이 이 끄는 남군은 북상하였다가 대구에서 서쪽으로 꺾어지는 루트를 이용하기로 하였다. 의기양양하게 포만감에 젖어 남군은 고향으로 돌아 가고 있는 중이었다. 물론 남군 모두가 심리적으로 느슨해진 상태로 올라간 것은 아니었다. 진훤은 왕건의 북군이 남하하고 있다는 사실을 헤아리고 있었다. 숱한 전쟁을 치렀던 백전노장 진훤은 긴장을 늦추지 않았을 게 분명하다. 사뭇 긴장된 상황에서 행군 일정을 짜면서 또 전초(前哨)를 풀어서 전방의 동정을 보고 받은 연후에 조심 조심 북상하고 있었다.

북방의 상황은 심히 긴박하였다. 왕건은 남군이 경주에 입성하기 전에 시중 공훤(公萱)을 사령관으로 삼아 1만 명의 병력을 딸려 보낸 바 있었다. 그런데 이들의 그 후 소식은 어느 기록에도 보이지 않고 있다. 역사서에서 마치 증발된 군단처럼 사라져버리고 말았다. 공훤은 안동 병산 전투와 일리천 전투에서 그 이름이 보이고 있다. 이 불가해한 군단은 아마 진훤의 군대와 부딪쳤을 것이다. 그 시점은 경주 입성 전이나 회군 후 양단간에 하나로 보인다. 여하간 남군은 공훤의 군대를 먼저 궤멸시킨 후 북상하고 있었음은 분명하다.

왕건은 출정을 단행하였다. 믿었던 1만 명에 이르는 공훤 부대의 궤멸 소식을 접했을 것이다. 경주가 아비규환의 상황에 빠졌고, 경애왕이 자진 (自盡)했다는 소식도 들었다. 국왕의 친정 여부를 놓고 참모들 간에는 의견이 교환되었을 것이다. 그러나 어쩌면 점복에 능했던 최지몽(崔知夢)이 점을 쳐보고는 극구 말렸을 가능성이 높은 것으로 보인다. 예로부터 전쟁에 앞서 그 길흉을 점쳐 보는 것은 고금의 상례였다. 유달리 풍수에 민감했던 왕건이라고 해서 점복에 관심을 기울였다고는 생각되지 않는다. 왕건의 뜻과는 무관하게 빼어난 책사였던 최지몽이 전쟁의 길흉을 점쳐 보았을 것임은 지극히 자연스러운 일로 보인다.

왕건의 곁에는 늘 전라남도 영암 출신의 최지몽이 붙어 있었다. 최지몽이 왕건의 측근이 된데는 사연이 있었다. 최지몽은 본래 이름이 최총진 (崔聰進)이었다. 그는 성품이 청렴하고 검박하였으며 온화하면서 총명하였고 또 학문을 즐겼다. 최지몽은 경전과 역사에 박학하였으며 게다가 천문과 복술에 정통하였다. 그는 소년시절부터 명성을 날렸던 신동이었기에 18세 되던 해인 924년에 왕건이 불렀다. 왕건은 자신의 꿈을 해몽하게 했던 것이다. 그러자 최지몽은 선뜻 길조라고 해몽하면서 "반드시 장차 삼한을 통어(統御)하게 되실 겁니다"라고 말했다. 왕건은 너무 기뻐서 이름을 지몽(知夢)으로 고치게 하였다. 아울러 비단옷을 내려주는 동시에 공봉직(供奉職)에 임명하고는 항상 종군하여 자신의 곁을 떠나지 않도록 했다.

최지몽과 관련된 점복에 관한 일화가 몇 토막 전한다. 일례로 훗날 혜종이 병석에 누워 있을 때였다. 왕규가 반란을 획책하고 있었다. 그때 최지몽은 점을 친후 아뢰기를 "가까운 장래에 변란이 있으니 마땅히 거처를 수시로 옮기는 게 좋겠습니다"라고 하였다. 또 경종 때에도 역시 점복으로 예언을 하여 왕승(王承)의 반란을 막는 공을 세우게 된다.

　이러한 선상에서 볼 때 21세의 청년 책사 최지몽의 점괘는 대단히 불길하게 나왔을 게 자명하다. 다른 사람도 아닌 점복으로 명성을 날리고 있는 최지몽이 점을 쳤다고 했을 때 말이다. 이러한 상상이 허용된다면 최지몽은 여러 차례에 걸쳐 왕건의 친정을 극구 만류했다고 본다. 그러니 왕건은 찜찜하기는 하였다. 그렇지만 다른 사람도 아닌 자신에게 줄곧 선의로 대했던 친고려주의자 경애왕을 살해한 진훤을 용납한다고 하자. 또 전혀 대응조차 못하고 수수방관한다면 경상도 방면의 신라계 호족들에게 자신이 얼마나 무능하게 비치게 될까 하는 생각을 하지 않을 수 없었다. 더구나 군왕을 죽인 역적을 토벌한다는 좋은 명분을 놓치게 되는 아까운 기회인 것이다. 이번에 출정하여 진훤의 군대를 궤멸시킨다면 정의로써 응징하는 것으로 정국 흐름의 주도권을 장악할 수 있게 되는 것은 자명하였다. 삼한 전체를 호령할 수 있는 물실호기였다. 왕건은 정치가였기에 어떠한 만류가 있더라도 놓칠 수 없는 출정이었다.

　왕건은 든든한 막료 신숭겸과 김락을 대동하고는 전열을 갖추어 속히 남하를 시작했다. 남군 역시 의기양양하게 경주에서 북상하여 서편의 대구 쪽으로 나아갔다. 경주에서 전주 방면으로 회군하기 위해서는 대구 지역을 통과하게 되어 있었다. 그런데 대구의 공산(公山) 동수(桐藪)에는 복병이 덫처럼 기다리고 있었다. 『고려사』에 보면 "10년에 태조가 진훤과 더불어 공산 동수에서 싸워 불리하게 되자 진훤의 군사가 태조를

동화사

사리호가 부장되었던 비로암 석탑

'桐藪' 명문이 새겨진 민애대왕 사리호

포위하여 매우 위급하였는데(신숭겸전)"라고 했다. 혹은 "이에 태조가 말하기를 "동수의 싸움에서 신숭겸과 김락 두 명장이 죽음은 깊이 국가를 위하여 근심이었는데(유검필전)"라고 하였다. 동수는 동화사 권역에 속한 팔공산 용수동 와요지에서 출토된 기와에 '동수미륵당(桐藪彌勒堂)'라고 하여 보인다. 그리고 동화사 비로암 삼층석탑(보물 제247호)에 부장되었던 민애대왕 사리호의 명문에도 "동수 원당의 앞에 석탑을 세우니"라고 하여 '동수'가 적혀 있다. 게다가 『삼국유사』에서도 동수를 일컬어 "지금의 동화사"라고 하였다. 따라서 동수는 동화사를 가리키는 게 분명하다. 「팔공산 동화사적비」에서도 "이에 앞서 고려 태조가 진훤 군대와 더불어 동수 밑에서 크게 싸웠다"고 하였다.

대왕재

신라로부터 구원 요청을 받은 왕건은 사안의 중대성에 비추어 몸소 정예한 기병 5천 명을 이끌고 내려왔다. 『증보문헌비고』에 의하면 왕건의 군대는 별빛이 밝은 밤에 남쪽으로 내려왔다고 한다. 북군은 대구 광역시 동구 공산동과 경상북도 칠곡군 동명면 기성리 경계에 위치한 고개에서 숙영했다고 전해진다. 그래서 이 고개를 현재 대왕재로 일컫고 있다는 것이다. 현재는 '대왕 주유소'라는 상호로써 옛 전승을 희미하게 나마 전하고 있다.

『신증동국여지승람』에 따르면 공산의 동쪽에 공산성으로 일컫는 석축 산성이 소재했다고 하였다. 공산성은 「상당산성고금사적기」에서 동수성(桐藪城)으로 기록된 성을 가리킨다. 영천 서쪽 30리 지점에 왕건 관련 전설이 담겨 있는 태조지(太祖旨)가 있다. 이로 볼 때 북군은 공산성에 주둔했던 것으로 보인다. 바로 공산 동편에서 북군이 저승사자처럼 기다리고 있었다. 승리에 도취되어 약탈품을 잔뜩 싣고 산채로 돌아가는 도적떼들에게 일격을 가한다. 굉장히 통쾌한 장면이 벌어질 뻔한 순간이다. 갖은 못된 짓을 자행하던 악당들에게 정의의 사자가 칼을 뽑아 후려쳐서 응징하는 이야기가 될 뻔한 장면이었다. 그러나 역사는 사필귀정식으로 전개되지도 않는다. 그뿐 아니라 기실 어느 편이 도적인지도 모르는 것이다. 종국에 패한 쪽이 도적으로 낙인 찍히는 게 아닐까?

이와 관련해 남군이 공산에서 대기하고 있다가 신라를 구원나온 북군을 기습적으로 쳤다고 서술하였지만 실은 그 반대였다. 북군은 남군이 오는 쪽의 길목을 막고 있었다. 『삼국사기』에서는 "태조가 정기(精騎) 5천으로서 공산 밑에서 진훤을 요(要)하여 크게 싸웠다"고 했다. 즉 '요'에는 '기다릴[待]'의 뜻이 있다. 『고려사』·『고려사절요』에서도 '요(邀)'라고 했다. 그런데 『표제음주동국사략』에서는 보다 구체적으로 "공산 동수에서 진훤을 요(邀)했다"고 하였다. 여기서 '요'는 "도중에서 기다리고 있다가 적을 맞아

운부사 전경
그 밑의 옛 은해사터 부근에서 북군과 남군이 첫 격돌한 것으로 보인다.

치는" 행위이므로 북군이 미리 기다리고 있었다고 보아야 한다. 공산 전투 직후 왕건이 진훤에게 회신한 글에 보면 자국의 승전과 관련해 "동수는 기(旗)를 보고는 궤멸되어 흩어졌다"고 했다. 동수 즉 동화사 세력은 북군의 깃발을 보고는 달아났다는 것이다. 이 구절은 동화사 세력이 왕건에게 우호적이지 않았음을 반증한다. 그렇다고 동화사가 후백제와 연관된 사찰로 단정하기는 어렵다. 「팔공산 동화사적비문」에 따르면 왕건은 공산 패전 당시 동화사를 중창한 영조(靈照) 선사의 도움을 얻었기 때문이다.

그러면 이러한 상황은 어떠한 배경에서 발생했을까? 추측컨대 이때 급히 남하한 북군 5천 기병은 식량과 양곡의 조달을 위해 동화사에 이르렀던 것으로 보인다. 동화사 같은 거찰에는 해인사의 승병들과 마찬가지로 사원을 지키기 위한 무장 세력이 존재했을 것이다. 그런데 이들은 당초부터 역전의 강용한 북군 기병의 적수가 될 수는 없었다. 그랬기에 동화사 세력은 혼비백산했다는 것이 된다. 왕건은 접수한 동화사를 통해 양곡을 확보할 수 있었다. 또 그는 휴식을 취하면서 남군이 올라오기를 기다리고 있었던 것이다. 왕건은 절대적으로 유리한 상황에서 전투를 준비하고 있었다.

그러니 양군의 대접전에서 미리 대기하고 있었던 북군의 승리가 자명한 듯했다. 그러나 사정은 전연 다르게 전개되었다. 유리한 입장에 있던 북군이 완패하였다. 어떻게 해서 북군이, 그것도 완패 당했는지는 기록에 남아 있지 않다. 그러니 전쟁의 전모는 알 길이 없다. 그렇지만 남군은 잠복하고 있던 북군의 동태를 미리 탐지하고는, 이들을 역포위해서 궤멸시켰다는 이야기가 된다. 남군의 비상하고도 신묘한 작전을 헤아리고도 남을 수 있다. 이와 관련해 "지략이 많았다"는 금강 왕자가 왕위계승자로서 크게 부각되는 계기는, 아마 공산 전투의 대승이 그의 작품인데서 기인하지 않았나 하는 느낌을 갖게 한 다. 그리고 신숭겸이 전사한 지묘동(智妙洞)의 '지묘'는 신숭겸이 지묘로써 왕건을 대신하여 전사한 데서 유래한 이름으로 추측하고 있다. 그러나 이보다는 금강

파군재

신숭겸 장군 동상

동화사 비문

왕자가 지휘한 남군의 지묘한 책략으로 신숭겸을 비롯한 북군을 궤멸시
킨데서 유래한 것으로 보인다. 상식의 선에서 헤아려 보자. 패배한 장소
에서 그것도 패자에게 '지묘'라는 우월한 헌사(獻辭)가 부여되기는 어렵지
않을까? 사실 공산 전투 현장을 보면 승자 이야기는 없고 패자 이야기만
마치 무용담처럼 전해지고 있다. 뭔가 주객이 전도되었다는 느낌이 든다.
후삼국을 통일한 최종 승자인 고려 중심으로 전승이 재편된 인상을 받았
다. 그러니 지묘동 '지묘'의 주체는 북군이 아니라 남군으로 지목하는 게
순리인 것 같다.

　남군은 북군 가운데 왕건의 진영을 완전히 에워쌌다. 남군은 왕건을
타깃으로 하여 포위를 좁혔다. 『고려사』와 『고려사절요』는 한결 같이 "매
우 급하였다 甚急"라고 하였을 정도로 왕건의 운명은 흔한 표현대로 '바람
앞의 등불' 격이었다. 왕건은 몹시 위급한 상황에 처했던 것이다. 대장 신
숭겸과 김락이 힘껏 분투하다가 모두 전사하였다. 왕건을 몸으로써 막다

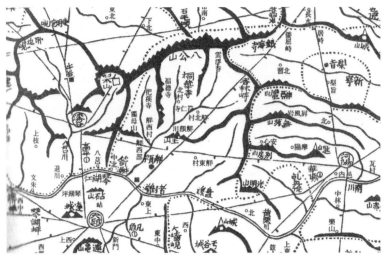

『동여도』와 『대동여지도』가 결합된 지도에 보이는 대구 부근의 공산 전투 현장
'전탄'을 비롯하여 도망치던 왕건이 얼굴이 밝아졌다는 '해안', 왕건이 도망치다가 안심했다고
하는 '안심' 등의 지명이 보인다.

가 죽었던 것이다.

　왕건의 패전과 관련하여 『신증동국여지승람』 영천군 고적 조에는 영
천 서쪽 30리 지점에 소재한 '태조지'에 대하여 소개했다. 태조 왕건이 진
훤에게 패해서 군대를 이끌고 공산 밑의 한 조그마한 봉우리를 보존하고
있었기에 이렇게 이름한다는 전설을 기록하였다. 『여지도서』에는 왕산(王

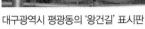

대구광역시 평광동의 '왕건길' 표시판

팔공산 '왕건길' 표시판

山)의 유래를 다음과 같이 적었다. 즉 "해안현 북쪽 8리에 있다. 고려 태조가 진훤에게 몰려 이 산에 올랐기 때문에 왕산이라고 부른다. 팔공산에서 뻗어나오는 산줄기이다"고 했다. 결국 북군은 공산 남쪽 기슭의 동수 입구인 미리사(美理寺) 앞에서 궤멸되었다는 것이다. 미리사가 소재한 곳은 조선시대 대구도호부의 북쪽 17리에 소재했던 본래 미리(美里)라고 불리었던 해안현(解顏縣)이었다. 이 전투와 관련하여 지금껏 많은 지명이 남겨지고 있다. 대표적인 것을 몇 가지 든다면, '파군치 破軍峙'를 우선 꼽을 수 있다. 파군치는 동화사와 파계사(把溪寺)로 갈라지는 길목의 재 이름인데, 북군을 격파했다 해서 이런 이름이 붙게 되었다. 그밖에 양군이 격전을 치를 때 화살이 쌓여 강을 이루었다는 '살내'가 있다. 『증보문헌비고』 대구 조에 보면 살내[箭灘]의 유래를 "해안폐현(解顏廢縣) 서쪽 5리에 있

왕건의 도망로에 있는 실왕리(失王里) 마을과 비각

안심, 반야월

다. 고려 태조가 진훤과 더불어
물을 사이에 두고 대진(對陣)해서
화살이 수중에 쌓였기 때문에 이
름 지은 것이다"라고 하였다. 그
리고 왕건이 밤에 포위망을 뚫고
도망칠 때 한밤 중에 새벽달이
떠 있기에 '반야월 半夜月'이라고

은적사 왕건굴

불렀다는 것을 비롯하여 허다하게 많다. 그만큼 격렬한 전투였음을 뜻하
는 것일 게다. 그리고 대구 광역시 남쪽 앞산 공원 일대에는 왕건이 숨었
거나 쉬어갔다고 해서 붙여진 사찰 이름이 보인다. 가령 은적사(隱跡寺)·
안일사(安逸寺)·임휴사(臨休寺) 등이 그러한 전설을 담고 있다.

안일사

임휴사

왕건이 생을 부지할 수 있었던 이유에 대해서는 숱한 이야기들이 만들어졌을 것이다. 가령 「팔공산 동화사적비문」에 따르면 왕건은 사리탑이 내는 빛을 따라와서 영조 선사를 만나고는 화를 면하게 되어 감격했다고 한다. 그로 인해 933년에 동화사에 탑묘를 장엄하게 만들고, 전각과 당우를 넓히고, 선사의 거처를 확장할 수 있었다는 것이다.

내가 국민학교 다닐 때 읽었던 왕건의 전기에 의하면 왕건과 얼굴이 닮은 신숭겸이 왕의 복장을 하고 나가 싸우다가 전사했다고 한다. 이러한 기록은 『대동운부군옥 大東韻府群玉』이나 「평산신씨고려태사장절공유사 平山申氏高麗太師壯節公遺事」에 구체적으로 전한다. 즉 신숭겸은 용모가 왕건과 흡사하였으므로 왕을 대신해 죽고자 했다. 신숭겸은 왕건으로 하여금 깊은 숲 속에 숨도록 하고는 자신이 왕인 것처럼 어거(御車)를 타고 나가 싸우다 전사했다는 것이다.

왕건의 진영이 쇠그물에 갇힌 것처럼 에움을 당하였다. 남군은 왕건을 타깃으로 하여 포위망을 좁혀 들었다. 바닷물이 밀려오는 것처럼 실로 매우 위급한 상황이었다. 절체절명의 위기였다. 분투하던 신숭겸은 용단을 내렸다. 자신을 희생하기로 마음 먹었다. 왕건과 용모가 비슷한 신숭겸이었다. 신숭겸은 왕건을 깊은 숲 속에 숨도록 하였다. 대신 자신이 왕건인 것처럼 왕의 복장을 한 후 어거를 타고 나왔다. 남군은 일제히 어거

전탄

대구의 '신숭겸길'과 '팔공산 왕건길' 도로 표지판

를 에워쌌다. 남군의 내노라하는 장군들은 대공(大功)을 세울 수 있는 절호의 기회라고 여겼다. 다투어 말을 몰아 달려 들었다. 잠시 후 남군 진영에서는 환호성이 튀쳐 나왔다. "왕건을 베었다!!" 남군은 펄쩍 펄쩍 뛰면서 왕건의 머리를 베었다며 창[戟]에 꽂아서 연신 흔들었다. 그러나 기실 신숭겸은 왕건을 대신해 이렇게 장렬히 전사했다.

신숭겸이 희생함으로써 왕건은 백척간두의 위기를 모면했다. 신숭겸의 시체는 그의 왼쪽 발에 북두칠성처럼 있는 검은 사마귀를 보고서야 찾았다고 한다. 『동사강목』에 적혀 있는 이야기이다. 얼굴을 알아 볼 수 없을 정도로 신숭겸이 처참하게 살해되었든지, 아니면 남군 측에서 그의 목을 베어 갔음을 뜻한다. 후자의 추정이 타당할 것으로 보인다. 『대동운부군옥』에 의하면 남군은 신숭겸의 머리를 베어 창[戟]에 꽂아 가져 갔다고 했기 때문이다. 참고로 나는 1998년 12월 7일에 삼성 임원 출신의 퇴직자 모임인 성우회에서 신숭겸의 시신을

춘천의 신숭겸로

찾은 이야기를 하였다. 강연 후 신숭겸 장군의 후손인 성우회 회장(申勳澈)이 왼쪽 발의 양말을 벗어 보였다. 그런데 놀랍게도 그 분의 왼쪽 발바닥 한 복판에 검은 사마귀가 있었다. 나는 적이 놀라지 않을 수 없었다. 후손 되는 분도 그런 사실을 처음 알았다고 했다. 나의 제자인 신민철 군도 이와 동일하였다.

신숭겸은 『고려사』 열전에 따르면 광해주(光海州: 강원도 춘천) 출신으로 기록되었다. 그러나 『신증동국여지승람』에는 그는 전라남도 곡성 출신으로 적혀 있다. 현재 그의 묘는 춘천에 소재하였다. 이런 것을 볼 때 그는 곡성 출신이었지만 춘천으로 옮겨와 살았기에 그곳에 묘가 조영된 것으로 보겠다. 그는 용맹하고 장대(長大)하여 항상 왕건을 따라 종군하면서 공을 많이 세웠던 인물이다. 918년 여름에 궁예를 축출하는 모의에

신숭겸의 고향인 곡성에 소재한 무예를 닦을 때 용마를 맸던 계마석(繫馬石)

가담하여 왕건을 용상에 앉히는데 일등 공신이기도 하였다. 전사 후 '장절(壯節)'이라는 시호를 받았고, 태조 왕건 사후 그 묘정(廟庭)에 배향 되었을 정도로 각별한 대우를 받았다. 그는 평산(平山) 신씨의 시조로서 추앙받고 있다. 신숭겸이 평산과 인연을 맺게 된 내력은 왕건을 따라 그곳으로 사냥을 갔을 때였다. 삼탄(三灘)이라는 개울을 지날 때 신숭겸은 왕건의 명대로 날아가는 셋째 기러기의 왼쪽 날개를 활로 쏘아 맞추었다. 그러자 왕건이 크게 칭찬하며 평산을 관향(貫鄕)으로 삼게 하고 기러기가 날

던 땅 300결(結)을 주어 대대로 그 도조(賭租)를 받게 하였다고 한다.

김락은 왕건의 집권에 공을 세웠기에 이등공신에 봉해졌었다. 그가 전사하기 수 개월 전인 그 해 7월이었다. 그는 후백제의 대야성을 공격하여 장군 추허조를 사로잡는 전과를 올렸던 용맹무쌍한 장수였다. 왕건을 도와

춘천시 서면 방동리에 소재한 신숭겸의 묘소
묘역이 왕릉처럼 웅대하고, 묘 앞이 확트여 명당임을 느낄 수 있다. 그런데 머리가 없는 신숭겸의 머리를 금(金)으로 만들어 장례를 치렀으므로, 도굴이 우려되어 봉분을 3기를 조성했다고 한다. 또는 부인을 합장했기 때문이라고도 한다. 어느 봉분이 신숭겸의 것인지는 알 수 없다. 그런 관계로 제향(祭享)은 중앙의 봉분 앞에서 행하고 있다.

신숭겸과 함께 전공을 무수히 세운 맹장이었다. 그러나 그도 공산에서 숨을 거두고 말았다. 그러니 얼마나 격렬한 전투였는지를 알고도 남는다. 김락의 시신은 2개월 후인 11월에 와서야 숱한 북군의 시신 더미에서 발견되었던 것 같다. 공산 대승 직후 진훤이 왕건에게 보낸 국서에서 "좌장(左將) 김락이 미리사(美利寺) 앞에서 해골을 드러내었으니"라고 하였기 때문이다.

이 두 장수를 잃은 왕건의 심정은 비통하기 이를 데 없었다. 왕건은 이들의 동생들과 후손들을 중용하였을 뿐 아니라, 지묘사(智妙寺)라는 사찰을 창건하여 명복을 빌었다. 대구시 동구 지묘동(智妙洞)에 신숭겸의 사당인 표충사(表忠祠)가 소재하고 있다. 표충사에는 당초 신숭겸을 위한 원찰인 지묘사가 소재했었다. 이곳에는 신숭겸이 전사한 자리에 단(壇)을 쌓아 표지로 삼았으니 곧 순절단(殉節壇: 일명 表忠壇)이다. 지금 전하는

순절단은 1819년(순조 19)에 단
이 중수된 것이다. 그와 더불
어 '고려장절신공순절지지 高
麗壯節申公殉節之地'라고 새긴
비석도 함께 세워졌다.

신숭겸의 전사처에 세워진 표충단과 왕산

언젠가 왕건이 팔관회를
베풀고 신하들과 함께 즐겼다.
그런데 전사한 2공신만 자리에
없었기에 유사(有司)에게 명하
여 풀을 묶어서 두 사람의 형상을 만들어 반열(班列) 위에 앉히고 술과 음
식을 하사하게 했다. 그랬더니 잔(盞)의 술이 문득 말라 없어지고 가상(假
像)이 산사람처럼 춤을 추었다고 한다.

훗날의 일이었다. 『고려사』에 의하면 예종 15년 10월에 "신사(辛巳)에
팔관회를 설치하고 왕이 잡희(雜戲)를 보는데 국초(國初)의 공신(功臣)인
김락과 신숭겸의 우상(偶像)이 있으므로 왕이 감탄하여 시를 지었다"고
하였다. 우상은 말을 타고 뛰면서 뜰을 돌아다녔던 관복을 입은 신숭겸과
김락의 허수아비를 가리킨다. 예종이 읊은 시는 향가로서 '두 장군을 애
도하는 노래'라는 뜻의 '도이장가 悼二將歌'가 되겠다. 이 노래의 현대어
풀이는 다음과 같다.

> 님을 온전케 하온 마음은 하늘 끝까지 미치니/ 넋은 가셨으되
> 몸 세우고 하신 말씀/ 직분 맡으려고 활 잡는 이 마음 새로워지기
> 를/ 좋다 두 공신이여 오래 오래 곧은 자취를 나타내신저/

여기서 첫 소절은 "임금님을 안 다치게 하려는 마음은 하늘 끝까지 뻗

쳤다"는 것으로서, 임금인 왕건을 위해 대신 몸을 던진 두 공신의 절개를 칭송하고 있는 것이다.

●●●●●

　공산을 팔공산으로 일컫게 된 지명 유래는 몇 가지가 전해온다. 이 가운데 중국 안후이성[安徽省] 팔공산에서 유래한 것으로 보인다. 383년 전진의 부견왕(苻堅王)이 동진의 사현(謝玄)과의 비수(淝水) 전투에서 대패하였다. 그런데 이 전장에 팔공산이 소재하였다. 그랬기에 비수전투와 유사한 면이 있는 전장인 공산을 팔공산으로 이름했을 것이라는 추측이다.

●●●●●

왕건과 한고조漢高祖 유방劉邦

　왕건에게 뼈 아픈 패전을 안겨준 공산 전투에서 남군은 왕건과 얼굴이 닮은 신숭겸의 머리를 왕건의 그것으로 알고는 환호하며 창에 꽂아 돌아갔다. 그 틈을 이용하여 왕건은 포위를 빠져 나와 생명을 보전할 수 있었다. 왕건은 자신의 생명을 구하고 전사한 신숭겸이 머리가 없자 목공에게 명하여 머리와 얼굴을 새겨서 만들게 하고 의복을 갖추어 입힌 후 후하게 장례를 치루어줬다. 『증보문헌비고』에 적혀 있는 내용이다. 춘천의 신숭겸 묘소가 왕릉에 필적할 정도로 웅장한 것에서도 왕건의 극진한 배려를 읽을 수 있다. 이러한 왕건의 태도는 한고조 유방의 경우와 비교해서 크게 돋보인다.

　유방이 항우(項羽)와 형양성(滎陽城)에서 싸울 때였다. 형양성이 항우에게 포위되어 형세가 자못 위급하였다. 그러자 유방의 부하 장군인 기신(紀信)이 자원하여 나왔다. 그는 왕의 수레를 타고 동문(東門)으로 나가 "먹을 것이 다하여 한왕(漢王)은 초(楚)나라에 항복한다"고 외쳤다. 유방인 것처럼 행세하여 항우의 군대를 속였다. 그 순간 초나라 군대는 모두 만세를 부르며 동문쪽으로 몰려 갔다. 그 틈을 타고 유방은 수십 명의 기병을 거느리고 서문으로 달아날 수 있었다. 기신은 말할 나위 없이 항우에게 살해되었다. 그것도 불에 태워져 참혹하게 죽었던 것이다.

기신이 유방을 대신하여 죽었음에도 불구하고 웬일인지 유방은 기신에게 녹훈(錄勳)하지 않았다. 상공(賞功)에 넉넉한 성품임에도 유방은 기신에 대해 일체 아는체 하지 않은 것이다. 이 문제에 대해 인조 때 우의정까지 올랐던 장유(張維: 1587~1638)는 신랄하게 유방을 비난하였다. 형양성이 포위되었을 때 기신이 초나라를 속이지 않았더라면 유방은 범의 아가리[虎口]를 벗어날 수 없었을 것인데, 기신이 죽었기에 유방이 온전하게 몸을 지켜 천하를 통일할 수 있지 않았겠냐는 것이다. 만약 그렇지 못했다면 장양(張良)·진평(陳平)·한신(韓信)·경포(黥布)같은 무리가 아무리 많았더라도 천하를 얻을 수 있었겠냐고 다그쳤다. 기신의 공렬(功烈)은 한나라가 만세토록 잊어서는 안된다는 것이다. 계속 이어지는 장유의 글을 인용하면 다음과 같다.

고제(高帝: 유방)는 본래 교만하고 스스로 큰 체하여 사람 속이기를 좋아하였다. 항왕(項王: 항우)과 싸울 때에 험한 고초를 겪고 꺾여서 백전백패(百戰百敗)하여 여러 번 천하의 웃음거리가 되어도 부끄러움과 모욕을 참아서 다행히 성공하였다. 이리하여 구오(九五)의 위(位: 임금의 자리를 가리킴)에 오르고 사해(四海: 온 세상을 가리킴)의 제후를 신하로 삼는데 이르러서는 "위엄이 해내(海內)에 덮힌다"는 노래를 부르며 웅장한 마음이 왕성해져 이때를 당하여 뽐내기를 좋아하고 굽히기를 싫어하여, 옛날에 뱀[蛇] 된 것을 숨기고 지금의 용(龍) 된 것을 자랑하는 것이란 인간의 상정(常情)이다.

대저 기신이 초나라를 속여 자기가 고제로 가장하여 초나라에 항복한 것은 기신의 항복이 아니요, 바로 고제의 항복이다. 시대가 바뀌고 그 일이 지나가서 천하의 이목이 변하였다. 만약에 그 일을 갑자기 떨쳐서 드러나게 포록(褒錄)을 하면 기신에게는 영광이지만 고제에게는 욕됨이 없겠는가?

천하의 사람들이 천자의 위덕을 우러러 보는 것이 신명(神明)과 같이 할 뿐만이 아닌데, 하루 아침에 "황옥거(黃屋車: 황제가 타는 수레)를 타고 좌독(左纛: 천자의 깃대)을 꽂고 초나라 군대에게 항복하기를 청해 놓고 겨우 몸을 빠져 나왔다"는 것을 듣고, 원근에 말이 유전되어 사람들이 상상하여 말하면, 아마도 제왕(帝王)의 신령(神靈)을 높이고 대한(大漢)의 위성(威聲)을 중히 여기는 것이 되지 못하니, 이것이 고제가 심히 싫어하는 바이다. 차라리 기신의 공을 묻어버릴 지언정 자기의 이름을 손상시키고 싶지 않음이요, 차라리 내 몸이 배운망덕하다는 비방이 있을 지언정 국가의 위엄을 상하게 되고 중망을 깎아 내리는 결점이 있게 하고 싶지 않았다.

신하들도 역시 임금의 뜻을 헤아렸기 때문에 유후(留侯: 張良의 封號)가 옹치(雍齒)를 봉해 주는 것을 돕고, 등공(滕公)이 계포(季布)의 죽음을 면하게 해 주었으나 모두 감히 기신을 위해서는 그 원통함을 하소연하여 주지 않았다. 그러므로 잊어서 저버린 것이 아니요, 부끄러워서 이것을 숨긴 것이다.

통렬하게 유방의 아픈 곳을 찌른 명문이 아닐 수 없다. 그에 비해 왕건은 부하인 신숭겸에 대한 임금으로서의 도리를 다했다고 볼 수 있다. 그러나 왕건도 숱한 패전을 감추고 있다는 점에서 유방과 오십보 백보일런지도 모른다. 일례를 들어 보자. 『고려사』 박수경전(朴守卿傳)에 따르면 왕건은 발성(勃城) 전투에서 포위되었으나 박수경이 역전(力戰)한 관계로 빠져 나올 수 있었다고 한다. 이 기록은 사실을 전달하려는 측면보다는 박수경의 충성심을 드러내려고 한 관계로 열전에 남게 된 것이다. 여기서 발성의 소재지는 물론이요 전투 시기도 분명하지 않다. 그러나 이 기록의 편린을 통하여 중요한 사실을 포착할 수 있다. 왕건은 남아 있는 기록과는 달리 숱한 패전과 운명의 고비 고비를 넘겨왔다는 것이다.

『오륜행실도 五倫行實圖』에 보이는 유방이 서문으로 달아나고 기신이 유방으로 위장하여 항복하는 장면

　　장유의 글 가운데 "항왕(項王: 항우)과 싸울 때에 험한 고초를 겪고 꺾여서 백전백패(百戰百敗)하여 여러 번 천하의 웃음거리가 되어도 부끄러움과 모욕을 참아서 다행히 성공하였다"는 구절은 퍽이나 시사적인 느낌을 준다. 왕건의 경우도 이와 같지 않았을까?라고 연상하는 이들이 적지 않을 것이기 때문이다.

통일의 승기勝機를 잡다! ▮

공산 전투에서 북군의 최정예 병력인 5천 명의 기병 부대는 죄다 괴멸되었다. 짚단 엎어지듯이 속속 붕괴되었던 것이다. 남군은 왕건을 거의 생포할 뻔 하였다. 왕건은 간신히 그것도 단신으로 포위를 빠져 나올 수 있었다. 후백제와 고려와의 싸움에서 일대 획을 긋는 큰 전투가 공산 싸움이었다. 진훤은 압승을 거두었다. 그에 앞서 왕건이 보냈던 공훤이 이끈 1만 명의 북군도 괴멸되었을 것이다. 그렇지만 불씨를 남겨놓는 천추의 한을 기록한 전투였다. 이 전투에서 남군이 왕건을 생포하거나 죽였다면 어떻게 되었을까? 의심할 나위 없이 진훤에 의한 한반도의 재통일이 이루어졌을 것이다. 진훤으로서는 훗날 몰락한 후 이때를 회상하면서 아쉬움으로 가슴을 쳤을 법한 전투였다.

진훤은 기세가 등등해졌다. 신라를 엎어버렸고, 신라를 구원나온 북군을 보란 듯이 유린했기 때문이다. 거칠 것이 없었다. 남군은 승전고를 울리면서 북진하여 내친김에 지금의 칠곡군 약목면 일대인 대목군(大木郡)을 습격하였다. 약목면 덕산들은 1950년 8월 16일에 일본 요코다와 가데나 비행장에서 출격한 B-29 폭격기 98대가 융단폭격을 퍼부었던 낙동

왕봉

강 전투의 격전지이기도 하다. 『증보문헌비고』 칠곡 조에 의하면 왕봉(王峰)이라는 지명의 유래를 "남쪽 46리에 있다. 고려 태조가 진훤에게 패배하고 이곳에 숨었기 때문에 이름 지은 것이다"라고 하였다. 이 기사는 남군이 쫓겨 달아나는 왕건을 칠곡까지 추격해 왔음을 전하고 있다.

가을걷이가 끝난 대목군의 황량한 들판에는 노적가리가 쌓여 있었다. 남군은 이것을 죄다 불태워버렸다. 적이 이용하지 못하도록 하기 위한 거였다. 병참선을 파괴하는 행위였었다. 화염이 밤하늘을 찔렀다. 이것을 바라보는 남군의 흥분은 한껏 고조되었다.

이때가 진훤의 나이 61세, 환갑의 연령이었다. 전진(戰陣) 속에서 풍찬노숙과 남정북벌하며 청춘을 보내왔었다. 흰 머리카락 날리면서 전장의 선두에서 작전을 지휘하여 왔던 그였다. 쩌렁 쩌렁 울리는 그의 음성은 적들의 간담을 서늘케 하였다. 포효하는 한 마리의 타이거를 연상시켰을 것이다. 타이거와 같은 용력(勇力)이 절륜한, 지칠줄 모르는 주군이 진훤 대왕이었다. 그를 바라보는 남군의 병사들 가슴에는 깊은 존경과 무한한 신뢰가 하염없이 솟아 나왔던 전장이었을 것이다.

진훤의 70 평생에서 가장 득의에 찼던 순간을 꼽으라면, 순천에서 거병했을 때 이르는 곳마다 메아리처럼 호응했던 순간, 감격적인 전주 입성과 전광석화(電光石火) 같았던 경주 습격, 그리고 공산 전투가 아니었을까?

줄기차게 대목군을 공격한 이유는?

　진훤은 대목군 습격이 성에 차지 않았던 것 같다. 다음 달인 10월에 진훤은 장수를 파견하여 지금의 성주인 벽진군(碧珍郡)을 공략하였다. 그와 더불어 대목군(大木郡)과 소목군(小木郡; 성주군 벽진면 동쪽 부근) 2군의 벼를 죄다 베어 갔다. 11월에는 남군은 벽진군의 곡식을 불살랐다. 이것을 막던 고려의 정조(正朝) 색상(索湘)을 전사시켰을 정도로 압승을 거두었다. 이러한 기록의 순서를 볼 때 진훤의 경주 입성을 11월로 적은 『삼국사기』의 기록은 오류임을 알 수 있다. 9월에 경주의 문턱인 영천을 공략했던 진훤이, 11월에야 경주에 입성했다는 것은 사세에 비추어 볼 때 전혀 타당하지 않다. 더구나 11월이면 한겨울인데, 아무리 향락적인 경애왕이라 하더라도 노천의 포석정에서 유흥을 즐길 수야 없는 것이다. 그러므로 『고려사』와 『고려사절요』의 순서대로 진훤의 경주 습격은 9월로 보아야만 합당하다.

　진훤은 927년 9월에 북군을 추격하면서 승세를 타고서 대목군을 공취하고 전야(田野)에 노적한 곡식을 죄다 불살랐다. 927년 10월에 진훤은 장수를 보내어 벽진군(성주군 벽진면)을 공략하고 이웃한 대목군과 소목군의 농작물을 베어 갔다. 927년 11월에는 벽진군의 도곡(稻穀)을 불살랐고, 그 해 12월에는 대목군 전야의 곡식을 모두 태운 바 있다. 도합 4개월에 걸쳐 진훤은 경상도 북부 지역에서 농작물을 불태우고 있다. 이러한 사건은 별개의 사안이기보다는 상호 연계된 사건으로 파악되어진다. 이는 대목군을 중심으로 한 지역에서만 집중적으로 나타나고 있기 때문이다.

928년 8월에 진훤은 군대를 파견하여 다시금 대목군의 화곡(禾穀)을 베어가고 있다. 이례적으로 후백제가 대승을 거둔 공산의 북부 지역인 대목군이 무려 4차례에 걸쳐 목표물이 된 것이다. 이와 인접한 벽진군도 남군의 공격을 받았다. 여기에는 필시 어떤 이유가 있었다고 보는 게 온당할 것 같다. 아래의 인용에서 알 수 있듯이 당시 벽진군의 장군인 이총언(李恩言)은 양식을 충분히 비축하여 응전하지 않은채 고립된 성에서 잘 버텨나가고 있었다.

> 이총언은 사서에 그 세계를 망실하였으나 신라 말에 벽진군을 보유하고 있었다. 그때에 군도(群盜)가 사방에서 일어나자 총언이 성을 굳게 지키고 있으니 백성들이 힘입어 편안할 수 있었다. 태조가 사람을 보내어 달래기를 함께 힘을 다하여 화란을 진정하고자 하니 총언이 글을 받들고 심히 기뻐하여 그 아들 영(永)을 보내어 군사를 거느리고 태조를 따라 정토하게 하니 永의 그때 나이가 18세였다. 태조가 대광 사도귀(思道貴)의 딸로 영의 아내를 삼고 총언을 본읍장군(本邑將軍)으로 제배하여 이웃 고을 정호(丁戶) 229를 더 내려주고 또 충(忠)·원(原)·광(廣)·죽(竹)·제주(提州)의 창고 곡식 2,200석과 소금 1,785석을 내려주었다. 또한 수찰을 보내어 금석(金石)의 신(信)을 보여 말하기를 "자손에 이르기까지 이 마음은 변치 않으리라"고 하자 총언이 이에 감격하여 군

정을 단결하고 자량(資糧)을 저축하여 고성(孤城)으로 신라와 백

제 간의 쟁탈하는 곳에 개재하면서 흘연히 동남방의 성원(聲援)이

되었다. 21년에 卒하니 나이 81이었다. 아들은 달행(達行)과 영이

있다(『고려사』권 92, 이총언전).

위의 내용을 통해 볼 때 후백제가 벽진군과 그 인접 지역만을 집중 공

격한 배경은, 이총언이 "자량을 저축하여 고성으로 신라와 백제 간의 쟁

탈하는 곳에 개재하면서 흘연히 동남방의 성원이 되었다"는 기사에서 실

마리를 얻을 수 있다. 즉 친고려계 유력 호족인 이총언이 경상도 서북부

지역에서 존립할 수 있었던 원초적 힘은 '자량'의 확보였었다. 게다가 고

려의 입장에서 볼 때 그는 "흘연히 동남방의 성원이 되었다"고 했을 정도

로 경상도 지역에서 중요한 거점 역할을 했었다. 그러므로 이곳 양곡에

대한 진훤의 공략은 이총언을 교두보로 한 경상도 북부 지역에서 북군의

존립 기반격인 그 병참원을 파괴한다는 전략적 차원에서 나온 것이었다.

이는 주민에게 직접 타격을 가하는 약탈과는 전혀 성격이 달랐다. 이와

관련해 671년에 신라가 웅진도독부를 축출하는 과정에서 나온 다음의 기

사가 이해를 돕는다.

6월에 장군 죽지 등으로 군사를 거느리고 가서 백제의 가림성

의 화곡을 짓밟게 하여, 드디어 당병(唐兵)과 석성(石城)에서 싸워

적수(敵首) 5천 3백 급을 베고 백제의 장군 2사람과 당(唐)의 과의

(果毅) 6명을 사로잡았다(『삼국사기』권 7, 문무왕 11년 조).

위의 기사는 신라의 '약탈' 행위가 되어야 한다. 그러나 주지하듯이 전

투에서의 화곡을 짓밟는 행위는 적군이 이용할 수 있는 병참원에 대한 파

칠곡군 약목면에 소재한 덕산들을 끼고 있는 백포산성

괴 행위로서 전쟁의 한 행위일 뿐 약탈로 해석하는 경우는 어디에도 없다. 마찬 가지로 후백제의 '도곡'과 '화곡'에 대한 파괴 행위도 일상적인 전쟁 수행 과정에 불과한 것이다.

왕건에게 투항을 권유하다!

진훤에게는 감격적인 927년이 저물어 가는 그 해 12월이었다. 진훤은 왕건에게 국서를 한 장 띄웠다. 왕건이 겨우 정신을 차렸을 시점이었다. 다음과 같은 글월이 전하고 있다. 최승우(崔承祐)가 작성한 것이다.

　　지난 번에 신라 국상(國相) 김웅렴(金雄廉) 등이 족하(足下)를 서울로 불러들이려 한 것은, 마치 작은 자라[鱉]가 큰 자라의 소리에 응하는 듯 하는 것 같지마는, 실상은 메추리가 새매의 날개를 해치려 함이라 반드시 백성[生靈]을 도탄에 빠지게 하고 사직(社稷)을 폐허로 만들고자 함이기 때문에 내가 먼저 손을 써서 홀로 한금호(韓擒虎: 隋나라 장수)와 같은 부월(斧鉞)을 휘둘러 백료(百僚)들에게 흰 해를 두고 맹세하며 6부(部: 신라를 가리킴)를 의풍(義風)으로써 타일렀거늘, 뜻밖에 간신들은 도망가고 임금께서는 돌아 가셨으므로 경명왕의 표제(表弟: 外從弟)인 헌강왕의 외손을 받들어 왕위에 오르게 하여 위태(危殆)한 나라를 다시 세우고 잃었던 임금을 다시 얻게 하였는데, 족하는 충고(忠告)는 자세히 알려 하지 않고 공연히 떠도는 말만을 들어 온갖 술책으로 기회를 엿보며 여러 곳으로 침략을 하여 소란케 했으나 아직도 나의 말머리도 보지 못하였고 나의 소털[牛毛] 하나도 뽑지 못하였도다.

첫 겨울에는 도두(都頭) 색상이 성산진(星山陣) 밑에서 손을 묶였고, 이 달에는 좌장(左將) 김락이 미리사(美利寺) 앞에서 해골을 드러내었으니, 죽고 잡힌 자가 많았으며 추격하여 사로잡음도 적지 않았으니, 강하고 약함이 이와 같으니 승패는 알 만함이니, (나의) 기약하는 바는 활을 평양(平壤)의 문루(門樓)에 걸고, 말은 패강(浿江: 대동강)의 물을 축이게 하는데 있으니, 지난 달 7일에 오월국(吳越國) 사신 반상서(班尙書)가 와서 왕의 조서(詔書)를 전하기를 "경(卿)이 고려와 더불어 오랫 동안 사이 좋게 지내어 함께 인맹(隣盟)을 맺어 오다가 요사이 양쪽의 질자(質子)가 죽음으로 인해 화친(和親)하던 옛날의 우호(友好)를 잃고 서로 영역을 침략하여 전쟁을 그치지 않고 있음을 알고는 지금 특별히 사신을 보내어 경의 본도(本道: 本國)로 가게 하노니 또 글을 고려에도 보내노니 마땅히 각자 서로 화친하여 길이 평화를 누리도록 하시요"라고 하였는데, 나는 왕실을 높이는 의(義)에 돈독하고 대국을 섬기는 일에 정성을 다 했던 바, 이 조유(詔諭)를 듣고서는 즉시 받들고자 하지만 그러나 족하가 그만 두고 싶으나 그럴 수도 없고, 지쳐 있으면서도 오히려 싸우려 할까 염려 되어, 이제 조서를 베껴서 보내니 유의하여 상세히 살피기를 바라는데, 또한 구멍에 든 토끼와 사냥개가 싸우다가 함께 피곤해지면 결국은 반드시 조롱거리가 되는 것이요, 조개와 황새가 서로 물고 있는 것 역시 웃음거리로 되는 것이니, 마땅히 돌이키는데 어두우면 흉(凶)하다는 것을 경계(警戒) 삼아 후회를 스스로 남기는 일이 없게 해야 될 것이요!!

『삼국사기』에 수록된 진훤이 왕건에게 보낸 국서의 내용 일부(오른편 글)

　위의 글월 가운데 "(나의) 기약하는 바는 활을 평양의 문루에 걸고, 말은 패강의 물을 축이게 하는데 있으니 所期者 掛弓於平壤之樓 飮馬於浿江之水"라는 구절에는 득의에 찬 진훤왕의 모습이 잘 어려 있다. 그리고 "온갖 술책으로 기회를 엿보며 여러 곳으로 침략을 하여 소란케 했으나 아직도 나의 말 머리도 보지 못하였고 나의 소털[牛毛] 하나도 뽑지 못하였도다"라는 구절은, 힘의 압도적인 우위를 말한다. 그러니 강대한 후백제에 약한 힘으로 부질없이 대항하는 왕건의 행태는 "참나무에 결낫질"하는 거와 진배 없다는 식으로 꾸짖고 있는 게 아닐까?

　성큼 다가온 통일군주, 그 꿈이 이루어지는 것으로 믿었을 것이다. 진훤대왕이 오매불망 그토록 갈망했던 백제에 의한 통일국가의 완성, 그것은 꿈이 아니라 목전의 현실로 다가왔다. 모순과 파행 그리고 질곡과 분열의 칙칙한 과거사를 청산하고, 올곧게 시작하는 명실상부한 '정개 正開'의 역사가 이제사 힘차게 열린 것으로 생각하며, 노령의 가슴에는 뜨거운 고동이 치지 않았을까?

이에 대한 왕건의 답장이 이듬해 정월에 도착하였다. 다음과 같은 유려한 문체로 작성된 글월이 되겠다. 최치원의 글이라고 『삼국유사』에는 전하고 있지만 그렇지는 않을 것이다.

　　삼가 엎드려 오월국 통화사(通和使) 반상서가 전한 조서 1통을 받들었고, 겸하여 족하가 준 장문의 글도 읽어 보았는데, 그런데 중국 사신이 제서(制書)를 보내오고 편지의 좋은 소식에 더하여 가르침을 입었는데, 조서를 받들어 읽고는 비록 감격은 더 했으나, 서한을 펴 보니 혐의쩍은 생각을 없앨 수 없기에 지금 돌아가는 편에 부쳐 잠시 소회를 밝히겠는 바, 나는 위로는 천명(天命)을 받들고 아래로 남들의 추대에 못이겨 외람되게 장수의 직권을 맡아 백성과 나라를 다스리는 기회에 나서게 되었는데, 얼마 전에 삼한이 액운을 당하고 전국[九州]이 흉년으로 황폐해져 백성들이 많이 반란군[黃巾賊]에 몰려가 전야(田野)는 황폐하지 않은 땅이 없었는데, 병란[風塵]의 소란함을 종식시키고 나라의 재난을 구하려고 이에 스스로 이웃 나라와 친목하여 어느덧 화호(和好)를 맺었더니 과연 수천 리에 농상(農桑)을 즐겨 일삼고 7~8년 동안 사졸들이 한가로이 쉬는 것을 보았더니 을유년(925년) 10월에 와서 갑자기 사단을 일으켜서 곧 싸우게 되었는데, 족하가 처음에는 적(敵)을 업신여겨 바로 전진하니 마치 연가시[螳螂]가 수레바퀴를 막는거와 같더니, 끝내는 어려움을 알고는 급히 물러감이 모기가 산을 진 거와 같았으니, 공손히 사죄를 하고 하늘을 가리켜 맹세하기를 "오늘부터는 영원히 화목하겠지만 만일 맹약을 위반한다면 신(神)이 벌을 주겠다"고 하였으니, 나 역시 싸우지 않는 무위(武威)를 숭상하고, 죽이지 않는 인(仁)을 기하여 드디어 겹겹의 포위를 풀어 지친 군졸들을 쉬게 하며, 볼모마저 사양하지 않고 다만 백성만을 편안하게 하려 하였으니, 이것은 내가 남인(南人: 후백제인)들에게 큰 덕을 베푼 것이라 하겠거늘, 어찌 맹세한 피 [歃血]가 마르기도 전에 못된 버릇이 다시 발작하여 벌과 전갈과 같은 독(毒)으로 생령(生靈: 백성)을 침해하고 이리나 호랑이와 같은 광폭함으로 왕도(王都)를 범하여 금성(金城: 신라)이 위험에 빠지고 왕궁(王宮)이 몹시 놀랄 줄이야 예기야 했겠건만은, 대의 (大義)에 의거하여 주(周)나라 왕실을 높이는 일에 누가 제(齊)나라 환공(桓公)과 진(晋)나라 문공(文公)의 패업(霸業)과 같았으며, 틈을 보아 한(漢)나라를 도모함이 오직 왕망(王莽)과 동탁(董卓)의 간계(奸計)를 볼 뿐이니, 왕의 지존(至尊)으로서 몸을 굽혀 족하에게 아들[子]이라고 일컫게 했으니, 존비(尊卑)가 차례를 잃으니 상하가 다같이 근심하여 현명한 재상[元輔]의 충순(忠純)함이 아니면 어찌 다시 사직(社稷)을 편안하게 할 수 있으리요.

나는 마음에 악(惡)한 것을 숨겨 둠이 없고 뜻은 왕실을 높이는 데 간절하므로 장차 조정(朝廷)을 도와서 나라의 위태로움을 붙들고자 했는데, 족하는 터럭만한 적은 이익을 보고 천지(天地)와 같은 후한 은혜를 잊고 군왕(君王)을 죽이고 궁궐을 불사르고 대신들을 학살하고 사민(士民)들을 도륙하였으며, 궁중의 미녀들을 빼앗아 수레에 같이 타고 진귀한 보물들을 약탈하여 가득히 싣고 갔으니, 그 흉악함은 걸·주(桀紂)보다 더하고 불인(不仁)함은 올빼미[獍梟]보다 심하였으니, 나는 하늘이 무너진[崩天] 데 대한 원한(怨恨)이 깊었기에, 해를 돌이키려는 정성으로 매[鷹]가 참새 [鸇]를 쫓듯이 하여 견마(犬馬)의 수고를 다 하려 하여 다시 군대를 일으킨지 이미 두 해를 지났으니, 육전(陸戰)에서는 우레와 번

개처럼 빨리 달렸고, 수전(水戰)에서는 범이나 용처럼 용맹스럽게 쳐서, 움직이기만 하면 반드시 공을 이루었고, 활을 들기만 하면 반드시 헛살이 없었으니, 윤빈(尹邠)을 해안에서 쫓을 때에 쌓아 놓은 갑옷이 산과 같았고, 추조(鄒祖)를 변성(邊城)에서 잡을 때에는 엎어진 시체가 들을 덮었으며, 연산군(燕山郡: 청주시 문의면) 옆에서는 길환을 군문 앞에서 베었고, 마리성(馬利城: 『동사강목』에서는 咸陽 근방의 安陰縣으로 비정) 곁에서는 수오(隨晤)를 큰 기(旗) 아래서 죽였으며, 임존성(예산군 대흥면)을 함락하던 날 형적(邢積) 등 수백 명의 몸이 사라졌고, 청천(靑川: 충청북도 괴산군 청천면)를 쳐부수던 때에는 직심(直心) 등 너댓 명이 머리를 바쳤고, 동수(桐藪: 대구 팔공산 桐華寺)에서는 깃발만 보고도 무너져 흩어졌고, 경산(京山: 경상북도 성주)은 구슬을 머금고 와서 항복하였으며, 강주(康州: 경상남도 진주)는 남쪽으로부터 와서 귀부하였고, 나주[羅府]는 서쪽으로부터 와서 소속 되었는데, 침공(侵攻)함이 이와 같거늘 (국토를) 수복할 날이 어찌 멀겠으며, 반드시 저수(泜水)의 병영에서 장이(張耳: 한고조의 수하 장군)가 깊은 원한을 씻고, 오강정(烏江亭) 위에서 한왕(漢王: 한고조)이 최후 일전에 성공하여 마침내 풍파(風波)를 가라앉혀 길이 바다를 깨끗이 할 것을 기약하노니, 하늘이 (나를) 돕고 있는 바이니 천명이 어디로 돌아 가겠으며, 항차 오월왕 전하는 덕(德)이 변방의 외족(外族)을 포용하고 인(仁)이 깊어 소국을 사랑하니 특히 대궐에서 윤지(綸旨)를 내려서 청구(靑丘: 우리나라를 가리킴)에 싸움 멈추기를 타이른지라 이미 가르침을 받았으니 감히 받들지 않겠으며, 만약 족하도 조서를 받들어 전쟁을 거둔다면 오직 상국(上國)의 인은(仁恩)에 부응할 뿐만 아니라, 동해(東海)의 끊

『삼국사기』에 수록된 왕건이 진훤에게 보낸 국서의 내용 일부

어진 왕통을 다시 이을 수 있을 것이나, 만약에 허물을 능히 고치
지 않는다면 후회한들 소용이 없을 것이요!!

위의 글에서 왕건은 진훤의 경주 습격과 약탈을 신랄하게 비판하며
명분상의 우위를 점하고자 했다. 그리고 남군과의 전투에서 일방적으로
밀리지 않았음을 드러내기 위해 승리했던 사례를 낱낱이 기재하였다. 그
러면서 "오강정(烏江亭) 위에서 한왕(漢王: 한고조)이 최후 일전에 성공하
여 마침내 풍파(風波)를 가라앉혀 길이 바다를 깨끗이 할 것을 기약하노
니"라고 하여, 한고조처럼 한 판 승부에서 승리를 가를터이니 공산에서
의 대승으로 기고만장하지 말라는 말을 던지고 있다. 왕건의 각오가 단단
히 서려 있는 문장인 것이다. 그러나 허세도 적지 않다.

왕건은 일생일대의 큰 고비를 또 한차례 넘겼던 것이다. 이럴 때 일수
록 왕건의 불안하고 흔들리는 마음을 잡아주는 역할을 하였던 게 불교였
다. 왕건의 참모였던 유학자 최응이 불교에 너무 혹신하는 게 아니냐고

물었을 때였다.

　　"지금은 전쟁이 끝나지도 않았고 앞날에 대한 예측조차도 할 수
　　없는 실정이라 아침 저녁으로 다가오는 두려움과 당혹함을 어떻
　　게 처리해야 할 지 모르고 있소. 그래서 불신(佛神)의 음조와 산수
　　(山水)의 영험스런 기운이 혹시 일시적인 효과라도 있을까 생각했
　　기 때문이오…"

　　왕건의 답변이었다. 왕건은 흉중에 담겨 있는 내밀한 마음을 솔직하
게 털어놓았다. 「훈요십조」에도 수록되어 있듯이 왕건은 불심에 의존하여
평상심을 찾으면서 거친 파고를 고독하게 헤쳐나가고 있었다.

가 없는 승전勝戰, 영그는 통일 군주의 꿈

928년에 후백제는 지금의 경상남도 방면에서 눈부신 작전을 전개하였다. 정월에 남군이 강주(康州)를 공략하자 북군의 원윤(元尹) 김상(金相)과 정조(正朝) 직량(直良) 등이 구원하러 병력을 이끌고 출동하였다. 남군의 성주 흥종(興宗)은 초팔성(草八城: 경상남도 초계)을 지나오는 북군을 급습하였다. 북군의 김상은 전사하는 등 완패를 기록했다.

5월에 강주의 원보(元甫) 진경(珍景) 등이 고자군(古自郡: 경상남도 고성군)으로 양곡을 운반하고 있었다. 이 사실은 남군의 안테나에 즉각 잡혔다. 진훤은 이 틈을 놓치지 않았다. 진훤은 몰래 군대를 출동시켜 강주를 습격하였다. 양곡 운반으로 인해 강주에 병력이 비어 있는 허(虛)를 찌른 것이었다. 강주가 남군의 수중에 떨어졌다는 소식을 접한 진경은 수송을 중단한 채 병력을 이끌고 가쁜 숨을 몰아 쉬며 강주로 돌아왔다. 그러나 남군은 진경의 군대를 완패시켰다. 진경은 300여 명의 전사자를 내고 패퇴하였다. 남군은 생포한 장군 유문의 항복을 받아내었다.

이즈음 후백제는 불패(不敗)의 전성기를 구가하였다. 고려 군대는 연

삼년산성 동쪽 성벽

'삼년산성에서'라는 다음과 같은 시가 있다.

報恩平野 감싸주는/ 新羅 三年山城/ 三年 歲月/ 쌓아 생긴 이름이라네// 曦陽이 노상 자랑하던 城이기에/ 夷正이 오늘 손발 맞춰 따라 왔네/ 千五百年 무너진 歲月/ 一大 壯觀일세/ 사람들아!/ 曦陽과 夷正을/ 은혜 모르는 사람이라 탓하지 말게나/ 우리 民族史 바로 잡아/ 대추골에 報恩하는 날 있으려니// 뒷날/ 好事家 있어/ 우리 자취 찾거들랑/ 蛾眉池 고운 연못서/ 모습 보구려

패를 거듭하였기 때문이다. 928년 7월에 왕건은 몸소 군대를 이끌고 나왔다. 그는 지금의 충청북도 보은읍에 소재한 삼년산성(三年山城)을 공격하였다. 삼년산성은 470년(신라 자비왕 13년)에 3년 걸려 축조한 성이라 해서 이런 이름이 붙었다. 신라가 당시 서북쪽의 백제를 견제하기 위해 축조한 둘레 1,683m에 이르는 웅장한 규모의 석축 산성이다. 신라의 백제지역 진출을 관장하는 총본영격인 산성이었다. 지금도 그 동쪽 벽은 높이가 13m를 자랑하는 견고한 요새로서의 위용을 자랑하고 있다. 이 성은 통일기 최대의 내란이었던 김헌창의 난에 휩쓸리기도 했다. 더욱이 이 성은 교통의 요로에 소재하고 있다. 동으로는 상주 방면으로, 서북으로는

청주로, 북으로는 괴산을 지나 충주로, 서남으로는 옥천 방면으로, 남으로는 영동으로 이어지는 교통로의 중심에 소재하였다. 유서 깊은 전략지인 삼년산성에 주둔하고 있던 남군은 왕건이 이끈 북군의 공격을 가뿐히 격퇴시켰다.

왕건은 삼년산성 공격에 실패 한 직후 청주로 퇴각하였다. 남군은 추격을 벌였다. 청주를 공격하였던 것이다. 왕건을 함몰시킬 수 있는 절호의 마지막 기회였다. 그러나 불행히도 지금의 온양에서 축성 작업을 서두르고 있던 북군의 장수 유검필이 지원군을 이끌고 신속히 내려왔다. 그는 꿈에서 대인(大人)이 나타나 "내일 서원(西原: 청주)에서 변란이 있을 것이니 속히 가라!"는 말을 듣고 놀라 깨어서 청주로 내려왔던 것이다. 남군은 불의의 지원군을 맞아 300명의 포로를 남긴 채 독기진(禿岐鎭: 위치 미상)까지 퇴각하였다. 그러나 북군의 승리는 일시적인 것에 불과했다. 왕건은 충주까지 후퇴하였다.

후백제가 오래 전부터 확보했던 금강 상류의 진천→청주→문의→회인→보은 루트는 북부 지역에서 진출해 나갈 때 중부 지역에서 호남을 연결하는 직로(直路)로서 교통의 요지이자 군사적인 요충지라는 지적이 있어 왔다. 게다가 보은에서는 서편의 소백산맥을 넘어 상주 방면으로 곧바로 진출할 수 있다. 그러므로 고려는 이들 지역을 장악하려고 심혈을 기울였으나 후백제의 영토로서 굳건하게 지켜졌었다.

8월에 진훤은 장군 관흔(官昕)을 시켜 충청북도 영동의 양산(陽山)에 성을 쌓게 하였다. 이곳은 옛적에 신라의 왕족인 김흠운(金歆運)이 전사했던 곳이었다. 그는 낭도들이 아무개가 전사하여 지금까지 이름을 남기고 있다고 말하면, 개연히 눈물을 흘리고는 하였다. 감읍(感泣)을 한 것인데, 김흠운과 같은 문하에 있던 승려 전밀(轉密)이 이러한 모습을 보고는 "이 사람이 적진에 나가면 반드시 돌아오지 않을 것이다"라고 예단할 정도였다. 그뒤 김흠운은 백제와의 전쟁에 출정하여, 이곳에 진을 쳤으나 백제 군의 야습을 받아 진영이 무너지게 되었다. 화살이 비오듯 쏟아졌지만 그는 말을 비켜 타고 창을 잡아 적을 기다렸다. 부하들이 "공은 신라의 귀골(貴骨)이니 적의 손에 죽는다면 백제의 자랑거리요 우리에게는 매우 부끄러운 일입니다!"라고 말하면서 후퇴하기를 권유하였다. 그러나 그는 굳게 서서 움직이지 않았다. 종자가 고삐를 꽉 쥐고는 돌아가고자 하였으나 그는 칼을 뽑아 뿌리 치고는 적진에 돌진하여 여러 명을 죽이고 장렬히 산화하였다. 사람들이 그를 기려 양산가라는 노래를 불렀다는 현장이었다.

왕건은 명지성(命旨城: 경기도 포천)의 원보 왕충(王忠)을 보내어 남군의 양산 축성을 저지시켰다. 그럼에 따라 퇴각한 관흔은 대야성을 지키고 있었다. 하지만 그는 군사를 놓아 대목군의 벼를 죄다 베게 하였다. 전 해에도 이곳의 벼를 베었던 남군이었다. 대목군이나 소목군 그리고 벽진군에서 남군으로부터 벼 베임을 당했었다. 그 이유는 무엇일까? 벽진군의 장군인 이총언은 양식을 비축하여 고립된 성이지만 잘 버텨나갈 수 있었던 것이다. 남군이 유독 대목군 등의 벼를 베었던 것은 응전하지 않은 데 대한 보복이자 고사책(枯死策)의 일환이었다.

남군은 계속 북상하여 오어곡(烏於谷)에 나누어 주둔하였다. 이로 인해 죽령의 길이 막히고 말았다. 후백제는 고려의 신라 접근을 근원적으로 차단하기 위해 소백산맥 남·북록(南北麓)과 연결 통로에 인접한 고을들을 지배해 나

죽령

오어곡성으로 짐작되는 부노성 전경

1989년 1월 18일의 나의 일기에 의하면 "아침에 일찍 일어나 짐을 챙긴 후 7시 46분 버스로 하리면 우곡동에를 갔다. 26분 걸렸다. 8시 43분 부노성 정상에 서게 되었다. 적성로와 죽령로에서 분기(分岐)해 오는 적군을 살필 수 있는 교통의 요로에 위치하고 있었다. 5세기 중반 후엽부터 6세기 중반 당시 신라의 최전선인 셈이다. 눈에 덮인 소백산맥 줄기를 바라보면서 이모 저모 생각에 잠겨 보기도 하였다. 남벽(南壁) 근처의 건물지에는 무수한 기와편과 토기편이 산포하여 있었는데 동벽(東壁)에 달린 작은 성벽에서 전형적인 신라 토기편을 습득하였다. 신라 축조를 더욱 확신하게 되었는데, 성의 외관은 1986년에 답사한 노고성(老姑城)과 거의 흡사하였다. 산성에서 빵과 음료로 요기를 한 후 부근 마을의 입석 2기--이것도 거의 일직선상에 위치하고 있었다--를 살피고 이어 고인돌 2기와 탑 2기를 조사한 후 36세 노총각 혼인잔치에 가는 버스를 타고 예천 읍내로 돌아 왔다. 점심 식사 후 흑응산성을 답사하였는데, 마침 입성(入城)하자마자 눈보라가 몰아쳤다. …"라고 기재되어 있었다.

갔다. 그러한 전략의 일환으로 오어곡을 공략한 것이다. 오어곡의 위치는 정확히 구명하기 어렵지만 『증보문헌비고』에 따르면 "(안동대도호부)의 서북쪽으로 45리이다"라고 하였다. 죽령로에 소재한 예천 관내의 '우곡' 일대로 짐작된다. 오어곡성(烏於谷城)은 예천군 하리면 우곡동에 소재한 부노성(父老城)으로 짐작된다. 오어곡성에 주둔하고 있던 북군은 꼼짝 할 수 없게 되었다. 그럼에 따라 소백산맥 이남의 정황을 읽을 수 가 없었다. 답답한 왕건은 왕충을 보내어 조물성에 가서 정탐하게 하였다.

11월에 진훤은 날랜 군사를 뽑아서 오어곡성을 공격하였다. 그런데 『고려사절요』와는 달리 이 전투의 현장을 『삼국사기』 진훤전에는 부곡성(缶谷城)으로 기록되어 있다. 부곡성은 지금의 군위군 부계면에 소재한 성으로 보인다. 『삼국사기』 신라본기에는 이와는 달리 진훤이 10월에 무곡성(武谷城)을 함락시켰다고 되어 있다. 부곡성과 무곡성은 동일한 성으로 짐작된다. 남군은 10월에는 이 성을 함락시키고, 11월에 오어곡성을 공격한 것으로 보인다. 오어곡성 싸움에

부노성에서 출토된 기왓장과 토기편

서 남군은 북군 병사 1천 명을 전사시켰다. 그뿐 아니라 장군 양지(楊志)와 명식(明式) 등 6명의 항복을 받아내었다. 남군은 군사적으로 압도적인 우세를 자랑하였다.

오어곡성 함락에 따른 왕건의 분노는 극에 달했다. 군사들을 죄다 구정(毬庭)으로 불러 모았다. 그리고는 양지와 명식 등 6명의 장수의 아내와 자식들을 군사들 앞에서 조리 돌리고 저자에서 목을 베어 죽였다. 처자들을 군중(軍衆) 앞에서 끌고 다니며 망신을 실컷 준 다음에 많은 사람들이 운집하는 저자 거리에서 죽였던 것이다. 너희도 배신하면 이렇게 된다는 본보기를 보여주고자 했다. 온후한 성자처럼 묘사된 왕건이었다. 그 내면의 어쩌면 진면목일지도 모르는 냉혈한같은 매서운 일면이 기록에서 삐죽 불거져 나온 것이다.

진훤에게는 득의에 찬 927년과 928년에 이어 929년이 밝았다. 진훤의 기세는 꺾일 줄을 몰랐다. 이무렵 후백제는 숙원의 나주를 점령하였다. 935년에 왕건이 여러 장수들에게 말하기를 "나주의 40여 군(郡)이 우리의 울타리가 되어 오랫 동안 풍화(風化)에 복종하고 있었는데 근자에 백제에게 침략되어 6년 동안이나 바닷길이 통하지 않았다. 누가 나를 위하여 이곳을 진무(鎭撫)하겠는가?"라는 구절을 통해서 짐작할 수 있다. 후백제는

배후의 고려 땅, 그러니까 뒷뜰격인 나주가 북군에 장악됨에 따라 대외 활동에 심대한 타격을 받아 오던 터였다. 진훤이 무진주를 버리고 완산주에 도읍한 이유도 기실은 나주 세력을 제압하지 못한 때문이라는 견해도 있다. 바로 후백제의 두통거리였던 나주를 복속시켰던 것이다. 후백제의 나주 점령은, 이곳이 왕건의 처

927년~929년 12월 사이에 형성된 전장
후백제가 대부분 승전을 기록한 전쟁이다.

향(妻鄕)이기도 하였던 만큼 고려 측에 엄청난 충격을 안겨 주었다.

그러나 나주가 종국적으로 진훤의 탈출지요, 고려와 연결되는 징검다리 역할을 하였다. 진훤을 고려로 보낸 결과 후백제의 멸망을 가져오는데 일등 역할을 하였다. 그럴 정도로 후백제에 있어서 트로이 목마와 같은 위치에 있었던 구역이었다. 하여간 후백제는 나주를 점령하여 서해의 제해권까지 지배해 나갔다.

죽령로를 장악하고 있던 진훤은 929년 7월에 갑옷으로 중무장한 5천명의 정예 병력을 이끌고 의성부(義城府)를 공격하였다. 후백제가 의성부를 점령하게 되면 고려와 신라의 연결 통로가 봉쇄되는 동시에 고려의 영향권인 문경·예천·안동·영주 일원이 그 남부의 요진(要鎭)인 의성부로부터 지원을 받지 못하게 된다. 그럼에 따라 이들 지역은 상호 간에 횡적인 연결은 가능하지만 종적인 연결이 불가능하여 각개격파 되기 십상인 것이다. 이처럼 중요한 요충지인 의성부의 성주장군은 홍술(洪術)이었다.

진훤은 죽령을 장악하여 북군의 지원을 봉쇄시킨 상황에서 의성부를 찔렀던 것이다. 진훤은 격렬하게 항전하는 홍술의 목을 베었다. 홍술이 왕건과 군신(君臣)의 인연을 맺은 지 7년 만이었다. 홍술의 전사 소식을 접한 왕건은 "내가 양쪽 손을 잃었다"라고 말하면서 통곡하였다. 이 말은 분명 과장이 게재된 정치적 언사이겠지만 왕건의 충격이 컸음을 뜻한다.

진훤은 왕건의 최측근 막료들인 신숭겸과 김락 그리고 홍술을 차례차례 목 베었던 것이다. 진훤의 통쾌함은 절정에 달했다. 진훤은 여세를 몰아 북상했다. 『고려사』에 따르면 진훤은 안동과 예천의 중간에 소재한 지금의 안동시 풍산면 일대인 순주(順州)를 공격하였다. 장군 원봉(元奉)은 922년 6월에 고려에 귀부한 이래 왕건에게 헌신했던 호족이었다. 그랬기에 그가 다스리는 고을을 순주로 승격시켜주기까지 하지 않았던가? 그러한 원봉이지만 성을 버리고 그것도 밤에 달아났던 것이다. 진훤은 순주의 주민들을 붙잡아서 전주로 이주시켰다.

이 소식을 들은 왕건은 분노하여 원봉을 처벌하려고 했지만 전날의 공로를 생각하여 용서해 주었다. 대신 후백제의 영토가 된 순주의 이름을 하지현(下枝縣)으로 격하시켰다. 왕건의 심기가 무척 불편했음을 뜻하는 것이다. 그런데 기록에는 이와 더불어 진훤의 순주 공격을 930년의 고창 병산전투에서 패전하여 퇴각하면서 공격한 것으로도 나타난다. 정황을 놓고 볼 때 양 기록 가운데 의성부 전투에서 승전한 직후의 사건일 가능성도 있다. 만약 남군이 고창 전투에서 패했다면 전주 방향에 가까운 서남쪽의 대구 방면으로 퇴각하지 북서쪽으로 올라가기는 어렵기 때문이다. 그러나 고창에서의 패전 직후 진훤이 패잔병을 모아서 순주성을 엄습했다는 『삼국사기』의 기록은, 구체성을 띠고 있으므로 두 기록 모두 사실일 가능성을 배제하기 어렵다. 그 직후인 10월에 후백제의 일길간 염흔(廉欣·昕)이 고려에 투항했다. 무언가 잘못을 저질러 책벌이 두려워 넘어

간 것이 분명할 게다.

진훤은 2년 전인 927년 8월에 고려에 투항한 고사갈이성의 성주 흥달을 응징하기로 하였다. 고사갈이성을 남군이 장악하게 된다고 하자. 소백산맥 이북에서 그 이남으로의 통로는 봉쇄되어 북군의 신라 작전은 위축될 수밖에 없는 것이다. 고사갈이성은

고사갈이성에서 굽어 본 문경 읍내와 흘립한 주흘산

지금 문경시 문경읍내를 굽어 보고 있는 마고성이라는 이름의 산성이 되겠다. 북쪽은 강파른 절벽에 위치하고 있으며, 또 그 북쪽으로는 영산(靈山)인 주흘산(主屹山)이 문경 땅을 안은 듯이 장엄하게 솟아 있다. 주흘산은 신라가 제사를 지내던 국가적 산악이었다. 그런데 주흘산은 지금의 서

고부산성과 응대하고 있는 고모산성 성벽

울 땅과 등지고 앉은 형국인데, 여기에는 재미 있는 전설이 깃들어 있다.

조선 태조가 한양에 도읍을 정할 때였다. 주흘산이 한양에 갔더니 삼각산이 먼저 자리를 잡고 있기에 문경읍 하초리로 돌아와 한양을 등지고 앉았다는 것이다. 최근에는 여자가 누워 있는 측면 모습을 닮았다고 하여 흥미진진한 이야기가 추가되었다. 전설은 거듭 태어나고 있는 것이다.

929년 10월, 진훤의 침공 소식을 듣고 홍달은 아연 긴장하지 않을 수 없었다. 홍달은 출전하기에 앞서 목욕을 하는데 갑자기 오른 팔 위에 '멸滅'자가 나타났다. 그런지 열흘 만에 홍달은 병들어 죽었다. 진훤의 원노(怨怒), 그 힘 때문이었을까? 진훤이 고사갈이성을 함락시켰는지는 알 수 없다. 진훤은 이어서 가은현을 포위했다. 가은현의 치소는 지금의 문경시 농암면에 소재한 해발 356m의 성재산에 축조된 견훤산성과 그 주변을 지목할 수 있다. 아니면 가은읍 성저 1리 부근일 가능성도 배제하기 어렵다. 성저(城底)는 '성 밑에'라고 부르는 곳인데, 그 너머를 '성 넘어'라고 한다. 이런 것을 볼 때 본디 산성이 있었고, 이 성이 가은현의 통치 거점이었던 현성일 지도 모른다. 1914년 일제가 행정구역을 개편할 때까지도 이 일대는 가은읍(당시는 가은면)의 소재지였다. 이것은 가은현의 중심 구역일 가능성을 짙게 풍겨준다. 실제로 내가 답사해 보니 '성밑에' 마을에는

'성유1리' 표지석

대로변 야산에 산성이 자리잡고 있었다. 성 안은 바깥에서 보는 규모와는 달리 편편하여 가용 면적이 매우 넓은 편인데, 기왓장과 통일신라기의 토기편이 산재해 있다. 가은현성이 분명하다는 판단이 들었다. 그리고 이 마을에는 선정비(善政碑)가 세워져 있

었다. 이 사실 또한 '성밑에' 마을이 조선시대 가은현의 치소(治所)였음을 알려주는 결정적인 자료가 된다. 성밑에 마을은 아늑한 느낌을 주는 유서 깊은 고을이었던 것이다.

가은현성 전경

그 무렵 가은현에는 봉암사에 부지를 희사했던 심충, 924년에 세워졌던 지증대사비 음기(陰記)에 단월(시주자)로서 새겨져 있는 소판(蘇判) 아질미(阿叱彌)와 가은현 장군 희필(熙弼)과 같은 호족이 있었다. 고려 초기에 세워진 봉암사 정진대사비에 의하면 봉암사는 잿더미가 되었다가 중창되었다고 한다. 그 사실을 정진대사비는 "적(賊)들의 불지름으로 재만 날고 있었지만 부딪칠 듯 빽빽한 산봉우리와 산개울은 진실로 그

복원된 지금의 봉암사

지증대사비의 '가은현장군 희필' 부분

모양을 바꾸지 않았고, 절 문[佛閭]과 승방 등은 반쯤 타서 잡목이 우거진 땅이 되었다. 우뚝 서 있는 것은 거북이가 돌을 지고 있는 거와 같았는데, 선사의 덕에 대한 명(銘)을 새긴 것이었고, 우뚝한 모양[歸然]을 보니 불상을…빛을 비추고 있었다"라고 적고 있다.

　이 문구는 무엇을 뜻할까? 아마 929년 진훤의 공격을 받았음을 뜻하는 것으로 해석하고 있다. 그러나 가당치 않다. 왜냐하면『삼국유사』에 의하면 "을유년(925년)에 희양산의 긍양화상(兢讓和尙)이 와서 10년간 거주하다가 을미년(935)에 희양으로 되돌아 갔다(백엄사 석탑사리 조)"라는 기사가 있기 때문이다. 정진대사 긍양이 925년에서 935년까지의 10년 동안 경상남도 초계(草溪)의 백엄사(伯嚴寺)로 옮겨와 살았다. 이는 925년경에 봉암사가 엉뚱한 이들에게 점거 되었거나 병화(兵火)로 크게 소실되었음을 뜻한다. 그럼에도 불구하고 통일신라기에 세워진 삼층석탑과 지증대사비와 그 부도는 지금껏 잘 남아 선문도량으로서 봉암사의 품격을 지켜

주고 있다.

봉암사에는 진흙으로 빚어 만든 불상도 있었던 것 같다. 1407년(태종 7)에 "경상도 문경현에 있는 양산사(봉암사: 필자)의 진흙으로 빚어 만든 부처상[泥塑佛]이 땀이 났다"는 기록이 『조선왕조실록』에 보이기 때문이다. 이러한 소조불상들은 같은 시기 성주산파의 본사인 성주사터에서 다량으로 출토되었듯이, 후삼국기 불교 조각의 한 전형이었기 때문이다. 그리고 지난 세기 초까지만 하더라도 창건 당시에 제작한 2구(軀)의 철불(鐵佛) 가운데 1구가 봉암사에 남아 있었다. 이로 볼 때 봉암사가 초토화 된 것 같지는 않다. 전장으로서 피해를 입었음이 분명할 따름이다. 참고로 성주사터에서도 철불이 존재한 기록이 확인된다. 창계(滄溪) 임영(林泳: 1649~1696)의 '성주동(聖住洞)'이라는 시에 보면 최치원이 지은 낭혜화상비 등 성주사터를 읊조리면서 "텅 빈 산에 철불만이 시름겨워라(空山鐵佛愁)"라고 읊었다. 성주사에도 철불이 존재했음을 알 수 있다.

남군의 군사력은 가위 압도적이었다. 남군은 절대 우세를 자랑하면서 북군을 연파해 나갔다. 929년까지의 후백제 영역은 북쪽으로는 충청남도 당진에서 충청북도 청주→보은→충주로 이어지는 선이었다. 그리고 소백산맥 이남에서는 경상남도 합천을 위시하여 경상북도 대구와 칠곡 그리고 의성을 지배하에 두었다. 그밖에 낙동강 서안(西岸)의 진주를 비롯한 서부 경상남도 지역을 석권하였다. 이와 더불어 후백제의 대외교섭의 걸림돌이었던 나주를 장악하게 되었다. 그럼에 따라 후백제는 호남 지역을 완전히 석권하게 된 것이다.

제6부
외교·호족·
경제·불교 시책

진훤의 대외 인식과 전방위 외교

　　진훤의 대외 인식이나 전방위 외교의 성격을 살피기에 앞서 신라와의
관계를 거론해 본다. 궁예와는 달리 진훤은 신라의 존재를 시종 인정하는
입장이었다. 주지하듯이 그가 신라의 관제(官制)를 받아들인 것이라든지,
신라의 배신(陪臣)임을 자처하였고, 중국에서 받은 관작에도 신라의 일개
지방관으로 기록된 것도 그러한 사실을 잘 반영해 준다. 진훤이 신라의
관제를 대체로 수용했다는 것은 급진적 조치로 인한 민심의 혼란을 막기
위한 데서 나온 조치였다. 아울러 신라 유산까지를 포괄하여 계승하려는
정치적 의도가 깔려 있었던 것이다.

　　진훤은 비상한 외교적 감각과 안목을 지니고 있었다. 바닷가에 근무
했던 인연으로 넓은 세계를 알고 있던 진훤이었다. 진훤은 당시 중국대륙
의 당(唐)이 망하고 나서 5대(五代)의 혼란기에 접어든 상황을 숙지하고 있
었다. 그는 흑산도 방면에서 쉽게 도달할 수 있는 양자강 이남 지역을 택
하였다. 그래서 진훤은 진해절도사로 있던 전류(錢鏐)가 지금의 강소성
남부와 절강성 그리고 복건성 동북부를 판도로 하여 건국한 오월국(吳越
國: 수도는 浙江省 杭州)에 사신을 파견하여 수교를 했다. 오월국왕 전류는

오월국 수도였던 항주의 운하 정경

답례로 사신을 보내는 한편 진훤에게 '검교 대보 檢校大保'의 벼슬을 추가
해 주었다. 진훤의 기타 직위는 예전과 같게 하였다. 진훤은 자신의 존재
를 남중국에 알림으로써 그 위상을 높이는 한편 한반도 전체를 대표하려
는 의지를 과시했다. 당시 한반도에는 후백제와 신라, 2개의 왕국밖에 없
었다. 동만주에 거점을 형성하면서 한반도 북부까지 판도를 가진 발해는
전혀 각축의 대상이 되지
못했다. 진훤이 오월국과
교섭한 것은, 신라를 고립
시키려는 외교 전략의 일
환이었다.

절강성박물관의 오월국 유물 전시 코너

진훤과 중국과의 관계
는 대략 다음과 같이 나타
난다. 즉 진훤은 기록에는

명백하게 보이지 않지만 900년에 진훤의 벼슬을 '추가해서 제수 加授'한 다든지 '다른 벼슬 이름은 예전과 같이 한다'는 기록을 놓고 볼 때 왕을 칭한 892년경에 이미 오월국에 사신을 파견하여 관작을 받았음을 알 수 있다. 900년에 오월국에 사신을 파견하였고 답례 사신을 맞았다. 909년에 진훤이 오월국에 파견한 선박이 염해현(전라남도 영광군 관내)에서 왕건이 이끈 궁예 군대에 나포되었다. 918년에는 오월국에 사신을 파견하여 말[馬]을 바쳤고, 답례로서 진훤은 '중대부 中大夫'를 더하여 받고 다른 벼슬은 예전과 같이 하였다. 927년에 진훤은 오월국에서 온 사신 반상서(班尙書)로부터 오월국왕의 조지(詔旨)를 받았다. 이 글월은 공산전투 직후에 온 것으로서, 후백제와 고려 양국 간의 화평을 권유하는 내용을 담고 있다. 진훤은 이 편지를 보란 듯이 고려 측에 전달했다. 그럼으로써 진훤은 정치적으로 왕건보다 유리한 고지에 서게 되었다.

이와 관련해 천안시 동남구 북면 대평리 1구 탑골에 소재하였던 높이 190㎝의 보협인석탑(국보 제209호)이 주목된다. 현재 동국대학교 박물관에 소장된 이 석탑은 그 안에 보협인다라니경을 안치하였기에 붙여진 이름이다. 5개의 돌만 남아 있어 완전한 형태는 아니지만 불상이 새겨진 사각형의 받침돌과 그 윗면 부재의 4

보협인석탑

면에는 부처의 전생설화와 석가의 일대기가 새겨져 있다. 이 탑 몸돌 윗면 중앙에는 보협인다라니경을 안치했던 것으로 보이는 둥근 사리구멍이 남아 있다. 천안의 절터에서 발견된 보협인석탑은 오월국에서 보내온 것으로 볼 수밖에 없다. 그렇다면 보협인석탑을 매개로 오월국과 교류한 주체는 누구일까? 이와 관련해 한반도 남부 지역에서 출토된 오월국왕 전홍숙(錢弘俶)이 보낸 팔만사천탑(八萬四千塔)이 주목된다. 이 탑은 전홍숙이 아육왕(阿育王) 고사에 따라 8만4천 기(基)의 소탑을 만들어 보협인심주경(寶篋印心呪經)을 넣어서 다른 나라에 나누어 준 것이다. 그랬기에 955년에 주성(鑄成)되었던 보탑의 실물로 간주하고 있다.

진안 도통리 청자 요지

도통리 가마터에서 출토된 초기 청자편들

최근에 발굴된 진안군 성수면 도통리의 청자 요지(窯址)는 진훤이 오월국의 청자 제작 기술자를 초빙하여 진안고원에서 굽게 한 것으로 보고되었다.

진훤은 남중국의 오월국뿐 아니라 북중국의 후당(後唐)과도 외교관계를 맺었다. 후당은 돌궐 계통인 사타(沙陀) 부족의 족장으로서 당나라에 투항했던 이극용(李克用)이 세운 진(晉)이 그 아들대에

와서 개호(改號)한 국가
였다. 진훤이 925년에 후
당에 사신을 파견한 기록
이 보이지만 그 이전부터
외교관계를 맺고 있었다.
진훤의 입장에서 볼 때
후당은 비중면에서 오월
국보다는 못하였다. 게다
가 비록 계통상의 연관성
은 없었지만, 백제를 멸

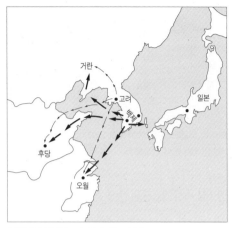

후백제와 주변 국가 간의 외교 관계도

망시킨 당나라의 후신이었기에 탐탁치 않았다. 그렇지만 고려를 견제하
려는 전략에서 수교를 하였던 것이다. 진훤이 실각한 936년 1월에도 후당
에 사신이 파견되었다.

진훤은 요하(遼河)의 상류 부근인 시라무렌강 유역에서 흥성한 거란과
도 외교관계를 맺었다. 그에 관한 기록은 『삼국사기』에 다음과 같이 전한
다.

거란의 사신 사고(娑姑)와 마돌(麻咄) 등 35인이 예물을 가지고
찾아오니 진훤이 장군 최견(崔堅)으로 하여금 마돌 등을 동반하여
전송하게 하였는데 항해하여 북쪽으로 가다가 바람을 만나 당나
라 등주(登州)에 이르러 죄다 학살되었다.

진훤이 거란과 능동적인 외교관계를 맺으려고 했는 지는 확인되지 않
는다. 거란 사신들이 후백제에 당도한 시점은 발해가 멸망한 지 불과 1년
후인 927년이다. 그 이전부터의 양국 간에 교류는 전하지 않고 있다. 다

거란인 체두변발 형상도

만 『삼국사기』 진훤전에 의하면 공산 전투 기사에 이어서 거란 사신의 도착 기사가 적혀 있다. 이로 볼 때 927년 11월이나 그 이후쯤으로 추단된다. 이때는 후백제 군대가 고려 군대를 궤멸시킨 직후가 되어 진훤이 기세가 등등하던 시점이었다. 거란 사신은 그 전인 922년에는 고려에 낙타와 모전(毛氈: 짐승의 털을 가공하여 만든 요)을 선물로 바치며 찾아온 적이 있었다. 그로부터 5년 후 거란 사신은 많은 선물을 안고 후백제의 문을 두드린 것이다. 진훤으로서는 발해를 멸망시켜 고려와 틈이 벌어진 거란을 통하여 고려를 견제하고자 하는 전략적 측면에서 이들을 후대했을 것으로 보인다.

그러나 거란 사신들은 풍랑을 만나 산동반도의 끝에 소재한 펑조우에 표착하게 되었고, 이로 인해 후당 사람들에게 모두 살해되었던 것이다.

요녕성박물관에 전시되었던 요나라의 은복면(銀覆面)

후백제와의 외교 성과는 전달될 수도 없었다고 보겠다. 다만 이 사실이 우리나라 측 문헌에만 전하는 것을 볼 때 후백제 장군 최견 등은 귀환했던 것으로 생각된다. 후백제와 후당 간의 외교가 맺어준 선물인가? 942년에는 한반도의 통일 정권인 고려에 파견되었던 거란 사신 30명은 섬으로 귀양 갔고, 낙타 50필은 개성의 만부교(萬夫橋) 밑에서 굶어 죽었던 것이다. 격동의 시기 한

요나라의 류금은봉황장식(鎏金銀鳳凰裝飾)

반도 나라들과의 외교에서 그 전령 역할을 했던 거란 사신들은 이역(異域)에서 비극적인 최후를 마쳤다.

진훤은 일본과도 외교를 맺고자 했다. 922년 5월에 진훤은 휘암(輝嵓)을 사신으로 삼아 서장(書狀)과 신물(信物)을 가지고 쓰시마로 파견하였다. 이들은 쓰시마에 도착하여 일본 조정과 통상할 것을 원했다. 그러나 쓰시마에서 보고한 결과 교토 조정은 거절했다고 한다. 그 이유는 진훤이 신라의 배신(陪臣) 즉 신하이기 때문에 사사로운 외교를 할 수 없다는 거였다. 일본 조정이 진훤을 '도통 都統'으로 칭한 것을 볼 때 청해진 대사 장보고를 떠 올렸을 가능성이 있다. 장보고와의 통상으로 인해 그 사후 혼줄이 났던 경험 때문에 거절했던 것으로 보인다.

그로부터 7년 후인 929년 1월에 탐라 즉 지금의 제주도와 해조(海藻)를 교역하던 후백제의 상선이 쓰시마의 시모겐 군(郡)에 표착하였다. 그러자 쓰시마 수(守) 사카노우에 게이구니는 사절을 동반시켜 후백제인들을 김해까지 데리고 왔다. 물론 『부상략기』에는 '김주 金州'로 적혀 있으므로 지금의 김해로 비정하기도 하지만, '전주 全州'의 잘못으로 지적한 견해도 있다. 여기서는 김주를 김해로 본다.

진훤은 이들을 접견하면서 쓰시마 수의 서장을 전달 받았다. 서장의 내용은 알 수 없지만 교토 조정과는 달리 쓰시마에서는 통상을 원한다는

일본의 대외교류 출장 기관인 후쿠오카의 다자이후[大宰府] 터

메시지가 아니었을까 추리하고는 있다. 쓰시마 수가 파견한 사절단은 3
월 25일 쓰시마에 도착한 후 "전주왕(全州王) 진훤이 수 십주(數十州)를 격
파하여 대왕이라 칭하고 있다"는 보고를 하였다. 이때는 진훤이 강대한
힘을 자랑하던 전성기였다.

　같은 해 5월 17일 진훤은 장언징(張彦澄)으로 하여금 사절단 20명을 이
끌고 쓰시마로 가게 하였다. 이들은 표류민 송환에 대한 답례와 일본 조
정과의 통상을 바라는 서장을 전달하였다. 그러나 일본 조정은 7년 전과
마찬가지로 통상을 거절했다. 당시 일본은 국풍(國風) 문화 시기로서 외
부 세계와의 관계를 두절한 채 자기 문화의 역량을 축적해 가던 시점이었
다. 통상은 으레 정치적인 관계로 비약되게 마련이다. 그럼에 따라 한반
도의 복잡한 정치적인 문제에 연루되고 싶어하지 않은 심중이 담긴 것으
로 보겠다. 일본 조정은 그 옛날 백제 복국군(復國軍)을 지원하기 위해 대
병을 출동시켰지만 백강전투에서 참담하게 패하였었다. 어떤 형태로든

당시 한반도의 정세가 복잡다기한 양상을 띠고 있는 예측 불허의 사정이었던 만큼, 불똥이 튀지 않게 하려고 문단속을 하는 것으로 해석된다.

그러면 후백제의 대외 교섭 항구는 어디였을까? 정진대사비와 통진대사비(洞眞大師碑)에 의하면 이들은 중국대륙에서 전주 희안현(喜安縣)이나 전주 임피군(臨陂郡)으로 각각 귀환한 것으로 되어 있다. 희안현은 지금의 전라북도 부안군 보안면을 가리킨다. 임피군은 지금의 전라북도 군산시 임피면을 중심으로 한 지역이다. 이들 항구는 각각 곰소만의 줄포와 만경강 어구에 소재하였다. 수도에 가장 가까운 후백제 왕국의 2대(大) 항만이었던 것이다.

진훤의 호족 시책과 통치 방법

진훤이 왕국을 건설하고 빠른 시일내에 정국의 주도권을 장악하게 된 배경은 몇 가지로 나누어진다. 첫째, 진훤은 예하에 해적 토벌을 통한 실전 경험이 풍부한 전문적인 군사력을 보유하고 있었다는 점이다. 둘째, 그는 항만에 주둔하면서 그곳을 드나드는 상인들과의 관계를 통해서는 경제적 기반을, 승려와 유학생들과의 교유를 통해서는 탄탄한 정치적 브레인층을 확보하게 되었다. 셋째, 그의 뛰어난 정치적 안목이다. 그는 일찍부터 세력을 규합하면서 냉철한 안목으로 사세를 주시하다가 원종과 애노의 난이 일어나자 즉각 거병하여 우뚝하게 지명도를 높였다. 이로써 그는 체제 불만 세력과 주민들에 대한 구심 역할을 하였다. 넷째, 옛 백제 땅에서 '백제의 재건'이라는 정치적 슬로건의 사용을 통하여, 주변 세력들을 그 휘하에 빠르게 포용하면서 정치 세력화시켰다. 다섯째, 진훤의 세력 기반이 인구와 물산이 풍부한 호남 지역이었다는 점이다. 후백제의 병력수가 고려의 그것보다 갑절이나 많았음은 이와 무관하지 않다.

그러면 진훤은 어떠한 방식을 통해 왕국을 유지하고 발전시켜 나갈 수 있었을까? 이것은 진훤과 호족과의 관계에서 일단 찾아야만 할 것이다. 진훤은 거병과 더불어 팽창해 가면서 많은 호족들을 포섭해 나갔는데, 그들과의 관계는 혼인관계를 통해서 견고하게 구축되었을 것으로 보인다. 물론 이 혼인관계는 진훤의 초기 세력 확장에 크나큰 자산이 된 것으로 생각된다. 그의 초기 세력 형성지가 순천 땅이었으므로, '인물 자랑하지 말라는' 순천 지역 호족의 딸과 혼인했을 것으로 추측된다. 그가 많은 부인을 거느렸음과 10여 명의 아들이 존재하였음은, 왕건과 마찬가지로 각 지역 호족들과의 정략 결혼을 뜻한다.

진훤은 지금의 광주와 순천 지역 출신의 사위를 두고 있었다. 이것은 그가 지방 유력 호족들과 혼인을 매개로 세력 결집을 이루었음을 뜻한다. 진훤은 후백제 영향권에 들어온 호족 세력을 통제하고 감시하기 위해 휘하의 인물들을 직접 파견하여 호족의 영내(營內)에 거처 주둔하게 하였다. 그렇지 않다면 변화무쌍한 동란의 시기에 호족들의 이탈을 막기가 어렵기 때문이다. 또 이들은 후백제 조정과 각 호족들을 연결시켜주는 고리 역할을 하기도 하였다. 그리고 호족들의 일종의 고문역(顧問役)인 동시에 그 호족의 지위를 보장해 주는 역할까지 맡았다.

이에 덧붙여 호족의 자제들을 중앙으로 올려 보내게 하여 일종의 볼모로 삼았다. 이러한 호족 통제책은 통일신라의 상수리(上守吏) 제도에 연원을 두고 있는 것이다. 진훤이 뒷날 경주에 진격하여 경순왕을 새로운 국왕으로 만들고 회군할 때도 예외없이 경순왕의 혈족들을 볼모로 잡아 갔었다. 요컨대 진훤이 호족 세력들을 통제하고 견제할 수 있는 수단은 호족의 영내에 직접 관리와 군대를 주둔시키는 것과, 호족의 자제들을 상경(上京)시켜 볼모로 붙잡아 두는 것이었다.

이러한 맥락에서 볼 때 후백제는 호족연합체 군단을 운용하였음을 알 수 있다. 진훤은 대소 호족들을 그 세력 규모에 맞게끔 대우해 주었는데, 그 규모는 군사력과 경제력에 좌우되었다. 그런데 진훤은 국방상의 요충지나 변경 지역에는 직할 부대를 파견하여 주둔시켰다. 가령 충청남도 당진에 주둔한 후백제의 중앙군은, 둔전(屯田)을 통하여 인근 호족들의 지원없이 그 의연함과 더불어 권위를 유지할 수 있었다. 지역적으로 서로 고리를 맺고 있는 호족군(群)의 연쇄 이탈을 막기 위해서는 중앙군의 파견이 불가피했던 것이다. 진훤은 고려와의 전투에서 자신의 직속 군대와 현지에서 차출한 호족의 군대 및 현지에 주둔한 중앙군을 동원했던 것으로 보인다.

진훤은 호족세력군에 대한 국왕의 우위가 확정됨에 따라 거점에 대한 직접 지배를 강화하였다. 강주도독(康州都督)에는 둘째 아들인 양검(良劍)을, 무주도독(武州都督)에는 셋째 아들인 용검(龍劍)을 임명한 것이다. 자신의 아들들을 주(州)의 장관으로 파견하였다. 여기서 무주 즉 무진주 지역의 장관은 본래 진훤의 사위인 지훤이었는데, 그 셋째 아들로 교체되어 있는 것이다. 이것은 호족군을 직접 장악하고자 하는 진훤의 의지가 작용하는 것이요, 왕국 말기에 이르러서는 그것이 성공적으로 진척되었음을 뜻한다.

이처럼 국왕의 아들과 같은 왕족을 지방의 거점에 파견하여 통치하는 방식이 옛 백제의 담로제도(檐魯制度)인 것이다. 이는 봉건제도의 영향일 가능성도 생각해 볼 수 있다. 그러나 그보다는, 진훤은 옛 백제의 지방통치 방식을 부활시킨 것으로 보인다. 진훤의 외교와 통치 방식에서 백제의 정체성이 확인되는 또 하나의 사례가 아닐 수 없다.

왕건의 호족 시책

왕건의 호족 시책은 비교적 기록이 풍부하게 남아 있어 이해가 쉬운 편이다. 왕건의 호족 시책은 크게 보아 사성과 혼인을 양대 축으로 하고 있다. 혼인 정책은 앞서 언급했듯이 무려 29명이나 되는 왕비의 숫자가 그것을 웅변하고 있다. 사성 정책의 경우는 혼인 정책과 불가분의 긴밀한 관련을 맺고 있는데, 혼인을 통한 직접적인 가족 관계를 조성한다면, 사성은 의제적인 가족 관계를 맺게 하는 것으로써 그 본질에 있어서는 서로 근본적인 차이는 없었다. 상보(尚父)라는 호칭을 부여하는 경우도 마찬가지 범주에 속한다.

사성 정책은 호족 세력을 광범위하게 포섭하기 위한 수단으로서 이용되었다. 그런데 사성은 크게 두 종류로 나누어진다. 왕씨 성을 하사하는 경우와, 특정한 성을 지어서 하사하는 경우로 나누어지고 있다. 왕씨 성을 하사하는 경우로는 궁예정권 때 피신했다가 돌아온 박유나, 명주(溟州) 장군 김순식과 그의 소장(小將) 관경(官景)이 이에 해당된다. 또 발해의 태자 대광현이 귀순해 오자 왕계(王繼)라는 이름을 하사하는 동시에 왕실 족보에 등록시켜 종족으로 대우하였다.

특정한 성을 하사하는 경우도 제법 확인되고 있다. 가령 어씨(魚氏)의 경우이다. 어씨는 본래 지씨(池氏)에서 유래했다고 한다. 지중익(池重翼)의 겨드랑이에 비늘 3개가 있었다. 왕건이 이를 보고는 "비늘이 있는 것은 곧 고기인 것이다"라고 말하면서 어씨 성을 하사했다는 것이다. 안동 병산 전투에서 결정적인 공로를 세운 권행(權幸)은 본시 신라의 종성인 김행(金幸)이었다. 왕건이 권행의 공로를 치하하면서 "김행은 능히 기미에 밝고 권도에 통달했다"면서 권씨 성을 하사하였던 것이다.

왕건은 자신의 군정(軍征)시 협조해준 호족들이나 지방민들을 각별하게 대우해 주었다. 그것은 소속 지역의 급을 올려주거나 벼슬을 하사하는 형태였다. 이 경우는 대부분 단순한 왕의 거둥이 아니라 힘겨운 남정(南征)과 관련되어 있다. 가령 왕건이 남정할 때 경기도 이천 지역을 지나게 되었다. 그때 이 고을 사람 서목(徐穆)이 인도하여 강을 잘 건너게 해 주었다. 그 공으로 왕건은 고을 이름을 이천군(利川郡)이라고 내려 주었던 것이다. 왕건이 또 경기도 수원 지역을 통과할 때 김칠(金七)과 최승규(崔承珪) 등 2백여 명이 귀순해 와서 공을 세웠다. 이런 이유로 왕건은 수원 땅을 수주(水州)로 승격시켜 주었다. 그리고 울산의 호족 박윤웅(朴允雄)이 큰 공을 세웠기에 하곡(河曲)·동진(東津)·우풍(虞風) 등의 현을 병합하여 흥려부(興麗府)를 설치했다. 하지현(下枝縣: 안동시 풍산면) 장군이었던 원봉(元奉)이 922년에 고려에 귀부한 후 공을 많이 세우자 이곳을 순주(順州)로 승격시켜 주었다. 그러나 남군의 공격을 받아 원봉이 성을 버리고 달아나자 순주의 이름을 원상 복구시켰다. '주'에서 '현'으로 강등된 것이다.

벼슬을 내려 주는 경우도 있었다. 가령 왕건이 후백제와의 전쟁에 나서면서 지금의 서울시 강서구 지역을 관류하는 한강을 건널 때였다. 양천 허씨의 시조가 되는 허선문은 도강(渡江)의 편의와 더불어 군량미를 제공해 주었다. 그 공으로 허선문은 공암촌주(孔巖村主)가 되었다는 것이다.

이때 허선문의 나이 90세였다.
이러한 이야기는『미수기언』에
보인다. 강서구에 소재한 '공암'
은 현재 '허가 바위'로 불리고 있
다. 재암성(載巖城) 장군 선필(善
弼)은 왕건이 신라와 우호 관계

허가바위

를 맺기 위해 노력을 하였으나 도로가 막혀 있어서 어려웠다. 이때 선필
이 왕건에게 귀순하여 신라와 연결되는 도로를 개척하는 공을 세웠다. 왕
건은 선필을 후하게 대우하였다. 왕건은 특히 선필의 연령이 많았기에 상
보라고 일컬으면서 극진히 대했다. 왕건은 자신보다 연하인 진훤의 딸을
'누님'이라 부르기까지 했다. 이러한 예는 허다히 찾을 수 있었기에 "왕건
은 원가 제로(0)인 립 서비스에도 천재였다", "왕건의 너무 자주 구사된
호부(呼父)·호형(呼兄)의 수법은 정략과 임기응변의 극치가 아닐 수 없다"
는 평을 받기까지 했다.

그밖에 호족들의 자제를 볼모로 상경시키는 것이다. 일례로 김순식의
아들 장명(長命)이 병졸 6백 명을 데리고 상경하여 숙위한 데서 잘 나타난
다.

진훤의 여인들과 자녀

　진훤과 왕건의 여인들, 그와 관련된 가족 관계에 대한 비교를 시도해 본다. 진훤은 여러 명의 아내를 두고 있었다. 그 사이에서 10여 명의 아들을 두었지만 그 아내들의 이름은 전하지 않는다. 다만 애첩인 고비(姑比)의 이름이 전할 뿐이다. 진훤이 언제 처음 결혼했는지는 문헌에 보이지 않는다. 그러나 진훤이 신라 군대에 입대하여 지금의 순천만에서 해적을 소탕하는 일을 맡고 있었다. 또 그의 초기 세력 기반이 순천과 여수 일대였다. 이와 관련해 911년에 궁예가 파견한 왕건의 군대가 무진주를 공격했을 때 그것을 막아낸 이가 진훤의 사위였던 성주 지훤(池萱)이었다. 911년에 진훤의 연령은 45세였는데, 혼기(婚期)에 접어든 적어도 20세 정도의 딸이 존재하였음을 알려준다. 진훤의 딸이 911년 당시에 20세였다고 한다면 그녀는 892년에 출생했다는 것이 된다. 이때는 진훤의 나이 26세로서 광주에서 왕을 칭하던 시점이었다. 광주에서 거점을 확보하던 시기에 이 딸을 낳은 여인과 혼인했다기보다는 그 전에 혼인한 것으로 간주하는 게 자연스럽다. 그렇다고 할 때 진훤 최초의 세력 기반이었던 순천 지역과 만나게 된다. 이로 볼 때 그가 처음으로 아내를 맞이했던 곳이 순천이었을 가능성이 높다. 그의 첫째 부인이 낳은 신검(神劍)과 양검(良劍) 그리고 용검(龍劍)은 순천 지역을 외가로 하였던 것으로 보인다.

그러면 진훤이 그토록 사랑하여 대권을 물려 주려고까지 하였던 금강(金剛)의 외가는 어느 지역이었을까? 진훤이 처음 왕국의 수도로 삼았던 광주가 아니면 천도했던 전주 지역이었을 가능성이 높다. 그러나 진훤이 광주에서 전주로 천도했다는 것은, 광주 지역이 어쨌든 특장을 상실했다는 것을 뜻하는 동시에, 광주 지역 호족세력의 약화를 의미할 수도 있는 것이다. 이러한 점에 비추어 볼 때 금강 왕자는 전주가 외가일 가능성이 높다고 판단된다.

진훤은 많은 아내를 두었다고 하지만 짐작할 수 있는 아내의 존재는 2명에 불과하다. 또 10여 명의 아들을 두었다고 하지만 문헌에서 확인되는 아들은 모두 5명에 불과하다. 신검·양검·용검·금강 왕자 외에 막내 아들 능애(能乂)가 있었다. 물론 『이제가기』에 의하면 여덟째 아들 등도 보이지만 신뢰하기 어렵기 때문에 제외시켰다.

진훤의 딸로서는 광주 지역 호족인 지훤과 순천 지역 호족인 박영규에게 출가시킨 딸들과, 애복(哀福)이라는 딸이 존재하였다. 진훤은 그 슬하에 10여 명의 아들과 3명의 딸이 확인된다. 기록상 진훤에게는 2명의 사위가 확인되고 있다. 지훤과 더불어 훗날 진훤에 대한 의리를 다하여 아내과 함께 고려로 투항한 박영규도 그 한 사람이었다. 『세종실록』 지리지 순천도호부 조에 의하면 지금의 별량면(別良面)의 성씨로 박씨와 도씨(陶氏) 그리고 황씨(黃氏)를 언급하고는, 박영규는 죽어서 해룡산신(海龍山神)이 되었다고 하였다. 해룡은 해안을 끼고 있는 지금의 순천시 해룡면을 가리킨다.

이와 관련해 1784년에 편찬된 순천의 산천과 역사 풍속을 읊은 시집인 『강남악부 江南樂府』를 보자. 이에 의하면 박영규는 순천 지역 군장(君

長)으로서 성터를 끼고 있는 해룡산(현재의 望月山) 밑의 홍안동(鴻雁洞)에
웅거하였다고 한다. 이러한 박영규의 신분과 출신 지역을 놓고 볼 때 해
상활동을 주관하던 순천 지역의 호족이었음을 알 수 있다. 그는 순천 박
씨의 중시조였다. 무진주 방면의 성주였던 지훤의 경우도 그 지역의 호족
이었을 가능성이 높다. 이로써 진훤은 호족들과 사돈 관계를 맺었음을 알
수 있다.

왕건의 여인들 █

왕건의 여인들은 어떠했을까? 왕건의 여인들은 『고려사』에 실로 많이
전하고 있다. 첫째 부인이 신혜(神惠)왕후 정주(貞州: 예전에 개풍군에 속했
던 풍덕) 류씨(柳氏)였다. 정주 류씨는 정주 지역의 호족인 류천궁(柳天弓)
의 딸이었다. 그녀와 왕건이 인연을 맺은 것은 다음과 같은 사연에서였
다. 궁예의 부하였던 왕건은 군대를 거느리고 정주를 지나다가 잠시 말에
서 내려 오래된 버드나무 밑에서 쉬었다. 그때 길 옆의 시냇가에 서 있는
처녀의 모습이 왕건의 눈에 띄었다. 왕건이 얼핏 그녀의 얼굴을 보니 덕
스러운 용모인지라 그녀에게 다가갔다. 그리고는 물었다. "그대는 누구
의 딸이냐?" 처녀는 대답했다. "이 고을 장자(長者)네 집 딸입니다" 바로
그녀가 정주 류씨였다.

왕건은 그 집에 가서 유숙하게 되었다. 처녀의 아버지 류천궁은 왕건
이 이끌고 온 군대에도 아주 풍족하게 음식을 차려 대접하였다. 이로 볼
때 류천궁은 대단한 재력을 가진 호족이었음을 짐작할 수 있다. 류천궁은
그 날 밤 딸을 왕건의 침소로 가만히 밀어 넣었다. 왕건은 이처럼 극진한
접대를 받았다. 그러나 군대를 이끌고 떠난 왕건은 그 뒤로 가타부타 소

식이 없었다. 정주 류씨는 다른 곳으로 혼인할 수도 없는 처지였다. 하룻밤의 고귀한 '만리장성 쌓기'에 치른 희생은 너무나 컸다. 연락 오기를 '일각이 여삼추'같은 심정으로 가슴 졸이고 지내던 정주 류씨는 결국 체념을 하였다. 속세의 인연을 끊기로 했다. 머리를 깎고 비구니가 되었던 것이다. 왕건은 바람결에 그녀의 출가 소식을 들었다. 그렇게 무심하던 왕건은 어떤 생각을 했는지 몰라도 그녀를 불러서 부인으로 삼았다.

그 뒤 정주 류씨는 왕건의 처소에 함께 거처하였다. 그랬기에 왕건이 즉위하는데 결정적인 역할을 한 것처럼 기록에 전하고 있다. 918년 여름날 밤, 머뭇거리는 왕건에게 성큼 나서 갑옷을 입혀주었다고 하지 않은가? 여간 배포가 있는 여자가 아니었던 것 같다. 시냇가에서 첫 대면한 사내 왕건을 자신의 집으로 안내한 것은 순전히 그녀 자신의 결정이었다. 또 밤에 왕건의 침소(寢所)에 든 것이나, 감연히 머리를 깎았던 용단이나 모두 여장부같은 그녀의 굳센 성품을 말해 주는 듯하다.

정주 류씨는 933년에 후당 명종(明宗)으로부터 왕후로 책봉되었다. 그녀는 이때 하동군 부인(河東郡夫人)에 봉해졌다. 또 왕건이 세상을 뜬 후 그 무덤에 합장되는 영예를 입기까지 했다. 그녀는 머뭇거리는 왕건에게 갑옷을 입혀준 게 결국 곤룡포를 입게 한 것이 되었을 정도로 큰 공을 세웠다고 한다. 그러나 시냇가에서 만나 한세상의 고귀한 인연을 맺었던 그녀와 왕건 사이에는 혈육이 없었다.

『고려사』에 보이는 왕건의 두 번째 여인은 장화(莊和)왕후 나주 오씨(吳氏)였다. 그녀의 집안은 대대로 목포(木浦: 지금의 영산포)에 거주했다. 일찍이 그녀는 포구에서 용이 와서 뱃 속으로 들어오는 꿈을 꾸었다. 놀라서 깨어난 그녀는 부모에게 꿈 이야기를 하였다. 모두 기이하게 여길 뿐이었다. 그리고 나서 얼마 지나서였다. 수군대장으로서 왕건은 나주에 내려왔었다. 왕건은 전함을 목포에 정박시켜 놓고는 정찰하듯이 시내 위

오씨와 왕건이 인연을 맺은 나주 시청 앞의 완사천 우물

를 바라 보았다. 냇가 위에는 오색 구름 기운이 감돌고 있었다. 이상하게 여긴 왕건이 그곳으로 가 보았더니 왠 아가씨가 빨래를 하고 있었다. 나주 오씨였다.

왕건은 그녀를 불러 관계를 맺고자 했다. 그러나 『고려사』에 보면 그녀는 '측미 側微'하였기에 왕건이 임신을 시키지 않으려고 했다는 것이다. 그래서 왕건은 침석(寢席)에다 사정을 하였다. 여기서 왕건의 분별력 있는 사려 깊은 성품을 헤아릴 수 있게 된다. 닥치는 데로 사는 여느 인간들하고는 다른 무서운 인내심과 자제력의 소유자였던 것이다. 그런데 바로 그 사내에 그 여자였다. 순간 나주 오씨는 벌떡 일어나 침석으로 떨어져 내린 왕건의 정액을 황급히 자신의 몸 속에 넣었다. 이렇게 하여 임신이 되어 태어난 이가 고려의 2번째 임금 혜종이었다.

혜종의 얼굴에는 돗자리 무늬가 있었다. 돗자리에 떨어진 왕건의 정액을 몸에 넣어서 태어난 관계로 그러한 무늬가 생기게 되었다는 것이다.

오씨가 왕건에게 샘물을 대접하는 형상을 만든 동상

이러한 연유로 세상에서는 혜종을 '주름진 임금'이라고 일컬었다고 한다. 왕건은 기라성같은 호족의 딸들과 혼인하여 무수한 부인들을 거느리고 있었다. 이러한 상황에서 왕건은 혜종에게 왕위를 넘겨 주고 싶어도 감히 말을 꺼내지 못했다. 더욱이 『고려사』 후비열전에 따르면 나주 오씨의 출신이 '측미'해서 혜종이 왕위에 오르지 못할까 항시 염려하였다. 혜종이 일곱 살 때였다. 왕건은 옷 상자에 임금이 입는 옷을 담아 오씨에게 보내주면서 자신의 뜻을 은근히 전하기까지 했다. 오씨는 이것을 대광 박술희(朴述熙)에게 보였더니 왕건의 의향을 알아채고는 태자로 삼기를 청했다는 것이다.

『고려사』 세가에 따르면 왕건 즉위 4년(921) 12월에 혜종이 되는 무(武)를 태자로 책봉한 기사가 보인다. 이 기사를 열전과 결부 지어 본다면, 혜종의 나이는 이때 7세였음을 알 수 있다. 그러므로 혜종은 915년에 출생한 게 된다. 왕건이 오씨와 인연을 맺었을 때가 914년이나 915년쯤이었음을 알 수 있다. 그런데 914년에 왕건이 나주를 경략한 적이 있었다. 그러므로 이때의 일로 볼 수 있겠지만, 『고려사』 혜종세가에는 그가 건화(乾和) 2년(912)에 출생하였다고 했다. 911년을 전후하여 왕건이 나주 일원의 도서 지역을 점령하는 등 맹위를 떨칠 때 오씨와 인연을 맺었음을 알 수 있다. 이 무렵 왕건의 나이는 35세였다.

그런데 왕건의 혼인 문제에는 약간의 의문이 제기된다. 일례로 왕건은 27세인 903년에 정주 류씨와 인연을 맺은 것으로 말해지고 있다. 그렇

후비이름	성씨	父名	출신지	출신도	기타
1. 神惠王后	柳	天宮	貞州	경기도	
2. 莊和王后	吳	多憐君	羅州	전라도	
3. 神明順成太后	劉	兢達	忠州	충청도	定宗과光宗母
4. 神靜王太后	皇甫	悌恭	黃州	황해도	成宗의母
5. 神成王太后	金	億廉	慶州	경상도	顯宗의母
6. 貞德王后	柳	德英	貞州	경기도	
7. 獻穆大夫人	平	平俊	慶州	경상도	
8. 貞穆夫人	王	景	溟州	강원도	
9. 東陽院夫人	庾	黔弼	平州	황해도	
10. 肅穆夫人	?	名必	鎭州	충청도	
11. 天安府院夫人	林	彦	慶州	경상도	
12. 興福院夫人	洪	規	洪州	충청도	
13. 大良院夫人	李	元	陜州	경상도	
14. 大溟州院夫人	王	乂	溟州	강원도	
15. 廣州院夫人	王	規	廣州	경기도	
16. 小廣州院夫人	王	規	廣州	경기도	
17. 東山院夫人	朴	英規	昇州	전라도	
18. 禮和夫人	王	柔	春州	강원도	
19. 大西院夫人	金	行波	洞州	황해도	
20. 小西院夫人	金	行波	洞州	황해도	
21. 西殿院夫人	?	?	?	?	
22. 信州院夫人	康	起珠	信州	황해도	
23. 月華院夫人	?	英章	?	?	
24. 小黃州院夫人	?	順行	?	?	
25. 聖茂夫人	朴	智胤	?	?	
26. 義城府院夫人	洪	儒	義城	경상도	
27. 月鏡院夫人	朴	守文	平州	황해도	
28. 夢良院夫人	朴	守卿	平州	황해도	
29. 海良院夫人	?	宣必	海平	경상도	

다면 왕건이 27세가 되기까지 미혼이었다는 것이 되는데 쉽게 이해되지 않는다. 더구나 정주 류씨와의 혼인이 상궤(常軌)를 벗어나 있었다는 점에서 볼 때 더욱 궁금해지는 것이다. 왕건은 정주 류씨와 하룻밤을 지낸 후 아무 연락이 없었다고 하기 때문이다. 20세에 태수에 봉해졌던 왕건이 배필없이 세월을 보냈다는 것도 이상하거니와, 류씨와는 아무런 접촉이 없다가 35세에야 나주 오씨를 만난 것으로 되어 있다. 과연 그럴 수 있을까? 기록의 뒷전으로 밀려난 여인들이 숱하게 있었을 지도 모를 가능성을 제기해 준다.

왕건이 이들 29명의 여인과의 사이에서 낳은 자녀들은 문헌에서 확인되는 것만 치더라도 남자 27명, 여자 8명 도합 35명에 이른다. 왕건은 진훤의 자녀 수와 비교해 볼 때 최소한 갑절은 넘는다고 판단되어진다. 그러므로 진훤의 부인 숫자도 왕건에 비해 절반을 넘기는 어려웠을 것으로 짐작된다. 이로 보아 왕건이 호족들과의 관계에 있어서, 정략 혼인을 통해 일종의 거대한 세력 연합체를 구축하였음을 짐작할 수 있다. 왕건 정권의 한 특징이라고 하겠다.

수취收取와 둔전제 시행 █

후백제 영역에서 고려와의 전장이 형성된 곳은 충청남도 홍성과 예산을 비롯한 내포(內浦) 지역이었다. 충청남도 당진군에 소재하였던 합덕지(合德池)에는 진훤과 연계된 전설이 남아 있다. 합덕지는 진훤이 왕건 군대와 전투할 때 군마(軍馬)의 음료수로 이용할 목적으로 팠다고 전한다. 전설에는 진훤이 이곳에 둔전을 개간하여 1만2천 명의 둔병(屯兵)과 말 6천 필을 주둔시키면서 이 둔병에 의하여 합덕지가 개설되었다고 한다. 합덕지에는 연꽃이 만발했으니 남생이가 많이 자생하였다. 전설에는 둔병의 숫자가 남생이 숫자만큼 많았다는 것이다. 물론 부회된 이야기지만 '합덕'이라는 지명도 둔병들이 덕을 합치는 곳이라하여 생겨났다고 전한다. 합덕방죽은 당진군 합덕읍 대합덕리와 성동리에 걸쳐 자리잡고 있으면서 예당평야에 관개하였다. 합덕방죽은 사람이 저승에 가면 염라대왕이 합덕방죽을 보았냐고 물어 보고는 가 보지 않았다고 하면 "이 놈아! 생전에 무엇하고 그 유명한 합덕방죽에도 가 보지 못하고 여기에 왔냐?"고 크게 꾸짖는다는 전설이 있다. 그만큼 유명한 곳이라는 이야기가 되겠다.

궁예와 진훤의 수취에 대한 면모를 살펴 본다. 다음은 정변에 성공한 직후 내린 왕건의 조(詔)이기는 하지만, 궁예 시절의 수취 관계를 헤아릴 수 있다.

　　전 임금은 사군(四郡)이 흙 무너지듯이 붕괴할 때 구적(寇賊)을 제거하고 점차로 봉강(封疆)을 넓혀나갔더니 국내를 통합하기도 전에 갑자기 혹독한 폭정으로 백성을 다스리며 간회(姦回)로써 최고의 선(善)으로 삼고 위협과 모욕으로 긴요한 방법으로 삼아 요역이 번거롭고 부세(賦稅)가 과중하여 백성들은 줄어들고 국토는 황폐하여 졌는데 오히려 궁궐만은 크게 지어 제도를 지키지 않고 힘든 일은 끊일 사이가 없으니 원망과 비난이 드디어 일어나게 된 것이다.(『고려사』 권 1, 태조 원년 6월 조)"

　　수세(收稅)라는 측면에서는 궁예와 진훤 양자에 대한 비교가 뚜렷하지 않다. 농민에 대한 수취와 관련해 진훤과 왕건의 형태를 비교해 보는 게 좋을 듯싶다. 진훤의 경우는 수세에 관한 기록이 전혀 남아 있지 않으므로 판단하기 어렵다. 다만 비록 수사(修辭)가 많은 진훤 아들 신검의 교서에 적혀 있는 내용이기는 하지만 "대왕의 신무(神武)는 보통 사람보다 빼어나게 뛰어나셨고, 영특한 지혜는 만고에 으뜸이라, 말세에 태어나셔서 스스로 세상을 건질 소임을 지고 삼한 지역을 순행하시면서 백제라는 나라를 회복하셨으며 도탄에서 구해 주셨으니 백성들이 편안히 살게 되고, 바람과 우레처럼 횡행하시니 가는 곳마다 모두 달려와 붙었으니, 공업이 거의 중흥하게 되었는데"라고 하였던 만큼, 농민층의 열렬한 지지를 얻었음은 부인하기 어렵다. 농민층의 지지는 진훤이 국가 창건에 성공하게 된 배경으로서 지역 정서인 백제의 부활과 더불어 그 한 축(軸)을 이루는 요소라고 하겠다. 여기서 농민층의 지지라는 것은 수세의 경감(輕減)에 있었음은 말할 나위 없을 것이다. 즉 그는 농민들을 과중한 수탈과 질곡에서 해방시켰다. 그는 촌락 공동체를 뛰쳐나와 미아처럼 방황하는 유민들을 수습하여 농토에 묶어두면서 사회 안정과 경제 기반의 확대를 가져왔던 게 분명하다.

이와 관련해 왕건의 경우를 살펴보면 즉위 후 전제(田制)를 바로 잡았다. 그리고 그는 백성들로부터 거두어 들임에 법도가 있게 하는 이른바 '취민유도 取民有度'를 공표했다. 왕건은 예전 임금이었던 궁예의 수탈을 혹독하게 비판하였다. 궁예는 1경(頃)에 6석(石)을 수취했지만, 왕건은 11세법 십일세법(十一稅法)에 의거하여 1경 당 2석을 거두어 들였다. 왕건은 궁예 정권 시절보다 1/3로 줄여서 징세하였다. 그럼에 따라 왕건은 자영 농민층의 지지를 얻었고, 권력 기반을 탄탄하게 구축할 수 있었다고 한다.

수세라는 측면에서는 진훤과 왕건 양자에 대한 비교가 뚜렷하지 않다. 다만 신검의 교서를 통해 볼 때 진훤의 경우도 농민층의 지지를 얻기 위해 수세의 경감에 배전의 노력을 기울였던 것으로 짐작되는 바이다. 그런데 후삼국이라는 동란의 상황에서 전쟁에 소요되는 군량(軍糧) 조달은 무엇보다 중요한 사안이었다. 그러므로 이에 관한 시책을 통해서 양자의 농민에 대한 접근 방식을 이해할 수 있을 것 같다. 진훤의 경우는 군대 수가 왕건의 고려군 보다 갑절이나 많았다(『삼국유사』 권 2, 후백제 진훤 조). 또 그러한 군대를 운용하기 위해서는 경제적 기반인 군량 확보와 그 조달이 중요한 관건이었다. 이와 관련해 통진대사 경보(慶甫)가 전주 임피(군산시 임피면)로 귀국해서 진훤을 상견(相見)하게 된다. 이때 진훤은 통진대사 경보를 만나게 되는데, 만민언(萬民堰)에서 군대를 거느리고 있었다. 만민언은 항구인 지금의 군산시 임피면에서 전주로 이어지는 통로상에 소재했을 것으로 보인다. 그런데 만민언이라는 제방의 존재와 관련해 군대가 언급되었다. 이는 제방과 관련한 일련의 토목공사에 군대가 동원되었음을 암시해 준다. 그것도 진훤이 몸소 군대를 동원하여 만민언이라는 제방을 축조·증축하는 모습을 그려볼 수 있다. 제방과 군대가 함께 등장하는 이 기사는 둔전의 시행을 뜻한다고 하겠다. 둔전은 싸우면서 농사짓는[且戰且耕] 군량 조달 방법이다. 군대 스스로가 식량을 생산함으로써 국가 경비 지출을 줄이는 동시에 보급·병참 문제를 해결하는 방책이었다. 이는 중국의 한말(漢末) 조조(曹操)가 시행하여 크게 효과를 본 제도였다. 요컨대 이는 진훤이 둔전이나 관개(灌漑)를 통하여 백성들의 생활 향상을 위한 농업경제의 증진에 비상하게 심혈을 쏟았음을 약여하게 알려 준다. 이러한 경제적 안목이 그가 웅강한 국가를 만들 수 있었던 배경이었던 것 같다. 이와 관련해 조선 정조 때 경기도 수원에 축조한 3개의 인공 저수지인 만석거(萬石渠)·만년제(萬年堤)·축만제(祝萬堤)라는 이름에서 한결같이 '만 萬'자가 보이는 점이 주목된다. 이것과 백제의 제방인 '만민언'의 그것은 상호 연결되므로 어떤 공통점을 생각하게 한다.

진훤의 둔전제 시행과 관련해 꼽을 수 있는 대표적인 유적이 충청남도 당진군에 소재했던 합덕방죽[合德池]이다. 합덕방죽은 1964년에 예당 저수지가 준공됨에 따라 지금은 농경지로 개답되었다. 합덕방죽의 저수 면적은 103ha요 둘레는 약 9km로서 몽리 면적은 726ha에 이르렀다. 『세종실록』 지리지에 의하면 제방 둘

『동여도』와 『대동여지도』가 결합된 지도에 보이는 합덕방죽 지금은 메워진 방죽터 일대를 보노라면 상전(桑田)의 벽해(碧海)보다는, 벽해의 상전을 실감하게 된다.

레는 3,060자로서 130결(結)의 논에 관개했던 제방이라고 한다. 이 방죽은 사각형이나 반원형이 아닌 구불 구불 굴곡이 심하게 되어 있고 제방 내부는 특이하게도 마치 석축 성을 쌓듯이 정육면체나 직육면체로 다듬은 돌을 수직으로 모두 축조하였다. 합덕방죽에 연꽃이 만발하여 장관을 이루기 때문에 연호(蓮湖) 혹은 연지(蓮池)라는 이름이 붙었다는 것이다. 『세종실록』 지리지에 의하면 합덕 제방 둘레는 3,060척(尺)으로서 130결(結)의 논에 관개했던 제방이라고 한다. 이에 대한 기록이 다음과 같이 보인다.

옛날 진훤이 완산(完山)에서 패한 후 호수의 서쪽에 와 주둔하면서 산에 터를 닦아 제방을 쌓고 병마의 물을 마시게 하는 못을 만들었다. 뒷 사람이 농보(農洑)로 만들어 물을 채우니 면적이 120여 정(町)이나 된다(『朝鮮寰輿勝覽』).

지금이라도 군력충실(軍力充實) 즉 양병만 무극(無憾)히 해놓는다면 앞으로 반도 지도를 변경할 수 있다고 일관(一觀)한 용맹을 가지고 전전지(前戰地)인 홍주(洪州)서 가까운 거리이고 겸하여 고려군 근거지인 천안이 좀 격리하여 있고 따라서 일대 방어선이라 할 수 있는 독포(獨浦) 아산만 장강(長江)이 앞에 흐르는 충남 합덕이 가장 요새지로 또는 양병에 적의(適宜)하다고 본 진훤은 지금으로 1,042년 전 기보병 9천 명과 군마 5백여 두(頭)를 가지고 합덕 성동산에 임시 주둔하였다. 지금으로 말하면 일종 교련장(教鍊場)처럼 사용한 바인데 성동산상에는 현재에도 잔수(殘髓)를 볼 수 있는 바이나 보루(堡壘)를 축성하는 동시 그 산 밑에 너르고 함요(陷凹)한 습지를 파고 쌓고 해서 군마의 음료수에 못

[池]으로 사용하던 것을 그 후 토민들이 전형적인 이 못을 보축하여 저수지로 써 내리어오던 바이다(洪炳哲,「後百濟王甄萱과 合德蓮湖」,『半島史話와 樂土滿洲』, 朝鮮學海社, 1943).

위의 기사에 따르면 합덕방죽의 기원은 진훤이 왕건 군대와 전투하기 위한 군마용으로 못을 팠다는 데서 비롯된다. 성동산의 축성도 이때 진훤이 하였다는 것이다. 그러나 합덕방죽의 기원을 백제 때까지 소급시켜 보는 견해가 일찍부터 제기된 바 있다. 이러한 추정을 뒷받침할 수 있는 근거를 추가한다면 전승과는 달리 합덕방죽과 그 인근의 토성은 모두 백제 때 축조로 간주할 수 있다는 점이다. 가령 제방과 토성이 한 조(組)를 이

현재의 합덕방죽

합덕방죽에 피어난 연꽃

루고 있는 형태는 백제 때 축조된 전라북도 김제의 벽골제에도 나타난 바 있다. 즉 벽골제의 남단 해발 약 54m의 야산에는 소규모의 테뫼식 토성이 축조되어 있다. 이 성은 벽골제를 방비하는 목적의 시설이었다. 이러한 정황에 비추어 볼 때 앞의 전승은 진훤이 둔전과 관련해 백제 때 축조된 합덕방죽을 크게 증축했거나 이용했음을 알려준다고 하겠다.

물론 이러한 추정을 뒷받침해 주는 근거 역시 전승뿐이라는 한계가 있다. 그렇지만 전승

을 다시금 부연해 보면 진훤이 이곳에 둔전을 개간하여 군대와 말을 주둔
시켰다고 한다. 합덕방죽 부근인 성동산에 소재한 둘레 450m의 토미산
성(土尾山城)도 진훤이 축조했다고 한다. 토미산성이 후삼국시기에도 사
용되었음은 토성 내부에서 9세기대의 주름무늬 소병편(小甁片)이 출토된
데서도 짐작할 수 있다. 이 성을 근거지로 하여 진훤은 지금의 예산군 신
암과 용산에 주둔 중이던 왕건 군대와 대치했다는 것이다. 소들강문(예당
평야)을 놓고 후백제군은 고려군과 큰 싸움을 벌였으나, 진훤이 합덕들에
많은 둔병을 두었으므로 승리했다고 한다(金漢重, 『唐津誌』, 故鄕文化社,
1990). 934년에 웅진(충청남도 공주) 이북의 30여 개 성이 고려에 항복했으
나, 당진과 합덕의 둔병만은 끝까지 항전했다고 한다. 이곳은 신검이 고
려에 항복한 연후에야 고려 땅이 되었다. 진훤과 명운을 같이 할 정도로
끈끈한 정신적 · 경제적 유대를 맺어 왔음을 알 수 있다.

　　이러한 기록과 전승들을 놓고 볼 때 백제 때 축조된 합덕방죽을 진훤
이 둔전과 연계시켜 증축하였음을 시사하고 있다. 군대의 주둔과 제방 축
조 전승은 상호 별개의 것이 아니기 때문이다. 실제 합덕방죽이 군마의
음용수 기능밖에 없었다면 진훤의 존재가 이 지역에서 오랫 동안 인상적
으로 회자될 수는 없었을 것이다. 1930년대까지만 하더라도 진훤을 위한
감사제전이 매년 음력 7월 신일(辰日)에 합덕방죽의 수혜민들에 의해 거
행되었던 사실이 그것을 웅변해 준다. 더욱이 그 제문에 '진훤장군'이라는
내용이 있었다고 한다. 다음과 같은 조선조 문인 이학성(李鶴性)의 시도
그러한 사실을 암시해 준다.

합호의 빼어난 경치 남쪽 고을의 으뜸이니	合湖勝狀擅南州
진훤의 사업은 몇 해가 지났던고	事業甄萱去幾秋
맑은 하늘 흰달에 기러기 날아 오고	晴天皓月來來雁

보슬비 산들 바람 갈매기 너울 너울	細雨斜風片片鳩
낚시꾼은 터 물으니 흥취가 거나하고	釣叟問磯多有趣
농부는 가뭄에도 아무 걱정 없겠구나	農人當旱亦無憂
어이해 영웅 얻어 이 물을 날리어서	安得英雄揚此水
세상의 흙탕물을 깨끗이 씻어낼까	洗清宇宙穢塵流

더욱이 서거정(徐居正: 1420~1488)의 다음과 같은 시는 합덕방죽과 진 훤과의 관련 전승의 연원이 오래 되었음을 알려준다. 아래에 보이는 '진 랑 甄郎'은 진훤을 가리키는 게 분명하기 때문이다.

대세는 흉두에 기대어 보았더니	大勢須憑鶤蚪觀
압계의 공업을 하산에 맹세했네	鴨鷄功業誓河山
가을 바람에 한 차례 진훤의 웃음거리가 되더니	秋風一爲甄郎哂
성난 터럭 까닭없이 관을 찌르려 하였도다	怒髮無端欲竪冠

지금까지 언급한 내용들은 진훤의 둔전과 관개사업을 통한 혜택이 농민층에 골고루 깊숙히 미쳤음을 단적으로 말해 준다. 요컨대 진훤이 합덕 방죽을 조성했다는 이야기는, 그의 농업경영에 대한 안목과 더불어 당시 후백제군의 변경 주둔이 둔전의 형식을 띠었음을 전하는 것으로 해석된다.

그러면 진훤이 합덕지를 수리하여 변경에 주둔하는 군대로 하여금 둔 전을 실시하게 한 것은 어떠한 의미를 지닌 것일까? 둔전을 경작함으로 써 현지에 주둔하는 군대의 식량을 자급자족하게 하는 한편, 군량미의 비 축을 통해 주변 호족들과 농민들에 대한 경제적 부담을 크게 줄이려는 데 목적을 두었던 것 같다. 그럼에 따라 당진이나 예산과 같은 고려의 국경 에 가까운 내포 지역 호족세력의 이탈을 막는 한편 수리 시설의 정비를 통한 농업경제의 획기적인 증진을 가져왔다고 판단된다. 이와 더불어 신라말과 후삼국기의 동란기에 촌락공동체를 뛰쳐나와 흘러다니는 유민들을 정착시켜 사회의 안정과 경제적 기반의 확대를 이루었을 것이다.

또 진훤은 국방상의 요충지에는 중앙군을 파견하였다. 이들은 현지 호족 세력들의 지원 없이도 둔전을 통해 그 주둔이 가능하게끔 하였다. 진훤은 둔전제를 본격적으로 실시했던 것이다. 진훤이 해안에 방수하면서 접촉하였고, 중국을 왕래하던 승려나 유학생 아니면 당나라 유학 경험이 있는 참모들을 통해 얻게 된 경제 시책으로 보인다. 둔전은 동란의 시기에 소요되는 경제적 부담을 더는 한편, 효율적인 군대 운영을 위한 방책이었다. 이는 농민들에 대한 부담이 그만큼 줄어들게 됨을 뜻한다. 진훤의 경제적 안목은 둔전제의 실시와 더불어 개간과 관개를 통해 농민층의 입지를 넓혀나가고자 비상한 노력을 경주했던 데서도 확인된다. 진훤이 광범위하게 둔전제를 시행하였음은, 진훤이 지금의 원주시 문막에 성을 축조하였고(견훤성) 둔병들이 왕건의 군대를 맞아 싸웠다는『조선환여승람』의 기록을 통해서도 확인된다.

진훤은 그밖에도 전라남도 나주의 자미산성 부근에서도 둔전을 시행하였다고 전한다. 진훤이 나주에서 둔전제를 실시한 기간은 나주에서 왕건의 군대와 교전하던 903년~909년까지거나 나주가 왕건 군대에게 위협 받던 그 이전까지로 소급시킬 수 있을 것 같다. 따라서 "견훤은 인민이나 식량을 약탈하는 방식으로 정복 전쟁을 수행할 정도로 군사력에 과도하게 의존하였다. 식량이나 인민을 약탈한 이유는, 강력한 군사력을 유지하고 끊임없이 전쟁을 수행하기 위해서는 그에 상응하여 충분한 경제력과 노동력·병력이 요구되었기 때문이다. 그렇다고 하더라도 그것을 식량이나 인민을 약탈하는 방식으로 해결하고자 한 것은 온당한 방법은 아니었다. 그러한 약탈은 일반 농민들뿐만 아니라 호족들의 불만을 초래하였을 것이다. 이러한 점은 군인 출신 견훤의 중대한 한계였다"는 식의 기존 해석은 '온당한 방법'이 아님을 일깨워준다.

반면 왕건은 둔전제를 실시했다는 증거가 없다. 다만 그는 전장에서 군대가 통과하는 지역의 호족들로부터 갖은 형태의 현지 조달을 받았다. 일례로 왕건이 군대를 이끌고 지금의 황해도 신천군 문화면 일대를 통과할 때였다. 이곳의 호족인 류차달(柳車達)이 차마(車馬)를 많이 내 주는 바람에 군량 길을 통하게 할 수 있었다. 아울러 그는 대승(大丞)의 벼슬을 얻게 되었고, 삼한공신에 봉해지게 되었다. 또 그러한 인연으로 '차달 車達'이라는 이름을 얻게 된 듯싶다. 양천 허씨의 시조인 허선문(許宣文)은 왕건이 남정할 때 도강의 편의와 더불어 군량을 조달해 주었다. 그 공으로 인해 허선문은 공암촌주(孔巖村主)가 되었다고 전해진다.『미수기언 眉叟記言』에도 "신라 말에 허선문이 나이 90여 세에 고려 태조를 섬겨서 진훤을 정벌할 때 궤향(饋餉)한 공이 많았으므로 공암촌주를 삼았다. 자손들이 이로 인하여 공암지족(孔巖之族)이 되었다"라고 하였다. 이러한 일련의 행위들은 둔전을 통해 군량을 조달받고자 했던 진훤의 방식과는 큰 차이가 난다. 왕건은 전쟁 수행과정에서 현지 주민이나 호족들로부터 우마차와 군량을 비롯한 각종의 물자와 인력을 차출 받았다. 이러한 행위를 갖은 미사여구를 동원해서 서술했다고 하더라도 강압적인 것으로서 민폐를 끼쳤음은 명백한 것이다. 그만큼 왕건의 군량 확보책은 임시 방편적인 성격을 띤 것으로서 체계화되지 못했고 조직적이지도 못했음을 뜻한다.

진훤의 불교 시책

진훤과 불교는 어떠한 관계를 맺고 있었을까? 궁금하게 여겨지는 부분이 아닐 수 없다. 진훤의 불교적 관심과 이해를 짐작케 하는 것은 전라남도 광양군의 옥룡사(玉龍寺)에 소재한 통진대사 보인탑비(洞眞大師寶雲塔碑)이다. 958년 8월 15일에 건립된 이 비석의 문장에는 통진대사 경보(慶甫)가 후백제 영역에 이르고 후백제 교단에 편적(編籍)되는 과정을 읽을 수가 있다. 관련 비문의 내용은 다음과 같다.

마침 귀국하는 선박을 만나 동쪽으로 돌아왔다. 천우(天祐) 18년(921) 여름에 전주 임피군(臨陂郡: 전라북도 군산시 임피면)에 도달했는데, 도(道)가 헛되이 행해지는 때였고 불리한 시절의 초기였다. 이때 주(州)의 도통(都統)인 진(甄) 태보(太傅) 훤(萱)이 만민언(萬民堰)에서 군대를 이끌고 있었다. 태보는 본래 스스로 선근(善根: 좋은 果報를 낳게 하는 착한 일)을 가졌고, 장군 집안[將種]에서 태어나서서 바야흐로 우람한 뜻[壯志]을 펴고자 했다. 비록 사로잡는 것과 놓아주는 지략[擒縱之謀: 능란하게 빼어난 지략을 가리킴]을 우선으로 여겼으나, (대사의) 인자한 얼굴을 우러러 뵙고는 첨앙하고 의지하는 뜻이 배나 더해졌다. 이에 탄식하며 말하기를 "우리 스승을 만남이 비록 늦었지만 제자 됨을 어찌 늦추겠는가"라고 하면서, 자리에서 일어나 받들었으며 (잊지 않기 위해) 큰 띠[帶]에 적기를 진실히 했다. 드디어 주(州) 안의 남쪽에 소재한 남복선원(南福禪院)에 거처할 것을 청하자, 대사가 말하기를 "새도 나무를 가리거늘 내가 어찌 꼭지 달린 박과 외처럼 (한군데만) 얽매여 머물 수 있겠습니까" 하였다.

백계산(白鷄山) 옥룡사(玉龍寺)는 돌아가신 스승께서 도를 즐기시던 맑은 집[淸齋]으로서 선(禪)을 행하기에는 알맞은 형승이라 구름 덮인 시내가 허공에 떠 있는 듯하여 경치가 가장 좋은 곳이었다. 드디어 태보에게 말하니 이를 허락하여 그곳에 옮겨 거처하였다.

당나라에서 귀국하는 선박들은 서남해안을 끼고 있는 후백제의 영역에 소재한 항구로 들어오게 마련이었다. 유학 승려나 학생들은 후백제 땅을 밟게 되면서 자

옥룡사터의 동백꽃

광양 옥룡사터에 복원된 통진대사비와 선각대사비, 그리고 부도들

연스럽게 눌러 앉거나 포섭되는 경우가 많았을 것이다. 선승(禪僧)이었던 경보의 경우도 예외가 되지는 않았던 것 같다. 그는 도선(道詵)이 주석하였던 백계산 옥룡사에서 주석하면서 후백제 정권 사상사의 한 축을 지탱하는 데 기여했음이 분명하다.

진훤과 경보의 만남을 복원해 보면 다음과 같은 상황이었을 것 같다. 햇볕이 몹시 따가운 여름날이었던가. 그는 고단한 항해를 통한 노독(路毒)을 풀지도 못한채, 만민언이라는 방죽 근처에서 땀방울을 연신 흘리며 군병(軍兵)을 지휘하고 있는 대왕 진훤의 웅위한 모습을 인상 깊게 접했던 것 같다. 저녁 무렵 경보는 진훤의 안내로 근처 별궁에 들어가지 않았을까. 이때 융복을 벗은 진훤은 뙤약볕에서의 그 카랑 카랑한 어조와는 달리 온화한 미소를 머금은 채 은근한 목소리로 자신이 걸어 온 길을 담담하게 들려줬던 것 같다. 그러면서도 자신의 포부를 말할 때는 일순 주먹을 부르르 떨면서 격앙된 어조로 포효하듯이 말했으며, 그가 자신의 대열에 동참할 것을 비장한 어조로 곡진하게 호소하지 않았을까? 경보는 이때 진훤의 야심에 찬 사회개력 구상과 더불어 진훤의 아버지가 장군을 칭했던 이야기를 청취하였기에 '우람한 뜻'과 '장군의 집안'을 언명한 것으로 보인다. 경보는 진훤과의 만남을 각별하게 여겼기에 그 만남을 제자들에게 두고두고 이야기했던 것 같다. 그랬기에 후백제 왕국이 몰락하고도 20여 년이 지나 세워진

옥룡사터에서 발굴된 석함 속의 유골
순천대학교 박물관팀에 의해 발굴되었는데, 도선의 유골로 추정하고 있다. 한국인들의 정신사에 엄청난 영향을 미친 도선의 유골이라면, 그 크신 분이 이렇게 해서 우리 앞에 모습을 보이셨는가? 라는 생각이 들게 한다.

자신의 비석에 진훤과의 인연을 한 줄이나마 보탤 수 있었던 게 아니었을까?

진훤과 왕건은 서로 유력한 사원의 후원을 입기 위해 각축전을 전개하였다. 화엄종은 당시 남악과 북악으로 분열되어 있었다. 「균여전 均如傳」에 의하면 화엄 교단 내부의 분열과 대립·갈등 양상이 다음과 같이 적혀 있다.

> 사(師)는 북악(北岳)의 법손(法孫)이다. 옛날 신라 말 가야산 해인사에 2명의 화엄사종(華嚴司宗)이 있었다. 한 분은 관혜공(觀惠公)으로 백제 괴수[渠魁]인 진훤의 복전(福田)이었다. 또 한 분은 희랑공(希朗公)으로 우리 태조대왕의 복전이었다. 두 분은 신심(信心)을 받아서 향화(香火)의 원(願) 맺기를 청하였지만 원(願)이 이미 달랐으니 마음이 어찌 하나이랴. 내려와 그 문도(門徒)에 이르러서는 점점 물과 불처럼 되었으니 하물며 법미(法味)에서야. 각각 시고 짠 맛을 받았으니 이러한 폐단을 제거하기가 어려웠다. 유래가 이미 오래 되어서 그때 세상의 사람들이 관혜공의 법문(法門)을 남악이라 했고, 희랑공의 법문을 북악이라고 했다. 사(師)께서는 매번 남북의 종지(宗旨)가 모순되어 분간하지 못한 것을 탄식하시고 많은 갈래를 막아 한 길로 돌아 오게 하셨다.

위의 기록을 통하여 관혜는 진훤을 지지한데 반하여, 희랑은 왕건을 지지하였음을 알 수 있다. 관혜와 희랑 두 고승이 같은 해인사에 주석하면서 정치적인 지지자의 차이에 따라 갈등과 대립을 하였다. 해인사 안에서 후백제와 고려를 후원하는 두 세력이 생겨나 대립했다는 이야기가 되겠다. 후삼국시대의 화엄종은 진훤을 지지했던 남악과 왕건을 지지했던

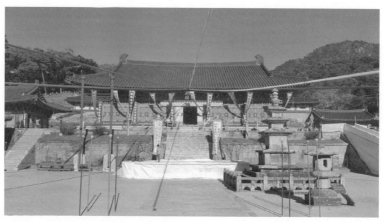

해인사

북악으로 갈려서 대립했던 것이다. 순전히 정치적인 이유 때문이었다. 이러한 대립과 관련해 943년에 편찬되었다는 「가야산해인사고적 伽倻山海印寺古籍」에 다음과 같은 기록이 남아 있다.

신라 말에 승통(僧統)인 희랑(希朗)이 이 절에 주지(住持)하여 화엄신중삼매(華嚴神衆三昧)를 얻었다. 그때 우리 태조가 백제 왕자 월광(月光)과 싸웠는데, 월광은 미숭산(美崇山)을 지켰는데 식량이 넉넉하고 군대가 강하였다. 그 적(敵)은 신(神)과 같아서 태조가 힘으로 제압할 수가 없어서 해인사에 들어가 희랑공(希朗公)에게 사사하였다. 사(師)께서 용적대군(勇敵大軍)을 보내어 왕건을 도왔다. 월광은 금갑(金甲)을 입은 군대가 공중에 그득 찬 것을 보고는, 그것이 신병(神兵)임을 알고는 두려워서 이내 항복하였다. 태조는 이런 이유로 (희랑을) 경중봉사(敬重奉事)하여 전지(田地) 500결(結)을 시사(施事)하고 옛 사우(寺宇)를 거듭 새롭게 하였다.

위의 기록에 보이는 백제 왕
자 월광은 대가야국의 월광태자
가 부회된 것으로 간주하는 시
각이 있다. 해인사 입구에 현재
터만 남아 있는 월광사와도 어
떤 관련이 있어 보인다. 그리고
전장인 미숭산(고령군 쌍림면과
합천군 야로면의 경계에 소재)은
고령 읍내의 지산동 대가야 왕
릉군을 굽어 보는 옆 산자락인
데, 해발 733.5m의 정상에 둘레
1,367m의 석축산성이 축조되었다.

희랑조사 상(보물 제999호)

이 성은 특이한 가야계 산성의 하나로서 주목을 받고 있다. 산세가 험

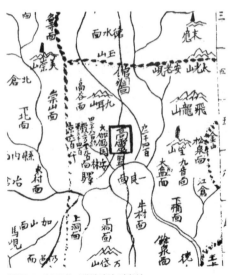

『청구도』에 보이는 해인사와 미숭산
미숭산 위의 ▲ 표시는 봉화처였음을 뜻한다.

준하고 주위에서 가장 높
은 곳에 위치하고 있어
시야가 넓게 잡히는 천연
의 요새였다. 그러니 합
천과 고령 지역을 에워싼
전투에서 남군과 북군이
격돌하였는데, 희랑이 신
병(神兵)을 보내어 왕건이
승리했다는 이야기겠다.
후백제와 고려가 합천 일
원에서 빈번하게 군사작
전을 펼친 것을 생각해

구산 선문 위치도

보면 허구적인 이야기로만 돌리기는 어렵다.

여하간 이 기록은 진훤과 불교 교단과의 관계, 또 그것이 후삼국의 쟁패에 어떠한 영향을 미쳤는가를 시사해 준다. 불교 사상계의 장악이 소백산맥 안의 신라계 호족들의 향배에 지대한 영향을 미칠 수 있었음은 의심할 나위 없다. 여하간 앞서 제시한 자료들은 진훤이 선종과 화엄종 모두에 깊이 관여하였음을 알려준다. 양종(兩宗)을 모두 포용하려고 했던 것이다.

그리고 9산선문 가운데 무려 4개 파가 후백제 영역에 소재하였다. 즉 실상산파(實相山派: 전라북도 남원 實相寺)와 동리산파(桐裏山派: 전라남도 곡성 泰安寺), 그리고 성주산파(聖住山派: 충청남도 보령 聖住寺)와 가지산파(迦智山派: 전라남도 장흥 寶林寺)가 되겠다. 이는 고려 영역에 확실하게 소재한 선문도량이 수미산파(須彌山派: 황해도 해

장흥 보림사 철조비로자나불좌상(국보 제44호)

주 廣照寺) 1개밖에 없었던 사실과 크게 비교되는 현상이다.

이러한 선문도량 가운데 경보와 연결된 동리산파를 통해 진훤은, 유식(唯識)과 풍수지리사상을 포용하였고, 또 4개 선문의 단월(檀越)로서 그 사회·경제적 후원자 역할을 했을 것으로 보겠다. 특히 전주와 지리적으로 가장 가까웠던 실상산파의 경우 그 비중이 지대하였으리라고 믿어진다. '정개'라는 후백제의 연호를 사용했던 편운화상을 비롯한 그 제자들과의 관계가 그것을 암시하고도 남는

조선 후기에 그린 편운화상의 스승인 홍척(洪陟) 영정

다. 그리고 구례 화엄사(華嚴寺)를 비롯한 지리산 일대의 사찰들도 진훤과 깊은 관련을 맺었음이 분명하다.

미륵사 개탑開塔

백제 왕권의 상징이요, 미륵신앙의 본처(本處)가 익산 미륵사였다. 진훤이 익산을 중시한 데는 미륵사가 지닌 지대한 상징성 때문이었을 것으로 보인다. 이와 관련해 다음과 같은 「혜거국사비문 惠居國師碑文」을 주목하지 않을 수 없다.

> 3년이 지나 금산사(金山寺) 의정율사(義靜律師)의 계단(戒壇)에 나아가 구족계(具足戒)를 받았다. 용덕(龍德) 2년(922) 여름 특별히 미륵사(彌勒寺) 개탑(開塔)의 은혜를 입어 이에 선운산(禪雲山)의 선불장(選佛場)에 나아가 단(壇)에 올라 설법(說法)하였다.

미륵사 가람 상상도

여기서 진훤은 미륵사에 개탑했다고 하였다. 개탑의 의미에

복원한 미륵사 동탑과 그 주변

대해 "탑을 복구하고" 혹은 "전에 무너졌던 미륵사탑의 복구" 등으로 해
석하고 있다. 혹은 미륵사지 서탑을 보수한 흔적이 없었다고 단언하면서
"…'미륵사 개탑'을 탑과 관계된 것이 아니라 백제의 진정한 계승을 대내
외에 드러낸 정치적 성격이 짙었
을 것이라는 주장도 있다"라고 하
였다. 즉 '개탑'이 지닌 의미를 상
당히 추상적으로 묘사한 것이다.

　그러면 이제는 '개탑'이 지닌
의미를 검증해 보기로 한다. 일단
'개탑'은 탑을 수리했다는 뜻은 아
니다. 탑을 수리한 경우는 「동화
사사적비명 桐華寺蹟碑銘」에서
"이에 이르러 탑묘를 엄수했다 至
是嚴修塔廟"라고 하였다. 즉 '수

해체되기 전의 미륵사지 서탑

修'라고 했던 것이다. 이
러한 사례는『고려사』에
서 "황룡사탑을 수리했
다 修皇龍寺塔(현종 3)/ 동
경 황룡사탑을 수리하도
록 명했다 命修東京皇龍寺
塔(현종 3)/ 동경 황룡사
를 수리했다 修東京皇龍

해체 중인 미륵사지 서탑

寺(예종 1)"라고 하여 보인다. 혹은 탑 수리를 "황룡사탑을 개조했다 改造
皇龍寺塔(『삼국사기』 권 11, 경문왕 11년 조)"라고 하기도 했다. 따라서 미륵사
지 서탑(西塔)에 보수 흔적조차 찾아볼 수 없다. 그러니 '개탑'을 불사(佛
事)로 간주하기 어렵다는 견해는 용례상으로도 성립되지 않는다. 아울러
이는 다음의 이유로도 타당하지 않다. 첫째, 미륵사지 3탑(塔) 가운데 1개
소의 경우를 놓고서 전체를 규정 짓기는 어렵다. 둘째, 미륵사지 서탑은
신라 경덕왕대에 봉성사 소속의 대백사(大伯士)가 참여하여 중수한 것으
로 밝혀졌다.

　그렇다고 '개탑'의 성격을 단순히 불사로 간주할 수는 없다. '개탑'은
어렵게 생각할 것 없이 탑을 열었던 사실을 말한다. 주지하듯이 탑의 기
본적 성격은 무덤인 것이다. 무덤을 연다는 것, 그것도 미륵신앙의 요람
에 소재한 탑(무덤)을 열었음은 영불골(迎佛骨) 의식(儀式)이었다. 곧 불사
리 신앙의 산물인 것이다. 그러한 탑 안에 사리가 봉안되었음은 주지의
사실이다. 이는 샨시 성[陝西省] 바오지 시[寶鷄市] 파머 진[法門鎭]에 소재
한 다음과 같은 당대(唐代)의 법문사(法門寺) 영불골 의식을 통해서도 알
수 있다.

봉상(鳳翔) 법문사에는 호국진신탑(護國眞身塔)이 있다. 탑 안에는 석가문불(釋迦文佛)의 지골(指骨) 한 마디가 있다. (塔門은) 30년에 한번 여는데, 여는 해에는 풍년이 들고 사람들이 태평하였다. 14년 정월 상(上)께서 중사(中使) 두영(杜英)에게 명령하여 寺押宮人 30인이 향화(香花)를 지니고 임고역(臨皐驛)에 이르러 불골(佛骨)을 맞아서 광순문(光順門)으로부터 대내(大內)에 들어가 금중(禁中)에서 3일간 머무르다가 곧 여러 사찰로 보내면, 왕공사서(王公士庶)가 달려와서 시주를 했다. 두려운 것은 후에 백성들이 폐업 파산하거나 정수리를 태우거나 팔뚝을 지지며 공양을 구하는 일이 있었다(『구당서』권 160, 韓愈傳).

봄에 조서를 내려서 기산(岐山)의 무우왕사(無憂王寺)에 있는 부처의 지골을 끄집어 내어 맞이해서 금중에 모셔 두었다가 다시 여러 사찰로 보내어 무리들에게 보이게 하고, 도성이 기울어져서 우러르며 예물을 올렸는데 보시하는 재물이 거만(巨萬)이었다. 2월 을해일에 중사를 보내어 원래 곳[故處]에 다시 묻도록 했다(『자치통감』권 233, 德宗 貞元 6년 조).

공덕사(功德使)가 말씀을 올렸다. "봉상 법문사 탑에는 불골이 있는데, 전해져 내려오기를 30년에 한 번 여는 것인데, 열면 그 해는 풍년이 들고 사람들은 편안하다고 합니다. 내년에는 열어야 하므로 청컨대 그것을 맞이하십시오." 12월 초하루 경술일에 황상이 중사를 보내서 승려들을 인솔하여 그것을 맞이하게 했다(『자치통감』권 240, 憲宗 元和 13년 조).

봄 3월 계사일에 황상이 칙사를 파견하여 법문사에 가서 불골을 맞이하게 하자 여러 신하들 가운데 간언하는 사람이 아주 많았다. 심지어는 "헌종(憲宗)은 불골을 맞이하고서 얼마 안 있다가 안가(晏駕)하였다"고 말했다. 황상이 말하기를 "짐이 살아서 이것을 본다면 죽어도 여한이 없겠다"고 하였다. 널리 부도(浮圖)·보장(寶帳)·향거(香轝)·번화(幡花)·당개(幢蓋)를 만들어 가지고 이를 맞아하였는데, 모두 금(金)과 옥(玉)·수 놓은 비단·비취색 구슬로 장식하였다. 경성에서 절까지 300리 사이의 도로에 다니는 차마(車馬)가 밤낮으로 끊이지 않았다. 여름 4월 임인일에 불골이 경사에 이르자 금군의 군사들로 의장(儀仗)을 하고, 공사(公私)의 음악을 연주하며 인도하였는데, 하늘이 비등하고 땅에는 촛불을 밝힌 것이 수십 리를 이어져 있었으며, 의장과 호위가 성대함은 교사(郊祀)를 하는 것보다 지나쳤고, 원화(元和) 연간의 것은 아주 못 미쳤다. 부자들이 길을 끼고서 비단으로 건물을 장식하여 무차회(無遮會)에 이르는데, 다투어 사치하며 낭비했다.

황상이 안복문(安福門)에 나아가 누각에서 내려와 막배(膜拜)하고 눈물을 흘리는 것이 가슴까지 적셨다. 승려와 경성의 기로들 가운데 일찍이 원화시대(元和時代)에 있었던 일을 보았던 사람들에게 금과 비단을 상(賞)으로 내려주었다. 불골를 맞이하여 금중으로 들어오고 사흘 만에 꺼내어 안국숭화사(安國崇化寺)에 안치하였다. 재상(宰相) 이하 모든 사람들이 다투어 금백(金帛)을 시주했는데, 이루 다 기록할 수가 없었다. 이어서 덕음(德音)을 내리어 안팎에 갇혀 있는 죄수들을 감형시켰다(『자치통감』 권 252, 懿宗咸通 14년 조).

현재의 법문사 지골사리

당초 지골사리가 봉안되어 있던 법문사 전탑

법문사는 당대 황궁의 외적 도량(道場)으로서 황가의 기원과 공양의 장소였다. 그리고 법문사는 역대 황제들이 불골을 맞이해서 받든 호국의 총도량이기도 했다. 그러니 당대 불사 융성의 가장 중요한 표현으로는 법문사 불골사리의 영송(迎送)이나 공양보다 더한 것은 없었다. 법문사에서 30년마다의 개탑을 통한 영불골 의식을 통해 풍년과 태평성대를 기원한 것은 불법의 힘을 빌어 주민들에 대한 통치를 이루고

법문사 지골사리 봉영도

자 하는 목적이었다. 고려에서도 이러한 영불골 의식이 이어져 왔었다. 즉 "여름 4월에 불골을 대안사(大安寺)에서 맞아들여 인덕궁(仁德宮)에 안치하였다(『고려사』 권 16, 인종 7년 조)"는 기사가 바로 그것이다. 당대에는 이와 엮어져 당 의종(懿宗)이 반포한 「영불골사문 迎佛骨赦文」에서 보듯이 영불골 대사면을 단행하였다. 그럼으로써 인심의 안정과 천하의 안녕을 얻고자 한 것이다.

후백제의 경우도 이와 크게 다르지 않을 것으로 보인다. 일단 개탑 장소인 미륵사는 백제 이래 최대의 가람으로서 미륵신앙의 중심 도량이었다. 3원(院) 1가람인 미륵사에는 3처(處)에 탑파가 소재하였다. 이 중 중심에 소재한 목탑이 가장 규모가 컸을 뿐 아니라 위상도 높았을 것으로 보인다. 실제 미륵사 3탑 가운데 중탑(中塔)이 제일 먼저 조성되기까지 했다. 그렇다고 할 때 진훤은 미륵사의 3탑 가운데 중탑을 열었을 가능성이 제일 높다.

그런데 "가을 9월에 금마군 미륵사에 벼락이 쳤다"라는 기사(『삼국사기』 성덕왕 18년 조; 719)에 근거하여 미륵사 탑이 파괴되었을 것으로 추측하기도 한다. 이와 관련해 신라 황룡사 목조구층탑은 여러 기록을 통해 볼 때 다음과 같이 벼락을 맞았다.

1차 698년(효소왕 7), 2차 718년(성덕왕 17), 3차 868년(경문왕 8), 4차 1036년(靖宗 2), 5차 1095년(獻宗 1).

심지어 황룡사 목조구층탑은 949년(광종 즉위년)과 1095년(獻宗 1)에는 불타기까지 했다. 그렇지만 다음에서 보듯이 황룡사 목조구층탑은 645년(선덕여왕 14)에 건립된 이래 꾸준히 수리되었다.

720년(성덕왕 19) : 중성(重成) / 868년(경문왕 8) : 중수(重修) / 871년(경문왕 11) : 개조(改造) / 1012년(현종 3) : 수(修) / 1095년(헌종 1) : 수(修) / 1096년(숙종 1) : 중성(重成) / 1106년(예종 1) : 수(修) / 1238년(고종 25) : 소실(燒失)

이러한 사례에 비추어 볼 때 미륵사탑도 벼락을 맞았다고 하더라도 중수되었을 것이다. 그랬기에 미륵사가 조선 전기까지 사세(寺勢)를 유지했던 것으로 보인다.

혹자는 사리 장치를 쉽게 열어볼 수 없으므로 개탑은 대대적인 개수 했을 때나 가능하다고 하였다. 그러나 동일한 황룡사 구층목탑의 경우 「황룡사찰주본기」에 따르면 "11월 6일에 여러 신하들을 거느리고 가서 기둥을 들게 해서 이것을 보았더니 주초(柱礎)의 구멍 안에 금은(金銀)으로 된 고좌(高座)가 있었고, 그 위에 사리가 든 유리병이 안치되어 있었다. … 25일에 원래 두었던대로 해 놓고 또 사리 100매와 법사리 2종 (種)을 보태어 안치하였다"고 한데서 알 수 있듯이 개탑이 결코 어려운 일이 아님을 알 수 있다. 여기서 '기둥[柱]'은 심주(心柱)를 가리킨다. 심주를 들어 올려 사리를 확인한 것이다. 이러한 경우는 탑의 구조체에 무리를 주지 않고 심주를 들어 올리는 것이 가능한 방식으로 심주가 세워졌음을 뜻한다. 즉 심주가 목조 구조체를 지지하지 않는 한편 그 형식상 여러 개의 단주(短柱)가 연결된 형태로 추정하고 있다(權鍾湳, 『皇龍寺九層塔』, 미술문화, 2006, 194쪽). 그렇다면 황룡사 목조구층탑 조성에 직접 영향을 끼친 백제 미륵사 목탑의 경우도 이와 같은 심주 형식을 상정하는 게 가능해진다. 아울러 미륵사 목탑의 개탑은 개수와 무관한 영불골 의식임을 알 수 있다.

진훤은 미륵사에서 개탑 의식을 성대하게 하였다. 직접 미륵사에서 불골을 맞이하는 동시에 공양도 하였을 것이다. 이렇듯 진훤이 미륵사탑을 열었던 '개탑'은 후백제의 연호인 정개(正開)와도 관련 있어 보인다. 나아가 백제의 금마산 '개국 開國'과 엮어진 전주 천도를 축으로 한 일련의 작업이었다. 우선 이때의 불골 영례(迎禮)를 통한 화평한 미륵의 세상 구현을 선언하는 의식이었다고 본다. 즉 미륵사탑 안에서 때를 기다리던 미륵불이 세상에 출현함으로써 전란을 종식시키고 태평한 세상을 만들겠다는 의지의 표출로써 병란에 지친 민심을 안무하기 위한 차원이었다. 이러한 진훤의 의지는 결코 허황되지 않았다. 이는 미륵사 개탑이 이루어진 922년이라는 시점과 관련지어 살펴 볼 필요가 있다. 918년에 상전인 궁예를 축출하고 집권한 왕건은 진훤에게 분할정립안을 제시하였다. 진훤은 고려 건국과 왕건 정권을 인정해 주는 한편, 왕건이 제시한 과거의 삼국을 복원하는 분할정립안을 수용했다. 이러한 결호에 따라 후백제와 고려 간에는 화평·공존이 7~8년간 지속되었다. 924년에 환국한 법경대사(法鏡大師)의 비문에서 "동방으로부터 잠깐 소식을 들으니 본국에는 큰 산의 안개가 걷히고 점차 바다에는 파도가 가라앉아 외란(外亂)은 모두 사라지고 다시 중흥을 이루었다는 것이다. 동광(同光) 2년에 옮기어서 귀국하니 나라 사람들이 서로 경하하

미륵사 서탑 사리 외호와 내호

미륵사 서탑 사리 내호 속의 사리

실상사 철조여래좌상(보물 제41호)
실상사 개창 당시에 조성되었으며, 영험이 많은 불상으로 알려져 있다.

여 환영하는 소리가 하늘을 진동하
였다"라는 문구에서도 확인된다.

　　바로 그러한 태평한 시점에서
진훤은 미륵사 개탑 의식을 성대하
게 집전한 것이다. 진훤은 백제 이
래의 권위 있는 대미륵도량(大彌勒
道場)인 미륵사의 개탑을 통해 천
하의 평정과 낙토의 구현이라는 이
상을 펼치고자 하였다. 즉 백제의
재건에 성공한 진훤은 자신이 이룩
해 놓은 성과를 천명불법(天命佛法)
과 연계시킬 수 있는 호기(好期)로

전주교육대학교 소장 후백제 시기의 불상

여겼을 수 있다. 진훤은 개탑을 통해 정권의 공고함이나 항구적 안정뿐 아니라 삼한통합의 당위성을 확산시키려고 했을 법하다. 그리고 당의 사례에 비추어 볼 때 진훤은 '개탑' 기념으로 대사면을 단행했다고 본다. 결국 진훤은 민심을 규합하여 안정적 권력 체계를 구축하는데 일정한 성과를 올렸을 것이다.

진훤은 기근과 수탈로 인해 지칠대로 지쳤고 절망에 빠졌던 농민들을 위무(慰撫)하고, 정국을 빠르게 안정시키는 수단으로써 불교 이데올로기를 이용했을 것으로 보인다. 특히나 진훤의 신국가 건설의 궁극적 지향점으로서 미륵신앙이 한 몫을 하였을 것이다.

이무렵 후백제 지역에서 조성된 불교 조각의 공통점은 통일신라 9세기 조각의 다소 침울한 느낌을 주는 거와는 달리 생기가 도는 밝은 미소의 온화하고 인간적인 불안(佛顔)이 표현되고 있다고 한다. 이러한 지적은 확실히 주목할 만한 시각이 아닐 수 없다. 신흥 국가 후백제의 약동하는 힘과 여유를 포착한 것으로 보여지기 때문이다.

제7부
낙일落日의 세월?
– 다시 잡은 승기
930년~936년

패배의 분기점, 안동 병산 전투 ▌

　후백제의 경상도 북부 지역에서의 군사 작전은 북군을 완전 축출하려
는 전략에서 나왔다. 그와 동시에 이는 무력시위라는 정치적인 성격도 다
분히 지니고 있었다. 강성한 힘을 보여주면서 향배를 결정짓지 못한 채
관망하고 있는 신라계 호족들을 끌어 당기려는 측면도 있었다. 이러한 배
경을 가지고 있었기에 진훤의 경상도 북부 방면에서의 전쟁은 정지할줄
을 몰랐다. 한 해가 저물어 가는 929년 12월, 진훤은 지금의 안동인 고창
군을 기세 좋게 포위하였다. 교통의 요로에 소재한 안동은 경상도 북부
좌편 제일의 고을이었다. 이곳을 장악하지 않고서는 북군의 활동을 차단

할 수 없었다. 고창군에는 크게 3
명의 호족이 존재하였다. 이들은
후백제나 고려 어느 편에도 가담
하지 않은 채 정세를 관망하고
있었다.

공민왕의 필적으로 전해지는 '安東雄府'

　왕건은 고창군이 진훤에게
떨어지는 것을 좌시할 수 없었

다. 고창군에는 북군의 3천 병력이 포위되어 있었다. 무엇보다도 소백산
맥 이남의 호족세력들을 죄다 진훤의 품에 넘겨주어야 할 형편이었다. 왕
건은 지금의 안동시 예안면에 소재한 예안진(禮安鎭)에 이르러 여러 장수
들과 작전을 숙의하였다. 대상(大相) 공훤과 홍유(洪儒)가 말하기를 "만약
우리가 이기지 못하면 마땅히 샛길로 갈 것이요, 죽령(竹嶺)으로는 갈 수
가 없습니다!"고 하였다. 죽령이 남군에 의해 철벽처럼 장악되었음을 뜻
하는 것이다. 또 이는 지금까지의 패전으로 인해 북군이 무척 조심성 있
게 작전을 짰을 말한다. "구운 게도 다리를 떼고 먹는다"는 속담은, 이
경우를 두고 하는 말일 게다.

　북군을 지금의 경상도 땅에서 완전 축출하려는 게 진훤의 목표였다.
그러나 이곳에서 세력 기반을 상실하지 않으려고 안간힘을 쓸 수밖에 없
는 게 왕건의 입장이었다. 가히 필사적이었다. 이러니 양군은 사력을 다
해 싸울 수밖에 없었다. 진훤은 북군의 퇴각로를 차단하기 위해 소백산맥

죽령산신당

죽령에서 바라본 경상북도 풍기 일대

남북을 연결시켜주는 큰 교통로인 죽령을 봉쇄시켰던 것이다. 남군은 왕
건을 독안에 든 쥐로 만들어 섬멸할 계획을 수립했었다. 지난 번 공산 전
투에서는 놓쳤지만 이번에는 절대로 왕건을 살려 보내지 않는다!! 이러한
상황에서 지략가인 유검필이 입을 떼었다. "제가 듣건대 '병기는 흉기(凶
器)요 전투는 위태로운 일이니 죽겠다는 마음으로 살려는 계책을 생각하
지 않은 연후에야 비로소 승부를 결정할 수 있다'고 하였는데, 지금 적과
대치하고 있으면서 싸우기도 전에 먼저 패배할 것을 생각하는 것은 대체
무슨 까닭입니까? 만약 급히 구원하지 않으면 고창의 3천여 병력은 고스
란히 적에게 주는 것이니 어찌 절통하지 않습니까? 저는 진군하여 빨리
공격하기를 바랍니다!" 이 말을 들은 왕건은 유검필의 손을 들어주었다.

　　북군은 유검필이 팔을 걷어 붙이고 앞장서며 독전(督戰)하였다. 이에
힘입어 북군은 저수봉(猪首峰)에서부터 남군을 깨뜨렸다. 아름달산(해발
230m)의 동쪽으로 머리를 내민 산 모양이 돼지 머리를 닮았다고해서 저
수봉이라는 이름이 붙여졌다. 지금의 안동시 와룡면 서지동 서남쪽에 소

병산(왼쪽)과 저수봉(오른쪽)

재한 산봉(山峰)이 되겠다. 이곳에는 청주 정씨 10세로 조선 태종 때 도관 좌랑(都官佐郞)을 지낸 정약(鄭若: 1379~1429)의 묘제(墓祭)와 묘소를 수호 하기 위해 건립된 저수봉재사(猪首峰齋舍)가 소재하였다. 저수봉 동쪽으로 1㎞ 떨어진 곳에 격전지인 병산이 소재하였다. 병산 초입에는 현재 병산교라는 이름의 시멘트 다리가 놓여 있다. 저수봉에서 남군은 퇴각하지 않을 수 없었다. 그러나 전투는 여기서 그치지 않았다. 해를 넘기며 계속되었다.

진훤에게는 운명의 930년이 밝았다. 그 해 정월 64세 노령의 진훤은 혹심한 추위 속에 몸소 군대를 거느리고 고창군에 버티고 있었다. 왕건의 경우도 마찬가지였다. 진훤의 남군은 석산(石山)에 진을 치고 왕건의 북군은 북쪽의 병산(甁山)에 진을 쳤다. 두 진영 사이의 거리가 500보(步) 밖에 되지 않았다. 또 다시 마주친 진훤과 왕건의 직접 격돌이었다. 진훤은 자신보다 10세나 연하인 강건(强健)한 왕건과 자웅을 겨루게 되었다. 진훤은 정면 승부를 통해 고려 세력을 소백산맥 안의 경상도 방면에서 완전히 밀어내려고 하였다.

문제는 병산과 석산의 위치 문제가 되겠다. 『신증동국여지승람』에는 안동부의 북쪽 10리에 병산이 소재했다고 적혀 있다. 안동시 북쪽 외곽에 이러한 지명이 남아 있다. 안기동과 안막동 경계에 있는 산이 되겠다. 해

병산 전투의 현장으로 가는 입구에 소재한 병산교

서 이곳을 병산 전투의 현장으로 이야기하고 있다. 그러나 이곳은 양쪽 산과 산 사이가 너무나 비좁다. 협소한 논밭 사이로 개울이 흘러 가고 있다. 남군이 적어도 8천 명 이상의 전사자를 낸 전장으로 생각하기는 어렵다. 누가 보더라도 그렇다. 회전(會戰)의 장소는 분명 아닐 것이다. 물론 『삼국유사』에는 남군과 북군 사이가 100보에 불과했다고 하였다. 이 기록이 현지의 지리적 상황에 부합되지만 그렇다고 2만 명 이상의 병력이 집결 대치할 수 있는 곳은 아니다. 『삼국유사』에서 "여러 차례 싸웠다"고 하므로, 안동에서의 여러 전장 가운데 하나로 지목한다면 가능해진다.

현지의 전설에 따르면 지리지에 수록된 병산 구간이 사실성이 높다. 그렇지만 여타 주변에서도 전투가 치러졌다고 보아야만 합리적인 해석이 될 것 같다. 즉 뒤에서 서술할 삼태사(三太師)가 이끈 군대는 현재의 안동시 와룡면 서지동에 진을 쳤었다. 진훤은 그 동쪽의 낙동강변 모래 땅에 진을 치고 싸웠다는 것이다. 이 전투가 수십번 계속되었지만 끝이 나지 않고 진훤은 전투를 하다 불리해지면 모래 속으로 기어들어가니 속수무책이더라는 거였다. 이에 삼태사는 전략을 세워 흐르는 강을 막아서 못을 만들고 물 속에 소금을 수없이 넣어 소금물을 만들어 놓고 접전을 벌였다. 이번에도 진훤은 싸움에 몰리어 달아나다가 숨으려고 모래 속으로 기어들어 갔다. 그러나 삼태사가 터 놓은 소금물이 흘러내리니 아무리 지렁이로 둔갑을 했지만 배겨낼 수가 없어 패주했다는 거였다. 지금도 소금물이 흘렀다 하여 '간수내(서지동 소재: 가시내라고도 부른다)'라 부른다. 진훤이

진모래

숨었던 모래를 '진모래'라고 한다. 진모래는 안동시 상아동에 위치하고 있는 넓은 모래벌이다. 이곳은 현재 유원지로 이용되고 있으며, 근처에는 안동댐이 자리잡고 있다. 그런데 전설상의 전장인 서지동에는 병산현(甁山峴)이 실제 소재하였다.

그밖에 송현동에 소재한 일명 '소빰 다리'라고도 일컫는 '합전(合戰) 다리' 전설이다. '합전 다리'라는 명칭은 진훤과 왕건이 이곳에 진을 치고 싸웠기 때문에 붙여졌다. 강을 사이로 왕건은 현재의 경북하이텍고등학교

석산에서 병산을 응시하는 진훤왕

(안동공업고등학교)와 70사단 자리(송하동 오거리)에 진을 치고, 진훤은 서편 풍산쪽 강 건너편에서 재를 끼고 진을 쳤다. 여러 날의 싸움에서 마지막 날 싸움은 강을 사이에 두고 더욱 처절하게 전투를 벌였다고 한다. 지금 그 전투의 현장에는 돌다리에서 바뀐 시멘트 다리가 가설되었지만 그 이름

에는 변함이 없다는 거였다.

이러한 전설과는 달리 문헌에 의하면, 전투는 병산과 석산에서 전개되었다. 양군은 병산과 석산 사이에서 일진일퇴를 거듭하며 격렬한 전투를 벌였다. 그런데 이곳의 호족인 고창군 성주 김선평(金宣平)과 권행(權幸) 그리고 장길(張吉), 이 세 호족이 향

병산과 석산 전투 현장

군을 이끌고 북군을 지원했다. 현지 민심의 향배에 직접 영향을 미칠 뿐 아니라 지세에 밝은 이들이 북군에게 협조하였던 것이다. 이 중 권행은 본시 김행이라고 불렸다. 이들이 북군에 협조하게 된 배경이 『동사강목』에 보인다. 즉 김행은 나라의 종성(宗姓)인데, 진훤이 왕을 시해했다는 소식을 듣고 무리에게 의논하기를 "진훤과는 의리상 하늘을 함께 할 수 없으니 어찌 왕공(王公)에게 귀순하여 우리의 치욕을 씻지 않으랴!" 하고는 드디어 고려에 항복하였다. 왕건이 기뻐하여 "김행은 능히 기미에 밝고 권도에 통달하였다"라고 말하고는 권씨 성을 내려 주었다는 것이다.

그럼에 따라 남군은 지극히 불리한 국면에 놓이게 되었다. 땅거미가 밀려오고 어둑어둑해지는 저녁 무렵에 이르렀다. 남군의 진영이 붕괴되기 시작했다. 진훤은 혈로를 트고 퇴각하였다. 2년 수 개월 전, 실로 아슬아슬하게 탈출했던 왕건과 같은 신세가 되고 말았다. 이 싸움에서 후백제는 심대한 타격을 받았다. 전사자만 8천 명을 내었을 정도로 막대한 인적 손실을 입었다. 진훤의 참모였던 시랑(侍郎) 김악(金渥)마저 북군에 생포되었다. 초조하게 전황을 듣고 있던 왕건은 승전보를 접하자마자 고창군으로 입성하였다. 왕건은 힘겨운 상황에서 큰 승리를 올린 유검필을 격려

하면서 말했다. "오늘의 승전은 그대의 힘이다!"

지금은 강원도 오대산 상원사에 있지만 724년(성덕왕 23)에 제작되어 현존하는 가장 오래된 신라 동종이 있다. 비천상(飛天像)의 아름다움과 정교한 조각으로 유명한 이 동종은 당초에는 안동의 문루 아니면 사찰에 걸려 있었다. 무게는 무려 3,377근으로서 종을 치면 소리가 웅장하고 맑아 100리 밖에까지 들렸다고 한다. 이 신라종은 북군의 승전 사실을 웅장하기보다는 청아한 소리로 알려 주었으리라.

1970년대 말의 적적한 가을날 저녁에 이곳에 와 처음 들었던 상원사 종소리에 의하면 그렇다는 것이다. 그러한 추억을 아련하게 간직한 채 강원도 산골에 와 있는 지도 무려 500년이 넘었다. 울려 퍼지는 종소리는 마력(魔力)을 항복시키고 죄장(罪障) 소멸과, 중생의 고통을 없애 준다고 한다. 병산 전투에서 스러져간 불쌍한 넋들과 살육한 악업을 씻겨주기 위해 한 천년을 울어 왔던가?

진훤의 참모들, 김악과 최승우

병산 전투에서 진훤의 참모였던 시랑(侍郎) 김악(金渥)이 북군에 생포되었다. 참모를 거론하였으니 진훤의 참모진을 일별하지 않을 수 없다. 그의 곁에는 술사(術士)였던 종훈(宗訓)이 있었다. 술사에는 여러 가지 뜻이 담겨 있지만 술책 그러니까 전장에서 군략(軍略)을 짜 내었던 작전 참모로 보겠다. 그리고 의자(醫者)였던 훈겸(訓謙)이 보인다. 그는 국왕인 진훤의 주치의였다. 훈겸은 종군하면서 노령인 진훤의 건강을 살폈음을 알 수 있다. 이로 볼 때 진훤은 잘 짜여진 참모진을 운용하였음을 알 수 있다.

그러면 북군에 생포된 김악은 어떠한 인물인가? 그는 당나라에 유학하여 876년에 빈공과(賓貢科)에 급제하였다. 저명한 시인 박인범(朴仁範)과 함께 합격했던 것이다. 이후 그는 당나라에서 문재(文才)를 크게 떨쳤었다. 박인범이 시로써 명성을 얻었다면, 김악은 예(禮)로써 이름을 날렸었다. 그러한 김악이 진훤의 참모가 되기까지의 과정은 알 길이 없다. 당나라에서 귀국하면서 서해변을 장악하고 있던 후백제 땅에 자연스럽게 발을 딛게 되었던 결과일까? 혹은 876년에 급제한 그가 930년에 전장(戰場)에서 포로가 되기까지는 무려 54년의 세월이 흘렀다. 포로가 되었을 때 김악은 70줄이었다는 이야기이다. 이런 이유로써 빈공과에 급제한 김악과 후백제의 시랑이었던 인물과는 동명이인(同名異人)으로 간주하는 시각도 있다. 후백제의 김악은 한자(漢字)는 틀리지만 923년에 신라의 창부시랑(倉部侍郎)으로서 후당에 조공사로 파견되었던 김악(金岳)으로 지목하기도 한다. 그러나 그처럼 간단하게 해석될 문제는 아닐 것이다. 이와 관련해 고구려 장수왕이 몸소 군대를 이끌고 백제 수도 한성을 공격했을 때 연령이 82세였음을 상기시키고자 한다.

진훤의 참모들 가운데는 나말여초(羅末麗初)라는 시대적 전환기에 최치원·최언위(崔彦撝·崔仁渷)와 더불어 이른바 3최(崔)로 일컫는 최씨 성을 가진 최고의 인텔리켄챠 가운데 하나인 최승우(崔承祐)가 있었다. 즉 "소위 1대(代) 3최(崔)가 금방(金榜)에 이름을 걸고 돌아왔으니, 최치원이요, 최인연이요, 최승우라고 한다(「新羅國 石南寺 故國師碑銘 後記」)"고 했다. 이 중 최승우는 공산 전투 직후 왕건에게 보낼 편지를 작성한 당대의 일류 문사였다. 그는 신라가 기울어 가는 890년(진성여왕 4)에 당나라에 유학 가서 893년에 시랑 양섭(楊涉)의 문하에서 3년 만에 빈공과에 급제하였다. 또 그는 자신이 서문을 쓴 『호본집 餬本集』이라는 4·6병려체 문장의 문집 5권을 남겼다. 그는 교유하던 걸출한 시인 조송(曹松)이 901년에 진사가 된 것을 보고 시를 읊었으니 그때까지는 당에 체류하였음이 확인된다. 이후 어느 때 그는 신라로 귀국하였다. 『동사강목』에는 "최승우가 당으로부터 돌아오니 나라가 이미 어지러워졌으므로 드디어 진훤에게 의탁하여…"라는 문자가 보인다. 최승우는 자신의 이상을 구현할 수 있는 주군으로서 진훤을 택했던 것이다.

그러한 최승우가 당에 체류할 때 지은 칠언율시 10수(首)가 『동문선』에 전하고 있다. 이 시들은 정치적인 포부가 강하게 배어 있다는 평을 받는다. 개인적인 명리보다는 천자(天子)의 인정을 받아 자신의 정치적 이상을 실현하려는 열망이 표출되어 있다는 것이다. 가령 중국의 절강성에 소재한 감호(鑑湖)의 별칭인 경호(鏡湖)를 노래한 시에서, 그와 관련한 고사를 통해 자신의 웅지(雄志)를 펼쳤다. 유달리 빈번하게 전고(典故)와 첩어(疊語)를 사용하여 자신의 시의(詩意)를 드러낸 이유도 그러한 열망 때문이라고 한다.

그의 시 한 수를 소개하고자 한다. '새로 중서사인에 제수된 이 아무개에게 주는 시 獻新除中書李舍人'라는 제목의 칠언율시가 되겠다.

오색의 선대가 자미궁에 들어서니	五色仙臺入紫薇
새로운 공업으로 화락함을 돕는 도다	好將新業助雍熙
현경석 위에서 늘 조서를 초잡으니	玄卿石上長批詔
임부의 인재틈서 이미 시를 지었다오	林府枝間已作詩
은촉불 꽃 자르니 붉은 떨기 뚝뚝지고	銀燭剪花紅滴滴
동대의 시간은 더디 더디 흐르도다	銅臺輪刻漏遲遲
자수 그대 등용되어 간 뒤로부터	自從子壽登庸後
맑은 풍도 이을 사람 다시 뉘 있으랴(鄭玟 譯)	繼得淸風更有誰

『삼국사기』의 최승우 관련 기사
최승우는 승전과 같은 후백제의 영광을 웅혼한 시로써 노래했을 것으로 보인다. 그러한 시들이 전혀 남아 있지 않은 게 아쉽지 않을 수 없다. 그가 이후 역사의 격랑 속에서 어떻게 표류했는지는 알 길이 없지만 적어도 죽는 순간까지 진훤대왕을 주군으로 섬겼던 사실을 자랑스럽게 여겼으리라고 믿어 본다. "생각하면 할수록 어쩌다가 이런 사람 밑에서 일을 할 생각을 하게 되었는지 한심…왜 그런 사람과 인연을 맺었는지에 대한 후회만 쌓일 뿐"이라고 깊은 회한을 토로한 전직 경제 각료와는 달리 주군복이 있었다고 믿고 싶다.

최치원이나 박인범은 헌시(獻詩)에서 발탁되지 못한 자신의 처지를 궁핍하게 묘사하고 있었다. 그런데 반해 최승우의 여타 시에는 당당한 자신감을 가지고 자신의 포부를 시 문면에서 언술하고 있다고 한다. 이런 점에서 커다란 차이를 보이고 있다는 것이다. 그러니까 최승우는 시인이면서도 장대한 정치적인 이상을 품고 있던 인물이었다. 그러한 그였기에 귀국과 더불어 진훤을 보좌해서 통일국가를 완성하려는 험난한 정치판에 투신했음을 어렵지 않게 짐작할 수 있다. 진훤의 대신라 정책이라든지 왕건과의 관계 등은 최승우의 구상에서 나왔을 가능성이 높다고 보겠다.

최승우는 왕좌(王佐)로서의 국량(局量)을 지니고 있었다. 한고조 유방을 도와 천하통일에 큰 공을 세운 장량같은 참모였던 것으로 보인다. 그는 진훤을 잘 보좌하여 냉정하게 상황을 판단하여 진언을 하는 등 후백제 왕국의 통치 이데올로기의 확립과 세력 확장에 크게 공헌했을 것으로 짐작된다. 그럼에도 그는 인간적인 면도 없지 않았다. 지극히 인간적이요 다감한 느낌을 주는 그의 '이별 別'이라는 제목의 시를 소개해 본다.

월나라 진나라로 갈리는 정한(情恨)	人越遊秦恨轉生
번번이 구슬픈 이별에 장정(長亭)은 어디메뇨	每懷傷別問長亭
푸른 술 세 병으로 취해야 하리	三樽綠酒應傾醉
붉은 입술 한 곡조 듣고 가야 하리	一曲丹脣且待聽
남포 떠나는 배는 바람이 살랑 살랑	南浦片帆風颯颯
동문에 말을 모니 풀은 더북 더북	東門驅馬草靑靑
아녀자만 다정한 게 아니라	不唯兒女多心緒
뉘라도 이별 자리엔 눈물 흘린다오	亦到離筵盡涕零

여하간 김악과 최승우라는 인물만 보더라도, 진훤 정권 또한 일급 참

모들로 구성된 이른바 호화 진용(陣容)이었음을 헤아리기는 어렵지 않다. 왕건의 참모 가운데는 오경(五經)과 문장에 능했으며 그의 목숨을 살렸지만 요절했던 최응(崔凝)이나, 경사(經史)와 천문(天文) 그리고 복서(卜筮)에 발군의 기량을 발휘했던 최지몽(崔知夢)이 있지만 거의 비교 대상이 되지 못한다. 진훤은 왕건의 그것과는 비교되지 않을 정도로 우수한 브레인들로 포진된 참모진을 운용했던 것이다. 이러한 배경이, 진훤이 후삼국 초기에 정국의 주도권을 장악할 수 있던 요인이라고 본다. 물론 고려에는 '3최' 가운데 한 사람인 최언위가 있었다. 그러나 그는 신라에 벼슬하다가 신라가 망하고난 연후에야 고려에 벼슬했다. 그러므로 족히 비교의 대상이 되지 못한다.

삼태사묘 █

후삼국의 명운을 결정지은 큰 전투인 고창 병산 전투와 관련해서 유물과 전설이 남아 있다. 안동 시내 중심인 북문동에는 왕건을 도와 남군 격파에 결정적인 공을 세운 3공신[三太師: 金宣平·權幸·張吉]의 위패와 유물을 모신 삼태사묘(三太師廟)가 있다. 이들 3공신이 왕건에게서 대광태사(大匡太師)의 벼슬을 받았기에 3태사라고 부르는 것이다. 삼태사묘는 6.25 동란 때 그 인근에 북한군 사령부가 있었던 관계로 폭격을 맞아 불타서 새로 건립되었다. 삼태사의 위패를 모신 강당에서 쪽문을 지나가면 보물각을 건립하여 그 안의 금고 속에 삼태사 및 공민왕 하사 유물 12종 22점을 보관하고 있다. 모두 보물 제451호로 지정되어 있는데, 말총으로 만든 윗부분이 사각형이며 양 옆으로 타원형 날개가 달린 흑관모, 양각의 포도 당초문이 정교하게 장식된 가죽 과대(銙帶) 4벌, 가죽신발 1족 등등이 되겠다. 이 중 교지 1매는 공민왕의 친필로 알려져 있다. 1608년(선조 41)에 간행된 『영가지 永嘉誌』에 따르면 삼태사묘 유물 중 여지(荔枝) 무늬 금대(金帶) 1개와 주홍색 나무 잔 1개는 권태사 소장품으로 전한다. 17세기 초까지만 하더라도 권태사의 금대는 공민왕이 하사한 옥관자와 더불

삼태사묘

어 상호장(上戶長)이 의례 때 사용했다는 것이다.

삼태사묘 건물부지 한 모퉁이에는 안묘당(安廟堂)이라는 2칸짜리 초라한 사당이 있다. 사당의 위패의 주인공은 안중구(安中嫗)라는 술을 잘 빚

는 노파였다. 그녀는 고삼(苦蔘)으로 술을 빚어서 후백제 군대의 장수에게 먹여 취하게 해서 승리를 이끌었다는 것이다. 믿기 어려운 이야기이지만 사당까지 남

삼태사 유물

아 있는 것을 보면 어떤 꼬투리가 되는 이야기는 있었던 것 같다.

이와 유사한 게 경기도 고양 지역의 밥 할머니 전설이다. 지금도 통일로 가는 길가에 밥할머니라고 불리는 머리 없는 보살의 석상이 있다. 임진왜란 때 지금의 고양시 벽제관 남쪽 숫돌 고개 전투에서 조선과 명의 연합군이 참패한 이후의 일이라고 한다. 떡 장사를 하는 밥 할머니가 아군의 병력과 군량이 엄청나게 보이도록 하여 왜군을 도망치게 했다는 것이다. 그밖에 동학군이 일어났을 때의 전설에 따르면 예산 싸움에서 병정의 총구멍에서 물이 난 일이 있었다고 한다. 그것은 관병의 밥해주던 노파가 병정들이 잠자던 틈을 타서 대포 구멍에 물을 부어 그리되었다는 것이다. 안중구 노파 전설도 이와 비슷한 유형이 된다.

그러면 안중구라는 노파 이야기는 무엇을 뜻할까? 안동 사람들이 남녀노소 할 것 없이 합심하여 후백제 군대를 패퇴시키는 데 일정한 역할을 했음을 의미할 것이다. 안동의 인심이 고려 측에 돌아섰음을 뜻한다고 하겠다. 이렇듯 안동은 고려가 한반도의 재통일에 성공하는데 결정적인 역할을 했던 곳이다. 그랬기에 고려 조정은 이곳을 편하게 느꼈던 것 같다. 홍건적의 침입을 맞아 공민왕이 이곳으로 몽진한 후 힘찬 필획으로 '안동 웅부 安東雄府'라는 글씨를 남겨 준 것은, 현종이 거란족의 침입을 받아 남쪽으로 몽진하면서 전주 땅에 들어 가지도 못하고 사뭇 긴장했던 것과는 좋은 대조를 이루고 있다. 현재도 삼태사의 후손들은 병산 전투 이야기를 할 때면 '견훤의 난 때'라고 한다. 이 고장에서 진훤은 여전히 폄훼되고 있는 것이다.

한편 중요무형문화재 제24호로 지정된 상무적인 안동 차전놀이의 기원도 병산 전투의 승전에서 찾고 있다. 즉 진훤과 왕건의 군대가 대치하고 있을 때였다. 권·김·장씨의 세 장군들과 안동 사람들은 진훤이 지렁이임에 착안하여 낙동강에 소금을 풀어 짜게 만든 다음 얼개로 밀었다고

한다. 진훤이 낙동강에 빠지게
됨에 따라 왕건이 승리를 거두었
다는 것이다. 혹은 삼태사가 동
채를 만들어 진훤이 진을 치고
있는 병산으로 갔더니, 진훤은
지렁이로 변하여 강가 모래벌에
서 뒹굴고 있더라는 거였다. 이
지렁이를 몰아 넣어서 두 동채

차전 놀이 모형

머리 사이에 끼워 죽였다는 전설이다. 그밖에 진훤이 흙탕 물에 목욕을
하고 나서는 기운을 내고 용기백배하여 삼태사의 진영으로 쳐들어왔다는
거였다. 진훤이 지렁이 자식이라는 것을 눈치 챈 삼태사는 진훤이 목욕하
는 못에 소금을 뿌렸더니 기운이 빠져 맥이 없었기에 공격하여 대승을 거
두었다는 따위다.

　여하간 왕건은 자기를 도와 승리를 만들어준 세 호족을 삼태사로 불
렀고, 이 승전을 기념하여 차전놀이 곧 동채싸움이 시작되었다고 전한다.
병산 전투가 정월이었고, 차전놀이가 정월 대보름 전후하여 벌어진다는
점에서도 관련성이 엿보여진다.

　진훤은 고창 전투의 패전으로 인해 힘의 우위에서 급전직하 추락하기
시작했다. 후백제와 고려의 힘의 우열관계가 역전되어 버린 것이다. 그럼
에 따라 관망하고 있던 신라 지역 호족들이 대거 고려에 귀부해 들어 갔
다.『고려사』에 의하면 고창 전투 직후에 "영안(永安: 경상북도 永川)·하곡
(河曲: 경상북도 경산시 河陽)·직명(直明: 安東 관내)·송생(松生: 경상북도 靑
松) 등 30여 군현이 차례로 와서 항복했다"고 하였다. 이어서 "이때 신라
이동(以東)의 바다에 연한 주군(州郡)과 부락(部落)이 모두 와서 항복하니
명주(溟州: 강릉)로부터 흥례부(興禮府: 울산)에 이르기까지 모두 110여 성

(城)이 되었다"라는 기록을 남기
고 있다.

　고려 성종에게 올린 최승로의
상서문에는 이 사실을 "인(仁)을
사모하여 때에 응해서 복속해 오
지 않음이 없었습니다. (태조께서)
능히 예(禮)로써 사양하므로 사람
들이 감복하지 않음이 또 이와 같
았습니다"라고 기록하였다. 이 구
절에 이어 "오직 남으로 백제를
평정함에 부득이 전쟁을 하게 되

고창 전투 직후 고려에 귀부한 신라 지역

었다"라고 적혀 있다. 아무리 임금에게 올리는 상서문이고 승자 위주의
기록이라고 하더라도 지나치다는 느낌을 지울 수 없다. 지금 전하는 역사
서의 내용은 엄중한 사료 비판과 거품을 벗겨내야만 진실을 만날 수 있다
는 얼음장 같은 사실을 알려주는 것이다. 동해변에 소재한 110여 성의 고
려 귀부에 이어, 지금의 포항시 북구 흥해읍의 남미질부(南彌秩夫)와 의창

남미질부성에서 바라 본 흥해읍

북미질부성

면 쪽의 북미질부(北彌秩夫) 성주도 함께 고려에 투항하였다.

진훤으로서는 고창 즉 안동에서 만회하기 어려운 뼈저린 1패를 기록한 것이다. 진훤이 반전시킬 수 없을 정도로 후백제는 밀리기 시작했다. 동해안 지역을 장악한 왕건은 크게 자신감이 붙었다. 신라 지역의 호족들의 대세가 자신에게 완전히 기울어진 것을 확인했기 때문이었다. 왕건은 그 자신감을 진훤에게 과시하고 싶었다. 왕건은 신라 인심을 장악하기 위한 마지막 끝내기 수순을 생각했다. 그러기 위해서는 자신이 직접 신라의 심장부인 경주를 방문하는데, 진훤이 경주에 왔을 때와는 판이하게 다른 차별화 전략을 구상하였다. 진훤은 대군을 휘몰고 왔기에 위세를 과시할 수는 있었다. 그러나 약탈 여부와는 상관없이 일단 경주 사람들을 주눅들게 하였고 공포감을 조성하였다. 그러니까 진훤의 경주 입성은 친근감보다는 위압감을 주었다는 것이다. 더구나 대군의 경주 주둔은 자연 통제도 어려워 필경 민폐를 끼칠 수밖에 없는 게 기본 생리이기도 했다. 반면 왕건 자신은 소수의 병력만을 대동하여 일단 정복군이라는 인상을 불식시키는 동시에, 친밀감과 자신감을 한꺼번에 보여 주기로 결심하였다. 정치 12단인 왕건의 머리에서 나온 고도의 정치적 계산이었다.

이상의 구현을 목전에 둔 왕건!

　해가 바뀌었다. 왕건은 경순왕에게 면회를 신청했다. 그러자 경순왕은 백관들과 함께 교외까지 나가서 왕건을 맞이한 후 함께 궁성으로 들어왔다. 경순왕은 말로만 듣던 왕건을 처음 대면하게 된 것이다. 경순왕은 지금의 안압지에 소재한 임해전에서 잔치를 베풀었다. 주연이 한창 무르익었을 때였다. 경순왕은 이런 말을 했다. "나는 하늘의 도움을 입지 못하여 화란(禍亂)을 발생케 하고 진훤이 불의를 자행하여 우리 나라를 침해(侵害)하니 얼마나 통분한 일인지 모르겠습니다!" 그리고 경순왕은 눈물을 죽죽 흘리고는 소리내어 울었다. 좌우의 신하들이 누구나 목이 메어 울지 않은 이가 없었다. 왕건도 따라서 울어주면서 위로하고는 이내 경주를 떠나지 못했다.

　왕건은 수십일 동안 경주에 머물다가 돌아가게 되었다. 경순왕이 혈성(穴城: 위치 미상)까지 전송하고는 사촌 아우인 유렴(裕廉)을 볼모로 삼아 왕건 일행을 따라 가게 했다. 왕건의 군대는 추호도 민가를 약탈하지 않았다. 그랬기에 왕건은 신라인들에게 좋은 인상을 남겼다. 선무 공작 차원에서 왕건은 크게 성공하였다. 인심을 얻는데 성공했던 것이다. 이는

복원된 월지궁

"예전에 진훤이 왔을 때는 승냥이나 호랑이를 만난 거와 같았지만, 왕공(王公: 왕건)이 왔을 때는 마치 부모를 대하는 거와 같았다"라는 말에서 엿볼 수 있다.

사실 50여 기밖에 안되는 소수 병력이었기에 왕건의 신변을 경호하는데도 역부족이었다. 딴 짓을 하고 싶어도 짬이 날 수 없는 상황이었다. 아무리 군기가 엄정하더라도 군대수가 많을 경우에는 반드시 사고가 나게 마련이다. 이에 비해 남군은 신라를 응징하기 위한 목적으로 쳐들어왔고, 또 경애왕을 비롯한 대신들을 색출하는 과정에서 당연히 일반 주민들과의 충돌이 잇따르게 마련이었다. 그러니 양자를 단순 비교하기는 어려운 것이지만, 그러나 결과적으로 볼 때 진훤은 선무 차원에서는 실패한 것이었다. 왕건은 이것을 정확하게 읽었다. 해서 그 틈을 비집고 인심을 얻기 위한 고도의 정치적인 계산에서 '방문'을 한 것이다. 그러므로 두 군대의 경주 주민들에 대한 접근 방식은 근본적으로 다를 수밖에 없었다. 따라서 양자를 비교해서 평가하는 것은, 그다지 의미 있는 일은 아니라고 본다.

그해 8월에 왕건은 신라에 사신을 보냈다. 고려 사신은 경순왕에게 금채(金彩)와 안마(鞍馬)를 선물했고, 또 신라의 신하들과 장사들에게 포백(布帛)을 내려주었다. 왕건은 확실하게 '경주' 세력을 자신의 손아귀에 넣게 된 것이다.

왕건에게는 자신의 이상을 구현할 수 있는 상황이 성큼 다가온 것이다. 그러한 왕건은 즉위 이래로 황제로서의 위세를 과시했었다. 진훤의 경우와 마찬가지로 자신도 '천수(天授)'

경순왕 영정

라는 이름의 연호를 반포하였다. 자신의 집권이 찬탈이 아닌 천명을 받은 혁명임을 내세우고 있는 것이다. 단순히 중국과 다른 독자적인 연호만 사용한다 해서 황제를 칭했다고 볼 수는 없다. 몇 가지 근거가 있기 때문이다. 가령 935년에 신라 경순왕이 왕건을 만나 본 후 올린 글에 보면 "그런데 다행히도 천자(天子)의 빛을 보게 되었으니, 원컨대 저를 조정의 신하의 예우로 대하여 주십시요"라고 하여 왕건을 '천자'로 일컫고 있다. 최원(崔遠)이 올린 표(表)에 따르면 "진훤이 폐하를 의심하였음에도 불구하고 그에게 은혜를 베풀고"라는 문구에 왕건을 '폐하'라고 하는 것이다. 이렇듯 '천자'요 '폐하' 소리를 들었고 또 연호를 사용했던 군왕이 황제가 아니고 무엇이겠는가?

왕건은 고구려 수도였던 서경을 중시했는데, 장차 그곳으로 천도하려고 하였다. 이는 고구려 계승의지를 분명히 보여주는 동시에 고구려의 고토를 회복하려는 북진의 기상을 엿보여주는 것이다. 그랬기에 고려왕조를 무너뜨렸던 정도전이었지만 왕건의 정책을 웅장하고 원대한 계략[宏

規遠略]이라고 칭송하였다. 왕건이 발해를 '여국(與國)'이라고 부르면서 발해를 침략한 거란과의 외교를 단절하고 발해 유민을 포섭한 조치를 매우 어질고 은혜로운[深仁厚澤] 일로 높게 평가했다.

왕건의 지금의 경상북도 지역 장악과 관련해 숱한 기록들이 전한다. 가령, 경상북도 풍기 서쪽 5리 지점에는 등항성(登降城)이라는 성이 소재하고 있다. 왕건이 남정하여 풍기 땅에 7일 동안 머물렀을 때 후백제의 항서가 이르렀다고 한다. 이런 연유로 왕건이 머물렀던 성을 등항성이라

중수용문사기비
(重修龍門寺記碑)
탁본
1185년(고려 명종
15)에 건립되었다.
비문에 보면 태조
왕건과 용문사와의
인연이 보인다.

이름했다는 것이다. 경상북도 예천의 용문사(龍門寺)는 왕건이 고승 두운(杜雲)을 위해 창건해 주었다. 왕건은 남정하던 길에 용문산을 지나다가 초막을 짓고 사는 두운의 이름을 듣고는 그를 찾아 갔다. 동구에 이르렀을 때 그는 홀연히 용이 바위 위에 있는 것을 보았다. 그래서 용문산이라고 이름을 붙였다. 이같은 전설들은 왕건이 고창전투 이후 경상도 북부 지역을 장악하면서 생겨난 것이라고 하겠다.

고승 두운의 영정

또 왕건의 진영(眞影)이 희양산파 본산인 문경 봉암사에 봉안되어 있었다. 강원도 삼척에서는 왕건 시절의 유물인 검은색의 쇠로 된 비녀[烏金簪]에 제사를 지냈다고 한다. 매년 4월 첫 사일(巳日)에 작은 굿을 시작하여 단오를 전후로 큰 굿을 올린다. 이러한 점들도 경상북도 북부 지역과 동해안 방면에 고려의 영향력이 크게 미쳤던 현실을 반증해준다.

유검필 장군

왕건의 막료 가운데 가장 걸출한 공신을 꼽는다면 단연 유검필 장군이다. 유검필과 쌍벽을 이룰 수 있는 장수는 왕건의 막료 가운데는 사실상 없었다. 유검필이 아니었더라면 왕건에 의한 한반도의 재통일은 사실상 불가능했을 것이다. 유검필은 실로 추종을 불허하는 무장이었다. 그는 지모가 출중한 재사이기도 했다. 왕건은 유검필의 계책대로 한 결과 모두 승리를 낚을 수 있었다. 그럼에도 어쩐 일인지 그의 존재가 일반 역사책에서는 가리워진 느낌을 주고 있다. 그랬기에 독립된 장을 만들어 언급하고자 한다.

유검필은 평주(황해도 평산) 출신인데 왕건의 수하에서 마군장군이 되었다. 이후 여러 차례 전공을 세워 대광에까지 올랐었다. 이때 왕건의 근심 거리는 북방 국경에 소재한 골암진(鶻岩鎭)이 자주 여진족들의 침공을 받는 데 있었다. 왕건은 여러 장수들을 모아놓고 의논한 연후에 유검필을 파견하여 격퇴시키도록 결정을 보았다. 유검필은 명령을 받는 즉시 그 날로 개정(開定) 군대 3천 명을 인솔하고는 출발하여 골암진에 당도했다. 그러고는 동쪽 산에 큰 성을 축조하고는 그곳에 군대를 주둔시켰다.

庾黔弼을 현재 '유금필'로 표기하는 경우가 대부분이다. 여기서 '黔'은 『전운옥편』에서 '금'으로 읽을 경우에는 '귀신 이름'의 뜻으로 한정하였다. 반면 '검'으로 읽을 때는 '검다'·'많다'·'못'·'무렵'·'가지런하다'의 뜻이 담긴 '려 黎'의 의미로 사용했다. 그 용례로서 일반 백성을 가리키는 '검수 黔首'가 수록되어 있다. 그러므로 '귀신 이름'의 뜻을 지닌 '금'으로 인명이 읽혀졌을 가능성은 없다. 반면 '검'으로 읽는 게 온당하다. '유검필' 장군인 것이다.

성을 축조한 후 유검필은 변경 주변의 추장 3백여 명을 초대하여 성대하게 주연을 베풀어주었다. 새로 부임해 온 유검필이 일종의 신고식을 하는 것으로 간주한 추장들은 기고만장한 상태에서 의심없이 배를 채우고 있었다. 유검필은 이들이 거나하게 취해 있는 틈을 이용하여 주연장을 덮쳤다. 아닌 밤중의 홍두깨처럼 날벼락을 맞은 추장들은 모조리 복종하였다. 추장들을 볼모로 잡는 즉시 유검필은 부하들을 보내어 여러 부락을 돌면서 선포했다. "너희 추장들이 죄다 복종했으니 너희들도 빨리 와서 항복하라!" 그러자 여러 부락에서 서로 이끌고 와서 귀순한 자들이 모두 1천 5백 명이나 되었다. 그리고 포로로 잡혀 있던 고려인 3천여 명을 송환받았다. 이후부터 고려의 북방이 편안해졌다는 것이다. 지모가 출중한 유검필의 작품이었다.

북방을 안정시킴에 따라 유검필은 개경으로 돌아왔다. 유검필은 전장을 누비고 다녔는데, 925년에는 정서대장군에 임명되어 후백제의 연산진을 공격해서 길환을 전사시켰다. 또 임존성에서는 남군 3천여 명을 죽이거나 사로잡는 혁혁한 전과를 올렸다. 유검필은 결정적인 순간에 기책(奇策)을 내놓아 승리를 따오고는 하였다. 진훤과 왕건이 정면 대결했던 조물성 전투에서 왕건이 몰리고 있을 때 응원군을 이끌고 온 이가 유검필이었다. 탕정군에서 성을 축조하다가 남군이 청주를 습격하자 구원하러 달려왔었다. 고창 전투를 위시하여 그가 큰 전투에서 승리를 거둔 전장은 무수히 많다.

그러한 명장이었지만 유검필은 931년에는 참소를 당하여 곡도(鵠島: 백령도)로 귀양을 갔다. 출중한 전략가인 유검필을 시기하는 무리들이 고려 조정내에 적잖았음을 짐작하게 한다. 참소의 내용이 알려진 바도 없다. 그러나 홍유로 대표되는 개국 1등공신 세력과 유검필로 대표되는 패서 지역 호족 세력 간에 격심한 대립이 있었다는 것이다. 그 결과 발생한 사건이 유검필의 곡도 귀양으로 분석하고 있다.

932년에 후백제 수군이 대우도(大牛島)를 공략하였을 때 고려군은 패배를 거듭하였다. 왕건이 몹시 근심하고 있는 상황이었다. 이때 유검필은

부여군 성흥산성 밑의 유검필 장군 사당

왕건에게 다음의 글을 올렸다. "저는 비록 죄를 짓고 귀양살이하고 있지만 백제가 우리 해변 고을을 침략한다는 소식을 듣고는 제가 이미 곡도와 포을도(包乙島)의 장정들을 뽑아서 군대를 편성하고 전함도 수리하여 방어할 수 있게 하였으니 바라옵건대 성상께서는 우려하지 마옵소서." 왕건은 유검필의 편지를 받아 읽고는 울면서 말하였다. "참소하는 말만 믿고 어진 사람을 내쫓은 것은 나의 불찰이다" 즉시 사신을 유검필의 유배지로 보내어 개경으로 돌아오게 하였다. 유검필을 접한 왕건은 위로하면서 말했다. "그대는 실로 죄없이 귀양을 살게 되었건만 원한을 품거나 울분을 갖지 않고 오로지 나라를 도울 일만 생각하였으니 내가 심히 부끄럽고 후회된다. 나의 소망은 장차 자손들에게까지 연장하여 상을 내리어 그대의 충절에 보답하려는 것이다"

그 이듬해에 정남장군에 임명된 유검필의 전공은 혁혁하였다. 사탄 전투에서 신검의 남군을 싸우기도 전에 꺾었을 뿐 아니라, 운주성 전투를 비롯하여 나주 탈환 작전에 이르기까지 국가의 명운을 좌우했던 굵직 굵직한 전투에 참전하지 않은 적이 없었다. 또 유검필은 전투를 했으면 승리를 낚아오지 않은 적이 없었던 무적의 상승장군이었다. 그는 한반도의 재통일이 이루어지는 것을 보고는 941년에 세상을 떴다. 유검필은 충절(忠節)이라는 시호를 받았으며, 994년(성종 13)에는 태사 벼슬이 추증되었고, 왕건의 묘정(廟廷)에 배향되었다.

유검필은 우리 역사에서 열손 가락 안에 들 정도로 지략이 출중한 무패의 상승장군이었다. 그리고 병사들로부터는 신망을 한몸에 받았던 장군이었다. 유검필은 명령을 받으면 지체없이 출정하였으며, 집에 들러서 자고 간 적이 없었을 정도로 철저히 멸사봉공(滅私奉公)의 자세로 살았다. 왕건이 한반도의 재통일에 성공하게 된 비결은 유검필을 막료로 두었기 때문이었다. 그러한 유검필이 어떠한 과정을 밟아서 왕건의 막료가 되었

유검필 장군 작은 사당에 안치되었던 5구의 목각상
2006년 4월에 모두 도난당했다.

느지는 알 수 없다. 그러나 유검필의 출신지가 평주였다고 한다. 그러므로 왕건 가문과의 어떤 관련성 내지는, 궁예가 패서 호족들을 끌어 당길 때부터 이 국가와 인연을 맺지 않았을까 생각해 본다.

부여군에는 유검필 장군 사당의 건립 연유가 전한다. 후삼국 통일 후 남방에 있던 유검필이 왕건을 만나러 가다가 부여군 임천면을 지나게 되었다. 그런데 이곳 주민들이 질병과 흉년으로 고생하는 것을 보고는 유검필이 군량을 풀어 구제해 주었다. 그러자 임천 백성들이 산 사람을 위해 사당을 세워 공덕을 기렸다고 한다.

복심 공직의 배신과
왕건의 간담을 서늘케 한 보복전
- 개경 왕궁 포위 작전

　세월은 화살처럼 빨리 지나가기 시작했다. 근자의 실험 결과에도 나와 있듯이 나이가 들면 더욱 그렇게 느껴진다는 것이다. 932년이 되었다. 어느덧 진훤의 나이 66세였다. 고창 전투 패전의 여파는 후백제에게는 씻기 어려운 악재였다. 신라계 호족들에게만 영향을 미친 게 아니었다. 후백제와 관련된 호족들의 동향에도 직접 영향을 미쳐 동요를 가져왔기 때문이다. 그 대표적인 예가 932년 6월에 진훤의 복심(腹心)이었던 매곡성 장군 공직(龔直)의 고려 귀부였다. 공직은 연산군 매곡(昧谷) 사람이었다. 매곡은 지금의 보은군 회인면 부수리에 소재한 매곡산성 일대가 되겠다. 이곳은 험준한 산곡 지대로서 거듭된 멧부리와 겹겹의 고개로 길은 염소 창자처럼 꼬불거린다고 하였듯이 협곡에 소재한 고을이었다. 후백제가 중·북부 지역으로 진출하기 위한 전초 기지로서의 비중이 막대한 지역이 아닐 수 없었다.

　이러한 곳에 소재한 매곡성은 회인면의 면소재지인 중앙리에서 동쪽

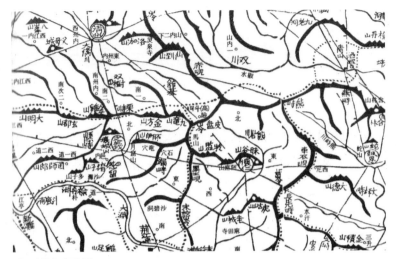

일모산성과 매곡산성
『동여도』와 『대동여지도』가 결합된 지도 왼쪽으로 양성산의 일모산성, 오른쪽으로 매곡산성이
보인다.

매곡산성 원경과 남문터 근처 성벽

으로 곧바로 올려다 보이는 반달 모양의 산이며 부수리와의 경계에 있는 웅암천변(熊巖川邊)에 솟은 독립된 구릉상에 축조된 산성이었다. 이 독립 구릉지는 해발 200m이지만 주변 평지에 대한 상대적 높이는 대략 70m에 불과하다. 즉 매곡산성은 회인면 동쪽의 해발 187m의 아미산 산정부와

동쪽 경사면을 감싸고 축조된 둘레 695m의 반월형 석성이다.

매곡성의 호족인 공직은 어릴 때부터 용감하고 지략이 있었다. 그는 후백제를 섬겨 진훤의 복심이 되었다. 연산에 웅거하면서 두 아들과 딸 하나를 볼모로 전주에 보내고 있었다. 공직이 전주로 조회하러 갔다가 큰 아들 직달(直達)을 만난 자리에서 "지금 이 나라를 보니 사치하고 무도하다. 내가 비록 가까이 있지마는 다시 오기를 원하지 않는다. 들은즉 고려의 왕공은 문(文)은 백성을 편안하게 할 만하고, 무(武)는 포학을 금제(禁制)할 만하므로 사방에서 복종하지 않는 이가 없다고 한다. 내가 귀부하고자 하니 너희 의사는 어떠냐?"고 물었다. 직달은 "제가 볼모로 들어온 후로 그 풍속을 보니 오직 부강한 것만 믿고 교만하고 자랑하기만 힘쓰니 어찌 나라가 될 수 있겠습니까. 지금 아버지께서 밝은 왕에게 귀부하시어 우리 고을을 보전하려 하심이 역시 마땅하지 아니 하겠습니까. 저도 마땅히 아우와 누이 동생과 함께 틈을 타서 고려에 귀부하겠습니다"라고 하였다. 고려로의 귀부 사유가 명분으로 들고 있는 '사치와 무도'가 아니라 '자신의 고을 보전'이라는 현실적 이해관계에 있었음을 말해준다.

이러한 이유도 이유려니와 보다 근본적인 문제는 공직의 인격이라고 본다. 흔히 말하기를 "질풍에 굳센 풀을 알며, 혹심한 서리에 곧은 나무를 가릴 수 있다 疾風知勁草 嚴霜識貞木"라고 하였다. 그렇듯이 인간사의 '겨울'은 사람의 진가를 알 수 있는 좋은 기회이기도 하다. 시련과 고통이 인간의 진가를 드러내 주기 때문이다. 모든 것이 순조롭게 돌아갈 때에는 섞여진 지향과 가치관들이 그대로 숨겨져 있다. 그러나 막상 불행이 닥치게 되면 덤으로 받은 것들은 모두 떨어져 나가기 마련이다. 그 순간 진정한 우정과 신의, 사랑과 충성이 극명하게 드러난다고 한다. 공직은 대세가 고려로 기울었다고 판단하여 귀부한 것이다.

진훤은 공직이 왕건에게 귀부했다는 소식을 듣자 진노하였다. 영화를 누렸고, 마음을 터 놓았던 심복의 배신이었기에 분노가 가중되었던 것이다. 진훤은 볼모로 전주에 머물고 있는 공직의 아들 2명과 딸 1명을 당장 잡아다가 친국(親鞫)을 하였다. 이들의 다리 힘줄을 불로 지져 끊는 형벌을 가했다. 이 기록을 가지고 흔히 진훤의 잔인함을 거론하기도 한다. 그를 악인으로 낙인 찍는 또 하나의 근거로서 이용되고 있다. 과연 그렇게만 볼 수 있을까? 왕건의 경우와 비교해 보자. 남군에게 오어곡성이 함락되고 장수들이 항복했다는 소식을 접한 왕건의 분노는 진훤에게 결코 뒤지지 않았었다. 오히려 그 이상이었다. 항복한 장수 6명의 처자들을 군사들 앞에 조리 돌리며 망신을 실컷 주었다. 그러고는 저자 거리에서 이들을 무더기로 죽였다.

여기서 우리는 진훤이 격노한 이유를 살필 필요가 있다. 공직은 아들 영서(英舒)를 데리고 왕건에게 투항하였다. 왕건은 공직에게 대상(大相) 벼슬과 더불어 지금의 경기도 안성인 백성군(白城郡)의 녹(祿)과 말[馬] 그리고 채백(彩帛)을 내려 주었다. 그 아들인 함서(咸舒)를 좌윤(佐尹)에 임명하였다. 게다가 영서를 귀족의 딸과 혼인시켜주기까지 했다. 공직은 파격적인 대우를 받은 것이다. 이에 응할량으로 공직은 "후백제의 일모산군(一牟山郡)은 경계가 저의 고을과 인접해 있어 제가 귀화한 까닭으로 항시 침략을 일삼아 백성이 생업에 안정하지 못하고 있으니 제가 가서 빼앗아 저의 고을 백성으로 하여금 도적의 피해를 입지 않고 오로지 농사와 길쌈에 힘쓰게 하여 귀화해 온 정성을 더욱 굳게 하도록 하겠습니다"라고 하니 왕건이 허락했다는 것이다.

일모산성(양성산성) 성벽

공직이 일모산성 공격을 부추겼다. 실제로 그가 투항한지 1개월 후인 그 해 7월에 북군은 일모산성(一牟山城)을 공격했다. 이곳은 연산성(燕山城)이라고도 불린다. 928년 정월에 왕건이 진훤에게 회답한 글에 따르면 "연산군(郡)에서는 길환(吉奐)을 진전(陣前)에서 목베었다"고 하였

일모산성에서 출토된 기와편

는데, 925년 10월에 북군과 남군이 격돌한 바 있다. 이때 후백제의 성주인 길환이 전사하면서까지 사수했던 성이었다.

일모산성은 지금의 청주시 문의면의 양성산에 소재하고 있다. 이곳은 청주와 보은을 연결지어주는 통로에 자리잡았다. 474년(자비왕 17)에 축조된 일모산성은 지세가 험하여 수비는 쉽지만 공격이 어려운 산세를 이용하여 삭토법(削土法)으로 축조되었지만 석축이 확인되고 있다. 이 성은 난공불락의 요새로 평가 받고 있지만, 답사해 보니 반드시 그렇게만 보기는 어려울 것 같다.

그러나 어쨌든 국왕인 왕건이 지휘하고 현지 지리에 밝은 배신자 공직이 앞장섬에 따라 군사적 요충지인 일모산성은 함락의 기로에 놓였던 것이다. 진훤에 대한 정면 도전이었다. 패해서 쫓겨가거나 항복한 것과는 차원이 달랐다. 동정의 여지가 없었던 것이다. 진훤은 볼모였던 공직의 두 아들과 딸을 고문하였다. 공직의 큰아들인 직달은 현장에서 죽었다. 그러나 둘째 아들인 금서(金舒)는 후백제가 멸망한 후 돌아왔다고 한다. 전후 사정을 놓고 볼 때 진훤은 잔혹한 위인은 아니었다. 오히려 패전하여 얼결에 항복한 장수들의 처자에게 능멸을 안겨주고 저자거리에서 무

더기로 베어 죽인 왕건이 더욱 냉혈적이지 않은가?

그런데 『고려사』에는 11월에 북군이 "다시 일모산성을 공격하여 이를 격파하였다"고 하였다. 이로 볼 때 7월에 남군은 왕건이 지휘했던 북군을 물리쳤음을 알 수 있다. 일모산성은 11월에 다시금 북군의 공격을 받았음을 뜻한다. 그만큼 남군이 잘 방어하였고 산성 자체도 요충지였던 것이다.

일모산성 공격에 대한 보복전을 진훤은 계획하였다. 전세를 반전시킬 묘책을 궁리했다. 허를 찌르기로 하였다. 진훤은 육상에서의 패전을 해상에서의 승리로 만회·반전시킬 계획을 세웠다. 당시 후백제는 고려가 지배하고 있던 나주를 장악하고 있었다. 해서 고려의 해상활동은 위축되어 있었다. 그러나 고려는 육전에서의 승리를 계기로 제해권을 만회하려고 준비했을 가능성이 높았다. 진훤의 공격은 이것을 미연에 차단하려는 측면도 있었다.

결국 진훤은 허를 찌르는 전략을 수립했다. 932년 9월에 진훤은 일길찬 상귀(相貴)로 하여금 수군을 거느리고 예성강을 찌르도록 시켰다. 남군 선단은 고려의 수도인 개성과 접하고 있는 예성강을 거슬러 올라 갔다. 후백제 수군은 3일간 예성강에 머물면서 염주(鹽州: 황해도 연안)와 배주(白州: 황해도 배천)·정주(貞州: 개성 풍덕), 이 세 고을의 선박 100척을 불사르고 저산도(猪山島)의 목마 300필을 빼앗아 개선했다. 후백제의 공격은 여기서 그치지 않았다. 10월에 진훤은 해군 장수 상애(尙哀)를 시켜 대우도(大牛島: 평북 용천군 남쪽 80리에 소재한 대우도?)를 공격하게 하였다. 남군 선단은 대우도에 상륙하여 휩쓸

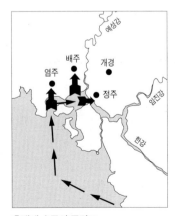

후백제 수군의 공격도

었다. 고려군은 패하여 밀려 나갔다. 남군은 왕건이 출동시킨 그 사촌 동생인 만세(萬歲)의 군대마저 패퇴시켰다. 남군은 북군의 해군력을 궤멸시켰던 것이다. 후백제가 서해의 제해권을 완벽하게 장악하였다. 왕건의 간담을 서늘케 한 예성강 하구 유역 공략을 통해 진훤은 통쾌하게 보복을 한 것이다.

진훤은 고려의 심장부를 치는 기습 공격을 한 것이다. 전혀 예상하지 못한 의표를 찌르는 전격 작전이었다. 그런데 남군이 고려의 수도인 개성을 목전에 두고 세 고을만 공격했다고는 생각되지 않는다. 상륙 작전을 감행하였을 가능성이 높다. 그렇지 않았다고 하자. 그렇더라도 고려 수도의 앞 마당을 휘젓고 다니는 남군의 공격으로, 왕건이 몹시 당황해 하였음을 충분히 그려 볼 수 있다. 왕건의 간담을 서늘케 한 예성강 하구 유역 공략을 통해 진훤은 통쾌하게 보복을 한 것이다. 『고려사』 유검필전에 보면 이 패전으로 왕건이 근심했다고 하니 고려 측의 타격이 실로 컸음을 실감하게 된다.

이와 관련해 박수경이 역전한 관계로 왕건이 간신히 빠져 나왔던 발성(勃城) 전투를 주목해 본다. 발성의 위치는 문헌에서 확인되지 않고 있다. 그런데 일찍이 왕건의 아버지인 용건이 궁예에게 다음과 같이 건의했다. "대왕께서 만일 조선·숙신·변한의 땅에서 왕이 되시고자 한다면 먼저 송악에 성을 쌓고 나의 큰 아들을 성주로 삼는 것이 가장 좋을 것입니다." 그러자 궁예가 그 말을 따라 왕건으로 하여금 개성에 발어참성(勃禦塹城)을 축조하게 하고 성주로 삼았다는 것이다. 발어참성의 위치는 분명하지 않지만 만월대 뒷편 언덕에 그 자취가 조금 남아 있는 것을 지목하고 있다. 이곳은 고려 왕궁을 이루는 성벽이었다. 그런데 발어참성의 '어참'은 문자 그대로 '방어하기 위한 참호' 즉 해자(垓字)가 있는 성의 구조를 반영한다. 그렇다면 발어참성의 고유명사는 '발성'인 것이다. 발성 전투가 발어참성이 소재한 고려 수도 개경에서 발생했다면 932년 9월에 남군의 선단이 일제히 개성에 상륙작전을 펼쳤음을 뜻한다. 고려 왕궁까지 남군의 상륙 부대가 진격해 왔던 것이다. 왕건이 발성 전투에서 포위되었다는 것은 이러한 정황을 반영한다고 보겠다. 또 다시 찾아온 일생 일대 위기였기에 '왕건이 근심했다'거나 부하 장수의 역전에 힘입어 간신히 빠져나올 수 있었던 것이다. 왕건의 권위를 실추시킬 수 있는 패전은 공식 편년 기록에서는 보이지 않는다. 부하들의 충성과 관련한 다른 자료를 통해 우연찮게 드러나고 있을 뿐이다. 이러니 편향된 기록을 통해 후삼국사의 진실된 복원이 얼마나 어려운 지를 실감하게 된다. 어쨌든 박수경의 딸이 왕건의 제25비(妃)가 된 것은 발성 위기에 대한 보은이 분명하다.

933년이 되었다. 고려는 후당과의 관계를 긴밀히 하였다. 후당에서 사신을 보내와 왕건을 책립(冊立)하였다. 고려는 후당의 역서(曆書)를 반포하고 후당의 연호를 사용하기 시작했다. 그 해 5월에 남군은 혜산성(慧山城)과 아불진(阿弗鎭: 경주시 서면 아화리)을 공략하였다. 고려의 허를 찌르면서 신검 왕자가 인솔한 후백제군의 작전이 펼쳐졌다. 여기서 혜산성을 혜성군(당진군 면천면)과 동일시하여 같은 지역으로 간주하고 있지만, 이 전쟁의 전개 과정을 놓고 볼 때 타당하지 않다. 왕건은 의성부(경북 의성)를 지키고 있던 유검필을 급히 투입시켰다. 왕건은 남군이 신라 서울까지 습격할까 염려하였다는 것이다. 이로 볼 때 전장인 혜산성과는 맞지 않은 이야기 같으므로 이해하기 어렵다. 유검필은 장사 80명을 선발해서 이끌고 갔다. 백제 왕자 신검의 군대와 자웅을 겨뤄야 할 상황이었다. 유검필은 사탄(槎灘)에 이르렀다. 이 여울을 건너면 다시는 물러설 수도 없는 배수(背水)의 진(陣)이 되는 것이다.

유검필은 병사들에게 비장한 어조로 말했다. "만약 여기서 적을 만나면 나는 필연코 살아서 돌아가지 못할 것인데, 다만 그대들이 함께 희생

당할 것이 염려되니 그대들은 각자가 살 궁리를 강구하라!" 그러자 병사들은 대답했다. "우리들이 모두 죽으면 죽었지 어찌 장군만을 홀로 돌아가지 못하게 하겠습니까?" 80명의 장사들은 오직 한 마음으로 적을 공격할 것을 맹세하였다. 유검필은 전장에 임하여 장사들의 마음을 격동시켜 마음을 하나로 모았다. 심리전의 비상한 귀재라고 할 수 있다. 비장감을 조성시켜 군심(軍心)을 통일했던 것이다. 80명의 결사대가 탄생한 순간이었다.

그러한 유검필의 군대 앞에는 신검의 남군이 기다리고 있었다. 그런데 유검필의 군대가 대오가 정예한데 겁을 먹고 싸우지도 않고 남군은 그만 무너져서 도망치고 말았다. 서슬퍼런 북군에게 압기되어 남군 진영이 붕괴되었다. 그 길로 유검필은 '신라' 즉 경주에 도착했다고 한다. 이때 늙은이와 어린애들까지 모두 성밖에 나와서 유검필을 영접하며 절하면서 눈물을 흘리면서 말했다. "뜻밖에 오늘 대광(大匡)을 뵈옵게 되었습니다. 대광이 아니었다면 우리들은 백제군들에게 살륙당했을 겁니다" 이로 미루어 사탄은 경주 초입에 소재한 여울로 추정되어진다. 만약 남군이 공략했던 혜산성이 지금의 당진 일대가 맞다면, 남군은 대단한 기동력으로 경상도 방면으로 이동해 온 것이 된다. 그랬기에 의성부에 주둔하고 있던 유검필이 출동한 것일까? 그렇지 않다.

유검필은 이곳에서 7일간이나 머물다가 돌아오는 길에 신검의 남군을 자도(子道)에서 맞닥뜨려 크게 격파했다. 아울러 남군 장수 금달(今達)과 환궁(奐弓) 등 7명을 생포하였으며 죽이고 사로잡은 게 실로 많았다. 승전 보고를 접한 왕건은 한편 기쁘고 한편 놀랍기도 해서 말했다. "우리 장군이 아니면 누가 능히 이렇게 할 수 있었겠는가!" 유검필이 개선해 오자 왕건은 궁전 밑으로 내려가서 맞으면서 손을 꼬옥 잡고는 말했다. "그대 같은 공훈은 옛적에도 드믄 일이니 내가 이것을 마음에 새겨 두고 잊지 않겠다" 그러자 유검필이 사례하며 말했다. "어려움에 임하여 자신을 잊고 위급함을 보면 목숨을 바치는 것은 신하의 직분이거늘 성상께서는 어찌 이와 같이 말씀하십니까!" 이 말을 듣고는 왕건은 유검필을 더욱 소중히 여겼다.

비록 실패하기는 했지만 후백제의 제2차 경주 진공 작전은 왕건을 사뭇 긴장하게 했던 것이다.

운주성 패전 █

934년이 밝았다. 그 해 9월에 진훤은 왕건이 몸소 군대를 이끌고 운주(運州: 충남 홍성)를 공격한다는 소식을 들었다. 북군이 거점으로 잡은 곳은 『대동지지』에서 "고려 태조 11년에 운주 옥산(玉山)에 성을 쌓고 수졸(戍卒)을 두었는데, 둘레는 9천 7백 척에 우물이 한 개이다"라고 한 월산산성(月山山城)으로 보인다. 월산산성은 홍성읍에서 서쪽으로 약 3㎞ 떨어진 홍성의 주산인 일월산(백월산: 해발 394.8m)에 축조되었다. 즉 일월산 정상에 위치한 남과 북 두 개의 봉우리를 에워쌌다. 마안형(馬鞍形)에 성의 둘레는 약 850m에 이르고 있다. 이곳은 지형상 용봉산과 삼준산이 있는 홍성 지역의 북쪽을 제외한 전 지역을 관망하기에 매우 유리한 조건을 갖추고 있다.

홍주읍성

진훤은 갑사(甲士) 5천 명을

홍주읍성에서 바라 본 월산산성

뽑아 운주에 이르렀다. 노회한 진훤이 보니 월산산성과 그 전면에 진을 치고 있는 북군의 군세가 사뭇 강성하였다. 진훤은 이길 가능성이 적다는 판단이 들자 휴전을 제의했다. "양군이 서로 싸우는데 세(勢)를 온전하게 갖추지 못하였으니 무지한 병졸들이 많이 살상을 입을까 걱정되니 마땅히 화친을 맺어서 각자의 영토를 보전하도록 합시다!"

진훤이 제의한 '각자의 영토를 보전하도록 합시다!'라는 말은 918년 ~925년까지 유지되었던 삼국분할정립으로 회귀하자는 것이었다. 더구나 쿠데타로 집권한 불안한 권력의 왕건이 진훤에게 먼저 제의했던 바였다. 그러니 왕건은 진훤의 역제의를 놓고 고심했다. 여러 장수들과 의논을 할 때 지략이 많은 우장군 유검필이 앞에 나와 발언했다. "오늘의 정세는 싸우지 않을 수 없으니 바라건대 성상께서는 염려하지 마시고 저희들이 적을 격파하는 것이나 보십시오" 왕건은 믿음직한 유검필의 견해를 따랐다. 유검필은 남군이 미처 진을 치기도 전에 기병 수천 명을 앞세우고 돌격했다. 남군은 일시에 붕괴되었다. 남군은 3천 명이 전사하였다. 게다가 진훤의 참모였던 술사(術士) 종훈과, 의자(醫者) 훈겸이 생포되었다. 용장(勇將)으로 명성이 자자했던 상달(尙達)과 최필(崔弼)도 사로잡혔다. 68세의 노장군이요 대왕인 진훤은 쌀쌀한 가을 공기에 한기(寒氣)를 뼈 속까지 느끼며 퇴각을 거듭했다. 남군의 패전 소식을 듣고는 웅진 이북의 30여 개 성이 일제히 고려에 항복하였다. 이제 후백제는 고려에게 완전히 몰리는 상황이었다. 대세가 후백제에게 몹시 불리하게 펼쳐지고 있었다.

후백제가 계속 밀리고 있는 듯한 기록이 계속 보이고 있다. 그러나 이러한 기록을 과연 신뢰할 수 있는 지에 대해서는 의문이 제기된다. 일단 신검의 교서에 보면 "공업(功業)이 거의 중흥(重興)하게 되었는데, 지혜로운 생각이 홀연히 한 번 실수하셔서"라고 하였다. 진훤이 후계자 선정에 실수해서 위태롭게 되었을 뿐 후백제가 통일의 승기를 잡았음을 암시해 주는 문구이다. 진훤의 사위 박영규가 자신의 아내에게 "대왕께서 근로한 지 40여 년에 공업이 거의 이루어지려 했는데 하루 아침에 집안의 화(禍)로 나라를 잃고 고려에 가서 의탁하였소"라고 한 구절이 있다. 이 역시 여전히 후백제가 멸망 시점까지도 강성했음과 더불어 정국의 주도권 장악을 뜻한다. 따라서 후백제가 930년 이래로 밀리고 있는 듯한 기록은 진실을 담보하지 않을 수 있다는 생각이 든다.

누구에게 맡길 것인가?
미완의 대업大業

    진훤 자신이 주도했던 전투로서는 일생일대의 마지막 전투가 운주성 싸움이었다. 운주에서의 패전은 진훤에게 많은 생각을 갖게 하였다. 자신의 늙음을 절실히 느끼게 되었던 것이다. 은퇴를 생각하게 되었다. 문제는 누구에게 보위(寶位)를 물려주느냐는 거였다. 진훤은 많은 아내를 거느리고 있었다. 그 사이에서 10여 명의 아들을 두고 있었다. 진훤은 자신의 미완의 대업을 완결지을 수 있는 아들에게 대권을 계승시키고자 했다. 창업주의 경우는 흔히 이러한 생각을 품고 실행하게 마련이다. 아들 형제의 연령보다는 능력 있는 아들에게 자신의 자리를 물려 주고자 한다.

    왕조가 안정된 상황이라면 큰 아들에게 왕위를 물려주는 게 지극히 당연할 뿐 아니라 아무 탈도 없게 마련이다. 그러나 국가나 기업체든 1대에서 2대로 넘어 가는 사이에 곡절을 겪지 않은 경우는 극히 드물다. 비근한 예를 보자. 국내 굴지의 세계적 기업인 삼성 그룹의 경우도 초대 이병철 회장이 셋째 아들을 후계자로 택하지 않았던가? 조선왕조의 경우도 태조가 후처인 강씨 소생의 아들 방석에게 대권을 물려주려고 하는 통에 첫째 부인인 한씨 소생의 아들들이 반발하여 왕자의 난이 터지기까지 하였다. 만약 조선왕조가 통일국가가 아니었다면 왕위계승 내분으로 국가가 거덜났을 뻔 했다. 조선 태조가 아들 이방원(李芳遠)을 심히 미워하여 한양을 떠나 함흥으로 간 거와, 진훤이 동일한 이유로 고려로 넘어간 거나 그 본질에 있어서는 차이가 없지 않은가?

그리고 정인지가 해동의 요순(堯舜)이라고 극찬했던 세종대왕은 어떻게 해서 탄생했던가? 태종이 맏아들인 양녕대군과 둘째 아들인 효령대군을 제끼고 셋째 아들인 충녕대군에게 낙점을 찍어 주었기에 가능한 일이었다. 세종대왕이 탄생하기까지의 과정은 결코 순탄하지 않았던 것이다. 우리는 민족의 위인인 세종대왕뿐 아니라 그를 임금으로 만들어준 태종의 혜안에도 감탄해야만 할 줄로 안다. 서열보다는 능력 있는 아들에게 대권을 물려주는 것, 결단코 쉬운 일은 아니었다.

진훤도 자신이 창업한 후백제 왕국을 잘 보전하여 종국적으로 고려를 제압하고 통일 대업을 이룰 수 있는 아들이 누구일까를 생각하면서 많은 날을 고민하였으리라고 믿어진다. 934년의 시점에서 진훤은 68세였다. 그의 아들 가운데 첫째에서 셋째까지는 40줄 장년의 나이에 접어 들었다고 보아야만 한다. 그러니 이제는 후계자를 정해야 될 때가 성큼 다가 온 것이다. 그것은 피할 수도 없는 엄연한 현실이었다. 진훤은 많은 아들들을 손으로 꼽아 보며 장단점을 헤아려 보았을 것이다. 이 경우 무엇 보다도 큰 아들인 신검을 저울에 가장 많이 올려 놓았을 게 분명하다. 신검은 진훤 자신의 곁에 있으면서 종군하였고, 북군과의 전투를 지휘한 적도 있었다. 1년 전 경주 초입까지 진격했던 신검은 사탄 전투에서 유검필에게 완패를 당한 바 있다. 한 나라의 제왕이 될 사람이 즉위 직전의 전투에서 패했다면 적에게 얕잡힐 수 있는 치명적인 결점이었다. 이래서는 제왕이 되어 대군을 호령한다면 영이 설까?

이와 관련해 우리나라 최고의 명문대학에서 그 학과를 만든 원로 교수가 제자들 가운데 한 사람을 채용하느라 고심했다는 이야기가 상기된다. 2명의 유력한 후보가 있었다고 한다. 그런데 채용된 이는 재기발랄한 젊은 후배였었다. 후배에게 밀린 모씨는 학술 발표장 토론에서 타 대학 교수에게 밀리더라는 거였다. 이것을 지켜 본 그 원로는 이래서는 최고 대학의 교수가 될 자격이 없다는 판단을 내렸다는 것이다. 그럼에 따라 젊은 제자가 낙점을 받았다는 후일담이 전하고 있다. 이것이 사실인지는 알 길이 없다. 그렇지만 진훤의 경우도 그러한 점을 충분히 고려하지 않았을 리 만무하다. 진훤은 그 대안으로 강주도독인 양검(良劍)과 무주도독인 용검(龍劍)도 생각해 보았다. 모두 노회한 진훤에게는 성에 차지 않은 왕자들이었다. 사랑하는 듬직한 아들로서는 나무랄데 없었다. 그러나 통일 대업을 성취할 수 있는 대백제국(大百濟國)의 대왕으로서는 역량이 미흡하다고 판단되었다.

진훤의 넷째 아들이 금강이었다. 금강의 연령도 30대 후반은 족히 되었으리라고 본다. 신검의 교서에서 금강을 일컬어 '어린 아이 幼子' 혹은 '어리석은 아이 頑童'라고 했으므로 어린 아이로 간주하는 견해가 있다. 그러나 신검의 교서는 고금에 흔히 보이는 바처럼 상대를 폄하하는 어투일 뿐 실제 나이가 어렸음을 뜻하는 문자는 아니다. 비근한 예로 472년에 개로왕이 북위(北魏)에 보낸 국서에 의하면 장수왕을 가리켜 '소수 小豎'라고 하였다. '소수'는 '어린애'의 뜻을 지닌 비칭이었지만, 당시 장수왕은 78세의 고령이었다. 그러니까 '어린애'니 '젖 비린내가 난다 口尙乳臭' 등등의 말은 적대자를 폄훼시키는 의례적인 말에 불과한 것이다. 게다가 금강은 40줄의 세 형들에 이은 넷째였을 뿐 아니라 키가 컸다고 한다. 그러므로 금강을 소년으로 취급해서는 도저히 안될 것이다.

금강은 '검 劍'자 돌림의 형들과는 배다른 동생이었다. 그는 키가 크고 지략이 많았다. 해서 언제나 진훤의 사랑을 듬뿍 받았었다. 진훤은 자신처럼 체격이 장대할 뿐 아니라 지략이 많아서 경세(經世)의 큰 뜻을 이룰 수 있는 군왕의 후보로 낙점을 찍어 두었다. 남군이 대야성을 공격할 때 수미강으로 나타난 왕자가 금강이 분명하다. 그런 만큼 그는 작전지휘 능력과 실전 경험도 풍부했다. 진훤은 70 가까운 생애 동안 영일 없이 승부에 승부를 거듭하는 나날을 보내 왔다. 마상(馬上)과 전장에서 세월을 거침 없이 보낸 그였다. 승부에 대한 후각이 무척 발달한 인물이었다. 자식을 가장 잘 아는 이는 그 아비밖에 없는 것이다. 그러한 진훤은 금강 왕자를 선택하였다.

진훤이 대권을 계승시키려고 했던 넷째 아들 이름인 '금강'은 무엇을 상징하고 있을까? 금강은 불교관계 말에 관형어처럼 쓰인다. 이를테면 '금강 반야경', '금강 역사'를 꼽을 수 있다. '금강'은 '가장 뛰어난', '가장 단단한' 등의 뜻을 지니고 있다. 그러므로 금강 왕자는 '가장 뛰어난 왕자' 곧 발군의 역량을 지닌 왕자이기에 왕위계승자라는 뜻이 함축되어 있었다. 진훤의 첫째에서 셋째까지의 아들 이름이 신검·양검·용검으로서 죄다 도검(刀劍)과 관련되어 있다. 무력의 확장과 더불어 자신을 지켜주는 신무(神武)한 도검으로서의 역할을 열망했던 왕국 초기 진훤의 의지가 배어 있는 것 같다. 그러나 아이러니컬하게도 그러한 '도검'들이 종국에는 아비를 찔렀던 것이다.

진훤이 금강을 즉위시키려는 조짐은 즉각 포착되었다. 이때 진훤은 중대한 실수를 범하고 있었다. 금강 왕자의 경쟁자인 신검 왕자를 자신의 주변에서 물리치고 먼 곳으로 보냈어야만 했었다. 그럼에도 진훤은 신검을 곁에 두고 있었다. 왕자들은 진훤왕의 후계 구도를 알고는 전전긍긍하였다. 그러나 방법이 없었지만 이들 왕자 주변에는 측근 인물들이 있었다. 그들은 진훤 이후를 겨냥하고 있던 야심가들이었다. 바로 그들에게 진훤의 의도는 즉각 노출되었다. 이찬이라는 고위 관등의 능환(能奐)이 그 가운데 한 사람이었다. 능환은 강주와 무주에 각각 사람을 보내어 양검과 용검 형제와 논의를 하였다. 그러는 가운데 해가 바뀌었다.

운명의 뒤틀림,
구금拘禁과 고려로의 내투來投

935년이었다. 진훤의 나이 69세였다. 능환은 양검 및 용검과 모의를 하였다. 대왕인 진훤을 실각시키고 큰 형인 신검을 즉위시키자는 거였다. 그러나 신검은 으레 장남들이 그러하듯이 야심이 없는 순종형의 인간이었다. 그럼에도 야심만만한 능환과 양검 그리고 용검은 진훤의 '맏아들 신검'이 필요했다. 노쇠한 부왕을 실각시키고 배다른 동생인 금강을 제거하기 위해서는 명분용으로 당분간 그가 '얼굴 마담' 역할을 해야 되었던 것이다. 이들은 주저하는 신검을 위협하여 모반의 심연(深淵)으로 끌어 당겼다. 그리고 반란의 때와 장소를 숙의(熟議)하기 시작했다. 파진찬이었던 신덕(新德)과 영순(英順)도 모의에 가담하였다.

『삼국유사』에는 진훤의 실각 상황을 다음과 같이 전하고 있다. "처음에 진훤이 잠자리에 누워 아직 일어 나지도 않았는데 멀리 대궐 뜰로부터 고함 소리가 들렸으므로 '이것이 무슨 소리냐!'고 묻자 신검이 그 아버지에게 고하기를 '왕이 연로하셔서 군무(軍務)와 국정(國政)에 혼미하므로 맏아들 신검이 부왕(父王)의 자리를 대신하게 되었으므로 여러 장수들이 축

금산사 현판

하하는 소리입니다'고 하였다. 얼마 안 있어 그 아버지를 금산불우(金山佛宇)로 옮기고 파달(巴達) 등 장사 30명으로 지키게 하였다"라는 기사가 되겠다. 자고 일어 났더니 세상이 바뀌었다는 이야기이다. 그렇지만 진훤이 금산사에 유폐된 것을 볼 때 그가 금산사에 들렀을 때 정변이 발생한 것으로 여기는 게 자연스럽지 않을까?

3월 아무갯 날에 진훤이 전주에서 50리 길인 지금의 전라북도 김제 금산

금산사

미륵전은 우리나라에서 유일한 서향의 3층 법당으로서 국보 제62호이다. 본래의 건물은 정유재란 때 소실되었지만 1635년(인조 13)에 재건되었다. 이 같은 다층(多層) 법당은 충청·전라도와 같은 옛 백제 지역에서만 나타나고 있어 백제계 건축의 유산으로 이해하는 시각이 없지 않다. 미륵전 안에는 동양 최대의 미륵입상(11.82m)과 그 좌우에 보살상(8.79m)을 모시고 있다.

사(金山寺)에 행차하게 되었다. 그때 거사를 하기로 한 듯하다. 금산사는 미륵신앙의 중심 도량이었다. 일찍이 진표 율사가 백제의 혼을 심어주었던 곳이다. 금산사 금당에 안치되어 있었던 미륵장육상은 766년(혜공왕 2)에 진표가 주조한 불상이었다. 진훤은 진표의 체취가 물씬 풍기는 이 사찰을 즐겨 찾았던 것 같다. 『신증동국여지승람』에서 진훤이 금산사를 창건했다고 하였다. 그러나 그가 창건한 게 아니라 크게 중창시켜 후백제 왕실과의 관계를 맺은 사찰이었기 때문일 것이다.

또 신검 형제는 거사와 관련한 역할 분담을 나누었던 것으로 추정된다. 그런 줄도 모르고 고령의 진훤은 노구(老軀)를 이끌고 화사한 봄볕을 받으며 금산사에 행차하였다. 금산사는 그가 정신적 안식을 얻을 수 있는 휴식처이기도 했다. 그곳에는 그러나 덫처럼 그를 기다리는 이들이 도사리고 있었다. 진훤은 이내 신검이 보낸 이들에게 체포되어 불당에 유폐되었다. 영용한 진훤왕도 69세 아홉수에 걸려든 것이다. 그와 동시에 신검은 측근들을 금강의 처소로 보내어 그를 베었다. 정변이 발생한 것이다. 이와 관련해 당시에 "가엾구나 완산 아이야! 애비 잃고 눈물 짓네"라는 알 듯 모를 듯한 동요가 불려졌었다. 신검의 처지를 조롱하는 노래인 것 같다.

신검이 '대왕'을 자처하였지만 즉각 즉위하지는 못했다. 신검은 935년 10월 17일에 유신(維新)을 표방한 대사면을 단행했다. 이 날에서 멀지 않은 시점이 그가 대왕으로 즉위한 날임을 알 수 있다. 신검은 민심 수습에 나선 것이다. 그때 반포한 교서(敎書)의 내용은 다음과 같다.

여의(如意: 한고조의 서자 〈역자〉)가 특별히 총애를 받았으나
혜제(惠帝: 한고조의 적자 〈역자〉)가 군왕(君王)이 되었고, 건성
(建成: 당고조의 적자 〈역자〉)이 참람되게 태자 노릇을 하다가 태

종(太宗)이 일어나서 즉위했으니, 천명(天命)이란 바뀌지 않는 법이요, 신기(神器)란 돌아가는 데가 있는 법이니, 공손히 생각건대 대왕의 신무(神武)는 보통 사람보다 빼어나게 뛰어나셨고, 영특한 지혜는 만고에 으뜸이라, 말세에 태어나서서 스스로 세상을 건질 소임을 지고 삼한(三韓) 지역을 순행(徇行)하시면서 백제라는 나라를 회복하셨으며 도탄(塗炭)에서 구해 주셨으니, 백성들이 편안히 살게 되고 바람과 우레처럼 횡행하시니 가는 곳마다 모두 달려와 붙었으니, 공업(功業)이 거의 중흥(重興)하게 되었는데, 지혜로운 생각이 홀연히 한 번 실수하셔서 어린 아들이 사랑을 받게 되고 간신(姦臣)이 권세를 농락하여 대왕을 진(晋)나라의 혜공(惠公)처럼 혼미(昏迷)한데로 인도하며, 아버지를 헌공(獻公)처럼 미혹(迷惑)한 길로 빠뜨려서 대보(大寶: 왕위)를 철없는 아이에게 주려하였으나, 다행히 상제(上帝)께서 굽어 보시고 어른께서 허물을 고치시어 원자(元子: 맏아들)인 나를 명하여 이 한 나라를 맡게 하셨으나, 나는 태자가 될 만한 자질이 없으니 어찌 군왕이 될 지혜가 있으리요만은 조심하고 두려워하며 얼음 덮힌 연못을 밟는 거와 같아서 의당 이 특별한 은혜를 미루어 유신(維新)의 정치를 보여야겠기에 나라 안에 대사(大赦)를 내리노니, 청태(淸泰) 2년 10월 17일 동트기 전을 기하여 이미 발각되었거나 발각되지 않았거나, 이미 결정되었거나 결정되지 않은 것들은 물론이고, 사형수 이하의 죄를 죄다 용서하여 주되 주관자가 시행할 것이니라!!

위의 교서는 지은이를 알길이 없지만 빼어난 문장이 아닐 수 없다. 이를 통해 다음과 같은 사실이 느껴진다. 즉 신검은 3월에 정변을 단행하여 진훤을 실각시켰지만 10월에야 즉위하였다. 7개월간의 공백이 생기는 것이다. 그런데 중간에 변수가 생기고 있다. 금산사에 3개월간 유폐되어 있던 진훤이 그 해 6월 나주를 통해서 고려로 투항한 사건이다. 그리고 나서 4개월이 지난 연후에야 대사면이 내려지고 있다. 이로 볼 때 신검의 즉위가 순탄하지 않았음을 짐작하게 된다. 신검은 진훤을 유폐시켰지만 진훤 측근들과 금강의 외가나 처족들로부터 거센 저항을 받았을 가능성이 높다. 이들은 "간신(姦臣)이 권세를 농락하여 대왕을 진(晉)나라의 혜공(惠公)처럼 혼미(昏迷)한데로 인도하며 아버지를 헌공(獻公)처럼 미혹(迷惑)한 길로 빠뜨려서 대보(大寶: 왕위)를 철없는 아이에게 주려하였으나"라는 문구에 등장하는 '간신'의 범주에 들어 간다고 보겠다. 신검은 이들에 대한 숙청 작업을 단행하였을 것이다. 그러는 가운데 왕국 전체가 커다란 내분의 소용돌이에 휩싸인 것으로 보겠다.

「류방헌 묘지 柳邦憲墓誌」에 의하면 전주 승화현인(承化縣人)인 류방헌의 조부인 법반(法攀)은 후백제 조정에 벼슬하여 우장군까지 올랐다고 한다. 『용비어천가』에 따르면 '승화'는 지금의 전주의 별호라고 한다. 그런데 담양군 사람인 류방헌의 외조부인 겸악(兼岳)은 후백제에서 난이 일어난 것을 알고는 은거(隱居)했다는 것이다. 이 난은 익히 지적되고 있듯이 왕위계승 분쟁을 가리키는 게 틀림 없다. 문제는 겸악이 난을 피해 은거했을 정도라면 국기(國基)가 휘청거릴 정도의 큰 정변이었음을 뜻한다.

진훤 또한 순순히 대권을 이양하지는 않았을 것이다. 옥새를 내놓지는 않았으리라. 그러나 이보다도 40여 년간 구축해온 진훤 친위세력의 반격 역시 만만치 않았으리라고 본다. 그런 관계로 신검은 진훤이 고려로 탈출한 직후에야 후백제의 대왕임을 선포할 수 있지 않았을까 한다. 『삼국유사』에 보면 신검이 즉위했다는 것이 아니라 임금의 지위를 '섭 攝', 그러니까 대신한다고 했다. 신검은 대권을 장악하기는 했지만 즉각 즉위를 선포할 수 없는 형국이었다.

갈등의 이념적 충돌은?

　진훤이 종국에 금산사에 유폐되는 것은 미륵신앙의 종언을 상징하는 사건이기도 하다. 이같은 추정은 진훤이 자신을 유폐시킨 아들 신검과는 지배 이데올로기에 있어서 커다란 차이가 있었음이 드러날 때 가능해진다. 실제로 그러했을 가능성이 엿보인다. 신검의 교서에 보면 유교적인 색채로 일관되어 있기 때문이다. 우선 신검 교서에서 천명이라는 용어의 사용과 더불어 절대자를 상제(上帝)라고 하였던 점을 제시할 수 있다. 상제라는 용어는 중국 고대 지고무상한 지위를 가진 천신(天神)을 가리킨다. 그런데 상제는 유교에 받아들여져 합리적 사유에 의해서 천명사상으로 전환되어 만물의 근본이며, 도덕적 원천이고, 황제 권력의 원천으로 인식되었다.

　신검은 이처럼 유교에서 천명사상과 연계된 상제를 거론할 지언정 부처의 존재는 일체 언급하지 않았다. 더욱이 "상제께서 굽어 보시고"라고 했듯이, 신검은 상제의 천명을 받고 즉위할 수 있었음을 알리고 있다. 신검은 자신이 즉위할 수 있었던 근거를 상제에서 찾고 있는 것이다. 이 점은 왕건이 자신의 삼한 통합이 부처의 도움에 전적으로 힘 입었음을 언급했던 「훈요십조」의 내용과도 비교된다고 하겠다. 그 제1조에서 "우리 나라의 대업은 반드시 제불(諸佛)의 호위하는 힘을 입은 것이다. 그런 까닭에 선교사원을 창건하고 주지를 파견하여 불도를 닦게 하고 각각 그 업(業)을 다스리도록 하였다(『고려사』 권 2, 태조 26년 조)"라고 한 구절이 그것이다. 그만큼 불교의 절대적 영향력을 암시해주는 것이다. 진훤이 열정을 쏟아서 포섭했던 대상이 불교계였었다. 그럼에도 불구하고 신검은 불교의 신(神)을 언급하는 대신, 유교적인 세계관 속에서의 신인 상제를 언급하고 있는 것이다. 이로 볼 때 진훤과 신검은 불교와 유교라는 서로 다른 이데올로기를 지향하고 있었고, 그것이 왕위계승 분쟁의 한 요인이 되지 않았을까 싶다.

이러한 추정은 진훤이 지극히 사랑하여 왕위를 물려주려고 했던 왕자 금강(金剛)의 이름이 불교적인데서도 진훤과 불교와의 관계가 보다 분명하게 드러나는 것 같다. 실제 진훤은 선불장(選佛場)이라는 승과(僧科)를 실시함으로써 불교계의 호응을 이끌어 내고 있었다. 반면 신검은 불교적인 색채를 청산하고 유교 이데올로기를 통한 새로운 지배질서를 확립하고자 했던 것으로 보인다. 더구나 신검의 집권에 있어서 불교 사원세력은 걸림돌이 될 게 분명하다는 현실적인 이해 관계에서 그 한 요인을 찾을 수 있을 것 같다.

이렇듯 신검의 교서를 통해 확인된 사실은 왕건의 그것과도 구분된다. 왕건은 궁예를 축출한 918년 6월에만 모두 4통의 조서를 내렸다. 이 조서에는 궁예의 학정만을 언급했을 뿐 종교적 언급이나 이데올로기의 차이를 시사하는 구절은 어디에도 찾아 볼 수 없다. 그것은 궁예나 왕건 모두 불교를 지배 이데올로기로 삼는다는 그 통치 본질에는 차이가 없었기 때문일 것이다.

그러면 신검이 유신지정(維新之政)이라는 정치개혁을 통해 불교를 지배 이데올로기에서 폐기하고자 했다면 그 이유는 무엇이었을까? 근본적인 요인은 진훤과 금강으로 연결된 기존의 불교 세력 기반을 무너뜨리기 위한 데 있었던 것으로 보여진다. 아울러 불교계의 장악이 지니는 정치적 효용성의 문제를 생각했던 것 같다. 929년에 진훤은 몸소 자신의 향읍인 가은현을 포위했으나 이기지 못했다. 가은현에는 희양산파의 본산인 봉암사가 소재하였다. 이 사실은 진훤이 선종 교단으로부터의 지지를 얻는 데는 한계가 있었음을 뜻할 수 있다. 게다가 신검은 진훤이 지원했던 선종의 분립적인 경향이 통일국가의 이데올로기로서도 적합하지 않다고 판단했을 가능성이다. 신검이 볼 때 불교 교단은 교종과 선종으로 양분되어 있고, 교종의 중추격인 화엄종은 다시금 남악과 북악으로 분열되어 있었다. 이렇듯 분열상을 보이는 불교가 통일국가를 지향하는 후백제의 지배 이데올로기가 될 수 없다고 판단했던 것 같다. 아울러 930년대 이래로 고려에 밀리고 있는 후백제를 쇄신하고 또 왕건과 차별화시킬 수 있는 대안적 지배 이데올로기로서 유교를 끌어올리려고 했던 것으로 보인다. 물론 궁예나 왕건도 유학자들을 참모로 기용하였다. 그러나 이는 어디까지나 통치 체제의 확립 차원에서 기인한 것일 뿐 지배 이데올로기와 관련된 것은 아니었다. 신검은 최승우 등과 같은 당나라 유학파의 영향을 받아 유교 지배 이데올로기에 의한 새로운 지배 질서의 모색을 시도했을 것으로 짐작된다.

이와 관련해 신검 일파가 과연 국왕인 진훤과 정면으로 노선 갈등을 빚을 수 있었는지의 여부에 대한 검토이다. 진훤과 신검 형제 간에는 대고려정책에 있어서 갈등이 표출되고 있었다. 이는 "북왕(北王)에게 귀순하여 생명을 보전해야겠다고 하였다. 그의 아들 신검·용검·양검 등 3인은 모두 응하지 않았다"라는 기사에 보인다. 더구나 신검 일파는 왕위계승과 관련한 대권의 향방이 금강쪽으로 쏠리는 상황에서 그에 대한 반발과 제동을 건다는 차원에서 유교 이데올로기를 들고 나왔을 가능성이 크다.

진훤의 노쇠와 고려에 밀리는 정치적 상황에서 진훤의 입지는 약화되고 있는 실정이었다. 이와 관련해 진훤은 왕건의 고려군과 화해를 시도하는 등 온건적인데 비해 신검 형제들은 주전적(主戰的)이고 도발적인 정책을 취했다는 지적도 있다. 그렇다면 후백제와 고려의 싸움은 시종 진훤이 신검 형제들에게 끌려 다녔다는 말이 되는데 과연 그럴 수 있을까? 930년의 고창 전투나 934년의 운주성 전투 모두 진훤이 전장의 선두에서 작전을 직접 지휘하였다. 그런데 반해 신검 형제들이 주요한 이들 전투를 지휘했다는 기록마저도 없다. 그럼에도 이러한 논리가 나온다는 것은 도저히 수긍하기 어렵다. '기왕의 연구성과'에 따른다면 진훤은 전제적이라고 했다. 그는 70세의 나이로 숨지기 직전까지도 전장을 누볐던 강건한 체력과 정신력의 소유자이기까지 하였다. 진훤이 고령으로 일선에서 밀려나고 신검 형제가 전쟁을 주도했다면 그럴 가능성을 배제할 수는 없겠다. 그러나 이것과는 정반대의 현상이 기록에 보이므로 앞서의 견해는 따르기 어렵다. 아울러 "신검은 진훤 보다도 더욱 신라에 적대적이었을 뿐 아니라, 신라 경애왕 제거에도 직접 참가했을 것으로 여겨진다"라는 주장도 있지만 '실증적인 근거'는 물론이고 정황적인 증거마저도 없다.

진훤의 노쇠와 고려에 밀리는 상황을 놓치지 않았다. 신검 일파는 왕위계승에 있어 유리한 명분을 점유하기 위한 목적에서도 자신들의 목소리를 내면서 진훤을 압박해 갔다. 신검을 중심으로 한 일종의 국가쇄신책이었다고 보겠다. 또 이는 자신의 아버지인 진훤과의 차별화 전략이었던 것이다. 요컨대 이러한 점은 진훤=금강 일파와 신검 일파의 노선 갈등이었다. 신검은 잇따른 패전과 불교계로부터의 지지 상실을 만회하기 위한 일종의 반작용 차원에서라도 유교 이데올로기를 적극적으로 내세웠던 것 같다.

더욱이 930년 고창(古昌: 安東) 전투를 전후해서 신라 지역 호족들이 대거 이탈해 갔다. 후백제의 고창 패전 직후 경상도 북부 지역의 30여 군현들이 고려에 항복했다. 또 명주(溟州: 강릉)에서부터 흥례부(興禮府: 울산)에 이르기까지 항복한 성이 총 110성에 이르렀다고 한다. 그 요인은 고창 전투 직전에 있었던 그곳 호족 김행의 다음과 같은 말에서 읽을 수 있다. "김행은 나라의 종성인데 진훤이 왕을 시해했다는 소식을 듣고는 무리에게 의논하기를 '훤(萱)과는 의리상 하늘을 함께 할 수 없으니, 어찌 왕공(王公)에게 귀순하여 우리의 치욕을 씻지 않으랴!' 하고 드디어 고려에 항복하였다(『동사강목』 제오하, 경인년 왕 김부 4년 조)." 왕건이 진훤에게 보낸 답서에도 "군왕을 죽이고 궁궐을 불사르고…그 흉악함은 걸주보다 더하고, 불인함은 올빼미보다도 심했다"고 하면서 진훤이 경애왕을 살해한 사실을 크게 질타하였다. 이러한 배경에서 볼 때 신검은 진훤이 경애왕을 살해한 사건을 크나 큰 정치적 실책으로 지목하였을 수 있다. 신검은 진훤과 정치적 입장에서 대립관계에 있었다. 그러므로 이 사건을 진훤을 공격할 수 있는 호재로 사용할 수 있었다고 본다. 또 신검은 이같은 반윤리적인 문제를 극복·상쇄하기 위해서라도 유교 이데올로기를 전면에 내세웠을 수 있다. 이는 이탈해 가는 신라 지역 호족시책과 직결된 문제이기도 하였다. 그랬기에 신검은 고창 전투의 패인과 관련해 유교적인 면을 더욱 강조했을 것으로 보인다.

봉암사의 개조(開祖)인 지증대사 도헌(道憲)의 비문에 보면 그 단월로서 924년에 소판(蘇判) 아질미(阿叱彌)와 가은현장군(加恩縣將軍) 희필(熙弼)이 등장하고 있다. 아질미는 그 이름에서 볼 때 가은현 출신으로서 진훤의 아버지인 아자개(阿慈介)와 관련 있는 듯 싶다. 그렇다고 한다면 왕건에게 귀부한 아자개는 개경에서 여생을 마쳤다고 하더라도 가은에는 아자개의 동생을 비롯한 일족들이 여전히 장악하였을 것이다. 이러한 가은현 호족이 진훤에게 우호적일 리는 없었다. 실제 929년에 진훤이 자신의 향읍인 가은현을 포위하였으나 이기지 못하고 퇴각했다. 이러한 사실에 비추어 볼 때 진훤의 출신지이기 때문에 후백제의 세력권이라는 견해는 지극히 단선적인 추정에 불과하다.

아울러 920년대 전반에 진훤이 선종을 통해 신라와의 관계를 끊고 독립할 수 있는 사상적 근거를 제공받았다는 견해도 따르기 어렵다. 다만 궁예가 신라를 멸도(滅都)라 하였고, 그곳으로부터 항복해 온 자들을 가차없이 죽였던 데서도 알 수 있듯이 대신라정책은 적대적이었다. 반면 진훤의 경우는 대외적인 관작에서 신라의 신하임을 내세웠듯이 신라의 존재를 인정하는 입장이었다. 이후 왕건 정권의 등장과 더불어 삼국분할 정립구도 속에서 후삼국은 공존하였다. 그러나 그 틈새를 노린 진훤의 가야 고지 진출과 그로 인한 후백제의 군사적 위협을 직접 느끼게 된 신라 경애왕은 친고려 정책을 택했다. 이로 인해 고려＝신라 간의 결속과 그에 대항하는 후백제와의 적대 관계가 구축되었다. 그럼으로써 그간의 후백제와 신라 간의 우호관계는 급속히 붕괴된 것이다.

진훤은 경주 포석정을 습격하여 경애왕을 살해한 927년 직후에도 여전히 신라의 신하임을 내세웠다. 그리고 진훤은 '존왕지의 尊王之義'를 언급하였다. 그러나 주지하듯이 이는 지극히 명분적이고 형식적인 외교 논리에 불과한 것이다. 진훤은 적어도 901년에 정개라는 연호를 사용한 사실이 확인되고 있다. 이는 실질적으로는 신라와의 관계를 끊었음을 뜻한다. 또 그랬기에 백제 의자왕의 숙분을 풀겠다는 공약을 할 수 있었다고 보겠다. 그러므로 선종을 통해 진훤 정권이 신라와의 관계를 끊을 수 있는 사상적 근거를 제공받았다는 견해는 수긍하기 어렵다. 아마도 선종의 분립적인 성향이 호족 성장의 사상적 배경이 되었음을 진훤과 신라와의 관계에도 적용하려고 했던 듯 싶다. 그러나 아쉽게 된 것 같다.

금산사에서 탈출! ▌

　금산사에 유폐되어 있던 진훤은 사랑하는 아들 금강을 죽인 신검을 몸을 부르르 떨며 증오했을 것이다. 그는 신검에게 복수할 방법을 찾았다. 그러면서 그가 엄청나게 고뇌하면서 번민의 밤을 지새웠을 것임은 의심의 여지가 없다. '내 마음을 아실이'라는 영랑의 시가 있다. 영랑처럼 진훤도 사랑 때문에 고민하였다면 차라리 행복했을 것이다. 뉘가 감히 그의 마음을 헤아리겠는가? 그는 아버지인 아자개가 걸었던 길을 밟기로 했다. 진훤이 기세 등등할 때 향리의 아자개는 왕건에게 투항하지 않았던가? 진훤은 결심했다. 왕건에게 의탁하여 신검을 치는 것이다. 이것은 자신이 세운 왕국을 스스로 허무는 꼴이었다. 극단적인 악수(惡手)였다. 그러나 그는 이 길을 택하기로 했다. 눈에 어른거리는 아들 금강의 복

복원해 놓은 금산사 초입의 성문루
진훤이 축조한 성으로 전해지고 있다.

수를 하기로 한 것이다.

그런데 진훤의 고려로의 귀부 결정은, 단순히 복수심만으로 풀기 어려운 구석이 많다. 흔히 비유하기를 하늘에는 2개의 태양이 없듯이 2명의 임금이 존재할 수는 없는 것이다. 평화적인 정권 이양(移讓)에 따른 상왕(上王)과 왕의 관계가 아닌 정변에 의한 것이라면 필시 문제가 제기되지 않을 수 없다. 역사에 보면 축출한 왕을 가차없이 베었던 것이다. 무자비하다기보다는 현실적인 필요 때문이었다. 쉬운 예를 들어 보자. 강조(康兆)의 정변으로 폐출된 고려 목종(穆宗)과 조선 세조에 의해 축출된 단종(端宗)의 운명이 잘 말하고 있지 않은가? 이들은 당초에는 권좌에서만 물러나 있었을 뿐이었다. 그렇지만 그 마침은 비극적으로 매듭지어졌다. 그리고 우리 나라 사람들에게 유명한 수(隋)나라 양제(煬帝)는 아버지 문제(文帝)를 독살하고 즉위했다는 혐의를 쓰고 있다. 후량(後梁)의 태조 주전충(朱全忠)은 그 아들 주우규(朱友珪)에게 피살되지 않았던가! 권력 세계의 비정함을 웅변하고 있는 이야기들이다.

신검은 민심의 분산을 빨리 수습하고 권력의 일원화를 구축하는 문제에 메달렸을 것이다. 이와 관련해 신검은 그 걸림돌이 되는 진훤에 대한 처리를 냉철하게 생각하지 않았을까? 정치에서는 아비와 아들이라는 사적인 정은 의미가 없어지게 된다. 신검은 후백제인들이 반세기 가까이 모셨던 '주군'이기에 아직도 민심이 쏠려 있는 진훤을 제거할 필요를 느꼈을 가능성이 높다. 신검의 측근들이 이 문제에 팔을 걷어 붙였을 것이다. 이러한 조짐들은 진훤을 심적으로 압박해 조여 들어 왔을 게 분명하다. 진훤은 분노와 신변의 위협 등으로 인해 원치 않은 선택의 기로에 서게 되었던 것으로 보인다. 정치는 현실이지 않은가?

그런데 진훤의 고려 귀부는 재위 시절부터 논의되었던 문제였던 양 『삼국유사』에 다음과 같이 보인다.

병신(丙申) 정월에 진훤이 그 아들에게 이르기를 노부(老夫)가 신라 말기에 후백제라고 한지 지금 여러 해가 되어 군사가 북군 (北軍)보다 배나 더하되 오히려 불리하니 아마 하늘이 고려를 위하여 도와 주는 것 같으니 북왕(北王)에게 귀순하여 생명을 보전해야겠다고 하였다. 그의 아들 신검 용검 양검 등 3인은 모두 응하지 않았다.

위의 기록에서 '병신 정월'은 936년 정월을 가리키는데, 진훤이 고려로 탈출한 뒤의 일이다. 그러므로 시간상으로는 따르기 어렵다. 다만 진훤의 고려 귀부가 돌연한 사건이 아님을 전하는 기록으로 받아 들일 수 있다. 즉 진훤과 아들 형제들 간에는 노선상에 갈등이 있었던 양 비치고 있다. 진훤은 세가 불리하니 끊임없는 소모전을 청산하고 공연히 가없은 백성들과 억울한 병사들이나 죽이지 말고 귀부하자는 거였다. 그렇다면 진훤은 휴머니스트였던가?

이와 관련해 일본에서 '마지막 쇼군[將軍]'이었던 도쿠가와 요시노부 [德川慶喜: 1837~1913]에 대한 재조명 작업이 활발해지고 있다는 사실이 상기된다. 그는 왕정복고 세력과 겨룰 만한 무력을 지니고 있었지만 유혈사태를 피하고 평화적으로 정권을 내놓았다. 그럼에 따라 그는 오랜 동안 무능한 위인으로 낙인 찍히기도 했지만, 시대적 변화를 읽은 지도자였다는 새로운 평가가 제기되고 있다.

어떠한 이유에서든 진훤은 일단 탈출을 모색하였다. 문제는 어떻게 탈출하는가 였다. 진훤은 엄청나게 고뇌하였다. 태조 이성계가 대권을 넘겨주기로 하려 했던 어린 아들을 죽인 방원을 미워했었다. 미워하는 정도를 넘어서 죽이려고 하지 않았던가? 3개월 만인 6월에 진훤은 막내 아들 능애(能乂)와 딸 애복(哀福)과 애첩 고비(姑比) 등과 함께 금산사를 탈출하여 지금의 나주인 금성으로 몸을 빼었다. 그러나 『삼국유사』에는 4월에 이르러 술을 빚어서 지키는 병사 30명을 취하도록 먹였다. 그런 연후에 고려 측의 도움을 받아 뱃길로 고려로 들어 간 것으로 되어 있다. 양쪽의 기록을 놓고 볼 때 진훤은 4월에 탈출하여 나주로 들어 간 지 2개월 후 뱃길로 고려로 간 것으로 추단된다. 진훤이 고려에 들어가기까지

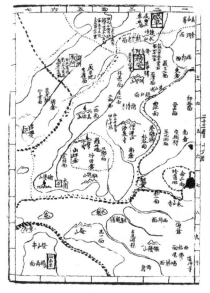

『청구도』에 보이는 나주와 그 주변

도합 3개월이 소요되었음을 뜻한다고 하겠다.

　그런데 6년 동안 후백제의 지배 하에 있던 나주는 935년 4월에 고려 장수 유검필에게 장악되었다. 무주도독 용검의 병력이 정변에 동원되기 위해 전주로 이동하는 군사적 공백을 틈타 유검필이 기습적으로 나주를 탈환한 것이었다. 그 직후 진훤의 나주 탈출하고는 묘하게도 시간상으로 연결이 된다. 그러므로 진훤의 나주 탈출과 고려로의 귀부에는 고려 측의 어떤 공작을 상정하게 한다. 진훤이 왕건에게 투항하려고 마음을 굳혔다면 그러한 의사를 고려에 전달했을 가능성이 있다. 그렇지 않은 상황에서 투항한다는 것은 신변의 안위가 가장 염려되는 일이 아닐 수 없었다.

　신변 보장의 답서가 왔다고 했을 때 탈출 루트를 제시해 왔을 가능성이 적지 않다. 육로를 이용하여 후백제 땅을 탈출한다는 것은 생각하기 힘든 일이었다. 뱃길로 해서 탈출하게 되는데, 그렇다면 고려로서는 새로

점령한 나주항을 지목하게 되었다. 이곳을 매개로 진훤을 탈출·피신시킨 후 고려로 데리고 가는 방법이었다. 결국 고려는 나주 점령과 동시에 진훤을 탈출시킨 것으로 보인다. 김제 금산사에서 나주까지는 무려 230리 길이다. 여러 날에 걸쳐 진훤은 남쪽으로 내려왔다는 이야기가 된다. 이 것은 다른 세력의 도움이나 협조 혹은 후백제 측의 방조 없이는 생각하기 어렵다. 바로 고려 측의 어떤 공작을 상정할 수 있게 한다.

이와 관련해 고려 말의 인물인 윤소종(尹紹宗: 1345~1393)이 나주 지역의 진산(鎭山)인 금성산을 읊은 싯구가 시사를 던져준다. 즉 "한 척의 배로 진왕(甄王)이 귀순한 길이요 一葦甄王歸命路"라고 하였다. 이 구절은 진훤이 나주에서 개성으로 귀부한 사실을 상기하기 쉽다. 그러나 진훤이 금산사에서 나주로 올 때까지의 행로(行路)를 말해주는 문구일 가능성도 없지 않다. 그렇다면 진훤은 선편을 이용하여 일단 나주로 피신했다는 이야기가 되겠다.

진훤왕이 탈출해 왔던 나주 앙암

진훤의 나주로의 탈출 과정은 어쩌면 영원한 미스터리일 지도 모른다. 고려 조정은 이 보고를 받고는 즉각 장군 유검필 등으로 하여금 전함 40여 척을 거느리고 나주로 내려와 진훤을 맞았다. 진훤은 뱃길을 이용하여 고려의 수도 개경에 이르렀다.

왕건은 너무 기뻤다. 이제 대세는 완전히 기울어진 것이었다. 노련한 왕건은 진훤을 반갑게 맞았다. 진훤을 상보(尙父)라고 부르면서 거처할 관사로 남궁(南宮)을 내어 주었다. 진훤의 위치는 백관의 위에 있게 하였다. 아울러 양주(楊州)를 식읍(食邑)으로 삼게 하였다. 이는 의미가 적지 않다.

진훤은 오매불망 백제의 초기 도읍지였던 지금의 서울 지역 장악을 겨냥하였다. 옛 백제 영토의 완전한 장악을 통한 완벽한 백제의 복원과, 복구한 땅의 '백제대왕'을 꿈꾸었다. 이러한 그의 소망은 숨을 거두는 순간까지 이루어지지는 않았다. 그러나 그가 왕건에게 투항하였고, 후백제가 멸망한 후 경순왕 김부가 천년왕국의 출발지이자 마지막 터였던 경주를 식읍으로 받았던 거와 마찬 가지로 양주 땅을 식읍으로 받았다. 식읍이란 국가에서 왕족이나 공신에게 조(租)를 징수하거나 호구를 장악하게 한 일정한 지역을 가리킨다. 그리고 식읍은 대체로 연고지에 임명하는 법이다.

그러면 진훤과 양주는 무슨 인연이 있었단 말인가? 양주는 오늘날 서울 북부 지역으로서 백제가 처음 자리를 잡았던 곳이었다. 바로 백제 계승자였던 진훤의 소원을 풀어준 것이다. 자신이 세운 나라가 멸망하는 것을 지켜 보면서 진훤은 백제의 시발지였던 양주 땅을 통치해 보는 꿈을 성취하였다. 아이러니컬한 일이요 비극적인 일이 아닐 수 없었다.

또 왕건은 금과 비단과 노비 40명씩과 말 10필을 진훤에게 내려 주었다. 후백제에서 항복해 온 진훤의 옛 부하였던 신강(信康)으로 하여금 아관(衛官)을 삼아 처소를 관리하게 했다. 왕건은 후백제의 내분과 진훤의 투항으로 인해 호박이 덩굴채 굴러 들어온 형국이었다. 그러니 왕건은 진훤에게 극진한 배려를 하지 않을 수 없었다.

진훤의 고려 귀부는 경순왕의 결단을 재촉했다. 935년 10월이었다. 경순왕은 사방의 토지가 죄다 다른 이들의 몫이 되어 국가를 유지할 수 없는 지경이 되자 신하들과 상의해서 항복의 길을 밟기로 했다. 그런데 신하들의 의견은 찬반 양론으로 갈려졌다. 그때 큰 왕자는 말했다. "나라의 존망에는 반드시 천명이 있으니, 오직 마땅히 충신과 의사와 더불어 민심을 수습하여 스스로 나라를 굳게 하다가 힘이 다한 연후에야 말 것이니, 어찌 1천년 사직을 하루 아침에 쉽사리 남에게 줄 수 있느냐!" 경순왕의 왕자는 고려에 항복하는 것을 완강히 반대하였다. 이에 경순왕은 답했다. "외롭고 위태함이 이와 같아 형세는 능히 온전할 수 없으니 이왕 강하지도 못하고 또 약하지도 못하여 무죄한 백성들로 간뇌(肝腦)를 땅에다 바르게 하는 것은 내가 차마 하지 못하는 바이다."

경순왕은 시랑 김봉휴(金封休)에게 국서를 가지고 가서 왕건에게 항복할 것을 청하였다. 그 말을 들은 왕자는 사세가 완전히 기울어졌음을 깨달았다. 왕자는 슬피 운 다음 경순왕과 하직하고는 곧장 개골산에 들어가 바위에 의지하여 집을 짓고 마의(麻衣)와 초식(草食)으로 일생을 마쳤다. 그가 유명한 비운의 마의태자였던 것이다. 경순왕의 막내 아들은 머리를 깎고 화엄종에 들어가 승려가 되어 이름을 범공(梵空)이라 하였다. 그는 뒤에 법수사(法水寺)와 해인사에 주접(住接)하였다. 충주 월악산에는 덕주사라는 사찰이 소재하고 있는데, 마의태자의 누이인 덕주공주가 창건했다는 속설이 전하고 있다. 천년왕국의 몰락과 더불어 신라 왕족들은 뿔뿔이 흩어졌다.

왕건은 김봉휴편으로 가지고 온 국서를 받고는 신라의 항복을 받았

'덕주골' 시비   덕주사 입구에 세워진 시비의 내용

다. 그 국서의 내용 가운데는 이러한 구절도 있었다. "일본의 화란(禍亂)이 장차 심해지려 하여 천운(天運)도 이미 다한 모양입니다. 그런데 다행히도 천자의 빛을 보게 되었으니 원컨대 저를 조정의 신하의 예로 대하여 주십시오!!" 천년왕국의 마지막 군왕은 왕건을 천자로 부르면서 소매끝이라도 잡는 것 같다.

연천 고랑포의 경순왕릉

그 해 11월에 왕건은 경순왕의 항서(降書)를 받고는 대상 왕철(王鐵)을 보내어 경순왕을 맞게 하였다. 신라 경순왕은 백관을 거느리고 경주를 출발하였다. 행렬은 향차(香車)와 보마(寶馬)가 30여 리에 뻗혔고, 길은 사람으로 꽉 차서

전주 승암산 성황사에 봉안되었던 경순왕과 왕비 및 태자 등의 목각상

막혔으며 구경꾼들이 인산인해를 이루었다. 열흘 만에 경순왕은 개경에 들어갔다. 왕건은 의장을 갖추어 교외에 나가서 맞이하여 위로하고, 태자와 여러 신하들로 하여금 경순왕을 호위하여 들어오게 하였다.

왕건은 궁성 동쪽의 제일 좋은 저택인 류화궁(柳花宮)을 경순왕에게 하사하고는 장녀 낙랑공주로서 아내를 삼게 했다. 12월에 왕건은 경순왕을 봉하여 정승(正承)을 삼았다. 그리고 왕건은 경순왕의 지위를 진훤처럼 태자보다 위에 있게 하는 동시에 해마다 녹(祿)을 1천 석씩 주었다. 신라국을 없애 '경주 慶州'로 고치고 경순왕에게 식읍으로 내렸다. 이러한 경순왕의 귀부에는 진훤의 역할이 어느 정도 작용한 것으로 추측하는 시각이 있다. 진훤이 고려에 귀부한지 5개월 만에 경순왕이 귀부했다는 점과, 극진한 대접을 받은 입장에서 일종의 밥값을 하지 않았겠느냐는 것이다. 진훤의 역할이 없었다고 하더라도 고려에서 받은 파격적인 대우는 경순왕의 결단에 직접 영향을 미쳤을 것임은 의심할 나위 없다.

그러는 가운데 왕건에게는 숙원을 이루는 득의

고대 교통로인 계립령로와 연결된 미륵대원

에 찬 936년이 밝았다. 진훤의 나이 70세, 그로서는 회한에 찬 한 해였다. 그 해 2월, 후백제 땅에 남아 있던 진훤의 사위인 장군 박영규가 그 아내와 장래를 숙의하였다. 박영규는 지금의 순천 지역 호족 가문 출신이었다. 그는 아내에게 이런 말을 하였다. 즉 "대왕께서 근로한 지 40여 년에 공업(功業)이 거의 이루어지려 했는데 하루 아침에 집안의 화(禍)로 나라를 잃고 고려에 가서 의탁하였소. 대저 열녀는 두 남편을 받들지 않으며 충신은 두 임금을 섬기지 않는 법이니 만약 내 임금을 버리고 반역한 아들을 섬긴다면 무슨 면목으로 천하의 의사(義士)들과 대할 수 있겠소. 하물며 듣건대 왕공(王公)은 어질고 후덕하며 부지런하고 검소하여 민심을 얻었다 하니 아마 하늘이 낸 것인가 하오. 반드시 삼한의 임금이 될 것이니 어찌 글을 보내어 우리 임금을 위안하고 겸해 왕공에게도 은근하게 하여 뒷날의 복을 도모하지 않을 수 있겠소"라고 말하였다. 그 아내도 "당신의 말은 곧 내 뜻입니다"라고 말한 후 사람을 보내어 자신들의 뜻을 고려 측에 전달했다.

그 말에는 "만약 의병(義兵)을 일으키신다면 저는 내응을 하여 왕의 군대를 맞겠습니다"라는 내용이 적혀 있었다. 왕건은 크게 기뻐하여 사자에게 예물을 후하게 주고는 돌아가서는 박영규에게 전하라는 편지를 보냈다. "만약 그대의 은혜를 입어 길에서 막힘이 없게 되면 곧 먼저 장군에게 뵈옵고 당(堂)에 올라가서 부인에게 절하여 장군을 형으로 섬기고 부인을 누님으로 받들어 반드시 끝까지 후히 보답하겠으니 천지 귀신이 모두 이 말을 들었소"라는 내용이었다.

이러한 대화는 박영규에만 국한된다기보다는 후백제 지배층의 동요를 뜻한다. 그 틈을 비집고 왕건은 포섭 공작을 시도하였다. 진훤이 고려에서 최고로 대접 받고 있었다는 사실, 그것은 직·간접으로 그와 인연을 맺었던 인물들의 마음을 심란하게 만들었다. 주군이었던 진훤이 있는 고려로 갈 것인가? 북군이 내려 오면 내응할 것인가? 어느 길이 주군을 위한 길일까? 여하간 고려 땅 진훤의 존재, 이것은 확실히 후백제 지배층의 전의(戰意)를 한껏 저상(沮喪)시키고 있었다.

내가 지은 집은 내가 헌다, 일리천 전투

936년 6월 진훤은 왕건에게 반역한 아들 신검을 토벌할 것을 요청하였다고 한다. 후백제의 정벌을 진훤이 부추겼다는 것이다. 왕건은 당초에는 시기를 기다려서 군대를 움직이려고 하였는데, 진훤이 간곡하게 요청함에 따라 어쩔 수 없이 출병을 단행했다고 한다. 이러한 기록은 곧이 믿기 어려운 구석이 많다.

왕건은 내분으로 인해 약화될대로 약화된 후백제를 제압하기 위한 끝내기 작전 수립에 골몰하고 있었다. 그는 중대 결단을 내렸다. 936년 6월 왕건은 병법에서 말하는 집중의 원칙을 따르기로 하였다. 대병력을 일시에 동원하는 회전(會戰)을 통해 승부를 일찍 결판내는 게 유리하다고 판단했다. 왕건은 용의주도하게 작전을 수립하였다. 출병과 관련해 왕건은 먼저 태자인 무(武: 뒤의 혜종)와 장군 박술희(朴述熙)를 보내어 보병과 기병 1만 명을 거느리고 천안부로 가게 했다. 미리 대기하게 한 것이다. 교통의 요로이기도 한 천안이 후백제 공격의 최종 거점이었음을 알 수 있다.

9월에 왕건은 3군을 거느리고 천안부에 이르러 이미 주둔하고 있는

천안향교 뒤편에 소재한 왕자산

태자의 군대와 합류하였다. 그러면 왕건이 후백제 공략을 위한 전진기지로서 천안을 택한 이유는 어디에 있었을까? 천안이 교통의 요로라고 하는 점에 비중을 두었을 것임은 두말할 나위 없다. 이와 더불어 왕건이 깊이 의탁했던 풍수지리설과 관련이 없지 않을 수 없다. 고려 말 이곡(李穀)의 「영주회고정기 寧州懷古亭記」에 의하면 술자(術者)가 "만약 왕자(王字)가 있는 성(城)에 다섯 용이 구슬을 다투는 땅에 군루(軍壘)를 쌓고 열병을 하면 삼한을 통일하여 왕이 되는 것은 서서 기다릴 수 있다"는 요지의 말을 했다고 한다. 그랬기에 왕건은 영주(寧州)로 불리었던 지금의 천안시 유량동의 왕자(王字) 모양의 산인 왕자산에 성을 축조하였다. 지금도 왕자성으로 불리고 있는 성 주변에는 왕건 군대의 주둔과 관련한 전설이나 유적이 제법 남아 있다. 태조산뿐 아니라 이곳에서 떨어진 목천면 덕전 3리에 소재한 유왕골(留王谷)도 일례에 속한다.

천안에서 증원된 왕건 군대는 지금의 구미시와 선산군인 일선군(一善

郡)으로 나갔다. 북군은 후백제의 수도인 전주로 직공(直攻)하지 않고 천안을 거쳐 구미로 내려 간 것이다. 그 이유를 신검 군대를 기만하기 위한 양동작전(陽動作戰)으로 보는 시각도 있다. 혹은 천안에서 구미로 크게 우회한 것은 낙동강을 병참으로 이용하려는 측면에서 나왔다는 견해도 제기 되었다. 어쨌든 북군의 대병력이 남하하여 천안에 집결하였다. 그러자 이에 대응하기 위해 후백제는 군대를 북상시켜 후삼국의 마지막 전장이 되는 황산 즉 논산 방면에 병력을 주둔시켰다. 신검은 북군의 공격 목표가 전주일 것으로 판단하여 탄령 즉 탄현(완주군 운주면 쑥고개) 이북을 방비하고자 한 것이다. 백제 말기와는 달리 탄령이 뚫리면 그 이북의 부여가 아니라 이제는 그 이남의 전주가 속수무책이 된다. 그런데 대치하던 북군이 움직였다. 북군은 돌연히 천안에서 청주를 지나 회인과 보은, 그리고 상주 화령을 통과하여 구미로 내려왔다. 지켜보고 있던 남군도 이러한 수상한 움직임에 연동하여 이동할 수밖에 없었다. 남군은 옥천을 지나 추풍령을 넘어 김천을 통과해서 북상하였다.

북상하던 남군과 남하하던 북군은 일리천(一利川)으로 일컬어졌던 강을 사이에 두고 맞닥뜨렸다. 그러니 회전(會戰)을 준비하지 않을 수 없었다. 일리천의 위치는 『동사강목』에서 선산 동쪽 10리에 소재한 여차니진(餘次尼津)으로 지목되고 있다. 이곳은 지금의 선산군 해평면 낙산동 원촌마을에서 선산읍으로 건너가는 지금의 여지 나루터를 말한다. 낙동강의 한 구간을 다르게 일컫는 경우는 낙동강 하구의 나루를 황산진, 그 구간을 황산하로 일컫는 경우와 동일하다. 일선군을 통과하는 일리천은 훗날 '여차니'라고 일컬었던 현재의 여지 나루 앞을 지나는 낙동강을 가리킨다. 낙동강변에 소재한 구미시 고아읍 '이례리'라는 지명의 '이례'는 '일리'와 관련 있을 것 같다.

북군은 동북방을 등지고 서남쪽을 향해 진을 쳤다. 왕건이 직접 저술

구미 도리사에서 바라 본 일리천 전투 현장

한 「개태사 발원문」에는 이때의 전투를 "숭선성(崇善城) 가에서 백제의 군사와 대진(大陣)하여"라고 회고하였다. 숭선성은 선산군 도개면과 해평면에 걸쳐 있는 해발 645m의 숭신산성(崇信山城)을 가리킨다. 북군은 천안에서 동남쪽으로 진군하여 보은과 상주 화령을 지나 낙동강을 따라 남쪽으로 내려 오다가 여지 나루 서쪽편에 주둔한 남군과 대치하게 되었다.

훗날 이곳 출신 사림파의 거두 점필재 김종직은 태조산을 "전쟁으로 진훤을 쳐서 인(仁)과 의(義)로 천하를 통일했노라. 진 치던 산중 이제와 보니 시냇가 바위틈 화초향기뿐이라"라고 읊었다. 그리고 왕건이 주둔하면서 군영을 설치한 곳을 '어성정', 마을은 '대조미'로 전해온다.

왕건은 현지 주민들을 초집(招集)하였다. 6년 전 병산 전투에서였다. 어려운 고비였었는데, 지리에 밝은 현지 토호들의 적극적인 지원에 힘입어 대승을 거두지 않았던가. 왕건은 종군할 사람들을 모집하도록 했다. 그러자 응하는 이들이 드문 드문 나오기는 하였다. 그러나 대부분 엎드려 사세를 관망하는 상황이었다. 그런데 모집에 응한 이 가운데 고을 아전 출신이 눈에 띄었다. 현실 감각이 빠른 왕건은 아전의 존재를 놓칠 리 없었다. 왕건은 아전을 잘 이용해서 불리한 전세를 반전시킨 경우가 적지 않았다.

왕건은 일전에 몽웅역(夢熊驛: 충남 서산시 해미)의 아전인 한가(韓哥)의 도움에 크게 입어 승리한 바 있었다. 해서 그는 한가에게 대광의 작호를 하사하고는 고구현(高丘縣)의 땅을 떼어 정해현(貞海縣)으로 삼고는 한가의 관향으로 삼아주기까지 하였다. 더구나 아전은 고을 주민들에게 말발이 먹히는 계층이 아닌가. 왕건은 내심 쾌재를 부르지 않을 수 없었다. 많은 초모병(招募兵)들 앞에서 그를 얼른 불러내었다. 무수한 시선들이 아전 출신 인물의 거동에 꽂히고 있었다. 왕건은 자신의 어깨에 걸치고 있던 활을 성큼 그에게 내려주지 않은가. 이 사람이 훗날 대광 문하시중(大匡門下侍中)까지 올라 갔던 김선궁(金宣弓)이었다.

왕건의 파격적인 끌어 안기는 현지 주민들의 마음을 움직였다. 초모병에게도 저러니 하물며 전공이라도 세운다면? 포상에 대한 기대와 더불어 신뢰감이 더하지 않을 리 없었다. 그러니 많은 이들이 초모(招募)의 대열에 다투어 서게 되었다. 이들은 후삼국시대를 청산하는 역사적인 마지막 전쟁 대열에 끼게 된 것이다. 막차를 타게 되었다. 이 가운데는 전공을 세워 뒷날 시중까지 올라 갔던 선산군 해평면 출신의 김훤술(金萱述)이라는 사람도 있었다. 게다가 왕건은 이곳 출신인 선필의 딸을 부인으

김선궁 신도비와 묘소
선산군 해평면 금호리에 소재한다.

『삼국사기』의 일리천 전투 기사

로 삼았다. 그녀가 왕건의 29번째 왕비인 해량원 부인이다. 왕건이 해량원 부인을 배우자로 맞이한 시점이 일리천 전투 직전인지 그 직후인지는 알 수 없다. 그러나 이때 이곳 호족들과 든든한 유대 관계를 구축했기에 혼인으로 연결되었음은 틀림이 없다.

왕건은 병산 전투 직전과 같은 상황을 만들어 놓았다. 현지인들로부터의 전폭적인 지원을 받으면서 전쟁을 개시하는 거였다. 절대적으로 우세한 무력과 현지의 민심 장악, 왕건은 싸우기도 전에 벌써 이기고 있었던 것이다.

전쟁 하루 전날 진훤은 무척 착잡한 심회에 사로잡혔을 것으로 보인다. 김동인의 「진헌」이라는 중편소설에 의하면 다음과 같이 묘사되었다.

> 그 날 밤 진헌왕은 밤새도록 소리없이 울었다. 이미 정한 운명이었지만 눈앞에 이르니 가슴이 저리었다. 더욱이 자기 평생 공을 다 들이어 쌓은 탑이 지금 무너지는 데 자기가 그것을 붙드는데 일호(一毫)의 힘도 가할 수 없고, 도리어 무너뜨리는 편에 붙어서 방관하지 않을 수가 없는 운명이 더욱이 애달팠다. 베개에서 물을 차낼 수가 있도록 수없이 눈물을 흘렸다.

이러한 진훤의 비통한 심정은 누구에 비유해 볼 수 있을까? 백제 재건운동의 영웅으로 흑치상지라는 장군이 있었다. 그가 우여 곡절 끝에 당나라에 항복한 후 자신이 철옹성처럼 지켰던 임존성을 공격하는데 내몰렸다. 그때의 심정과 같았으리라.

운명의 날은 그 다음 날인 9월 8일이었다. 진훤은 왕건과 함께 대군에 대한 열병(閱兵)을 하였다. 진훤도 전투에 참전하였던 것이다. 그는 박술희 등과 함께 마군(馬軍) 즉 기병 1만 명을 지휘하였다. 북군은 이와 더불어 능달(能達)이 지휘하는 보병 1만 명으로 좌강(左綱)을 삼고, 홍유(洪儒) 등이 지휘하는 기병 1만 명, 삼순(三順) 등이 이끄는 보병 1만 명으로 우강(右綱)을 삼고, 김순식과 긍준(兢俊)·왕렴(王廉)·왕예(王乂) 등이 지휘하는 기병 2만 명, 유검필 등이 흑수(黑水)·달고(達姑)·철륵(鐵勒) 출신의 기병

우 강	중 군	좌 강
홍유: 기병 1만	왕건	진훤·박술희: 기병 1만
	김순식·긍준·왕렴·왕예: 기병 2만	
삼순: 보병 1만	유검필: 기병 9천 5백(흑수·달고)	능달·기언: 보병 1만
(총 2만 명)	정순·애진: 보병 1천	(총 2만 명)
	종희: 보병 1천	
	김극종·조간: 보병 1천	
	공훤·능필: 기병 3백, 여러 성 차출	
	병력 1만 4천 7백	
	(총 4만 7천 5백 명)	

좌 군 효봉	중 군 신검	우 군

군진 대전표

9천5백 명, 정순(貞順) 등이 이끄는 보병 1천 명, 종희(宗熙)가 지휘하는 보병 1천 명, 김극종(金克宗)이 이끄는 보병 1천 명으로 중군(中軍)을 삼았다. 공훤(公萱)이 이끄는 기병 300명, 여러 성에서 차출한 군사 14,700명으로 대군의 위용을 뽐내었다. 모두 87,500명을 헤아리는 대병력으로서 10만 대군이라고 일컬을 만했다. 『세종실록』 32년 1월 15일 조에 의하면 "고려 태조가 백제를 평정 할 때에도 정병 11만 명을 사용하였사오며"라고 하여 그 군세가 11만이었다고 하였다. 일격에 후백제를 제압하기 위해 총병력을 징발했던 것이다.

이들 가운데 김순식이 합류하는 과정이 문적(文籍)에 실려 있다. 김순식은 김경신(뒤의 원성왕)과의 왕위계승에서 패하여 명주로 내려와 명주군왕을 칭했던 김주원(金周元)의 후손으로 파악되는 인물이다. 『증수 임영지』에 따르면 김주원은 "명주는 우리 어머니의 본향(本鄕)이다"고 하였다. 그러한 김주원의 후손인 김순식은 명주에서 자신의 병력을 이끌고 왔다. 그때 왕건이 김순식에게 말했다. "나는 꿈에 이상한 중이 갑옷을 입은 병사 3천 명을 이끌고 온 것을 보았는데, 다음날 그대가 군대를 거느리고 와서 도우니 이는 그 감응이다!" 그러자 김순식이 답했다. "제가 명주를 출발하여 큰 고개[大峴]에 이르자 괴이한 중이 사당에 있으면서 제사를 차리고 기도를 하였습니다. 임금께서 꿈을 꾸신 것은 반드시 이것일 겁니다." 그러자 왕건은 괴이하게 여겼다는 것이다.

'溟州城' 명문 기와

여기서 김순식이 넘었던 '큰 고개'는 대관령을 가리키고 있다. 이곳에는 오랜 동안 영동 지방 사람들이 수호신으로 숭배해 왔던 범일(梵日)이라는 국사를 제사지내는 사당이 소재한다. 대관령휴게소에서 기상관측소 가는 길

입구에는 커다란 바위에 그 입구임이 표시되었다. 서행 운전하여 10분 가량 올라가면 5평 남짓의 기와집인 대관령국사 성황당(大關嶺國師城隍堂)이 나타난다. 성황당의 내부 정면 벽에는 백마를 타고 활을 메고 있는 성황신과 종자 그리고 그 좌우로 두 마리의 호랑이 그림이 그려져 있다. 한 폭의 민화같은 느낌을 준다. 이 성황당의 동북편 뒤쪽에는 한 평 남짓한 규모의 산신당이 자리잡고 있다.

대관령국사 성황당이나 산신당의 신들은 영동 지방의 가뭄이나 홍수·폭풍·질병·풍작·풍어 등을 보살펴 주는 영험한 신으로 믿어 오고 있다. 특히 성황당에는 강릉과 관련있는 범일 국사를 모시고 있다고 한다. 강릉의 향토지인『임영지 臨瀛誌』(1721~1724)에 의하면 이 지역의 호족인 김순식이 왕건을 모시고 후백제 신검의 군대와 싸우는데, 꿈에 두 귀신이 가르쳐준대로 하여 승전하였으므로, 그 후 성황당과 산신당의 두 귀신을 받들어 제사를 올리고 있다는 것이다. 그리고 김순식과 함께 참전하였던 인물 가운데 하나인 왕예는, 본래 이름은 김예(金乂)로서 김주원의 후손이었다. 이러한 것을 보더라도 왕건은 마지막 끝내기 싸움에서 결정적으로 강릉 세력의 지원을 입었음을 알 수 있다. 그랬기에 왕건은 후에 김예를 내사령(內史令)으로 임명했을 뿐 아니라, 그의 딸을 자신의 부인으로 삼기까지 했다.

남군은 북군의 병력과 강건한 진용에 압기 되었다. 전고(戰鼓)가 공활한 가을 하늘에 바쁘게 울려 퍼졌다. 그와 동시에 눈에는 보이지 않지만 저승사자들의 몸놀림도 덩달아 바빠졌을 것이다. 후백제왕 신검은 몸소 군대를 이끌고 나와 금오산성을 배후 거점으로 삼아 그 전면에 진을 쳤다. 그런데 북군은 돌연히 낙동강의 여지나루를 건너 서편으로 신속하게 이동하였다. 일제히 강을 건넌 것이다. 때는 음력 9월이라 갈수기였다. 강물이 깊지 않았다. 기병을 선두로 보병들이 첨벙거리며 강물에 뛰어들었다.

양 군대가 마주 보며 힘차게 앞으로 돌진해 왔다. 그 순간 에메랄드 색깔처럼 시퍼런 하늘에는 칼과 창 모양으로 된 흰 구름이 북군의 머리 위에서 남군 쪽으로 밀려 갔다. 하늘이 북군을 응원한다는 표지였던가? 개전(開戰)과 더불어 남군의 좌장군

남군 쪽에서 바라 본 숭신산성과 여지나루

효봉(孝奉)과 덕술(德述)·애술(哀述)·명길(明吉)이 일제히 북군 진영으로 달려와 항복하였다. 이들은 북군의 세력이 크게 성함을 보고는 투구와 창을 던지고 좌강을 형성하고 있는 군단쪽으로 와서 투항했다고 한다.

이들이 하필 좌강쪽에서 항복한 이유는 무엇일까? 옛 주군인 진훤이 그곳에 있었기 때문이다. 좌장군 효봉 등은 진훤에게 달려와 항복한 거였다. 실제로『고려사절요』와는 달리『고려사』에는 이들이 "진훤의 말 앞에 항복하여 왔다"고 하였다. 이와 관련해 상주시 화서면 지역에 전해오는 구비전설이 상기 된다. 이때 진훤의 사위가 진훤이 기(旗)를 꽂고 마상에 올라 앉아 있는 모습을 보고는 도저히 장인에게 대적할 수 없다고 생각하고는 부하들을 이끌고 항복했다는 것이다. 있음직한 전설이라고 보겠다. 여하간 북군 진영 앞에서 말을 서서히 몰면서 남군의 옛 부하들을 응시하는 70 고령의 진훤, 남군의 장수들은 차마 칼을 뽑을 수가 없었다. 이러니 남군은 사기가 꺾이어 감히 싸울 엄두를 내지 못하였다. 남군은 얼어붙은 듯이 움직이지를 못했다.

왕건은 효봉 등을 통하여 신검이 있는 곳을 재빨리 알아내었다. 왕건은 공훤이 거느린 기병부대에 명하여 신검이 있는 중군을 찌르게 하였다.

3군이 일제히 진격하여 양쪽에서 협격하니 남군이 크게 무너졌다. 남군은 장군 흔강(昕康)과 견달(見達) 등 3,200명이 생포되었다. 그리고 5,700명이 전사하였다. 『고려사』에 의하면 "적병(賊兵)이 창을 거꾸로 돌려 저희들끼리 서로 쳤다"라는 기록이 보인다. 남군 내부가 분열되었음을 뜻한다. 북군에 투항하자는 세력과 그에 저항하는 세력으로 갈렸던 것이다. 진훤파와 신검파로 갈려 적전분열의 자중지란이 발생하였다. 신검은 소리지르며 독려했겠지만 대세는 초전에 이미 결판이 났던 것이다. 남군은 연신 퇴각하였다. 퇴각한 남군이 집결한 곳은 금오산 자락의 동북편인 지금의 구미시 지산동 일대의 발갱이들과 그 앞 괴평동의 점갱이들이었다. 발갱이들은 '발검들'이라고도 하는데, 신검의 군대를 뿌리 뽑았다 해서 '발검(拔劍)들'이라 불리게 되었다고 한다. 논맬 때 부르는 '발검들 들노래'라는 노동요가 지금까지 전해지고 있다. 북군은 감천을 건너 지금의 고아읍 관심리 앞 들에 진을 쳤다. 어

갱이들이라고 하는 곳이다. 어갱이들 언덕진 곳은 왕건이 깃발을 꽂은 곳이라 하여 '장대'라고 현재 부르고 있다. 발갱이들에서 남군은 결정적으로 궤멸되고 말았다. 이제 선택할 수 있는 길은 퇴주밖에 없었다.

발갱이들

후백제의 붕괴!

　　북군은 일리천에서부터 남군을 추격하여 추풍령을 넘었다. 그리고 북군은 지금의 충청남도 논산시 연산면 일대인 "황산군(黃山郡)에 이르러 탄령(炭嶺)을 넘어 마성(馬城)에 주둔하였다("고려사』 권 2, 태조 19년 조)"고 한다. 이 기록에 보이는 북군의 동선상 탄령은 황산군(논산)과 접해 있었을 가능성이 몹시 높다. 실제 탄령을 백제 멸망기에 등장하는 탄현(炭峴)과 동일한 지역으로 비정하고 있다. 게다가 황산군(논산시 연산면)까지 추격한 북군의 최종 목적지는 백제 수도인 남쪽의 전주임이 자명해진다. 그렇다면 북군은 논산에서 남쪽으로 꺾어져 남하한 것이다. 탄령의 위치 또한 전라북도 완주군 운주면의 쑥고개가 자연스럽다. 그러면 마성의 위치는 어디일까? 마성은 고산자 김정호가 비정한 바 있는 완주군의 용계산성(龍溪山城)으로 지목하기도 한다. 그러나 북군의 동선이 논산→완주→마성→전주라고 한다면 완주에서 전주로 이어지는 구간 사이로 잡아야 할 것 같다. 이 구간에서 마성으로 일컬어질 수 있는 곳은 익산 지역이다.

완주군 용계산성

『익산구지 益山舊誌』에 따르면 낭산산성(朗山山城)을 '마한성'이라고 했다. 곧 '마성'으로 줄여서 일컬을 수 있는 소지가 보인다. 그러나 무엇보다도 익산은 완주에서 전주에 이르는 북군의 동선상 그 중간에 소재했다는 것이다. 게다가 익산은 금마저(金馬渚)나 금마성으로 일컬어졌다. 그러니 끝 글자를 취하여 '마성'으로 일컬을 수 있는 지역이다. 실제 백제 고지에 설치된 웅진부성(熊津府城)을 '부성'으로 줄여서 표기한 사례가 있다. 이러한 맥락에서 마성을 왕건의 건탑(建塔) 전설이 남아 있는 익산 왕궁면의 왕궁평성으로 지목하고자 한다.

동서로 굉장히 긴 전장이 형성된 전쟁이었다. 왕건은 백제 멸망 후 황

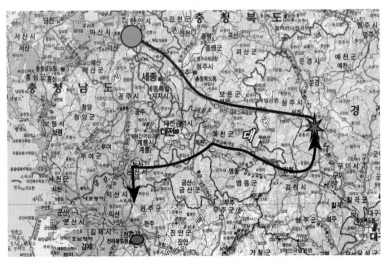
후백제군 패주로
동선은 "황산군에 이르러 탄령을 넘어 마성에 주둔했다"는 기록에 근거하였다.

탄령 즉 탄현인 쑥고개

산 이름을 천호산으로 바꾸고 개태사라는 사찰을 창건하였다. 이러한 정
황에 비추어 보면 황산은 후백제 멸망과 관련해 의미 있는 지역이라고 할
수 있다. 태자 무(武)를 수반으로 하는 북군의 후방 본영이 천안에 설치되
어 있었다고 한다. 그렇다면 이에 대응하는 남군의 후방 본영은 황산에
설치되었을 수 있다. 북군이 천안에서 집결하여 일리천까지 진군하였다
고 한다. 남군은 황산에서 집결하여 일리천까지 진군한 것으로 추측된다.
일리천에서부터 남군을 추격해 온 북군은 황산에서 남군의 후방 본영을
격파하였던 것 같다. 이때 왕건은 황산에 주둔하였지만 북군 주력은 남군
을 쫓아 탄령을 넘어 마성까지 진출한 것이다.

　　신검은 도저히 전세를 반전시킬 수 없다고 판단하였다. 그는 양검과
용검 형제와 더불어 문무 관료들을 이끌고 나와서
항복하였다. 남군의 후방 거점인 황산이 무너지고
탄령을 넘어 전주의 목에 해당하는 마성까지 넘어가
자 신검은 전의를 상실하였을 것이다. 이와 더불어
내부적인 요인도 찾을 수 있을 것 같다. 전력을 거의
상실한채 초라한 몰골로 전주로 쫓겨온 신검에게 왕
실내에서 발언권이 센 박영규가 작심하며 기다리고
있었다. 고려와 기맥을 통하고 있던 진훤의 사위 박

'金馬渚官' 명문 기와

마성으로 추정되는 익산 왕궁평성 궁성벽

왕궁평성 성벽

영규 부부의 위협과 회유로 인해 기가 크게 꺾인 신검은 시류에 몸을 맡기고 말았다. 선택이 제한된 그가 목숨을 부지하려면 꺼낼 수 있는 유일한 카드는 항복이었다.

신검이 항복한 장소는 북군의 새 본영이 설치된 황산이었던 것 같다. 왕건은 분란의 사단을 만든 장본인 능환을 꾸짖은 다음 목을 베게 하였다. 기실 능환 덕분에 후백제가 분열되어 무너지게 되지 않았던가? 알고 보면 후백제를 망치게 한 일등 공신이 능환이었다. 왕건은 능환에게 상을 내려도 시원찮을 판이었지만 명분에 따라 그를 베었던 거였다. 그러고 보면 명분이란 기만에 찬 위선에 다름 아니었다. 왕건이 경순왕에게 한 태도 역시 이와 전혀 다를 바 없었다.

왕건은 신검에게는 작(爵)을 내려 주었다. 양검과 용검은 진주(眞州: 위치 미상)에 귀양 보냈다가 조금 후에 죽였다. 『삼국사기』에 의하면 "혹은 3형제가 모두 죽음을 당하였다고 한다"라는 이전(異傳)을 수록하고 있다. 그러나 『고려사절요』에는 "신검이 참람되이 왕위에 오른 일은 남에게 협박 받아 한 것이요, 그의 본심은 아니었으며, 또 권순하여 죄를 애걸하므로 특별히 그를 용서하였다"는 기록이 남아 있다. 그렇지만 양검과 용검이 먼저 처형 된 후 따로 신검이 죽임을 당한 것으로 보인다.

천추의 한을 품고
거인巨人 세상을 건너 가다

　　진훤은 왕건이 신검을 죽이지 않은 것을 분하게 여기어 번민하였다. 너무나 허망하기 이를데 없었다. 70 평생 타이거처럼 몸을 날려 생애의 대부분을 전진(戰陣)에서 보냈던 그였다. 이규보의 「늙은 장수 老將」라는 고율시(古律詩)에는 이러한 구절이 있다.

당년에는 송골매처럼 몸을 날려	當年身似鶻飛揚
동북 지방의 여러 싸움터를 누볐었는데	東北曾馳百戰場
눈[雪] 개면 화살이 날아오는가 착각하고	雪霽錯應看箭影
날 흐리면 이따금 칼맞은 상처 쑤신다오	天陰時復發金瘡
조각한 활은 뱀이 숨은 듯 방안에 걸어두고	彫弓蛇蟄堂中掛
시퍼런 칼은 용이 서린 듯 칼집에 넣어두네	白刃龍蟠匣裏藏
국가에 보답하려는 장한 마음 길이 늠름하여	報國壯心長凜凜
꿈에서도 소리 화살 날려 오랑캐 임금 맞추노라	夢中鳴鏑射戎王

진훤의 생애가 이와 다름이 없었을 것이다. 전장에서 승부의 순간 순간과 고비 고비들이 파노라마처럼 지나갔으리라. 진훤은 등창이 난지 수일만에 황산불사(黃山佛舍)에서 70세를 일기로 영욕이 교차하는 파란만장한 생애를 접었다. 임종 직전 그는 만감이 일렁였을 것이다.

빈궁한 농부의 아들로 태어나 산으로 에워싸인 동리의 논밭에서 손에 굳은살이 박히도록 곡괭이질 하던 날, 허기진 배를 움켜 쥔채 보리 가마니를 짊어지고 비지땀 흘리며 시오리길을 걷던 순간, 단옷날 힘이 장사라고 찬사를 받으며 일등 농군으로 집안의 기대를 한 몸에 받았던 때, 곡괭이를 내 던지고 검을 잡기 위해 경주 땅을 밟던 순간, 검푸른 파도가 늠실거리는 순천 해변가에서 사졸로 복무하던 때, "용감하다! 용감하다!" 칭송 받으며 해적들을 후려치던 순간, 발군의 기개로서 비장직에 올라 부러움을 사던 때, 능력과 공로 있어도 더 이상 승급하지 못하는 벼슬길의 두터운 철벽 언저리에서 서성이며 뜨거운 가슴을 안고 고뇌하던 청춘시절,

논산 개태사 삼존석불

새로운 세상을 열기 위해 혁명의 대열에 용약 뛰어 들던 순간, 혁명 무력으로 백제를 부활시키면서 전주에 입성하던 때의 감격, '정개' 연호를 반포하며 위세당당한 자주국을 열었던 순간, 벌겋게 혈흔이 묻은 전포를 걸치고 전진(戰陣)을 누비던 가없는 세월, 경주 땅에 입성하여 쩌렁 쩌렁 호령하던 순간, 공산에서 등을 보이며 달아나는 왕건을 향하여 호탕하게 웃던 순간, 평양성의 문루에 활을 걸어두고 대동강 물에 말의 목을 축이고자 했던 꿈…목전에 다가 왔던 통일위업…설핏 비치는 통일군주인 자신의 모습…사랑하던 아들 금강 왕자의 모습…등등이 주마등처럼 지나갔으리라.

칠십 평생 오매불망 백제 재건과 통일국가의 완성을 위해 혼신을 다했던 진훤이었다. 신검의 교서에 나와 있듯이 "영특한 지혜는 만고에 으뜸이라 말세에 태어나셔서 스스로 세상을 건질 소임을 지고 삼한 지역을 순행하시면서 백제라는 나라를 회복하셨으며, 도탄에서 구해 주셨으니, 백성들이 편안히 살게 되고, 바람과 우레처럼 횡행하시니 가는 곳마다 모두 달려와 붙었으니, 공업이 거의 중흥하게 되었는데…"라고 했던 장대한 뜻을 깊이 깊이 묻고 말았던 것이다.『동사강목』에 의하면 진훤이 숨을 거둔 황산불사는 지금의 연산 동쪽 5리에 소재했다고 한다.

『삼국유사』에 의하면 그가 운명한 날이 936년 9월 8일이라고 했다. 그러나 이 날은 선산의 일리천 전투에서 신검 군대가 격파당한 날이다. 진훤은 신검이 항복하고 나서 사망했으므로 이 날짜는 맞지 않다. 진훤의 사인(死因)인 등창은 등에 나는 큰 부스럼이다. 의학적으로 볼 때 몸의 열기가 밖으로 분출되면서 터지는 것으로 홧병이라고 하겠다. 실제『삼국사기』에서는 "진훤이 수심과 번민으로 등창이 났다"고 하였다. 진훤은 천추의 한을 품고 세상을 건너 갔던 것이다. 그러고 보니「꽃을 아까와 하면서 惜花吟」라는 제목의 칠언고시가 떠 오른다.

납월(臘月) 26일에 처음으로 성(城)에 들어	臘月念六初入郭
머리 돌리는 사이 봄은 이미 70이요 사흘이네	轉頭春已七十有三日
지난 해나 올해도 물처럼 흘러가고	去年今年同逝川
어제도 오늘도 역마처럼 달려가네	昨日今日甚奔馳
어제 꽃을 보매 꽃이 처음 피더니	昨日看花花始開
오늘 꽃을 보매 꽃이 지려 하는구나	今日看花花欲落
꽃이 피었다 지는 것은 아낄 겨를도 없고	花開花落不容惜
봄이 왔다 가는 것 누가 잡을 것인가	春至春歸誰把捉
세상 사람은 다만 꽃이 피고 지는 것만 보고	世人但見花開落
제 몸이 저 꽃과 같은 줄은 모르네	不知身與花相若
그대는 아침에 거울 앞에서 젊은 얼굴 자랑하다가	君不見朝臨明鏡誇紅顔
저녁에는 북망산을 향해 불삽(紼翣)을 재촉하는 것 보지 못하였는가	暮向北邙紼翣翼
모름지기 믿어라 꽃이 피고 질 때에	須信花開花落時
그것은 분명 저 무상(無常)을 말하는 것이니라	分明說箇無常法

　　지은이도 모르는 칠언고시이다. 그럼에도 주옥같은 시문(詩文)을 수록한 『동문선』에 수록되었으니 그 격조는 논할 필요가 없으리라. 이 시를 음미할 때마다 뇌리에는 진훤의 웅장한 생애가 몽실 몽실 피어오르곤 한다. 진훤, 그는 숙원의 통일대업을 자신이 성취하지는 못했다. 그러나 풍운아만은 아니었다. 농민의 아들로 말세와 같은 칙칙한 세상에 태어나 화려하게 꽃을 피웠고, 한 시대를 대낮처럼 환하게 비췄던 횃불과도 같았다. 그는 질곡의 상태에 놓여 있던 주민들을 해방시켰고, 승부에 승부를 거듭하는 전쟁으로 숨도 돌릴 수 없는 난세를 헤쳐나가면서 한 시대의 종지부를 찍게 하여 역사의 일대 전환점을 마련했다. 혁명가로서 이 사회에 새로운 기풍(氣風)을 진작시켰다. 진취적인 기상을 지녔던 야심찬 진훤의 생애가

황산과 개태사 원경

이제 역사의 뒷편으로 훌쩍 건너간 것이다.

그의 죽음과 관련하여 이런 이야기가 전한다. 왕건의 북군은 지금의 연무읍 부근에서 남군과 최후의 일전을 벌이게 되었다. 진훤은 개울가에 잠시 쉬고 있는데 그곳 지명이 '닭 다리 벌'이라는 말을 듣고는 깜짝 놀랐다고 한다. 그는 "지네의 정기를 타고 난 내가 닭 다리에 밟힌 격이 되었으니 어찌 살아날 수 있겠는가!"라고 말하였듯이, 패전과 죽음을 예언하고 앓기 시작했다고 전한다. 임종에 즈음하여 그는 완산 쪽을 바라 볼 수 있도록 묻어 달라고 유언했다는 것이다. 이에 따라 전주 쪽을 향해 묻어 주었다고 전한다. 이러한 이야기는 풍설에 불과할 것이다. 하여간 여우는 죽을 때 태어난 언덕을 돌아 본다고 한다. 진훤은 자신이 백제를 부활시킨 전주 땅을 끝내 잊을 수 없었단 말인가!『여지도서』에는 다음과 같은 전승이 전하고 있다.

진훤이 까치재 고개[鵲峙峴]에 진을 치고 있을 적에 까치가 있
어 대기(大旗)의 깃대 위에 앉자 갑자기 기가 쓰러져 넘어졌다. 이
를 보고 진훤은 자신이 반드시 패망할 것을 알고 좌우에 이르기를
내가 죽으면 모악산이 보이는 곳에 묻어 달라고 하였다. 이에 마
침내 그의 말을 좇아 묻었으니 지금 남아 있는 무덤은 멀리 모악산
을 바라보고 있다고 한다. 그리고 까치고개라는 지명도 역시 여기
에서 유래한다고 한다.

　　진훤의 묘소는 『세종실록』 지리지 공주목 은진현 조에서 "현의 남쪽
12리 풍계촌(風界村)에 있다"고 하였다. 『신증동국여지승람』에는 "현 남쪽
12리 풍계촌에 있는데 속칭 왕묘(王墓)라 전한다(은진현 塚墓 條)"라는 기록
이 전한다. 진훤의 묘소는 지금의 논산시 연무읍 금곡리의 야산에 소재하
고 있다. 둘레 70m, 직경 17.8m에 이르는 큰 무덤이다. 최승로의 상서문

진훤대왕릉

진훤대왕릉에서 멀리 전주 모악산이 보인다.

에 따르면 왕건은 진훤이 사망하자 부의(賻儀)를 넉넉하게 하였다고 한
다. 한 시대를 풍미했던 국왕으로서의 격에 맞게끔 장대한 유택을 조영해
준 것이다.

지난 세기에 진훤 대왕릉을 찾아 갈 때면 어둑 어둑해지는 저녁 무렵
이었다. 이 무덤 앞에서 이런 상념을 띄워 보곤 하였다. 태조 이성계의 영
정을 봉안한 전주 경기전(慶基殿)과 관련한 류순(柳洵: 1441~1517)의 다음
과 같은 시였다.

시기에 호응하여 도록(圖錄)에 맞게 동한(東韓)을 평정하니	應期叶籙靖東韓
도탄에 든 백성을 평안하게 하였도다	塗炭群生就奠安
성덕(聖德)을 마땅히 백세에 제사하려니	聖德故應祠百世
천추에 묘모(廟貌)는 단청(丹靑)이 맑으리라	千秋廟貌煥丹靑

이 싯구의 "동한을 평정하였으니 도탄에 든 백성을 평안하게 하였도
다"라는 구절은 진훤을 칭송하는 "삼한 지역을 순행하시면서 백제라는

나라를 회복하셨으며 도탄에서 구해 주셨으니 백성들이 편안히 살게 되고"라고 한 신검 교서의 내용을 연상시킨다. 진훤이 한반도의 재통일에 성공했더라면 전주 땅 한 복판에는 그의 성덕을 기리는 장대한 비석과 거대한 사당이 지금껏 떡 버티고 있었을 것이다. 진훤의 신무(神武)와 관련된 무용담과 아름다운 일화도 전주 땅 곳곳에 배어서 전해져 왔으리라. 그의 웅장한 생애를 1278년(충렬왕 13)에 쓰여진『제왕운기』의 '후백제기'에는 다음과 같이 노래하고 있다.

가은현 사람 아자개는	加恩縣人阿慈个
한 아들 낳아 가져 농장에서 일을 할제	生得一兒業農圃
밭머리에 아이 두고 부부는 밭갈더니	置向田頭夫婦耕
새가 와서 덮어 주고 범이 와서 젖먹이다	鳥來舒覆虎來乳
장년이 되어 있어 신라 벼슬 다닐 즈음	旣壯仕羅詣行間
재주와 힘이 뛰어나고 성질은 범같았다	才力離倫性雄虎
성은 본시 이씨이며 이름은 진훤이라	姓本是李名甄萱
명을 받아 남쪽에 수자리 나아가매	承命出向南方戍
큰 뜻을 속에 품고 때 오기만 엿 보면서	成潛含大志伺時
선비 백성 모으기에 마음을 기울였다	便咍士誘民常吐哺
당나라 소종(昭宗) 경복(景福) 원년 임자년에	唐昭景福元年壬子
무진성(武珍城)에 의거하여[지금 광주이다] 처음으로 터 닦으니	據虎珍城[今光州也]初樹羽
병사는 사납고 기운차게 횡행(橫行)하니	兵强氣銳恣橫行
후백제라 이름한지 45년 되올 적에	名後百濟四十五
자식이 불량하니 이 일을 어이하리	有子不良將奈何
그 이름은 신검인데 아비를 감금하니	其名神劒乃幽父
금산사 불전문(佛前門)을 어느 누가 열어 줄까	金山佛前戶誰開

넓고 넓은 천지간에 촌보(寸步)도 못하다가	泰華千里當寸步
청태(淸泰) 3년 병신(丙申) 봄에	淸泰三年丙申春
푸른 강 몰래 건너 우리 태조 품에 들다	偸渡碧江歸我祖
왕례(王禮)로 대접하여 조정에서 위로하고	對以王禮慰於朝往
모질고 나쁜 자식 군사 풀어 죽였도다	討賊子尸
황천 길 앞에 두고 피 토한들 어찌하리	諸路臨薨歐血那
갸륵했다 신라왕의 지난 날 그 거취는	可追美矣羅王知去就

　　진훤의 몰락과 관련해 빼놓을 수 없는 것이 익산의 왕궁평성 오층탑 전설이다. 이 탑은 보물에서 국보로 승격된 백제 계통의 탑으로 알려져 있다. 전설에 의하면 후백제 수도였던 전주 지역은 개가 엎드린 형국이라고 한다. 왕건이 후삼국을 통일한 후 풍수지리설에 따라 개꼬리 부분에 해당되는 이곳의 기(氣)를 눌러 제압하기 위해, 이 탑을 세웠다는 것이다. 오층탑이 세워지자 완산 땅이 3일 동안 캄캄해졌다고 한다.

익산 왕궁면에 소재한 오층탑

지역신으로 고향의 품에 돌아와 좌정한 진훤

　거치른 파고를 헤치며 인생의 천당과 지옥을 오가다 세상을 건너간 진훤은 고향의 품에 안겼다. 고향의 초입을 지켜주는 신으로서 그 영생을 누리고 있다. 마을의 허한 곳을 막아 액을 차단시켜주는 골맥이로서 좌정한 것이다. 당은 마을 입구에서 마을의 골맥이로 자리잡아 맥을 막아 주고 있다. 상주시 화서면과 화남면의 일부 마을에서는 동신으로 진훤을 모시고 있다.

　상주시 화서면 하송 1리 청계마을에는 마을 중심에 진훤을 모시고 있는 선신당(仙神堂)과 마을 입구에 골맥이가 있다. 선신당은 한칸으로 이루어

상주 진훤왕 사당

진 맞배지붕 당집이다. 17년 전 여름에 나는 비가 쏟아지는 어둑 어둑한 저녁에 이 사당의 빗장을 풀고 들어가 신주의 독개(櫝蓋)를 벗기니 '후백제 대왕신위 後百濟大王神位'라는 위패

진훤왕 사당 안의 위패

진훤왕 사당 상량문

가 또렷하게 시야에 들어 왔다. 상량문에는 '도광19재 道光十九載'라는 연호가 붓으로 쓰여 있다. 도광 19년은 1839년이다. 지금부터 176년 전에 상량한 아담하면서도 근엄한 품격을 풍기는 사당이었다. 매년 정월 보름과 시월 보름에 동고사를 올리고 있다. 재물은 과거에는 소까지 잡았을 정도로 성대했다고 한다. 후백제 대왕의 위패를 중심으로 비록 신체는 없지만 좌장군과 우장군에게도 각각 잔을 올리고 있다.

문경 진훤왕 사당 숭위전

그밖에 하송 1리의 송내마을도 골맥이로 진훤을 모시고 시월 보름과 정월 보름에 재를 올리고 있다. 화남면 동관 1리에서도 마을 입구의 숲에 진훤을 골맥이로 모시고 있다. 이렇듯 진훤은 고향 어귀의 동민들과 더불어 기억 속에서 반추되며 영생을 누리고 있는 것인가?

　　게다가 충청북도 영동군에 속한 황간(黃澗)을 본관으로 하는 견씨(현재는 '진'이 아니라 '견'으로 읽고 있음)의 시조는 진훤으로 되어 있다. 1985년 당시 황간 견씨는 405명으로 조사되었다. 물론 상주와 전주 견씨도 일부 있다.

신거무 장터 전설 ▋

    전라남도 장성군 남면 승가리 마을을 배경으로 하여 전설이 내려 오고 있다. 이방 신분이었던 신거무라는 사람을 전설화한 것이다. 이런 이야기가 되겠다. 진원(장성군에 속한 珍原縣을 가리킴)이라는 고을에는 부임해 오는 족족 원들이 사망했기에 부임할 사람이 없었다. 유명한 면앙정 송순(宋純: 1493~1582)의 하나밖에 없는 아들이 원으로 자원하게 된다. 그러자 송순은 만류했지만 여의치 않자 진원 고을에 가면 신거무를 조심하라고 주의를 준다.

    송순의 아들이 원으로 부임한 첫날 저녁에 원귀가 나타나 원한을 호소한다. 그러자 원은 원귀의 원한을 풀어주기 위해 아버지의 경고에도 불구하고 이방이었던 신거무를 잡아다가 무조건 때려 죽인다. 신거무는 절통하여 거무가 되어 원을 죽이지만, 송순은 아들의 죽음을 듣고도 바둑만 두는 등 초연하다. 송순은 상여에서 사랑하는 아들의 시신을 내어 회초리로 때린다. 원귀가 되어 상여를 따라 오다가 이러한 모습을 본 신거무는 송순에게 장터를 세워 달라는 소원을 말하고는 물러간다. 신거무는 자신을 죽인 원의 가족을 몰살시키려고 따라 왔으나 죽은 아들을 회초리로 때리며 혼내는 송순의 태도에 감복하여 뜻을 꺾고 말았던 것이다.

송순은 신거무와의 약속대로 장터를 세워준다. 그런데 이 장에서는 제일 늦게 온 사람이 꼭 한 사람씩 죽어 나갔다고 한다. 그래서 죽지 않으려고 장을 보러 빨리 빨리 오고는 싸움하면서 빨리 빠져 나갔으므로, "신거무장 파하듯이 한다"라는 말이 생겨났다는 것이다. 이 말은 어떤 일이 제대로 성사되지 않고 흐지부지 파할 때 사용하고는 했다.

이러한 신거무 전설의 서사구조적 의미는 역사성을 띠고 있다고 한다. 이에 대한 연구 성과를 중심으로 살펴 본다. 우선 주인공인 이방 신거무는 후백제 진훤의 아들인 신검을 가리키고 있다. 신거무는 토착인과 후백제인의 상징이기도 했다. 그리고 무대인 장성 땅은 후백제의 영역이었

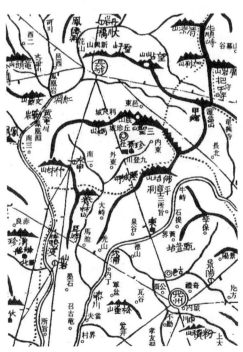

다. 반면에 부임해 온 원은 외부에서 들어 온 정복자요 고려인이라고 보겠다. 그런데 이 전설에서 신거무가 부임하는 원을 물리친 것은, 고려의 통치를 거부하는 후백제인들의 저항의식과 긍지를 나타내는 것이라고 한다. 고려가 후백제 남단의 요지인 장성 지역을 장악하는 일이 결단코 쉽지 않았음을 상징한다고 보겠다.

『동여도』와 『대동여지도』가 결합된 지도의 광주와 장성 부분
광주 북쪽에 '진훤대'가, 장성의 남쪽에 '진원'이 보인다.

장성군 진원면 진원리에 세워진 고려시대 5층석탑

　　그러면 원이 신거무를 처벌하였지만, 신거무가 원귀로 나타나고 있음
은 무엇을 의미할까? 후백제 영역이었던 장성 땅의 주민들이 정신적으로
고려 조정에 대항하였음을 뜻하는 것이다. 원귀로 상징화하여 점령자인
고려에 복수하고 싶은 심정을 드러내고 있는 것으로 해석되고 있다. 요컨
대 신거무와 자원한 원과의 갈등은 후백제인들과 고려와의 싸움과 갈등
을 상징화한 것이요, 신거무와 원의 아버지와의 사이에 갈등 해소를 위한
타협과 무마책으로서 시장이 세워지게 된 것으로 마무리 되고 있다. 후백
제 지역의 주민들 사이에는 중앙권력에 대한 이같은 의식이 잠재되어 오
늘날까지 전승된 것으로 해석되어진다.

역사 속의 기록, 혹 이긴 자 위주의 기록은 아닐까?

　　진훤과 후백제의 몰락은 엄청난 역사적 부채를 안겨주었다. 고분 고분 투항한 신라와는 달리 끝까지 고려를 괴롭혔던 후백제였다. 사실 백제가 멸망할 때도 고구려와는 달리 신라와 당나라를 엄청 괴롭혔었다. 회복 운동과 웅진도독부 기간까지 합치면 의자왕의 항복에서부터 무려 12년이나 끌었던 것이다. 이러한 '백제'를 강제로 무릎 꿇리기는 했지만 제압하지는 못했다. 어떻게 다스릴 것인가? 왕건과 고려 조정이 처한 고민거리였다.

　　943년(태조 26) 4월에 왕건은 대광(大匡) 박술희를 불러 친히 후대 임금들이 경계하고 지켜야 할 정치 지침인 「훈요십조」를 주었다. 이 중 8번째 조목이 후백제인에 대한 대책이었다.

　　　차현(車峴) 이남과 공주강(公州江) 밖은 산형과 지세가 모두 배역(背逆)하였으니 인심도 역시 그러하다. 그 아래의 주·군(州郡) 사람이 조정에 참여하여 왕후(王侯)·국척(國戚)과 혼인하여 나라

言如蜜不信則讒自止又使民以時輕徭薄
賦知稼穡之艱難則自得民心國富民安古
人云芳餌之下必有懸魚重賞之下必有良

將軍引弓之外必有避烏垂仁之下必有良民
賞罰引外則陰陽順矣其八曰車峴以南公州
郡人與山形地勢並趨背逆人心亦然彼下州
則或變亂國家或銜統合之怨犯蹕生亂且
江外山形地勢趨背逆人心亦然彼下州
其曾屬官寺奴婢津驛雜尺以投勢移免或
者必有矣雖其良民不宜使在位用事變或
附王侯宮院奸巧言語弄權亂政以致災變
九曰百辟群僚之祿視國大小以爲定制不

『고려사』의 「훈요십조」의 8조 부분

의 정권을 잡게 되면 혹은 국가를 변란하게 하거나 혹은 백제의 통합 당한 원망을 품고 임금의 거둥하는 길을 범하여 난(亂)을 일으킬 것이며, 또 일찍이 관청의 노비와 진·역(津驛)의 잡척(雜尺)에 속했던 무리들이 혹은 권세 있는 사람에게 의탁하여 신역(身役)을 면하고 혹은 왕후(王侯)나 궁원(宮院)에 붙어 말을 간사하고 교묘하게 하여 권세를 부리고 정신을 어지럽힘으로써 재변(災變)을 일으키는 자가 반드시 있을 것이니, 비록 그 선량한 백성일지라도 마땅히 벼슬 자리에 두어 권세를 쓰게 하지 말 것이다.

왕건은 당시 풍미하던 풍수사상을 이용하여 후백제인의 등용을 철저하게 봉쇄하고자 했다. 그럼에도 불구하고 자신의 처와 참모들 가운데는 옛 백제 지역 사람들이 숱찮이 있는 것이다. 왕건은 고려의 두 번째 임금인 혜종을 낳은 나주 오씨는 물론이고, 영암 출신의 최지몽, 영광 출신의 김심언(金審言), 진훤의 사위인 박영규의 딸을 17비(妃)로 맞아들이는 등등 수많은 후백제 지역 인물들을 직접 기용했던 것이다. 심지어 왕건이 추앙해 마지 않았던 도선은 영암 출신이 아니었던가?

이러한 모순은 왕건 당대에만 국한되지 않는다는 데에 문제가 한층 심각해진다. 일례로 3대 정종(定宗)의 왕후인 문공왕후(文恭王后) 박씨는 박영규의 딸인 것이다. 이러한 문제점이 드러나기에 왕건이 배역지(背逆

강진의 무위사에 세워진 선각대사 탑비

선각대사 형미(864~917)는 광주(光州) 출신으로서 궁예의 부하였던 왕건의 요청으로 무위사에 주석하다가, 수도인 철원으로 올라와 지내던 중 왕건을 두둔하다가 궁예에게 피살되었다. 이렇 듯이 왕건은 옛 백제 지역 출신 인물들과의 유대와 지지를 통해서 세력을 확장시킬 수 있었다.

地)로 지목했던 '차현 이남과 공주강 밖'은 차령산맥과 금강 이남의 충청·전라 전역을 포괄한다기보다는 공주와 후백제의 수도인 전주로만 축소시켜 해석하기도 한다. 금강 이남 노령산맥 이북의 후백제 중심 지역에 대한 견제책이라는 것이다. 같은 맥락에서 「훈요십조」를 현종대에 와서 후백제계인들을 거세시키기 위해 조작된 문서로 간주할 정도로 의혹이 제기되고 있다. 그렇게 보았던 것은 이 문서의 등장 과정이 일단 석연치 않았기 때문이다. 왕건이 작성한 「훈요십조」는 1011년의 거란족의 침입 때 불타 없어졌으나 우연히 경주 출신인 최항(崔沆)의 집에서 발견되어 현종에게 바쳐졌기 때문이다.

최근에는 '차현 이남 공주강 밖[外]'에서의 '공주강 밖'을 '공주강 위'라는 새로운 해석이 제기되었다. 즉 이 문구는 차령산맥 이남 전체를 가리

강진 월남사터 백제계 탑
뒤편으로 영암 월출산이 보인다.

키는 것이 아니라 차령을 북쪽 경계로 하고 금강을 남쪽 경계선으로 하는 홍성·보령·부여·공주·연기·청주 일대를 지칭하는 것으로 간주했다. 왕건이 이 지역을 배역의 땅으로 지목하면서 그곳 사람들을 관직에 등용하지 말도록 당부한 이유는 초기 친궁예적인 그 지역에서 잇따라 모반 사건이 일어나며 왕건의 정치 기반을 위협했기 때문이라는 것이다. 상당히 주목할 만한 견해임은 틀림 없다. 그렇지만 부여와 공주는 엄연히 금강 남쪽에 중심지가 형성되어 있다. 이 문제를 어떻게 조율할 것인가?

그리고 현종이 거란족의 침략을 받아 남으로 몽진할 때 전주에서 북쪽으로 불과 30리 남짓인 삼례역(參禮驛)까지 왔으나 "전주는 곧 옛 백제로서 성조(聖祖)께서도 미워하셨으니 주상께서는 행차하지 마옵소서!"라는 말을 듣고는 전주 땅에 들어가지 못하고 장곡역(長谷驛)에서 유숙하였다. 이러한 사실을 주목할 때 「훈요십조」가 조작된 것으로만 일방 간주하기는 어렵지 않을까? 권력을 장악하는데 필요한 사람들이었지만 이제는 금성탕지(金城湯池)와 같은 수성(守成)을 해야 하는 입장으로 돌아섰을 때는 얼마든지 표변할 수 있기 때문이다. 창업기 군주의 원려(遠慮)는 사적인 정에 매이지 않는 법이다. 대표적인 사례를 들어 보자. 조선 태종을 들 수 있다. 그는 외척들의 절대적인 도움으로 즉위했었다. 그렇지만 왕권 강화에 저해되는 이들을 말끔이 제거해 버리면서 외척의 발호를 경계하지 않았던가? 이러한 측면뿐 아니라 당시를 풍미했던 도참서(圖讖書)의 영향을 배제하기 어렵다. 고려 중기부터 '십팔자 十八子' 왕위설이니, '목자 木子' 왕위설 등으로 해서 이씨의 대두를 극력 경계했었다. 그럼에도 불구하고 왕건이 우려했던대로 후백제의 수도였던 전주에 연원을 둔 이성계(李成桂)에 의해 고려왕조는 막을 내리지 않았던가! 이 경우 왕건의 원려에 무릎을 쳐야만 하는가? 『태조실록』 3년 2월 26일 조에는 "전조(前朝)의 태조가 후손에게 훈계를 전하면서 백제 사람을 쓰지 말라고 했는데, 지난 번에 후손들이 그 훈계를 준수했다면 전주 사람인 전하께서 또한 어찌 오늘날이 있었겠습니까?"라는 기사가 보인다. 고려 왕실이 「훈요십조」를 이행하지 않았기에 전주에 연원을 둔 이성계가 고려를 엎을 수 있었다는 이야기가 되겠다.

왕건은 진훤이 세상을 뜨던 해인 936년에 연산에 개태사(開泰寺) 창건을 시작하였다. 후백제를 멸망시키고나서 역사(役事)를 시작한 것이다. 그런데 진훤이 사망한 황산은 연산과 동일한 지역으로서, 지금의 충청남도 논산을 가리킨다. 이와 관련해 진훤이 최후를 맞이했던 사찰을 취하여 왕건이 개태사를 중창했으리라는 시각도 있다. 혹은 진훤 사후 그 추종세력을 진압하기 위해 이곳에 개태사를 창건했다는 것이다. 후백제로부터 항복 받은 지점에 전승기념으로 개태사를 일으켰다는 시각도 있다. 이에 대한 해답은 『증수 임영지』에서 이미 "10월에 유사에게 명하여 곧 군영이 있던 땅에 사찰을 창건하였다"고 하여 나온 바 있다.

역사(役事)를 시작한지 4년 후인 940년 12월에 개태사가 낙성되었다. 낙성을 축하하는 화엄법회(華嚴法會)가 성대하게 열렸다. 왕건이 직접 소문(疏文)을 지었는데, 유명한 개태사 발원문이 되겠다. 이 발원문은 화엄사 석경(石經)처럼 개태사 안의 돌에 새겨져 적어도 15세기까지는 남아 있었다. 다행히 발원문은 『보한집 補閑集』과 『신증동국여지승람』에 전하고 있다. 다음과 같은 내용이 되겠다.

생민(生民)들이 백 가지 근심을 만나니 많은 고통을 이겨낼 수 없었습니다. 군사는 경내에 얽히어서 재난이 진한을 시끄럽게 하니 사람들은 의탁해 살 길이 없고 옥들은 온전한 담이 없었습니다...하늘에 고하여 맹세하기를 "큰 간악한 무리를 섬멸 평정하여 생민을 도탄에 건져 농사와 길쌈을 제 고장에서 임의로 할 수 있게 하겠나이다"라고 하였더니 위로는 부처님의 힘에 의탁하고 다음에 하늘과 신령의 위엄에 의지하여 20여 년간의 수전(水戰)과 화공(火攻)으로 몸소 시석(矢石)을 무릅쓰고 천리길 남(南)으로 치고 동으로 쳐서 친히 간과(干戈)를 베개로 삼았더니, 병신년 가을 9월에 숭선성(崇善城) 가에서 백제의 군사와 대진(對陣)하여 한 번 부르짖으니 흉광(兇狂)의 무리가 와해(瓦解)되었고, 두 번째 북을 울리니 역당(逆黨)이 얼음 녹듯 소멸되어 개선의 노래가 하늘에 떠 있고, 환호의 소리는 땅을 뒤흔들었습니다.…풀잎의 도적과 산골의 흉도들이 저희들의 죄과를 뉘우쳐 새 사람이 되겠다고 곧 귀순해 왔습니다. 모(某)는 그 뜻이 간사한 자를 누르고 악한 자를 제거하며, 약한 자를 구제하고 기울어진 것을 붙들어 일으키는데 있으므로 털끝 만큼도 침범하지 않고 풀 한 잎새도 다치지 않

왔습니다.…부처님의 붙들어 주심에 보답하고, 산신령님의 도와
주심을 갚으려고 특별히 많은 관사(官司)에 명하여 불당을 창건하
고는, 이에 산 이름을 천호(天護)라 하고, 절의 이름을 개태(開泰)
라고 하나이다.…원하옵건대 부처님의 위엄으로 덮어 주고 보호
하시며, 하느님의 힘으로 붙들어 주옵소서.

　왕건은 후백제를 누르고 후삼국의 통일에 성공한 것이 하늘의 도우심
이라고 믿었다. 해서 후삼국통일의 마지막을 장식한 전장이었던 황산의
이름을 천호산(天護山)으로 고쳤다. 『증수 임영지』에 따르면 "10월에 유사
에게 명하여 곧 군영이 있던 땅에 사찰을 창건하였다. 첫째 불성(佛性)의
유지(維持)에 보답하고, 다음으로 신령(山靈)의 찬조(贊助)에 보답하기 위
해서였다. '천호'로 산의 이름을 삼았고, '개태'로 절의 이름을 삼았다"고
했다. 천호산의 본래 이름인 황산은 백제의 계백 장군이 10배나 더 많은
신라 군대와 국가의 명운을 걸고 대적했던 유서 깊은 전장이었다. 그 전
장에서 신검의 항복을 받아내었고, 후삼국을 통일하였다. 백제나 후백제
모두 황산이 뚫림에 따라 항복하게 되었다. 왕건은 그것을 기념하여 오랫
동안 세인의 기억에서 반추(反芻)시키기 위해 개태사를 창건했던 것이다.
개태사에는 왕건의 진영(眞影)과 옷 한 벌, 그리고 옥대(玉帶)가 봉안되어
있었을 뿐 아니라, 광대한 사역(寺域)을 자랑하던 사찰이었다. 중심 사역
은 지금의 개태사역과 현재의 개태사 중간의 오른편 부지라고 하겠다.
　그런데 지금은 건장한 느낌을 주는 석조 삼존불입상과 둘레가 9.3m
나 되는 거대한 무쇠 가마솥이 새로 건립된 절에 남아 있다. 개태사터에
서 출토된 화려한 청동북[金鼓] 한 개는 현재 국립 부여박물관에 전시되어
있다. 이것은 지금까지 발견된 청동북 가운데 가장 크다고 한다. 이러한
것들은 당시의 영화를 어렴풋이 느끼게 해 준다.

진훤과 왕건이라는 두 영걸의 싸움에서 왕건은 최종 승자가 되었다. 그랬기에 「동지 冬至」라는 칠언고시에는 다음과 같이 칭송하며 기리고 있다.

우리 태조 신성하시와 포희씨의 인(仁)으로써	我祖神聖包羲仁
창업수통(創業垂統)하사 만민을 살리시니	刱業垂統生我民
태산의 반석같은 5백년 동안	泰山盤石五百年
문물이 찬란하여 3대에 비길 만했네	文明煥興三代肩

제8부
진훤에 대한 평가

전통시대의 평가와 현재의 재조명

진훤은 역사서에서 구체적으로 어떤 평가를 받고 있을까? 진훤과 궁예는 천년왕국 신라 사회를 해체시키고 새로운 사회를 열었다. 그러나 양인(兩人) 모두 역사의 조연으로 전락하고 말았다. 『삼국사기』에는 맨끝 50권에 양인의 전(傳)을 달았지만 다음과 같은 김부식의 평(評)에서 알 수 있듯이 심히 부정적인 평가를 내리고 있다.

신라의 국운이 쇠퇴하고 정치가 어지러워 하늘이 돕지 아니하고 백성들이 갈 곳이 없었다. 이에 군도(群盜)들이 틈을 타서 일어나 마치 고슴도치 털처럼 되었으나 그 중에서 가장 악독한 자는 궁예와 진훤 두 사람뿐이었다. 궁예는 본래 신라의 왕자였지만 도리어 종국(宗國)을 원수로 삼고 그 전복을 도모하였으며 심지어 선조의 화상(畵像)까지 베기에 이르렀으니 그 무도함이 극심하였다.

진훤은 신라의 백성으로부터 일어나 신라의 녹(祿)을 먹으면서 불측한 마음을 품고 나라의 위태한 틈을 기화로하여 도성과 성읍을 침략하고 임금과 신하를 살륙하기를 마치 새를 죽이고 풀을 베

듯하였으니 실로 천하의 으뜸가는 악인이며 인민들의 큰 원수였다. 그러므로 궁예는 자기 부하에게 버림을 당하였고, 진훤은 제 자식에게서 화(禍)를 당하였다. 이는 모두 제 자신이 저지른 것이니 또 누구를 원망하겠는가? 항우(項羽)와 이밀(李密: 隋末·唐初·群雄의 한 사람〈역자〉)과 같은 특출한 재주로도 한나라와 당나라의 발흥(勃興)을 대적하지 못했거늘 더군다나 궁예와 진훤과 같은 흉악한 자가 어찌 우리 태조와 더불어 서로 상대할 수 있으랴? 다만 태조에게 백성들을 몰아다 주는 자로 되었을 뿐이다.

진훤에 대한 이미지는 부정적인 면으로만 흘러왔다. 가령 조선 성종과 대화를 나누던 이맹현(李孟賢: 1436~1487)은 "전라도는 인심이 각박하고 악하여 도둑이 무리져서 일어나고 아랫 사람이 웃사람을 능멸하는 일이 흔히 있습니다. 풍속은 백년 동안 교화하지 않으면 고칠 수 없으므로, 임금으로서는 마땅히 염려해야 하니 무릇 강상(綱常)에 관계되는 죄를 범하는 일이 있으면 작은 일이라도 용서하지 말고 이런 풍속을 엄하게 징계하는 것이 적당합니다"라고 말하였다. 그러자 임금은 "전라도는 옛 백제의 땅인데, 백성들이 진훤이 남긴 풍습을 이제껏 모두 고치지 못하였으므로, 그 풍습이 이와 같은 것이다"라고 답하였다. 이 말을 받아 이극기(李克基: ?~1489)가 말하기를 "진훤 이후로 전조(前朝) 500년을 지내고 조선조가 되어서도 거의 100년이 되었으나 남은 풍속이 아직 없어지지 않아서 사람들이 모두 완악(頑惡)하니 명심하고 교화하지 않으면 고칠 수 없을 것입니다"라고 하자, 임금이 가상히 여겨 받아들였다는 것이다.

위계 질서를 문란케 한 원흉(元兇)으로서 진훤을 지목하고 있다. 진훤은 대악인(大惡人)으로 인식되었다. 다음과 같은 기록이 보이기 때문이다.

"영남에 이르러서는 둘러싸고 있는 산들이 두텁고도 높고, 흐르는 냇물이 한 방향으로만 돌아가고 있는데, 우리나라의 대유(大儒) 가운데 사현(四賢)이 모두 이곳에서 나왔고, 극적(劇賊) 진훤과 궁예 또한 이곳에서 났으니, 이는 그 산천의 풍기(風氣)가 현인(賢人)이 나면 반드시 대현(大賢)이 되고, 악인이 나면 반드시 대악(大惡)이 되기 때문이다(『영조실록』14년 8월 9일)."

반세기 가까이 존속했던 후백제는 700년 역사를 자랑하는 백제의 이미지를 덮을 정도로 강렬하였을까? 세종 때 예조판서 신상(申商)이 계(啓)하기를 "삼국의 시조의 묘(廟)를 세우는데, 마땅히 그 도읍한 데에 세울 것이니 신라는 경주이겠고, 백제는 전주이겠으나, 고구려는 그 도읍한 곳을 알지 못하겠습니다"라고 하였다. 이 글을 보면 백제의 수도를 전주로 오인하고 있는 것이다. 이것은 신상의 국사 지식이 짧음을 탓하기 전에 진훤의 이미지가 백제의 표상으로 기억되었을 정도로 강렬하였음을 뜻한다.

백제를 부활시킨 진훤에 대한 왜곡과 관련해 「The Good, the Bad and the Ugly」라는 논문을 다시 거론해 본다. 이 논문의 제목은 「선인·악인·추인」으로 해석이 된다. 한편의 영화 제목이기도 한 동시에 논문 제목이기도 한 것이다. 나는 보지 못했지만 이러한 제목의 영화가 오래 전 국내에서도 상영되었다고 한다('황야의 무법자 – 속편'이었다). 그런데 미국의 캔사스 대학의 허스트 3세 교수는 이러한 제목에다가 '고려왕조 창건 속의 인물들'이라는 부제를 달아 논문으로 내놓은 바 있었다. 여기서 선인은 왕건이고, 악인은 견훤, 추인은 궁예를 가리키고 있다. 역사기록에 의하면 이같은 제목에 맞게끔 견훤과 궁예의 역할 분담이 이루어진 듯한 인상을 심어주고 있다.

가령 허스트 3세의 표현대로 한다면 왕건은 궁예와는 달리 길일(吉日)

에 태어났기에 위대한 행동을 하도록 운명지어졌다는 것이다. 미래의 통치자로서의 그의 탄생은 당시 풍수지리설의 권위자였던 도선에 의해 예언된 것처럼 되어 있다. 또 왕건이 출생할 때 그의 집에 신이한 빛과 자색의 기운이 방안에 비치고 뜰에 가득하였다거나, 그가 제왕의 용모라는 용안일각(龍顔日角)에 턱이 풍족하고 이마가 넓었을 뿐 아니라, 기상과 도량이 크고 깊으며 말소리가 우렁차고 커서 세상을 구제할 기량(氣量)이 있었다고 하였다. 게다가 그는 어릴적부터 대단히 총명하고 지혜로왔을 뿐 아니라 강직하고 사려 깊은 성품의 소유자이면서 관대한 도량을 가진 성자(聖者)와 같은 인물로 묘사되어 있다.

이러한 왕건에 관한 인물 묘사가 모두 사실일 리는 없을 것이다. 허스트 3세의 말을 빌리자면 "선인과 악인 그리고 추인, 이들은 사료들 속에서 심하게 왜곡되어 있으며, 그들 중 어느 누구도 기록된 것처럼 성스럽거나 악한 존재는 아니었다. 그들 모두는 사전(事前)에 결정되어 있는 역사 대본 속에 나오는 꼭 필요한 배우들이었으며, 역사가들이 역사를 편찬하던 그 시점에 특수한 정치적 목적을 이루기 위해 여러 가지 배역이 주어져 있었던 것처럼 보인다"라고 설파하였다. 그러니까 이들 3인은 실제 모습보다도 과장되고 도식화된 인물로 사료 속에 나타나고 있는 것이다. 쉽게 말해 고려왕조 창건과 관련하여 이른바 후삼국시대에 3명의 리더들이 등장하지만, 최종 승자인 고려태조 왕건을 주인공으로 한 드라마 속의 배역처럼 기록되어 있다는 점이다. 왕건의 최대 라이벌이자 상전이기도 하였던 나머지 두 사람의 역할은, 악역을 맡아 주인공을 한껏 빛내주는 데 있었던 것처럼 서술된 측면이 보인다. 두 사람이 포악하고 실정(失政)을 거듭할 수록 왕건과 그의 역할은 더욱 돋보이게 되었던 것이다.

그래서 허스트 3세는 고려 초기의 역사가들이 거의 완벽하게 맞추어 놓은 '기록'들을 헤치고 다니면서, "이게 아니다"라는 증거를 얻으려고 안간힘을 썼다. 그가 내린 결론에 의하면 왕건은 역사책에서의 묘사처럼 통치력이 뛰어나거나 관대한 군주는 절대 아니라는 것이다. 가령 왕건은 언제나 신라의 친구이자 보호자로 등장하지만, 실제는 그러하지 못했을 개연성을 짚고 있다. 또 그 사후(死後) 연이어 발생했던 왕위계승 분쟁은 "그 자신이 만들어 놓은 불안정한 연합을 제도화하는데 무능했던 결과였음은 전혀 의문의 여지가 없다"고 단정했다.

게다가 왕건(王建)의 이름은 '왕조의 건설자'라는 뜻을 지니고 있는 것인데, 과연 즉위 전에 이러한 이름을 사용했을지는 의문시 된다고 보았다. 그 아버지의 이름인 용건(龍建)은, 용이 곧 왕을 상징하므로 그 의미가 '왕건'과 다름이 없다고 하겠다. 또 그의 조부 이름인 작제건(作帝建)은 '제왕을 만든다'는 의미를 담고 있다. 이렇듯 왕건과 그 직계 조상들의 이름은 너무나도 강렬한 메시지를 담고 있었던 만큼 본디의 이름이라기보다는 즉위 후 자신과 집안을 미화시키며 천명(天命)을 소유하였음을 과시하기 위한 목적에서 창작되었을 가능성을 높여준다. 실제 왕건이나 그 조상들이 그러한 이름들을 사용했다면 의심 많은 인물로 알려진 궁예가 당초부터 용납했을까라는 의문이 제기되는 것이다. 따라서 왕건을 주인공으로 한 일련의 기록물들은 면밀하게 검증하여 받아들이는 작업이 필요해짐은 두말할 나위 없다. 그렇다고 왕건과 관련된 기록들을 부정할 만한 결정적인 근거가 있는 것은 더욱 아니다.

반대로 진훤에 대해서는 상당히 왜곡되어 있음을 생각케 하는데, 허스트 3세의 표현을 빌어 보면 다음과 같다.

> "진훤 역시 그가 '악인'이라는 이미지로부터 상당한 회복을 필요로 한다. 그는 쇠퇴하는 힘에 대항하여 맹렬히 공격한 한반도 남서부의 지역 인물이었으나 아직도 천명을 소유하고 있는 신라

왕조와 함께 상당한 군사적·도덕적 힘을 지니고 있던 백제인이었다. 진훤의 왕국은 거의 반세기 동안이나 존재하였으며 더구나 번성했었다. 다만 지지한 사람들이 그 이유는 분명하지 않지만, 그러나 나는 그도 역시 상당한 지도력과 군사적 자질을 소유하였던 인물임에는 틀림없다고 생각한다."

그리고 허스트 3세 논문의 말미에는 "운명의 뒤틀림이 없었더라면 10세기의 한국은 진훤에 의해 통일되었을지도 모른다. 옛 백제의 중심 지역으로부터 한반도를 통치하는 새왕조 창건을 합법화시키기 위하여 '백제 계승자'로서의 역사를 선전했을 왕조가 생겨났을 수도 있었다"라고 하였다. 역사는 가정할 수도 없고 돌이킬 수도 없는 엄연한 '현실'이지만 아쉬움을 끄는 일들이 너무도 많다.

진훤에 대한 역사의 평가는 이제 새롭게 시작되는 것이다. 일찍이 육당 최남선은 후백제 왕국의 수도였던 전주 땅을 밟은 후 이런 글을 남겼다. 즉 "저 고려 태조같은 이도 여러 번 혼이 나서 통삼(統三)의 자신이 하염없이 무너지려함이 한두 번이 아니었던 그토록 절대하던 후백제의 근거지의 떨어진 자취가 시방 저 흙덩이 몇 줌이다. 그나마 없었다면 행인이 조상(弔喪)하는 눈물을 받을 후백제 때 물건이랄 것이 무엇이었을는지…"라면서 아쉬움을 토로하였다. 후백제의 왕궁 성터를 가리키고 하는 말이다.

그러나 사료의 편린이나마 엮고 또 엮어 후백제 왕국의 장대한 이상과 영광을 복원하는 작업은 이제 성공적으로 이루어지게 될 것이다. 나는 그렇게 확신한다. 역사 기록이 이제는 승자(勝者)만의 독점물이던 시대는 지나 갔기 때문이다. 이 역시 그 철벽같은 두터운 신분제의 벽을 부수면서 새로운 시대의 단초를 열었던 진훤 대왕의 공(功)이 아니었던가!

가능성으로서의 진훤왕 █

    우리나라의 역사 편찬은 신지(神誌)라는 역사가들에 의해 단군조선 시기에 편찬된『신지비사 神誌秘史』가 최초라고 한다. 근거한 바를 명시하지 않은『용비어천가』에 적혀 있는 내용이므로 선뜻 수긍하기는 어렵다. 그러나 삼국시대에 접어들어 역사 편찬이 활발하게 이루어졌음은 잘 알려진 사실이다. 즉 고구려의『유기』와『신집』을 비롯하여 백제와 신라에서도 역사 편찬이 이루어졌다. 그런데 고대국가의 역사편찬은 단순한 사실 전달에 목적을 두었다기보다는 왕실의 정통성과 국가의 존엄성을 천명하는데 있었다.

    역사 편찬에 목적성이 담겨 있다고 하는 것은, 사실 자체에 대한 왜곡이 뒤따랐을 개연성을 짚어주고 있다. 그러한 면면들은 우선『삼국사기』에 보이는 삼국의 기년(紀年)을 통해서도 알 수 있다. 즉 신라·고구려·백제의 순서로 건국 연대가 기록되어 있지만 이는 진훤이 전주에 입성하면서 통렬하게 지적하였듯이 역사적 진실과는 거리가 멀다. 통일신라 역사가들에 의한 신라 위주 역사관의 투영물이라고 하겠다. 또 일본의 고대 역사책인『일본서기』의 경우는 그 현저한 사례라고 하겠다. 천황권의 승리를 역사적으로 미화하고 정당화시키기 위한 목적에서 편찬되었기 때문에 과장과 윤색이 극심하였다. 요컨대 고대의 역사책은 정도의 차이는 있을지 몰라도 기본적으로 이같은 성격에서 크게 벗어나지는 않았다고 보겠다. 물론 뒷시대인 고려와 조선조의 역사편찬은 다분히 신비적이기도 한 국가제일주의적인 서술에서 벗어나기는 하였다. 그렇지만 적어도 왕조의 창건과 관련한 부분에 있어서는 역시 예외가 되지는 않았던 것 같다.

전통시대의 역사편찬 가령 '정사'라고 불리어지는 국가의 공식 역사편찬은, 국가권력의 전유물이었던 만큼 그 의지에 맞게끔 재편집되어지는 경향이 있었다. "현재를 지배하는 자가 과거도 지배한다"는 말은, 적어도 이 경우에는 부합되지 않는가 싶다. 세속적 권력의 패배자들은 변명할 기회조차 주워지지 않은 채 역사의 뒷전으로 사라졌던 것이다. 반면 승자의 목소리가 그 공백을 채우면서 당당하게 군림하고 있을 따름이었다. 지금 남아 있는 전통시대의 '기록'은 거의 대부분 승자의 목소리로서, 정권의 정통성을 선전하는 도구로서도 한 몫을 하고 있다. 현재의 역사가들은 이러한 점을 누구보다도 잘 알고 있었다. 그러나 분명히 심증은 가지만 증거가 되는 기록이 없기 때문에 심도 있는 접근을 개진하지 못하는 경우가 허다하였다. 자칫 픽션이 될 수도 있기 때문이었다.

이러한 점에서 진훤은 엄청난 피해를 입고 있는 인물로 지목된다. 후백제가 멸망하던 때 진훤은 역사책들을 모조리 불살라 버렸다고 한다. 규장각에 근무하면서 진귀한 서적들을 한껏 열람했던 이덕무(李德懋: 1741~1793)의 말이다. 어차피 나라가 망하면 역사도 없어지게 마련이다. "내가 지은 집은 내가 허문다"라는 심정으로 역사책들을 불태웠을까? 만약에, 만약에 진훤이 한반도의 재통일에 성공했다면 우리 역사체계는 어떻게 달라졌을까? 바로 진훤이 부활시켰던 백제에 대한 인식이다. 우선 진훤 스스로 전주에 입성하여 언명했듯이 백제의 건국이 신라보다 앞섰음을 내세우는 역사편찬이 이루어졌을 것이다.

그런데 지금 전하는 『삼국사기』에는 백제의 시조인 온조(溫祚)와 비류(沸流)를 고구려 시조인 주몽의 아들로 붙여 놓았다. 궁예가 부활시켜 왕건이 계승한 고구려의 시조인 주몽의 아들로 온조를 설정해 놓은 것이다. 그럼으로써 백제는 고구려의 시조 아들이 세운 나라가 된다. 고구려는 아버지의 나라요, 백제는 그 아들이 세운 나라인 것이다. 이렇다면 고구려 즉 고려는 백제와 후백제 위에 군림할 수 있는 정치적 명분을 확보한 것이 아니고 무엇이야! 고려가 후백제를 제압하고 통일을 해야 하는 근거가 되는 것이다. 아들의 나라를 계승한 후백제가 종가(宗家)를 잇는 고려에 불복(不服)하는 것은 순리에 대한 역행이라는 명분상의 우위를 장악하게 되었다. "역사는 이데올로기이다!"라는 말이 실감나지 않을 수 없다.

그러나 후백제가 통일했다면 양상은 크게 달라졌을 것이다. 『삼국유사』에 인용된 「단군기 壇君記」에 의하면 단군은 하백(河伯)의 딸과의 사이에서 북부여왕인 부루(夫婁)를 낳았다고 한다. 그런데 『삼국사기』에 전하는 또 다른 백제 시조설화에 따르면, 백제 시조인 온조 아닌 비류는 북부여왕인 해부루의 서손(庶孫)인 우태(優台)의 아들이라고 했다. 이러한 기록들을 조합해 보면 백제사의 체계는 고조선(단군)→북부여(해부루)→백제(비류)→후백제(진훤)으로 이어지는 계통이 되는 것이다. 백제의 역사적 계통이 우

『삼국유사』에 인용된 「단군기」 부분 『세종실록』 지리지에도 「단군고기」를 인용하여 "단군이 비서갑(非西岬) 하백의 딸에게 장가 들어 아들을 낳으니 부루이다"라는 기록을 남기고 있다.

리 나라 최초의 국가인 고조선과, 그리고 동북아시아의 노대국(老大國)인 부여로 이어지는 웅대한 모습으로 드러났을 것으로 확신한다. 나는 반드시 그랬으리라고 단언한다. 그렇게만 되었다면 얼마나 가슴 벅찼을까?

어느 사학자는 진훤에 대한 평가를 다음과 같이 내렸다.

> 그는 뜨거운 조국애에의 애국심에서 열렬한 백제 유민의 염원을 받들어 영광스런 조국 백제의 부흥에 일생을 걸고, 천하각축의 대결전에 최선을 다하다 왕건의 덕망이 자신을 능가하여 천명이 왕건에 돌아감을 체관(諦觀)한 그는 깨끗하게 미련없이 왕건에 나라와 백성을 바치려한 영단(英斷), 그의 웅도홍지(雄圖鴻志)가 자식의 쿠데타로 실패하자, 자신은 주저없이 왕건에 투항한 그의 숭고한 페어프레이 정신은 살신성인(殺身成仁)한 정치가로서 백세의 귀감이 됨에 족하다. 여기에 영웅 진훤의 진면목과 위대성이 있다. 그는 민족 최후에 피의 대결을 회피한 휴머니스트요 조국과 민족의 통일을 위해서는 자아를 희생, 민족의 통일제단에 자신을 희생의 제물로 바친 절세(絶世)의 애국자로 재평가 되어 마땅하다. 그는 오랜 동안 삼국을 통일한 왕건 태조의 위광(偉光)의 그늘에 가려 폭군 간물(奸物)과 같은 인상(印象)의 부당한 대접과 악평을 받아 왔었다. 이는 당연히 시정되어야 마땅하다(문경현, 『신라사연구』, 경북대학교 출판부, 1983, 350쪽).

위의 평가를 접하면서 역사 인식의 엄청난 변화를 실감하지 않을 수 없다. 이와 관련해 공적 기록과 사실 그리고 인식 사이의 괴리감을 생각해 보게 한다. 사실 궁예에 관한 기록은 말할 나위없이 그를 축출한 왕건과 그 주변 문사들의 몫이었다. 진훤의 경우는 현재 전하는 기록을 보면 출생과 종군 기록을 빼면 대부분 궁예와 왕건을 상대로 교섭과 전투를 치른 기록으로 이루어졌다. 진훤과 호족들과의 관계를 비롯해서 그의 영역 확장 과정 등을 살피기는 어렵다. 이렇듯 지극히 불완전할 뿐 아니라 뒤틀려져 있을 패자에 관한 기록을 놓고서 사실을 추구하는 것은 한계가 있음을 자인해야 되지 않을까 싶다.

지금 전하는 후백제사는 고려의 성립과 통일까지를 서술하는 과정에서 상대역으로 따라붙은 기록에 불과한 것이다. 절반의 역사도 채 되지 못하는 후백제사를 그 전부인양 간주하려는 시각은 운동경기로 말한다면 불공정 시합이나 진배없다. 이 점 환기시키고자 한다.

진훤과 궁예의
역사적 역할에 대한 정리

　　진훤은 일반적으로 영웅들에게 붙는 신이한 출생 설화를 비롯하여 카리스마적인 일화를 지니고 있다. 지렁이의 아들로서 출생하였고, 맹수의 제왕인 호랑이의 젖을 먹었고, 날짐승들이 보호해 주었다는 기록과 전설 등이 그것을 말한다. 진훤은 장성한 후 입대하여 해변가에서 해적들을 소탕하는데 발군의 전공을 세웠다. 항시 창을 베고 잤고, 전투가 벌어졌을 때 선두에서 해적들을 후려치는 웅자(雄姿)는 가히 영웅의 면모를 유감없이 보여주었다. 그러나 진훤의 기개가 호랑이와 같은 용맹성에만 머물렀다고 하자. 비록 찬탄을 한몸에 받는 장수감은 되었겠지만 그 존재는 사적(史籍)에 등재되지도 않았을 것이다.

　　그러면 진훤이 역사의 전면에 화려하게 등장할 수 있었던 요인은 무엇이었을까? 민심의 흐름을 정확히 꿰뚫어 보는 통찰력에서 기인한다. 천년왕국 신라가 병들고 비대해진 제몸을 주체하지 못하고 휘청거리는 상황에서 미구에 제국의 몰락을 정확히 예견했던 것이다. 휴화산처럼 잠복해 있는 것은 신라에 복속된 백제 유민들의 백제로의 회귀에 대한 뜨거운 갈구였었다. 지금의 순천만 일대에서 복무하던 진훤은 그것을 포착했던 것이다. 결국 출세가도를 달리던 청년장교 진훤은 기득권을 과감히 박차고 나왔다. 그 순간은 일생일대 최대의 도박이자 위기이기도 했다. 그는 백제 옛 땅에서 백제의 부활을 기치로 걸면서 세력을 규합하였다. 비참하게 몰락한 백제 유민들의 한을 풀고 꿈을 구현할 수 있는 구세주로서 진훤은 등장했던 것이다. 진훤은 전주로 천도하여 입성하면서 열광적인 환영을 받았다. 마치 예수의 예루살렘 입성을 연상시키듯이 백제 유민들의 숙분을 통쾌하게 풀어줄 수 있는 대행자로서 설렘과 기대를 한몸에 받았던 것이다.

진훤의 역할이 여기서 그쳤다면 어떻게 되었을까? 중국대륙에서 지나 간 왕조의 명패를 꺼내어 휘두르며 등장한 일개 군웅에 불과하고 말았을 것이다. 그러나 그는 도탄에 빠진 민생을 구제했기에 그 존재가 한껏

금산사 5층석탑(보물 제25호)과 석종
진훤이 공양탑으로 세웠다는 설도 있지만 「석탑중수기」에 따르면 982년(성종 1)에 건립된 고려 초기의 석탑으로 밝혀지고 있다.

광채를 발하게 되었다. 농민들의 폐해를 막기 위해 둔전제를 실시했을 뿐 아니라 '모든 백성들의 방죽'이라는 뜻을 지닌 만민언(萬民堰)이라는 제방 이름에 응결되어 있듯이 관개(灌漑)를 통한 농업경제 기반의 확충에 비상한 노력을 투사했던 것이다. 그랬기에 "도탄에서 구해주셨으니 백성들이 편안하게 살게 되고"라고 그를 칭송하지 않았던가.

우리 나라 역사상 가장 격동적이면서 민족의 에너지가 왕성하게 뿜어졌던 시기는 언제였을까? 단연 신라 말의 후삼국시대를 꼽지 않을 수 없다. 이때는 엄혹한 신분규제인 골품제의 쇠사슬이 끊겼다. 아울러 무려 1천년간이나 심장부 역할을 했던 한 줌 경주 땅 안에서 소수 귀족들이 주도해 가던 시대는 종언을 고하게 되었다. 정치와 문화의 중심지는 한반도 전체로 다각화되고 재편되는 양상을 띠었다. 그뿐 아니라 철벽 같았던 신분의 장벽이 허물어졌기에 능력에 의한 승진이 가능하였다. 농민들은 과중한 이중 수탈에서 해방되었다.

바로 그것을 가능하게 했던 인물이 진훤과 궁예였다. 궁예는 신라 왕자 출신이었다고 하므로 애초부터 권위의 방석에 올라서 생을 출발하였다. 그가 민심을 모으고 세력 규합에 성공하게 된 배경은 승려 생활에서 익힌 경전의 교리를 토대로 한 미륵신앙에 힘입은 바 실로 컸다. 천년왕국이 기우뚱거리면서 국가 권력이 날개도 없이 추락하고 백성들이 방황하는 암담한 대혼돈의 상황은 말세관을 유행시켰다. 세상 끝날에 출현하여 세상을 구원한다는 미륵불의 등장을 갈구하게 되었다. 궁예는 이것을 놓치지 않았다. 무패의 신화를 기록하고 있던 궁예 군대의 힘은 그가 사병들과 고락을 같이한 데서만 기인한 것은 아니었다. 자신은 미륵의 현신으로서 한 세상을 구원하겠다는 비전을 화려하게 제시하고 있었기 때문이다. 게다가 그는 군사적 뒷받침에 힘입어 승승장구 세력을 확대하고 있었다. 그랬기에 궁예의 언행은 호소력을 가질 수 있었고, 폭발적인 지지를 얻게 되었다.

궁예는 새로 지은 경전을 토대로 미륵의 세상을 열어가고자 했다. 기존 관념을 깡그리 부인하는 내용으로 그득 찬 혁명적 교리는 향호(鄕豪)와 사원세력의 수탈에 허덕이고 있던 농민들로부터 열렬한 지지를 얻었다. 미륵의 나라로 가는 '선박'에 동승하고자 다투어 열을 지어섰던 것이다. 전투에서의 무패, 낙원에 갈 수 있는 희망의 제시, 이것은 조금도 미륵불임을 의심하지 않게 해 주고도 남았다. 그리고 지역 정서인 고구려로의 회귀에 대한 뜨거운 여망을 구현해 주니 쌍수를 들고 환영하지 않을 수 없었다. 미래에 대한 비전의 제시와 여망의 구현, 게다가 그것을 뒷받침해 주는 군정적(軍政的) 결사체인 강력한 군사력의 존재를 통해 궁예라는 영웅이 탄생하게 된 것이다. 궁예의 역량은 자신의 신체적 핸디캡에도 불구하고 신라 영역의 3분의 2를 점유했던 사실에서 경이감을 자아내게 한다.

진훤과 궁예는 "보통 사람으로는 엄두도 못낼 유익한 대사업을 이룩하여 칭송 받는 사람"이라는 사전적 의미의 영웅에 부합되는 인물들이었다. 그러나 이들은 종국적인 숙원을 이루지 못한 채 역사의 뒷전으로 밀려나 버리고 말았다. "현재를 지배하는 자가 과거를 지배하듯이" 역사의 패자인 두 사람은 '말'을 할 수 없게 되었다. 최종 승자인 왕건 중심으로 역사가 쓰여지다 보니까 시대의 거대한 한 축(軸)을 짊어졌던 이들은 그 조역으로 전락하게 되었다. 이는 불가피할 수밖에 없는 현상이겠지만, 『삼국사기』에서 "신라 말에 일어난 군도(群盜) 가운데 가장 악독한 자는 궁예와 진훤 두 사람이었고, 실로 천하의 으뜸 가는 악인이며 인민들의 큰 원수였다"는 엄혹한 질타를 받고 있다. 인민들의 열광적인 환호에 힘입어 구세주처럼 추앙되었던 이들이지만 '인민들의 큰 원수'로 전락하고 말았다. 이러한 부정적인 평가는 조선시대에도 변화되지 않았다. 대악인으로 인식되었기 때문이다. 이들이 결국 정치적으로 패자가 됨에 따라 옹호해 줄 사람도 없는 채 팽개쳐졌기에, 생애 전체가 깡그리 거역(拒逆)으로 매도되었다. 적어도 유교 이데올로기가 지배하는 시대의 잣대로 볼 때 이들은 영웅은커녕 악인으로 규정될 수밖에 없었다.

그러나 근대역사학의 성장과 더불어 궁예는 힘찬 개혁의지로써 새로운 시대를 열었던 혁명가로 재평가되었다. 반면 왕건은 기득권을 유지하려는 호족세력과 타협한 보수적인 인물로 규정되기도 한다. 서양 학자의 논문에서도 진훤과 궁예는 부정적인 이미지로부터의 상당한 회복이 필요하다는 지적을 받았다. 역사서의 진훤과 궁예 그리고 왕건은 사전에 결정된 배역을 맡은 대본 속의 인물들에 불과하다는 것이었다. "시대가 영웅을 낳는다"는 말이 있지만, 영웅에 대한 평가 역시 시대와 분리될 수 없다. 영웅관은 시대를 지배했던 이데올로기의 변천과 사료 비판력에 따라 얼마든지 바뀌게 마련이다. 그렇기에 역사의 '생명력'을 운위할 수 있는 게 아닐까?

제9부

부 록

후백제 내지는 진훤과 친연 관계에 있는 인물들의 약력

견달(見達): 후백제의 장군으로 936년 일리천 전투에서 고려군에 생포됨.

겸뇌(謙腦): 『이제가기』에 의하면 진훤의 둘째 아들로서 벼슬은 태사(太師).

겸악(兼岳): 담양군 출신으로 후백제에 왕위계승 분쟁이 발생하자 은거.

경보(慶甫): 옥룡사에 거처했던 선사로서, 시호는 통진대사.

고비(姑比): 진훤의 애첩으로서 금산사를 탈출하여 고려에 귀부.

공달(功達): 아찬 관등의 후백제 사신으로서, 920년에 고려에 공작선과 죽
전을 바침.

공직(龔直): 후백제의 매곡성(보은군 회북면) 장군이었는데, 고려로 귀부.

관혜(觀惠): 해인사에 거처하면서 진훤을 지지했던 남악파의 화엄종사.

관흔(官昕): 후백제의 장군으로서 928년에 충청북도 영동의 양산에서 축성
을 하였고, 칠곡 일대의 벼를 베어 이 지역 고려계 호족을 압
박하는 등 전공을 세움.

국대부인(國大夫人): 『이제가기』에 의하면 진훤의 딸로 전한다.

금강(金剛): 진훤의 넷째 아들로서 키가 크고 총명하고 지략이 많아 후백
제의 왕위계승자로 지목되었으나, 신검의 정변으로 피살됨.

금달(今達): 후백제의 장군으로 933년 고려군과의 전투에서 포로가 됨.

금서(金舒): 공직의 둘째 아들로서, 공직의 고려 귀부 후 볼모로서 고문을
받았으나 후백제가 멸망한 후 고려로 귀환.

금식(今式): 후백제의 장군으로서 936년의 일리천 전투에서 고려군의 포로
가 됨.

긍준(兢俊): 후백제의 운주(충청남도 홍성) 성주였는데, 927년 고려군과의 전투에서 패했고, 934년의 운주성 패전 직후 고려로 투항.

길환(吉奐): 후백제의 연산(청주시 문의면) 지역 성주로서 925년 고려군과의 전투에서 전사.

김악(金渥): 후백제의 시랑으로서 930년 안동 병산 전투에서 고려군에 생포됨.

김총(金摠): 순천 출신으로서 진훤의 어가행차를 맡았던 인가별감.

남원부인(南院夫人): 아자개의 제 2처.

능애(能哀): 아자개의 둘째 아들.

능예(能乂): 진훤의 막내 아들로서 진훤과 함께 금산사를 탈출하여 고려로 귀부.

능환(能奐): 후백제의 이찬으로서 신검을 즉위시키기 위해 일으킨 정변의 주모자로서, 후백제 멸망 후 처형됨.

대주도금(大主刀金): 아자개의 딸이요 진훤의 누이.

덕술(德述): 후백제의 장군으로서 936년의 일리천 전투에서 고려군 진영의 진훤에게 항복.

명길(明吉): 후백제 장군으로서 936년의 일리천 전투에서 고려군 진영의 진훤에게 항복.

민합(閔郃): 일길찬 관등을 가진 후백제의 귀족으로, 왕건의 즉위를 축하하는 사절로서 918년에 고려에 파견되어 공작선과 죽전을 선물.

박영규(朴英規): 순천 지역의 호족 출신으로 진훤의 사위.

법반(法攀): 전주 승화현 출신으로 후백제의 우장군까지 올랐음.

보개(寶蓋): 아자개의 넷째 아들.

부달(富達): 936년에 신검과 함께 고려에 항복한 후백제 장군.

상귀(相貴): 후백제의 수군 장수로서 일길찬 관등에 있었는데, 932년에 예성강 연안의 3개 고을을 습격하였고 고려의 선박 100척을 불태우고 돌아왔음.

상달(尙達): 후백제의 용장이었는데, 934년 운주성 전투에서 고려에 생포됨.

상애(尙哀): 후백제의 해군 장군으로서 932년에 고려의 대우도라는 섬을 점령했고, 고려군을 격파.

상원부인(上院夫人): 아자개의 제1처.

소개(小蓋): 아자개의 다섯째 아들.

소달(小達): 936년에 신검과 함께 고려에 항복한 후백제 장군.

수오(隨吾): 후백제의 마리성 성주로서 고려와의 전투에서 패사.

신강(信康): 후백제인으로서 고려에 항복했으나 고려로 귀부한 진훤의 처소를 관리하였음.

신검(神劍): 진훤의 맏아들로서 왕위계승에 위협을 느끼자 진훤을 감금하고 즉위. 『이제가기』에 의하면 그를 진성(甄成)이라고도 한다고 함.

신덕(新德): 후백제의 파진찬으로서 진훤을 유폐시키고 금강을 살해.

아자개(阿慈介·阿慈个·阿玆蓋·阿字蓋): 진훤의 아버지로서, 농민 신분에서 상주 지역의 호족으로 성장. 918년에 왕건에게 귀부.

애복(哀福·衰福): 진훤의 딸로서 진훤과 함께 금산사를 탈출하여 고려로 귀부.

애술(哀述): 후백제의 장군으로서 936년 일리천 전투에서 고려군 진영의 진훤에게 항복.

양검(良劍): 진훤의 둘째 아들로서 강주도독.

염흔(廉欣·昕): 후백제의 일길간으로서 929년에 고려로 투항.

영서(英舒): 공직의 아들로서 왕건에게 귀부.

영순(英順): 후백제의 파진찬으로서 신덕과 함께 진훤을 유폐시키고 금강을 살해.

영식(令式): 후백제의 장군으로서 936년의 일리천 전투에서 고려군의 포로가 됨.

용개(龍蓋): 아자개의 셋째 아들.

용검(龍劒): 진훤의 셋째 아들로서 무주도독.

용술(龍述): 『이제가기』에 의하면 진훤의 셋째 아들로서 벼슬이 좌승(佐承).

우봉(又奉): 후백제의 장군으로서 936년의 일리천 전투에서 고려군의 포로가 됨.

월광(月光): 「가야산 해인사고적」에서 후백제 왕자로 나오는 인물이지만 실존성은 희박.

위흥(位興): 『이제가기』에 전하는 진훤의 일곱째 아들로서 벼슬은 좌승.

윤빈(尹邠): 후백제의 장군으로서 고려군과 해안에서 싸우다 패하였음.

은술(殷述): 후백제의 장군으로서 936년의 일리천 전투에서 고려군의 포로가 됨.

장언징(張彦澄): 929년에 진훤이 쓰시마로 파견한 후백제의 사신.

종우(宗祐): 『이제가기』에 의하면 진훤의 다섯째 아들로서 벼슬은 대아간(大阿干).

종훈(宗訓): 진훤의 참모였던 술사였는데, 934년의 운주성 전투에서 고려에 생포됨.

지훤(池萱): 진훤의 사위로서 무진주 성주였는데, 왕건의 공격을 잘 격퇴시킴.

직달(直達): 공직의 아들인데, 전주에 볼모로 있다가 공직의 고려 귀부 후 고문을 받아 죽음.

직심(直心): 후백제 장군으로서 청천(괴산군 청천면)에서 고려군과의 전투에서 패사.

진호(眞虎): 925년 조물성 전투에서 고려로 볼모로 파견된 진훤의 생질.

청구(靑丘): 『이제가기』에 의하면 진훤의 여덟째 아들로서 벼슬은 태사.

총지(聰智): 『이제가기』에 의하면 진훤의 넷째 아들로서 벼슬은 태사.

최견(崔堅): 거란 사신들을 전송했던 후백제의 장군.

최승우(崔承祐): 당나라의 빈공과에 급제하여 문재를 날렸던 진훤의 참모.

최필(崔弼): 후백제의 용장이었는데, 834년의 운주성 전투에서 고려군에
          생포됨.

추허조(鄒許祖): 합천 지역의 후백제 성주로서 927년에 고려군의 공격을
              받아 포로가 됨.

파달(巴達): 금산사에 유폐된 진훤을 지켰던 장사.

편운화상(片雲和尙): 남원 실상사의 개창자인 홍척의 제자이다. 실상산과
                  의 3대조로서 실상사를 크게 중흥시켰음. 그의 부도에
                  는 '정개'라는 후백제 연호가 새겨져 있음.

함서(咸舒): 공직의 아들로서 고려에 귀부하여 좌윤에 임명되었음.

형적(邢積): 후백제의 임존성(충청남도 예산) 성주로서 925년에 고려군과의
          전투에서 패사.

효봉(孝奉): 후백제의 좌장군으로서 936년 일리천 전투에서 고려군 진영의
          진훤에게 항복.

훈겸(訓謙): 진훤의 주치의인 의사였는데, 934년 운주성 전투에서 고려군
          에 생포됨.

휘암(輝嵒): 922년에 진훤이 쓰시마로 파견했던 후백제의 사신.

흔강(昕康): 후백제의 장군으로서 936년 일리천 전투에서 고려군에 생포됨.

홍달(興達): 후백제의 고사갈이성(경상북도 문경) 성주였으나 927년에 고려로
          귀부.

흥종(興宗): 후백제의 초팔성(경상남도 초계) 성주. 928년에 초팔성에서 고려 군을 급습하여 전공을 세움.

궁예 정권 관련 인물들

강선힐(姜瑄詰): 보병장군으로서 왕건의 부장.

강씨(康氏) 부인: 황해도 신천 지역 호족의 딸로서 궁예의 왕비.

개청(開淸): 명주(강원도 강릉) 지역 승려로서 궁예의 명주 진입시 협조했던
　　　　　승려.

귀평(貴平): 궁예를 장군으로 추대했던 부하.

관서(寬舒): 청주 출신으로 아지태의 참소를 받았음.

검모(黔毛): 궁예를 장군으로 추대했던 부하.

검식(黔式): 정기장군으로서 904년에 왕건과 함께 상주 사화진에서 진훤
　　　　　의 군대를 패퇴시킴.

검용(黔用): 905년에 평양성(평양)장군으로서 궁예에게 귀부.

김대(金大): 궁예를 장군으로 추대했던 부하.

김언(金言): 왕건의 부장으로서 나주 경영에 전공을 세웠음.

김재원(金材瑗): 궁예의 부하 장군으로서 왕건의 부장이 됨.

류척량(柳陟良): 궁중 안의 진각성을 관리하던 진각성경.

명귀(明貴): 궁예에게 항복했던 황의적의 우두머리.

박술희(朴述熙): 당진 출신의 청년 무사로서 궁예의 친위군에 속해 있었음.
　　　　　뒤에 왕건의 부하가 됨.

박유(朴儒): 궁예의 왕자들의 사부였던 동궁기실로서 성품이 강직한 유학자.

박지윤(朴遲胤): 평주(황해도 평산) 지역 호족으로서 13개 성을 거느리고 궁
　　　　　예에게 귀부.

백탁(白卓): 왕창근이 바친 거울의 글씨를 해독한 궁예 정권의 문인.

송함홍(宋含弘): 왕창근이 바친 거울의 글씨를 해독한 궁예 정권의 문인. 뒤에 왕건 정권에서 중용됨.

석총(釋聰): 궁예가 저술한 불경을 비판한 죄로 처형된 승려.

신광보살(神光菩薩): 궁예의 둘째 아들.

신방(辛方): 청주 출신으로 아지태의 참소를 받았음.

신훤(申煊): 궁예가 기훤의 부하로 있을 때 사귀었던 벗.

신훤(莘萱): 904년에 궁예에게 귀부한 중부권의 호족.

아지태(阿志泰): 청주 출신으로 궁예의 심복.

왕창근(王昌瑾): 글이 쓰여진 거울을 구입하여 궁예 조정에 바친 당나라 상인.

윤선(尹瑄): 춘천 출신으로 골암성주로 있다가 궁예의 숙청을 피해 달아났음.

윤전(尹全): 청주 출신의 군인.

은부(狄鈇): 내군장군으로서 반궁예 세력을 축출하였던 궁예의 심복.

애견(愛堅): 청주 출신의 군인.

이흔암(伊昕巖): 충남 공주에 주둔하고 있던 마군대장군으로서 궁예의 심복.

입전(笠全): 청주 출신으로 아지태의 참소를 받았음.

원회(元會): 궁예가 기훤의 부하로 있을 때 사귀었던 벗.

장일(張一): 궁예를 장군으로 추대했던 부하.

종간(宗侃): 소판의 관직에 있던 궁예의 최측근 심복.

종희(宗希): 알찬으로서 왕건의 부장이 되어 나주 경영에 전과를 올림. 일리천 전투에 참전했던 종희(宗熙)와 동일 인물로 생각됨.

청광보살(靑光菩薩): 궁예의 첫째 아들.

청길(淸吉): 904년에 궁예에게 귀부한 중부권의 호족.

최우달(崔祐達): 황주 토산 출신의 호족으로서 최응의 아버지.

최응(崔凝): 장주 벼슬에 있다가 왕건의 목숨을 구하는 기지를 발휘했음.

허원(許原): 왕창근이 바친 거울의 글씨를 해독한 궁예 정권의 문인.

형미(逈微): 강진 무위사에 주석하다가 궁예 정권에 참여한 후 피살된 승려.

홍기(弘奇): 공주(충남 공주) 장군으로서 904년에 궁예에게 귀부.

흑상(黑湘): 궁예의 부하 장군으로서 왕건의 부장이 됨.

흔장(昕長): 궁예를 장군으로 추대했던 부하.

왕건 정권 관련 인물들

강충(康忠): 호경(虎景)과 평나산 여신과의 사이에서 출생한 아들.

고자라(高子羅): 흑수말갈의 추장으로서 고려에 귀부.

공훤(公萱): 시중으로서 927년에 신라를 구원하기 위해 출병했고, 일리천 전투에도 출전했음.

광주원(廣州院) 부인: 광주(경기도 광주) 호족 왕규(王規)의 딸.

권신(權愼): 개국2등공신.

권행(權幸): 고창(경북 안동) 지역 호족으로서 원래 병산 전투에서 공을 세운 후 김씨였는데 왕건으로부터 권씨 성을 하사받음.

견권(堅權): 개국2등공신. 북쪽 변방의 달고적을 격파하는 공을 세움.

구진(具鎭): 궁예 정권의 시중으로서, 왕건 정권시 나주도대행대 시중이 됨.

김극종(金克宗): 일리천 전투에 참전했던 고려군 장수.

김락(金樂): 개국2등공신으로서 공산 전투에서 전사.

김상(金相): 928년의 강주 전투에서 전사한 고려 장수.

김선평(金宣平): 고창군(경북 안동) 성주로서 병산 전투에 큰 공을 세움.

김순식(金順式): 명주(강원도 강릉) 지역의 대호족으로서 왕건에게 귀부하여 왕씨 성을 하사받음.

김악(金岳): 왕건의 유언을 받아 적은 학사.

김칠(金七): 왕건이 수원 지역을 통과할 때 귀부했음.

능달(能達): 일리천 전투에 출전했던 고려군 장수.

능문(能文): 고울부(경북 영천) 장군으로 고려에 귀부.

능식(能寔): 개국2등공신.

능현(能玄): 매조성(경기도 포천) 장군으로 고려에 귀부.

대량원(大良院) 부인: 합주(경남 합천) 출신으로 이원(李元)의 딸.

대명주원(大溟州院) 부인: 명주 출신 내사령 왕예(王乂)의 딸.

대서원(大西院) 부인: 동주(洞州: 황해도 서흥) 출신 호족 대광 김행파(金行波)의
　　　　　　　　딸.

덕주(德周): 이제건의 딸로서 삼촌인 보육과 결혼했음.

도선(道詵): 왕건의 통일을 예언했다는 풍수지리의 대가.

동산원(東山院) 부인: 승주(昇州: 전남 순천) 출신으로 삼중 대광 박영규(朴英
　　　　　　　　規)의 딸.

동양원(東陽院) 부인: 평주(平州: 황해도 평산) 출신으로 태사 삼중 대광 유검
　　　　　　　　필의 딸.

두운(杜雲): 경북 예천의 용문사에 주석했던 왕건 계열의 고승.

류차달(柳車達): 황해도 신천군 문화면의 호족으로서 왕건의 군량길을 통
　　　　　　하게 해 주었음.

류천궁(柳天弓): 정주(경기도 풍덕) 지역의 호족. 왕건의 제1부인 신혜왕비의
　　　　　　아버지.

마난(麻煖): 개국2등공신.

명길(明吉): 왕건의 부하 장수로서 청주 지역의 동태를 살피는 데 투입되
　　　　었음.

명식(明式): 오어곡성 전투에서 패하여 후백제에 항복한 고려군 장수.

몽량원(夢良院) 부인: 평주(황해도 평산) 출신으로 태사 삼중 대광 박수경(朴守
　　　　　　　　卿)의 딸.

문식(文植): 청주 지역의 동태를 살피는 데 투입되었던 왕건의 부하 장수.

박수경(朴守卿): 발성 전투에서 후백제군에 포위된 왕건을 구한 장수.

박수문(朴守文): 왕건의 임종을 지켜 본 측근.

박윤웅(朴允雄): 울산 지역의 호족으로 왕건에게 귀부해서 큰 공을 세웠음.

박질영(朴質榮): 왕건 정권의 첫 번째 시중.

배현경(裵玄慶): 왕건을 추대했던 개국공신.

보육(寶育): 강충(康忠)의 둘째 아들인데, 처음 이름은 손호술(損乎述).

보양(寶壤): 당에 유학했던 승려로서 왕건의 폐성 공격에 공을 세움.

복지겸(卜智謙): 왕건을 추대했던 개국공신.

삼순(三順): 일리천 전투에 참전했던 고려군 장수.

소광주원(小廣州院) 부인: 광주 호족 대광 왕규의 딸.

소서원(小西院) 부인: 동주 출신 호족 김행파의 딸.

소황주원(小黃州院) 부인: 원보 순행(順行)의 딸.

손행(孫幸): 927년에 신라를 구원하기 위해 출병했던 고려의 장군.

숙목(肅穆) 부인: 진주(鎭州: 충북 진천) 출신으로 대광 명필(名必)의 딸.

숙종(肅宗): 당나라 숙종으로 전해지며 보육의 작은 딸 진의와 관계를 맺
         어 작제건을 낳음.

서목(徐穆): 이천 지역의 호족으로 왕건이 강을 건널 때 공을 세움.

선장(宣長): 청주 호족인 진선의 아우로서 반란을 도모하다가 처형되었음.

서전원(西殿院) 부인: 성씨와 가계가 전하지 않음.

선필(善弼): 재암성(경북 청송) 장군으로 왕건에게 귀부해서 큰 공을 세웠음.

성달(城達): 명지성(경기도 포천) 장군으로 고려에 귀부.

성무(聖茂) 부인: 평주 출신 삼중 대광 박지윤(朴智胤)의 딸.

신명순성(神明順成) 왕후: 충주 지역 호족 유긍달(劉兢達)의 딸로서, 고려 3
                    대 정종과 4대 광종의 어머니.

신성(神成) 왕후: 신라 경순왕의 백부인 잡간 김억렴(金億廉)의 딸.

신숭겸(申崇謙): 왕건을 추대했던 개국공신. 공산 전투에서 왕건을 대신하

여 순국했음.

신주원(信州院) 부인: 신주(信州: 황해도 신천) 출신 아찬 강기주(康起珠)의 딸.
　　　　　광종을 양육하여 아들을 삼음.

신정(神靜) 왕후: 황주 지역 호족 황보제공(皇甫悌恭)의 딸.

신혜(神惠) 왕후: 정주(貞州: 경기도 풍덕) 지역 호족 류천궁(柳天弓)의 딸로서
　　　　　왕건의 첫째 왕비.

아어한(阿於閒): 고려에 귀부한 흑수의 추장.

양문(良文): 벽진군(경북 성주) 장군으로 고려에 귀부.

양지(楊志): 오어곡성 전투에서 패하여 후백제에 항복한 고려군 장수.

원봉(元奉): 하지현(경북 안동) 장군으로서 고려에 귀부.

월경원(月鏡院) 부인: 평주 출신으로 태위 삼중 대광 박수문(朴守文)의 딸.

유검필(庾黔弼): 고려 제일의 명장으로서 혁혁한 전공이 무수히 많음.

유긍달(劉兢達): 충주의 호족으로 왕건의 제3부인 신명순성 태후의 아버지.

유문(有文): 928년의 강주 전투에서 패하여 후백제군에 항복한 고려 장수.

윤웅(閏雄): 강주장군으로서 920년에 고려에 귀부.

월화원(月華院) 부인: 대광 영장(英章)의 딸.

연주(連珠): 개국2등공신

열평(列評): 광평시랑으로서 평양에 파견되어 지켰음.

염상(廉湘·相): 개국2등공신. 왕건의 임종을 지켜 본 신하.

염장(閻萇): 수의대령으로서 이흔암을 밀고하였음.

예화(禮和) 부인: 춘주(春州: 강원도 춘천) 출신 대광 왕유(王柔)의 딸.

의성부원(義城府院) 부인: 의성부(義城府: 경북 의성) 출신 태사 삼중 대광 홍
　　　　　유(洪儒)의 딸.

용건(龍建): 왕건의 아버지. 왕융(王隆)이라고도 하는데 시호는 세조(世祖).

용녀(龍女): 작제건의 처. 원창왕후(元昌王后)라고 하였음.

위숙왕후(威肅王后): 용건의 아내로서 한씨(韓氏)였음.

왕렴(王廉): 일리천 전투에 참전했던 고려군 장수.

왕만세(王萬歲): 대우도 전투에서 후백제군에 패한 왕건의 사촌 아우.

왕식렴(王式廉): 왕건의 사촌 아우로서 서경(평양) 경영에 공을 세움.

왕신(王信): 조물성 전투시 후백제에 볼모로 간 왕건의 사촌 아우.

왕예(王乂): 일리천 전투에 참전했던 고려군 장수. 본래 성씨는 김씨였음.

왕충(王忠): 후백제군의 양산 지역 축성을 저지했던 고려군 장수. 왕건의
　　　　　명으로 조물성을 정탐하기도 했음.

왕철(王鐵): 항복하는 경순왕을 맞으러 갔던 대상 관직의 귀족.

이제건(伊帝建): 강충(康忠)의 첫째 아들.

이총언(李悤言): 벽진군(경북 성주) 장군으로서 고려에 귀부했음.

익훤(弋萱): 시랑으로서 진호의 시신을 운구했던 인물.

일강(一康): 볼모로 고려에 왔던 강주장군 윤웅의 아들.

임춘길(林春吉): 순군리로서 청주에서 반란을 도모했다가 처형됨.

작제건(作帝建): 당 숙종과 보육의 딸 진의 사이에서 출생한 아들. 왕건의
　　　　　조부.

장길(張吉): 병산 전투에서 큰 공을 세운 안동 지역 호족.

장화(莊和) 왕후: 나주 오씨(吳氏)로서 왕건의 둘째 왕비였으며 고려 2대 왕
　　　　　인 혜종의 어머니.

정덕(貞德) 왕후: 정주(貞州: 경기도 풍덕) 출신으로 시중 류덕영(柳德英)의 딸.

정목(貞穆) 부인: 명주(溟州: 강원도 강릉) 출신으로 삼한공신 태사 삼중 대광
　　　　　왕경(王景)의 딸.

정순(貞順): 일리천 전투에 참전했던 고려군 장수.

지중익(池重翼): 왕건에게 어씨(魚氏) 성을 하사받았음.

직량(直良): 928년 강주 전투에서 후백제군에게 패한 고려 장수.

진경(珍景): 강주 지역의 고려계 호족. 928년의 강주 전투에서 후백제군에게 패함.

진선(陳瑄): 청주 지역 호족으로서 반란을 도모하다가 처형되었음.

진의(辰義): 보육의 작은 딸.

천안부원(天安府院) 부인: 경주(慶州) 출신으로 태수 임언(林彦)의 딸.

총일(聰逸): 한찬 벼슬의 왕건 측근.

최승규(崔承珪): 왕건이 수원 지역을 통과할 때 귀부했음.

최원(崔遠): 왕건의 측근 문사로서 그가 지은 표(表)가 전함.

최지몽(崔知夢): 왕건이 후삼국을 통일할 것임을 예언했던 점복에 능한 참모.

한가(韓哥): 몽웅역(충남 서산시 해미)의 아전으로서 큰 공을 세워 대광의 작호를 받음.

해량원(海良院) 부인: 해평(海平: 경상북도 선산군) 출신 선필(宣必)의 딸.

행파(行波): 동주(황해도 서흥) 출신으로 왕건의 제19·20 부인의 아버지.

향식(香寔): 환선길의 아우로서 왕건 제거에 나섰다가 실패하여 죽음.

허선문(許宣文): 양천 허씨의 시조로서 왕건의 남정시 군량을 조달해 주었음.

허월(許越): 김순식의 아버지로서 승려였는데, 궁예에게 협조했음. 왕건에게도 협력하였던 듯.

헌목(獻穆) 대부인: 경주 출신으로 좌윤 평준(平俊)의 딸.

호경(虎景): 왕건의 먼 조상으로서 성골장군을 자칭.

홍술(洪術): 진보성(경북 청송군 진보면) 성주로서 왕건에 귀부했음.

홍유(洪儒): 왕건을 추대했던 개국공신.

흥복원(興福院) 부인: 홍주(洪州: 충남 홍성) 출신으로 삼중 대광 홍규(洪規)의 딸.

환선길(桓宣吉): 마군장군으로서 왕건을 제거하려다 실패하여 죽음.

신라 조정 관련 인물들

경문왕(景文王): 신라 48대 임금으로 궁예의 아버지로 전해짐.

경순왕(敬順王): 신라 제56대 왕으로서 신라 마지막 임금.

경애왕(景哀王): 진훤에게 피살된 신라 제55대 왕.

김봉휴(金封休): 시랑으로서 경순왕의 명을 받고 고려에 항복을 청한 인물.

김율(金律): 아찬으로서 920년 고려에 구원 사신으로 파견되었음.

김웅렴(金雄廉): 친고려주의자였던 신라 경애왕대의 국상.

김유렴(金裕廉): 왕건을 따라 고려에 볼모로 끌려간 경순왕의 사촌 아우.

김팔원(金八元): 풍수에 능했던 신라의 집사시랑.

김효렴(金孝廉): 후백제에 볼모로 끌려 갔던 경순왕의 아우.

마의태자(麻衣太子): 경순왕의 맏아들로서 고려에 항복하기를 거부하고 개
　　　　　　　　골산에서 일생을 마침.

범공(梵空): 경순왕의 막내 아들로서 신라가 망한 후 승려가 되었음.

연식(連式): 927년에 후백제의 공격으로부터 구원군을 얻기 위해 고려에
　　　　　파견되었던 경애왕대의 장군.

영경(英景): 후백제에 볼모로 끌려갔던 경순왕대의 재상.

진성여왕(眞聖女王): 신라 51대 임금으로 궁예의 이복 누이 가능성.

그 밖의 호족이나 군웅들

기훤(箕萱): 죽주(경기도 안성) 지역을 장악했던 인물.

능창(能昌): 무안반도와 영산포 사이를 누비고 다녔던 해적 두목.

박직윤(朴直胤): 평주(황해도 평산) 지역 호족으로서 박지윤의 아버지인데,
고구려 장군호를 칭했음.

아질미(阿叱彌): 문경에 소재한 희양산과 봉암사의 후원 호족으로서 소판
관등을 칭했음. 진훤의 아버지인 아자개와의 연관성이 보
임.

양길(梁·良吉): 북원(강원도 원주) 지역을 중심으로 주변을 장악했던 인물.

왕봉규(王逢規): 후당에 사신을 파견하여 관작을 받았을 정도로 국제적 위
상을 확보했던, 경남 진주 지역을 기반으로 한 호족.

희필(熙弼): 가은현(경북 문경 가은읍) 장군을 칭했던 가은 지역의 호족.

후삼국 연표

연 대		사 건
867		진훤, 상주 가은현(문경시 가은읍)에서 출생
877	1	왕건, 송악군(개성)에서 출생.
881		진훤, 이름을 스스로 '진훤'이라고 함.
885~888		진훤의 아버지 아자개가 사불성을 근거지로 장군을 칭했다고 함.
889		부세를 독촉하자 전국적인 농민반란이 일어남. 상주에서 원종과 애노의 난이 일어남. 진훤, 예하의 병력을 이끌고 독립함. 1개월 사이에 5,000명의 무리가 모임.
892		진훤, 무진주(광주)를 점령하고 왕을 칭함.
896		왕건과 그 아버지 용건, 궁예에게 귀부.
898		궁예, 송악으로 도읍을 옮김. 궁예, 왕건에게 정기대감 벼슬을 내려 줌.
899	7	궁예, 북원(원주)의 양길을 비뇌성 전투에서 참패시킴.
900		진훤, 완산(전주)에 도읍하고 '후백제'를 재건함. 오월국에 사신을 파견함. 왕건, 궁예의 명으로 광주·충주·청주 등 3개 주와 당성(화성군 남양)·괴양(괴산) 일대를 정벌함. 그 공으로 아찬 벼슬을 받음.
901	8	진훤, '정개'라는 연호를 반포. 진훤, 대야성(합천)을 공격. 금성(나주) 남쪽 연변 부락을 공략한 후 회군. 궁예, 왕을 칭함.

연 대		사 건
903	3	왕건, 나주를 공략하여 점령하고 금성을 나주로 고쳤다고 함. 양주(양산)의 호족 김인훈이 구원을 요청하자, 왕건이 명을 받고 구원함. 왕건, 궁예에게 변경을 안정시키고 국경을 개척할 방책을 건의, 알찬에 임명됨.
904		궁예, 국호를 마진, 연호를 무태라 함. 공주장군 홍기, 궁예에 귀부.
905		궁예, 철원으로 환도함.
906		왕건, 궁예의 명을 받고 사화진(상주)에서 진훤과 싸워 이김.
907		진훤, 일선군(선산) 이남의 10여 성을 빼앗음.
909		왕건, 덕진포(영암 북쪽 해안)에서 수군을 이끌고 진훤과 싸워 이김. 왕건, 염해현(영광)에서 오월국에 보내는 후백제 사신과 선박을 나포함. 왕건, 한찬과 해군대장군에 임명됨. 궁예의 군대, 진도를 항복받고 고이도성을 격파함.
910		진훤, 금성이 궁예에 투항한 것에 격분하여 병력 3,000으로 포위한 후 열흘만에 회군.
911		진훤의 사위 지훤, 무진주에서 왕건의 군대를 격퇴함. 궁예, 국호를 '태봉'으로 바꾸고 연호를 '수덕만세'라고 함. 금성을 나주로 삼음.
912		진훤, 궁예와 덕진포에서 싸움.
916	8	진훤, 대야성을 공격했으나 이기지 못함.
918	6	왕건 즉위, 고려를 건국함.
	8	진훤, 일길찬 민합을 파견하여 왕건의 즉위를 축하함.
	8	웅주(공주)와 운주(홍성) 등 10여 주현이 후백제에 귀부. 진훤, 오월에 사신을 파견하여 말을 바침. 오월에서 보빙사가 와서 '중대부'직을 제수함.

연 대		사 건
	9	왕건, 순군리 임춘길 등의 모반을 적발하여 처형함. 진훤의 아버지 아자개, 고려에 귀부함. 왕건, 평양을 대도호부로 삼고, 왕식렴과 열평을 파견하여 지키게 함.
	10	후백제, 고려의 파진찬 진선과 선장 형제의 모반을 조종함.
919	3	고려, 법왕사와 왕륜사 등 10개 사찰을 수도에 창건.
	9	고려, 오월국 문사 추언규가 귀순해 옴.
920		왕건, 북쪽 국경을 순행함.
	1	강주장군 윤웅, 아들 일강을 고려에 인질로 보내옴. 진훤, 아찬 공달을 고려에 파견하여 공작선과 죽전을 선물.
	10	진훤, 보병과 기병 1만명을 이끌고 대야성을 함락. 이어 구사성(창원)을 함락. 진례성(김해시 진례면)까지 진격. 이로부터 후백제와 고려 사이에 불화가 시작되었다고 함.
921		진훤, 통진대사 경보를 접견함.
	2	고려, 흑수추장 고자라의 귀화를 받음.
	10	왕건, 대흥사를 오관산에 창건하고 승려 이언을 맞아 왕사로 삼음. 왕건, 서경(평양)에 행차하였음.
	12	왕건, 무를 책봉하여 태자로 삼음. 후백제인 궁창과 명권, 고려로 투항해서 전택을 하사받음.
922	2	고려, 거란에서 낙타 등을 보내 옴.
	6	하지현장군 원봉, 고려에 귀순. 진훤, 휘암을 사신으로 삼아 쓰시마에 파견.
	7	명주장군 김순식, 아들을 고려에 보내어 귀부.
	11	진보성주 홍술, 사신을 고려에 파견하여 귀부를 청해 옴.
923	3	명지성장군 성달, 고려에 귀순.
	6	고려, 복부경 윤질이 후량에 가서 500 나한 화상을 가지고 옴.

연 대		사 건
	8	오월국 문사 박암, 고려에 귀순해 옴.
		벽진군장군 양문, 생질을 고려에 보내어 귀순.
924	7	진훤, 아들 수미강과 양검을 보내어 조물성을 공격해서 고려 장군 애선을 전사시킴.
		진훤, 절영도의 총마를 왕건에게 선물.
	9	신라, 경명왕이 사망하고 경애왕 즉위.
925	3	왕건, 서경 행차.
	9	발해의 장군 신덕 등 500 명이 고려에 귀순.
		매조성장군 능현, 사신을 보내어 고려에 항복을 청함.
	10	고울부장군 능문, 고려에 투항.
		고려 장군 유검필의 공격을 받고 연산진(청원군 문의면)에서 후백제 장수 길환 전사, 임존성(예산)에서 3,000명이 죽거나 생포.
		진훤, 조물성(의성 탑리)에서 왕건과 싸움. 왕건이 밀리어 화친을 맺게 되고 인질을 교환.
	12	진훤, 거창 등 20여 개 성을 일거에 점령.
		진훤, 후당에 사신을 파견하여 관작을 받음.
		발해 백성 1,000호, 고려에 귀순해 옴.
926		왕건, 장빈을 후당에 파견함.
	4	고려에 인질로 가 있던 후백제 진호 사망.
		진훤, 웅진(공주)까지 진격하여 일전을 벌이고자 했으나 고려군이 전쟁을 피했음.
		진훤, 고려에 준 절영도의 총마를 돌려받음.
	12	왕건, 서경에 행차하여 제사를 올리고 각 주·군과 진을 순행.
927	1	고려, 후백제의 용주(예천)를 빼앗음.
		후백제, 인질이었던 왕신의 시신을 고려로 보냄.
	3	고려, 운주에서 후백제 성주 긍준을 패퇴시킴.
		고려, 후백제의 근암성(문경시 산북면)을 빼앗음.

연 대		사 건
931	2	왕건, 50기만 대동하고 경주 방문.
932	6	매곡성(보은군 회인면) 장군 공직, 고려에 귀부.
	7	왕건, 후백제의 일모산성(청원군 문의면) 공격.
	9	후백제, 일길찬 상귀가 수군을 동원하여 예성강 유역 3개 고을의 선박 100척을 불사르고, 저산도의 목마를 빼앗아 옴.
	10	후백제, 상애의 지휘 하에 수군이 대우도를 공격했고, 고려 장군 만세의 군대를 패퇴시킴.
	11	고려, 일모산성을 다시 공격하여 함락시킴.
933	3	후당, 사신을 보내와 왕건 책봉.
	5	후백제, 혜산성(당진군 면천면)과 아불진 공략. 신검이 이끈 후백제 군대는 사탄에서 고려의 유검필 군대에게 붕괴.
934	1	왕건, 서경에 행차한 후 북방의 여러 진들을 순시.
	5	왕건, 예산진(예산읍)에 가서 조서 내림.
	7	발해 세자 대광현 등 수만 명이 고려에 귀화. 대광현에게 왕계라는 이름을 주고 종적에 올림.
	9	진훤, 중무장한 병력 5,000명을 이끌고 운주(홍성)에서 왕건과 싸웠으나 패배. 웅진 이북의 30여 후백제 성이 고려에 항복.
935	3	진훤, 아들 신검의 정변으로 금산사에 유폐됨.
	4	고려, 유검필을 시켜 나주를 점령하게 함.
	6	진훤, 금산사 탈출.
	10	신검, 대사면을 단행하고 유신 정치를 공포.
	11	신라 경순왕, 고려에 귀부.
	12	신라 멸망.
936	1	후백제, 후당에 사신을 보내어 방물 바침.
	2	진훤의 사위 박영규, 고려에 귀부.
	6	진훤, 고려군의 후백제 정벌에 종군.

연 대		사 건
	9	고려, 일선군(선산)의 일리천 전투에서 후백제군에 대승 거둠. 신검, 항복함. 양검과 용검은 진주로 귀양 간 후에 처형됨. 진훤, 등창이 나서 황산불사에서 세상을 뜸. 향년 70세. 개태사 창건 시작됨.
937	5	왕건, 경순왕으로부터 진평왕의 천사옥대 받음.
938	3	왕건, 서천축국의 승려 홍범대사가 오자 성대히 맞아 줌.
	7	고려, 후진의 연호를 사용하기 시작. 서경에 나성을 축조.
939	3	왕건, 후진으로부터 책봉 받음.
940	3	주·부·군·현의 명칭들을 개정함.
	7	왕건의 왕사 충담 세상 뜸.
	12	개태사 완공.
941		고려, 후진에 방물 바침.
942	10	왕건, 거란 사신이 보내 온 낙타 50필을 만부교에서 굶겨 죽이고, 사신 30명은 섬으로 귀양.
943	4	왕건, 박술희를 불러 「훈요십조」를 지어 줌.
	5	왕건, 세상을 뜸. 향년 67세.

궁예 정권의 국호와 연호 변천

국 호	연 호	기 간	연 대
高麗	?	3년	901~903년
摩震	武泰	1년	904~905년
摩震	聖冊	6년	905~910년
泰封	水德萬歲	3년	911~914년
泰封	政開	5년	914~918년

궁예 정권의 관등과 관직

관 등			관 부 (904년)	
등급	904년	911년~	관부 이름	소관 업무
1	正匡	大宰相	廣評省	
2	元甫	重副	兵部	武選/軍務/儀衛/郵驛
3	大相	台司訓	大龍部	戶口/貢賦/錢糧
4	元尹	輔佐相	壽春部	禮儀/祭享/朝會/交聘/ 學校/科擧
5	佐尹	注書令	奉賓部	賓客燕享
6	正朝	光祿丞	義刑臺	法律/詞訟/詳讞
7	甫尹	奉朝判	納貨部	財貨凜臧
8	軍尹	奉進位	調位府	錢穀出納/會計
9	中尹	佐眞使	內奉省	
10			禁書省	經籍祝疏
11			南廂壇	土木營繕
12			水壇	山澤/工匠/營造
13			元鳳省	制選詞命
14			飛龍省	輿馬廐牧
15			物臧省	工技/寶藏
16			史臺	習諸譯語
17			植貨府	栽植菓樹
18			障繕府	修理城隍
19			珠淘省	造成器物

고려 초기의 관등

등 급	관 등 이 름
1	大舒發韓
2	舒發韓
3	夷粲
4	蘇判
5	波珍粲
6	韓粲
7	閼粲
8	一吉粲
9	級粲

참고문헌

사료 　〈한국〉

『均如傳』

『三國史記』(이병도 譯)

『東國李相國集』(민족문화추진회 譯)

『補閑集』

『三國遺事』(이병도 譯)

『帝王韻紀』(박두포 譯)

『平山申氏高麗太師壯節公遺事』

『益齋亂藁』

『稼亭集』

『朝鮮經國典』

『龍飛御天歌』(이윤석 譯)

『高麗史』(동아대학교 고전연구실 譯)

『高麗史節要』(민족문화추진회 譯)

『太宗實錄』(민족문화추진회 譯)

『世宗實錄』(민족문화추진회 譯)

『成宗實錄』

『東文選』

『新增東國輿地勝覽』(민족문화추진회 譯)

『標題音註東國史略』

『東國通鑑』

『稗官雜記』

『大東韻府群玉』

『軍門謄錄』

『宣祖實錄』(민족문화추진회 譯)

『宣祖修訂實錄』(민족문화추진회 譯)

『芝峰類說』

『懲毖錄』

『熱河日記』(이가원 譯)

『擇里志』(노도양 譯)

『東史綱目』(민족문화추진회 譯)

『英祖實錄』

『江南樂府』

『五倫行實圖』

『正祖實錄』

『眉叟記言』

『與猶堂集』

『大東野乘』

『林下筆記』

『輿地圖書』

『增補文獻備考』(민족문화추진회 譯)

『麗韓十家文鈔』(민족문화추진회 譯)

朝鮮總督府,『朝鮮金石總覽』上, 1922

『完山甄氏世譜』

〈중 국〉

『史記』

『三國志』

『周書』

『舊唐書』(국사편찬위원회 譯)

『新唐書』(국사편찬위원회 譯)

『舊五代史』

『新五代史』

『冊府元龜』

『資治通鑑』

『宋高僧傳』

〈일 본〉

『古事記』

『日本書紀』

『續日本紀』

『日本後紀』

『入唐求法巡禮行記』(신봉룡 譯)

『日本三代實錄』

『扶桑略記』

『本朝文粹』

저서　〈한국〉

국립공주박물관,『특별전 천안』, 2014

국립대구박물관,『팔공산 동화사』, 2009

국립부여문화재연구소,『獅子菴 發掘調査報告書』, 1994

국립중원문화재연구소,『옛 기록 속의 崛山門』, 2013

국립진주박물관,『촉석루 외곽 시굴조사보고서』, 2002

국립해양유물전시관,『신라인 장보고』, 2005

국토해양부 국토지리정보원,『한국지명유래집』경상편, 2011

고전연구실,『삼국사기』하, 과학원출판사, 1959

고령군·국립대구박물관,『주산성 지표조사 보고서』, 1996

광주민속박물관,『南道, 영웅이 깃든 땅』, 2011

권덕영,『재당신라인 사회연구』, 일조각, 2005

權鍾湳,『皇龍寺九層塔』, 미술문화, 2006

金東仁,「甄萱」,『金東仁全集』3, 三中堂, 1976

金庠基,『東方史論叢』, 서울대학교 출판부, 1984

金善基,『益山 金馬渚의 百濟文化』, 서경문화사, 2012

金元龍 外,『역사도시 경주』, 열화당, 1984

金龍善 編著,『改訂版 高麗墓誌銘 集成』, 한림대학교 아시아문
화연구소, 1997

金泰植,『加耶聯盟史』, 일조각, 1993

金漢重,『唐津誌』, 故鄕文化社, 1990

노중국 外,『개정 증보 역주 삼국사기』2−번역편, 한국학중앙연
구원 출판부, 2012

단국대학교 박물관,『상주지구 고적조사 보고서』, 1969

단국대학교 동양학연구소,『漢韓大辭典』8, 2005

당진군, 『당진군지』, 1983

당진군지 편찬위원회, 『唐津郡誌』上, 1997

대구직할시, 『팔공산』, 1987

문경군, 『내 고장 전통 가꾸기』, 1982

문경시, 『甄萱의 出生과 遺蹟』, 1996

文暻鉉, 『新羅史研究』, 경북대학교 출판부, 1983

文暻鉉, 『高麗 太祖의 後三國統一研究』, 螢雪出版社, 1987

文暻鉉, 『高麗史研究』, 경북대학교 출판부, 2000

文幕邑史編纂委員會, 『文幕邑史』 2003

문안식, 『후백제 전쟁사 연구』, 혜안, 2008

문화재관리국, 『文化遺蹟總覽』, 下卷, 1977

북원문화역사연구소, 『건등산 뿌리의 후삼국지』, 2005

상주문화원, 『상주문화유적』, 1997

상주시·상주산업대학교, 『사벌국관련 문화유적 지표조사 보고서』, 1996

孫晋泰, 『朝鮮 民族說話의 研究』, 乙酉文化社, 1947

順天大學校 博物館, 『順天 海龍山城』, 2002

順天大學校 博物館, 『광양 마로산성 발굴조사 약보고』, 2002

順天大學校 博物館, 『光陽 馬老山城 I -건물지 I -』, 2005

순천시사 편찬위원회, 『순천시사-정치·사회편』, 1997

신기철·신용철, 『새 우리말 큰사전』 하, 三省出版社, 1975

신호철, 『후백제 견훤정권 연구』, 일조각, 1993

심경호, 『한시로 엮은 한국사 기행』, 1994

심경호, 『다산과 춘천』, 강원대학교 출판부, 1996

안동시, 『안동의 얼』, 1991

원주시, 『原州市史』 민속·문화재편, 2000

완도 문화원, 『張保皐의 新研究』, 1985

오지영 著·이장희 교주, 『동학사』, 박영사, 1990(중판)

유증선, 『영남의 전설』, 1971

이규동, 『위대한 컴플렉스』, 대학문화사, 1985

李光洙, 『李光洙全集』 15, 三中堂, 1963

李基白, 『신라 사상사 연구』, 일조각, 1986

李基白 外, 『최승로 상서문 연구』, 일조각, 1993

李基白, 『韓國史新論』 新修版, 일조각, 1995

이남석·조원찬, 『洪城의 文化遺蹟』, 홍성문화원, 1997.

李能和 主幹, 『朝鮮佛教叢報』, 1917

李道學, 『백제 고대국가 연구』, 일지사, 1995

李道學, 『꿈이 담긴 한국고대사 노트』 상·하, 일지사, 1996

李道學, 『새로 쓰는 백제사』, 푸른역사, 1997

李道學, 『진훤이라 불러다오』, 푸른역사, 1998

李道學, 『궁예 진훤 왕건과 열정의 시대』, 김영사, 2000

李道學 外, 『후백제 왕도 전주』, 전주역사박물관, 2013

李丙燾, 『한국사—중세편』, 을유문화사, 1961

李丙燾, 譯, 『國譯 三國史記』, 을유문화사, 1976

李丙燾, 『譯註·原文 三國遺事』, 明文堂, 1986

李秉延, 『朝鮮寰輿勝覽』, 唐津郡, 普文社, 1933

이숭녕 監修, 『현대국어대사전』, 한서출판사, 1974

李成市, 『東ァヅァの王權と交易』, 1997; 李成市 著·김창석 譯,
『동아시아의 왕권과 교역』, 청년사, 1999

이이화, 『한국사 이야기』 4, 한길사, 1998

李在範,『後三國時代 弓裔政權 研究』, 혜안, 2007

이재호 譯,『삼국사기』, 솔, 1997

李弘稙,『韓國古代史의 研究』, 신구문화사, 1971

전남대학교 박물관·광주직할시,『武珍古城』Ⅰ·Ⅱ, 1989~1990

전주시,『전주시사』, 1986

전주시 외,『전주 동고산성(1·2차) 발굴보고서』, 1997

전주시사 편찬위원회,『전주시사』, 1964

정동일,『재미 있는 고양 이야기』, 1996

정용숙,『고려시대의 后妃』, 민음사, 1992

鄭淸柱,『新羅末 高麗初 豪族研究』, 一潮閣, 1996

조동일,『한국문학통사 1』, 1994

中原文化研究所,『原州 鵃原山城 海美山城 地表調査報告書』
1998

秦弘燮,『韓國의 佛像』, 一志社, 1976

청주대학교 박물관,『보은군 문화유적』, 1996

최남선,『심춘순례』, 1926

崔永禧,『韓國史紀行--그 터』, 일조각, 1987

충남대학교 박물관,『開泰寺』Ⅰ, 1993

忠南大學校 博物館,『整備 復元을 위한 唐津 合德堤 2次試掘照
査報告書』, 1998

평산신씨 대종중,『장절공 신숭겸 장군 유적』

韓國古代社會研究所,『譯註 韓國古代金石文』Ⅲ, 駕洛國史蹟開
發研究院, 1992

한국성곽협회,『상당산성』, 2008

한국역사연구회,『譯註 羅末麗初金石文』上·下, 혜안, 1996

한글학회, 『한국지명총람』2(강원편), 1967

韓基汶, 『高麗 寺院의 構造와 機能』, 民族社, 1998

한석우, 『한석우의 역사 산책』, 1994

許興植, 1986, 『高麗佛敎史硏究』, 一潮閣, 1986

호남사학회, 『고려의 후삼국통합과정과 나주』, 경인문화사, 2013

黃敏枝 著·임대희 譯, 『중국 역사상의 불교와 경제』, 서문문화사, 2002

〈중국〉

孔祥星·劉一曼, 『圖說 中國古代銅鏡史』, 1991

唐寰澄, 『中國古代橋梁』, 1987

王偉, 『法門寺文物圖飾』, 文物出版社, 2009

冉万里, 『中國古代舍利瘞埋制度硏究』, 文物出版社, 2013

中文大辭典編纂委員會, 『中文大辭典』3, 1973

〈일본〉

宮崎市定 著·조병한 譯, 『중국사』, 역민사, 1983

旗田巍, 『朝鮮中世社會史の硏究』, 1972

奈良文化財硏究所·飛鳥資料館, 『含水居藏鏡圖錄』, 2002

두노메 조후·구리하라 마쓰오 外 著·임대희 譯, 『중국의 역사--수당오대』, 혜안, 2001

三品彰英, 『三國遺事考證』中, 塙書房, 1979

中村英孝, 『日鮮關係史の硏究』上, 吉川弘文館, 1965

朝鮮總督府, 『朝鮮寶物古蹟照査資料』, 1942

井上秀雄, 『新羅史基礎硏究』, 東出版株式會社, 1974

池內宏, 『滿鮮史硏究-中世』 제2책, 1937

논문　姜鳳龍, 「甄萱의 勢力基盤 擴大와 全州 定都」, 『후백제 견훤정권과 전주』, 주류성, 2000

강현모, 「신거무 전설의 연구」, 『한국학논집』 16, 1989

강혜선, 「박인범·최광유·최승우의 한시 연구」, 『한국한시작가연구』 1, 1995

姜喜雄, 「高麗 惠宗朝 王位繼承亂의 新解釋」, 『韓國學報』 7, 1977

곽장근, 「진안 고원 초기 청자의 등장 배경연구」, 『전북사학』 42, 2013

權悳永, 「新羅 遣唐使의 羅唐間 往復行路에 對한 考察」, 『歷史學報』 149, 1996

金杜珍, 「'性相融會' 思想 성립의 思想的 背景」, 『均如華嚴思想硏究』, 一潮閣, 1983

金杜珍, 「新羅下代 堀山門의 形成과 思想」, 『省谷論叢』 17, 省谷文化財團, 1986

金杜珍, 「나말여초 동리산문의 성립과 그 사상」, 『동방학지』 57, 1988

金庠基, 「甄萱의 家鄕에 對하여」, 『東方史論叢』, 서울대학교 출판부, 1984

金庠基, 「羅末地方群雄」, 『東方史論叢』, 서울대학교출판부, 1984

金相敦, 「新羅末 舊加耶圈의 金海 豪族勢力」, 『震檀學報』 82, 震

檀學會, 1996

金壽泰, 「後百濟 甄萱政權의 成立과 農民」, 『百濟研究』 29, 1999

金壽泰, 「甄萱政權과 佛敎」, 『후백제와 견훤』, 서경문화사, 2000

金壽泰, 「전주 천도기 견훤정권의 변화」, 『후백제 견훤정권과 전주』, 주류성, 2001

金侖禹, 「新羅末의 仇史城과 進禮城考」, 『史學志』 22, 1989

金在滿, 「五代와 後三國 高麗 初期의 關係史」, 『大東文化研究』 17, 1983

金周成, 「930년대 후백제 정권 내부의 동향」, 『후백제 견훤 정권과 전주』, 주류성, 2001

김창겸, 「彌勒寺址 石塔 발견 銘文의 '大伯士奉聖'」, 『白山學報』 70, 2004

金包光, 「片雲塔과 後百濟의 年號」, 『佛敎』 제49호, 佛敎社, 1928

金煐泰, 「彌勒寺創建緣起說話考」, 『馬韓百濟文化』 1, 1975

金和經, 「百濟文化와 夜來者 說話研究」, 『百濟論叢』 1, 백제문화개발연구원, 1985

梅原末治, 「吳越王 錢弘俶 八萬四千塔」, 『考古美術』 8-4, 1967

문수진, 「고려 건국기의 나주 세력」, 『성대사림』 4, 1987

朴敬子, 「甄萱의 勢力과 對王建 關係」, 『淑大史論』 11·12, 1982

朴淳發, 「甄萱王陵考」, 『후백제와 견훤』 서경문화사, 2000

朴漢卨, 「後百濟 金剛에 대하여」, 『大丘史學』 7·8합집, 1973

朴漢卨, 「弓裔姓名考」, 『韓國學論叢-霞城李瑄根博士古稀紀念論文集』, 李瑄根博士古稀紀念論叢刊行委員會, 1974

朴漢卨, 「후삼국의 성립」, 『한국사』 3, 국사편찬위원회, 1977

朴漢卨, 「高麗 王室의 起源」, 『史叢』 21, 1977

朴泰祐, 「統一新羅時代의 地方都市에 對한 研究」, 『百濟研究』 18, 1987

邊東明, 「甄萱의 出身地再論」, 『震檀學報』 90, 2000

徐大錫, 「百濟神話研究」, 『百濟論叢』 1, 백제문화개발연구원, 1985

石上英一, 「日本古代10世紀の外交」, 『日本古代史講座』 7, 1982

설성경, 「영호남 지역 갈등의 원천, 왕건의 '훈요십조'」, 『신동아』 1998년 5월호

신영훈, 「미륵대원의 연구」, 『고고미술』 146·147, 1980

申虎澈, 「고려 건국기 청주호족의 정치적 성격」, 『新羅 西原小京 研究』, 서경문화사, 2001

辛鍾遠, 「雉岳山 石南寺址의 推定과 現存民俗」, 『정신문화연구』 54, 1994

安永根, 「羅末麗初 淸州 勢力의 動向」, 『수촌 박영석박사화갑기념한국사학논총』 상, 1992

梁起錫, 「신라 5소경의 설치와 서원소경」, 『新羅 西原京 研究』 2001

柳仁順, 「鐵原地方人物傳說研究」, 『江原文化研究』 8, 江原大學校 江原文化研究所, 1988

尹熙勉, 「新羅下代의 城主·將軍」, 『韓國史研究』 39, 1982

李道學, 「永樂 6年 廣開土王의 南征과 國原城」, 『손보기박사정년기념한국사학논총』 1988; 『고구려 광개토왕릉비문 연구』, 서경문화사, 2006

李道學, 「高句麗의 洛東江流域 進出과 新羅·伽倻經營」, 『國學研究』 2, 국학연구소, 1988; 『고구려 광개토왕릉비문 연구』, 서

경문화사, 2006

李道學, 1989, 「泗沘時代 百濟의 4方界山과 護國寺刹의 成立」, 『百濟研究』20, 1989; 『百濟佛敎文化의 研究』, 백제연구소, 1994

李道學, 「한성후기의 백제 왕권과 지배체제의 정비」, 『백제논총』2, 1990

李道學, 「삼국 및 통일신라시대」, 『양주군지』 상, 1992

李道學, 「古代國家의 成長과 交通路」, 『國史館論叢』74, 1997

李道學, 「中原高句麗碑의 建立 目的」, 『高句麗研究』10, 2000; 『고구려 광개토왕릉비문연구』, 서경문화사, 2006

李道學, 「甄萱의 出身地와 그 初期勢力 基盤」, 『후백제 견훤정권과 전주』, 주류성, 2001

李道學, 「後百濟의 加耶故地 進出에 관한 檢討」, 『白山學報』58, 2001

李道學, 「후백제 진훤의 농민 시책에 대한 재검토」, 『백산학보』62, 2002

李道學, 「後百濟 甄萱 政權의 沒落過程에서 본 그 思想的 動向」, 『韓國思想史學報』18, 2002

李道學, 「弓裔와 甄萱의 比較檢討」, 『弓裔와 泰封의 역사적 재조명』 제3회 태봉학술제, 철원군·철원문화원, 2003

李道學, 「고구려사에서의 국원성」, 『白山學報』67, 2003; 『고구려 광개토왕릉비문연구』, 서경문화사, 2006

李道學, 「百濟 武王代 益山 遷都說의 再解釋」, 『馬韓·百濟文化』16, 2004

李道學, 「고등학교 국사 교과서상 후백제사 서술의 문제점」, 『전통문화논총』2, 한국전통문화학교, 2004

李道學, 「新羅末 甄萱의 勢力 形成과 交易」, 『新羅文化』28, 2006

李道學, 「궁예와 왕건의 행적과 원주」, 『신라말 고려 초기 원주의 역사와 문화』, 연세대학교 근대한국학연구소 제18회 심포지엄, 2007; 「궁예의 북원경 점령」, 『동국사학』43, 2007

李道學, 「신라말 후백제 진훤세력의 성장과 남중국 교섭」, 『第9屆 한국전통문화국제학술연토회 논문집』中, 절강대학교 한국연구소, 2008

李道學, 「後百濟의 全州遷都와 彌勒寺 開塔」, 『한국사연구』165, 2014

李文鉉, 「高麗 太祖의 農民政策」, 『高麗 太祖의 國家經營』, 서울대학교 출판부, 1996

이형우, 「고창 지방을 둘러싼 여제 양국의 각축 양상」, 『교남사학』1, 1985

林炳泰, 「新羅小京考」, 『歷史學報』35·36합집, 1967

정경현, 「고려 태조의 일리천 전역」, 『한국사연구』68, 1990

鄭淸柱, 「신라말 고려초 순천의 지방 세력」, 『순천시사―정치 사회편』, 1997

趙法鍾, 「南北國時代와 後百濟」, 『전북의 역사와 문화』, 서경문화사, 1999

趙仁成, 「태봉의 궁예정권 연구」, 서강대학교 박사학위논문, 1991

趙仁成, 「弓裔의 勢力形成과 建國」, 『震檀學報』75, 1993

趙仁成, 「泰封」, 『한국사』11, 1996

趙仁成, 「彌勒信仰과 新羅社會」, 『震檀學報』82, 1996

조현설, 「궁예 이야기의 전승 양상과 의미」, 『설화연구』1998

진정환, 「후백제 불교미술의 특징과 성격」, 『동악미술사학』11,

2010

진정환, 「익산에 꽃피운 백제의 불교미술」, 『益山』, 국립전주박물관, 2013

최성은, 「후백제 지역 불교조각 연구」, 『미술사학연구』204, 1994

호승희, 「신라한시연구」, 이화여자대학교 박사학위논문, 1993

洪思俊, 「三國時代의 灌漑用池에 對하여」, 『考古美術』136·137 합집, 1978

洪奭杓, 「合德 방죽에 對한 綜合的 考察」, 『唐津鄕土史의 照明』, 1999

洪炳哲, 「後百濟王 甄萱과 合德蓮湖」, 『半島史話와 樂土滿洲』, 朝鮮學海社, 1943

洪淳昶, 「變革期의 政治와 宗敎--三國時代를 中心으로--」, 『人文硏究』, 嶺南大學校, 1982

黃壽永, 「百濟 帝釋寺址의 硏究」, 『百濟硏究』4, 1973

崔柄憲, 「단군 인식의 역사적 변천」, 『단군』, 서울대학교출판부, 1994

최연식, 「康津 無爲寺 先覺大使碑를 통해 본 弓裔 행적의 재검토」, 『木簡과 文字연구』6, 2011.

G.Cameron Hurst Ⅲ, 「The Good, The Bad And The Ugly: Personalities in the Founding of the Koryo Dynasty」, 『Korean Studies Forum』 No 7, 1981; 이도학 역, 「왕건·궁예·진훤의 재평가」, 『우리 문화』1989, 3~4월호; 「선인, 악인 그리고 추인--고려 왕조 창건 속의 인물들」, 『민족학연구』3, 1998; 『고대문화산책』, 서문문화사, 1999

기타 鄭寅普, 「五千年間 朝鮮의 '얼' (95)」, 『東亞日報』, 1935. 7.9

국립중앙박물관, 「국립진주박물관–진주성 촉석루 외곽시굴조사」, 『박물관신문』 353호, 2001

김동현, 「경주 포석정지」, 『한국민족문화대백과사전』 2, 1991

박한설, 「신숭겸」, 『한국민족문화대백과사전』 13, 1991

이도학, 「역사에서 배운다––꿈과 이상의 상징, 견훤」, 『태평양』 1998–11

이도학, 「백제를 부활시킨 '진훤대왕'의 생애」, 『견훤대왕』, 전주시립극단, 1998

이도학, 「문경이 낳은 혁명가, 진훤 임금」, 『영강문화』 46, 1998

이도학, 「용비어천가의 세계」, 『문헌과 해석』 3, 1998

이도학, 「문경이 낳은 민족사의 영웅, 진훤에 대한 몇 가지 오해」, 『문경문화』 44, 1999–1

이도학, 「백제의 해양문화유적, 수성당을 찾아서」, 『해양과 문화』 창간호, 1999

李道學, 「역사 속에서 영웅의 변천」, 『이대대학원신문』 제22호, 이화여자대학교총학생회, 2000. 12. 12

李道學, 「주몽왕을 통해 본 초기 고구려왕의 성격」, 『다시 보는 고구려사』, 고구려연구재단, 2004

색인